HISTÓRIA DA ÁFRICA
E DO BRASIL
AFRODESCENDENTE

HISTÓRIA DA ÁFRICA E DO BRASIL AFRODESCENDENTE

Ynaê Lopes dos Santos

Rio de Janeiro | 2024
1ª edição | 4ª reimpressão

copyright © 2017
Ynaê Lopes dos Santos

editoras
Cristina Fernandes Warth
Mariana Warth

coordenação de produção, projeto gráfico, diagramação e capa
Daniel Viana

preparação de originais
Eneida D. Gaspar

pesquisa iconográfica e composição de mapas
Eneida D. Gaspar

revisão
Léia Coelho

Este livro segue as novas regras do Acordo Ortográfico da Língua Portuguesa.

Todos os direitos reservados à Pallas Editora e Distribuidora Ltda. É vetada a reprodução por qualquer meio mecânico, eletrônico, xerográfico etc., sem a permissão por escrito da editora, de parte ou totalidade do material escrito.

CIP-BRASIL. CATALOGAÇÃO NA PUBLICAÇÃO
SINDICATO NACIONAL DOS EDITORES DE LIVROS, RJ

S233h

    Santos, Ynaê Lopes dos, 1982-
        História da África e do Brasil afrodescendente / Ynaê Lopes dos Santos. - 1. ed. - Rio de Janeiro : Pallas, 2017.
        408 p. ; 23 cm.

    Inclui bibliografia
    ISBN 9788534705417

    1. África - História. 2. África - Usos e costumes. 3. Negros - Brasil - História. 4. Negros - Brasil - Usos e costumes. I. Título.

17-44193   CDD: 960
                              CDU: 94(6)

Pallas Editora e Distribuidora Ltda.
Rua Frederico de Albuquerque, 56 – Higienópolis
CEP 21050-840 – Rio de Janeiro – RJ
Tel./fax: 21 2270-0186
www.pallaseditora.com.br | pallas@pallaseditora.com.br

Para aqueles que vieram antes de mim,
porque nossos passos vêm de longe.
E para minha filha Tereza, essa menina
dos olhos curiosos.

SUMÁRIO

Abertura 9
Geografias da África 12

**Capítulo 1 – Sociedades africanas entre
o ano 4.000 A.E.C. e o século V E.C. (Idade Antiga)** 19
1.1 Egito antigo 21
1.2 Núbia 32
1.3 Axum 40
1.4 Cartago 46
1.5 O surgimento das comunidades tradicionais africanas 53

**Capítulo 2 – Sociedades africanas entre
os séculos V E.C. e XV E.C. (Idade Média)** 65
2.1 Gana 67
2.2 Mali 72
2.3 Songai 80
2.4 Os povos da Guiné 86
2.5 África Oriental – o reino de Monomotapa 102
2.6 Sociedades do litoral índico 107
2.7 A África Centro-Ocidental 110

**Capítulo 3 – Sociedades africanas entre
os séculos XV E.C. e XVIII E.C. (Idade Moderna)** 115
3.1 Escravidão na África praticada por povos africanos 117
3.2 A escravidão islâmica 122
3.3 Os europeus e a escravização de africanos 126
3.4 A travessia da Calunga Grande 140
3.5 Sociedades africanas no tráfico transatlântico 145
3.6 Formas de resistência à escravização
no continente africano 158

Capítulo 4 – A afrodescendência do Brasil: do século XVI E.C. ao XIX E.C. **163**
4.1 O trabalho escravo no Brasil 165
4.2 Quem eram os africanos escravizados no Brasil? 170
4.3 A chegada ao Brasil 174
4.4 O mundo do trabalho 177
4.5 A escravidão além do trabalho 202
4.6 Resistência e abolição 222

Capítulo 5 – Um Afro Brasil: de 1888 aos dias atuais **251**
5.1 O negro na luta por igualdade no Brasil republicano 252
5.2 Ações negras 261
5.3 Importantes personalidades negras na história do Brasil republicano 271
5.4 Os africanos, seus descendentes e a cultura brasileira 277

Capítulo 6 – Breve história da África recente **285**
6.1 Introdução 286
6.2 O continente africano e as mudanças da "Era das Revoluções" 288
6.3 Os europeus adentram a África 292
6.4 O estopim causado por Leopoldo II e a partilha da África 299
6.5 Movimentos de resistência na África nos primeiros anos de colonização 307
6.6 A colonização da África 313
6.7 Movimentos de independência e a liberdade 325
6.8 Desafios do pós-independência 348

Capítulo 7 – Caderno de atividades **351**
Recursos da internet 371
Filmes e documentários sobre a África 380
Filmes sobre questões étnico-raciais no Brasil 385

Capítulo 8 – Referências **389**
Fontes de dados para o texto 390
Fontes das ilustrações 401

ABERTURA

Há um provérbio africano que diz que "até que os leões inventem as suas histórias, os caçadores serão sempre os heróis das narrativas de caça". Esse ditado é muito interessante para pensar em como a história da África, ou melhor, as histórias da África têm chegado até nós.

Durante muitos anos, o **ocidente**[1] difundiu que a África era um continente desprovido de história, pois seus povos não haviam desenvolvido a escrita, nem formas sofisticadas de organização social. Mas essa crença conta muito mais sobre o profundo desconhecimento que os europeus tinham da África do que sobre as histórias desse continente.

> **1:** No pensamento eurocêntrico, o "ocidente" é o mundo "civilizado", "desenvolvido" e "superior" formado basicamente pela Europa ocidental e pelos Estados Unidos.

A história africana é muito maior do que aquilo que foi ensinado por muitos anos. Além do aparecimento da humanidade – que aconteceu com o surgimento do *Homo sapiens* há mais de 600.000 anos –, a África também foi palco da formação de estados complexos, invenções e descobertas importantes, relações humanas que impactaram não só as sociedades africanas, mas também outras partes do Globo, em diferentes épocas.

A pluralidade e a complexidade das histórias do continente africano são tamanhas que, obviamente, não caberiam em um só livro. Sendo assim, um dos objetivos deste livro é explorar algumas dessas histórias, partindo de uma perspectiva cronológica do tempo, que permita compreender como diferentes povos africanos se organizaram e como eles interagiram com outras sociedades africanas e com povos de outros continentes.

Embora o livro esteja organizado a partir de uma perspectiva cronológica eurocêntrica (cujos marcos pouco se relacionam com a história do continente africano), ele permite repensar criticamente tal cronologia, na medida em que coloca processos vividos por sociedades africanas dentro dessa mesma divisão temporal já tão difundida. Dessa forma se cumpre o segundo objetivo deste trabalho: possibilitar que o leitor possa compreender como diversas histórias africanas se desenvolveram simultaneamente a processos históricos experimentados em outras partes do Globo (sobretudo na Europa),

Mas este livro não é apenas sobre parte da história da África. Graças à variedade e à complexidade das histórias africanas, este livro irá explorar alguns aspectos da vida humana nesse continente, dando especial atenção para as sociedades africanas que estiveram diretamente relacionadas à história brasileira. E por que essa escolha? Porque o Brasil é um país cuja história foi construída por milhares de africanos e seus descendentes, homens e mulheres que durante muito tempo tiveram suas vidas e trajetórias pouco contadas ou totalmente silenciadas. Porque conhecer um pouco melhor o continente africano é uma forma de entendermos melhor o mundo e a nós mesmos.

Geografias da África

A primeira lição que temos de ter para começar a estudar as histórias da África é entender melhor a geografia desse continente, pois inúmeras vezes a África é compreendida como uma unidade desprovida de diferenças, o que acaba criando uma ideia errônea sobre o continente e as mudanças que ele sofreu ao longo dos séculos.

Pois bem, a África é um continente repleto de diversidades geoespaciais. De acordo com dados da ONU (2016), em seus 30 milhões de km² (extensão territorial quase três vezes maior do que a da Europa) era possível encontrar, em 2015, um total de mais de um bilhão de pessoas vivendo nos 55 países independentes que nesse momento compunham o continente.

Na África contemporânea são faladas mais de **2.000 línguas**[2], existem diversas religiões e as diferenças físicas entre os africanos podem ser tão grandes como as encontradas entre um português e um dinamarquês (ambos europeus), ou entre um canadense e um boliviano (ambos americanos).

> **2:** Entre essas 2.000 línguas faladas na África está o português, que é usado em Angola, Cabo Verde, Guiné-Bissau, Moçambique e São Tomé e Príncipe. Assim como ocorreu com o Brasil, esses cinco países foram colônias de Portugal, e durante esse período aprenderam o português. Mesmo depois de suas independências, o português continuou sendo a língua oficial desses países, embora outras línguas sejam faladas nesses locais.

Figura 1: Diversidade dos povos africanos
A- Mulher massai do Quênia; B- Homem berbere da Argélia; C- Barqueiros da bacia do rio Níger. Fontes: Merker (1904), Brosselard (1889), Dubois (1897).

Mapa 1: Divisão política da África (2016)

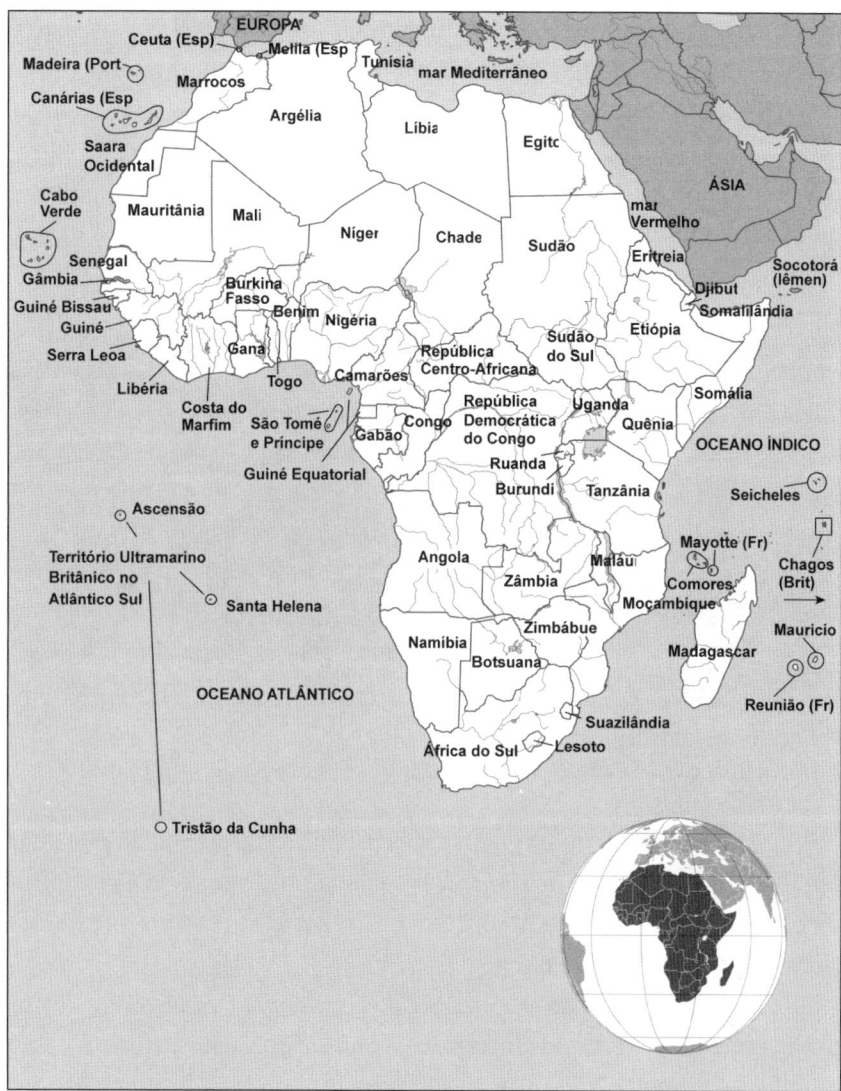

Situação dos países independentes e dos territórios sob tutela estrangeira ou com a situação política questionada. Fonte: Gaba (2016).

Além da língua e da aparência física, os povos africanos possuem formas distintas de se vestir, de se alimentar e de morar. Nos países africanos é possível encontrar grandes cidades como Cairo, capital do Egito (EGYPT, 2015), Lagos, capital da Nigéria (LAGOS, 2015), e Johanesburgo, capital da África do Sul (SOUTH AFRICA, 2015), cujas populações ultrapassavam, entre 2006 e 2011, os números de oito milhões, 1,5 milhão e quatro milhões de habitantes, respectivamente. Nesses mesmos países, também existem cidades menores e até mesmo vilarejos e aldeias.

Figura 2: Diversidade dos padrões urbanos na África
A- Uma grande cidade: Cairo. B- Vilarejo em Zanzibar. Fontes: Barton (1902), Stanley (1913).

A geografia africana é igualmente diversificada. Banhada pelo Mar Mediterrâneo ao norte, pelo Mar Vermelho a nordeste, pelo Oceano Índico a leste e pelo Oceano Atlântico a oeste, a África possui seis grandes tipos diferentes de clima e vegetação.

No extremo norte e no extremo sul do continente é possível encontrar o clima mediterrâneo, que também existe no sul de países europeus como a Itália, a Espanha e a França. Nas regiões próximas ao Trópico de Câncer (ao norte) e ao Trópico de Capricórnio (ao sul) existem dois grandes desertos: o Saara e o Calahari; e no meio desses desertos é possível encontrar alguns oásis. Próximo à região desértica, encontram-se as estepes. Por fim, a região centro-africana possui dois climas preponderantes: as florestas equatoriais (que são semelhantes às que se encontram no norte do Brasil) e a região das grandes savanas.

Mapa 2: Mapa físico da África (relevo, hidrografia e regiões climáticas)

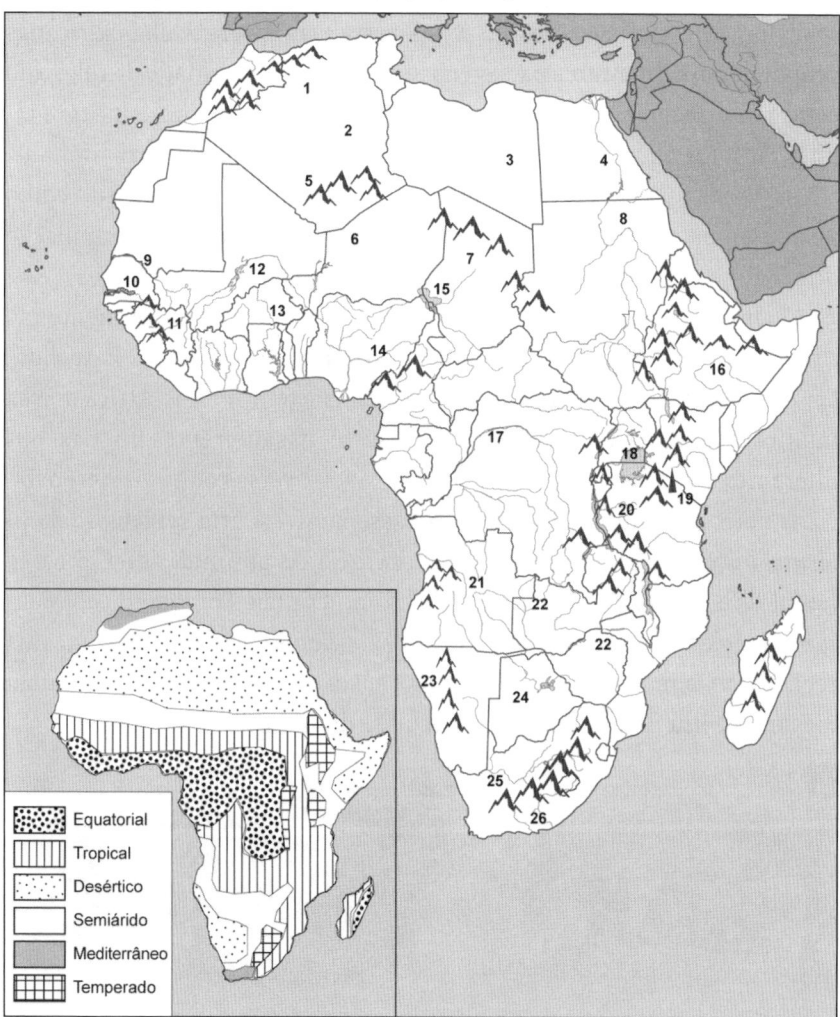

Principais acidentes geográficos: 1- Montes Atlas; 2- Deserto do Saara; 3- Deserto da Líbia; 4- Rio Nilo; 5- Montes Haggar; 6- Deserto do Sudão; 7- Montes Tibesti; 8- Deserto da Núbia; 9- Rio Senegal; 10- Rio Gâmbia; 11- Planalto Kong; 12- Rio Níger; 13- Rio Volta; 14- Rio Benue; 15- Lago Chade; 16- Planalto da Etiópia; 17- Rio Congo; 18- Lago Vitória; 19- Monte Quilimanjaro; 20- Planalto dos Grandes Lagos; 21- Planalto de Bié; 22- Rio Zambeze; 23- Deserto da Namíbia; 24- Deserto de Kalahari; 25- Rio Orange; 26- Montes Drakensberg. Fonte: Gaba (2017a).

A África possui rios extensos e caudalosos, como o rio Nilo, e imensos lagos, como o lago Vitória. A sua costa e as diversas ilhas africanas proporcionam diferentes paisagens litorâneas. A diversidade de relevo do continente inclui planícies, planaltos e depressões, e apresenta montanhas tão altas que o cume delas tem neve durante o ano inteiro.

As várias paisagens encontradas no continente africano, assim como as diferentes culturas que existem atualmente, permitem a formulação da seguinte pergunta: será possível falar em **uma** história da África?

Quem respondeu que não, está aberto para novos conhecimentos. A África, como os demais continentes, possui **muitas** histórias. Na realidade, é possível dizer que existiram e ainda existem muitas Áfricas. Essa multiplicidade se expressa, como já foi visto, nas diferentes línguas, nos diferentes tipos humanos encontrados e nas diversas culturas desenvolvidas no continente. Se isso não bastasse, a África está repleta de **documentos históricos** que fundamentam essa ideia. As pirâmides do Egito e os templos religiosos de antigas cidades como Djenê e Tombuctu (no Mali) são exemplos concretos de que os povos africanos não viveram na mesma região, não acreditaram nos mesmos deuses e também não utilizaram a mesma técnica de construção no decorrer dos anos.

 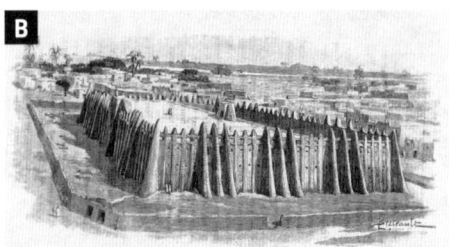

Figura 3: Diversidade das arquiteturas africanas
A- Pirâmides e esfinge de Gizé, no Egito. B- Mesquita antiga de Djenê (reconstituição).
Fontes: Barton (1902), Dubois (1897).

As inúmeras formas de construir, as lendas, mitos e narrativas transmitidos de geração para geração contam muitas histórias sobre diferentes povos africanos ao longo do tempo. Nos capítulos das próximas seções serão estudadas as histórias de alguns desses povos. Como a África é habitada pela humanidade há milhares de anos, seria uma tarefa quase impossível contar a história de todos os que lá viveram. Por isso, serão estudadas com mais cuidado as trajetórias de cidades-estado e de reinos africanos que exerceram forte influência sobre os povos vizinhos e que, de diferentes formas, deixaram suas marcas na história da humanidade.

Como foi dito há pouco, a clássica divisão da história em Antiguidade Clássica, Idade Média, Idade Moderna e Idade Contemporânea foi feita a partir de uma perspectiva eurocêntrica de ver o mundo que, em muitos casos, desqualifica ou ignora a história de outras partes do Globo. Embora discordemos de que essa seja a melhor ou a única forma de compreender a vida humana ao longo do tempo, uma das intenções deste livro é mostrar que, mesmo utilizando esse olhar histórico, podemos e devemos falar sobre o continente africano, pois a África pode ser uma janela para o resto do mundo.

Mapa 3: Principais povos da África

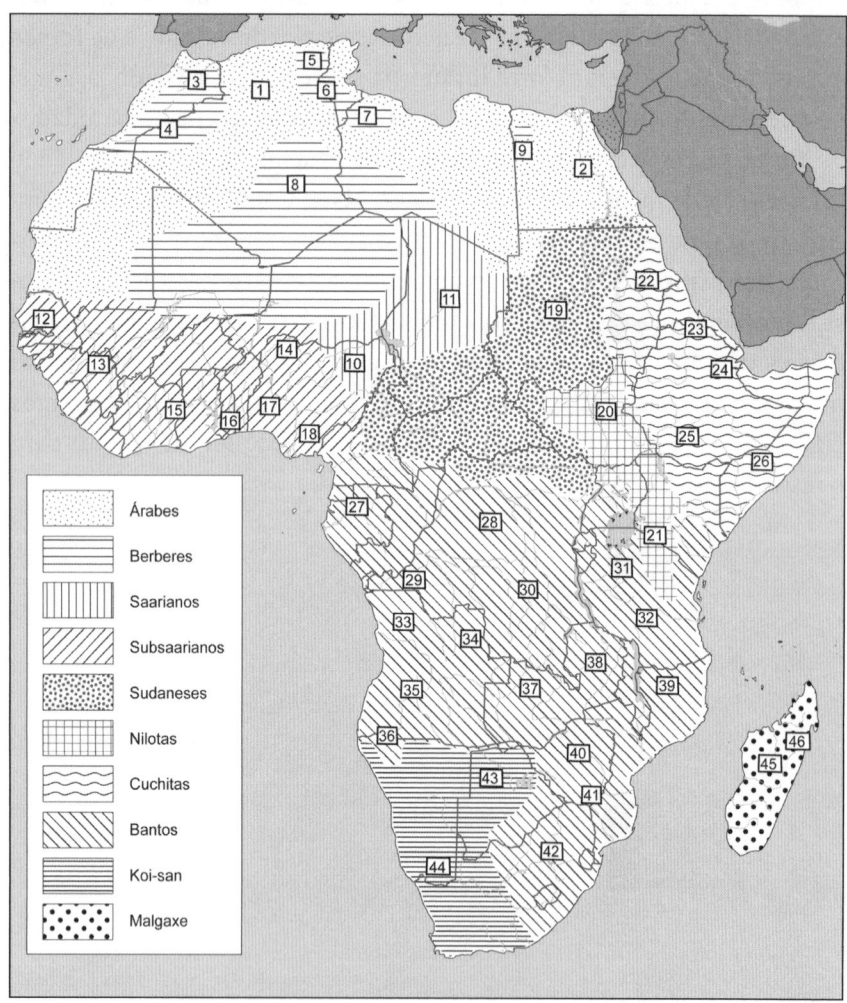

A classificação dos povos africanos costuma usar critérios de etnia e de família linguística. Principais subdivisões dos grandes grupos: ÁRABES: 1- com berberes; 2- com egípcios. BERBERES: 3- rifenho; 4- chleu; 5- cabila; 6- chauí; 7- chamba; 8- tuaregue; 9- siwa. SAARIANOS: 10- kanuri; 11- kanembu. SUBSAARIANOS: 12- fula; 13- mandinga; 14- hauçá; 15- axânti; 16- jeje; 17- ioruba; 18- igbo. SUDANESES: 19- nuba. NILOTAS: 20- dinka; 21- massai. CUCHITAS: 22- beja; 23- tigré; 24- afar; 25- oromo; 26- somali. BANTOS: 27- fang; 28- mongo; 29- bacongo; 30- luba; 31- quicuio; 32- suaíli; 33- ambundo; 34- chokwe; 35- ovimbundo; 36- herero; 37- lunda; 38- bemba; 39- macua; 40- xona; 41- tonga; 42- zulu. KOI-SAN: 43- san; 44- koi-koi. MALGAXES: 45- merina; 46- betsimisaraka. Fonte: Gaba (2016).

CAPÍTULO 1
Sociedades africanas entre o ano 4.000 A.E.C. e o século V E.C. (Idade Antiga)

Os grandes feitos dos faraós, as múmias, os **sarcófagos**[1.1] e os mistérios das pirâmides do Egito fazem parte do nosso **imaginário**[1.2] quando pensamos na Idade Antiga.

> **1.1:** O sarcófago é um túmulo utilizado pelos povos antigos para o sepultamento de seus mortos.
>
> **1.2:** O imaginário de um povo é o conjunto de símbolos, conceitos, memórias e criações da imaginação que fazem parte da cultura e da identidade desse povo.

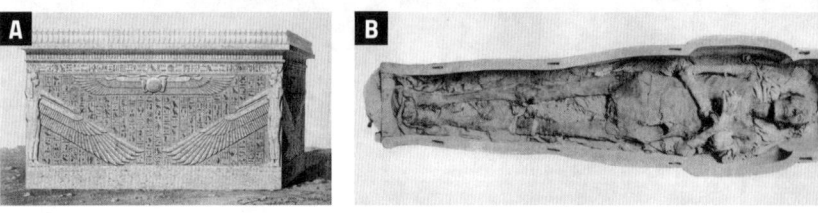

Figura 1.1: O grande mistério do Egito antigo
A- Dentro do sarcófago ficava o caixão; B- Dentro do caixão ficava a múmia envolta em suas faixas de linho. Fontes: D'Avennes (1878), Smith (1912).

Todavia, depois de aprender um pouco sobre a história da "**Dádiva**[1.3] do Nilo", é comum iniciarmos o estudo das épicas batalhas entre gregos e troianos, a grande expansão dos romanos e até mesmo o invencível persa Xerxes e seu exército de Trezentos. Os diversos filmes sobre essas sociedades ajudam a formar uma ideia determinada sobre a Antiguidade, e muitas vezes nos esquecemos de que, nessa época, o mundo já era vastamente povoado pelo ser humano, e que muitas histórias existiram para além da região banhada pelo Mar Mediterrâneo. Junto com a Ásia, a América e a Oceania, a África foi palco de outras tantas culturas e sociedades que viveram nesse longo período da Idade Antiga. Neste capítulo iremos analisar algumas das sociedades africanas que existiram durante esses quase 5.000 anos da história da humanidade. O objetivo é compreender como tais sociedades funcionavam, bem como estudar as relações que elas estabeleceram com outros povos, dentro e fora do continente africano.

> **1.3:** Dádiva é uma palavra que significa presente: o Egito seria um presente do Nilo.

1.1 Egito antigo

Um dos primeiros reinos a se formar no continente africano também foi o mais conhecido dentre eles: o Egito. A história do Egito começou há cerca de 6.500 anos (4.500 **A.E.C.**[1.4]), às margens do rio Nilo, o único rio **perene**[1.5] da região.

> **1.4:** Quando falamos de culturas com diferentes religiões, o mais certo é usar a era comum em vez da era cristã. Embora o ano zero das duas seja o mesmo, a era comum não se refere a uma religião específica. A notação é: A.E.C. (antes da era comum) e E.C. (era comum).
> **1.5:** Rios perenes são os que nunca secam.

As vantagens de habitar as margens do Nilo eram muitas. Em primeiro lugar, como o rio não secava, o abastecimento de água estava sempre garantido. Em segundo lugar, na época de chuvas, o Nilo transbordava suas águas, o que fertilizava o solo e consequentemente facilitava o plantio de alimentos. Além desses dois fatores, graças ao Nilo a região era habitada por diferentes animais (como crocodilos e hipopótamos), o que garantia uma caça abundante para os grupos humanos que lá viviam. Não foi por acaso que o historiador grego Heródoto afirmou: "o Egito é uma dádiva do Nilo". E não seria exagerado dizer que o Nilo é um presente da África. Com todas essas vantagens naturais, as famílias que passaram a viver nessa região desde o começo do período neolítico (da pedra polida) encontraram as condições ideais para a produção agrícola. Trigo, cevada, cebolas, rabanetes, ervilhas, feijões, uvas, figos, tâmaras e azeitonas: esses são exemplos de alguns dos gêneros produzidos na região. A vegetação rasteira facilitou a criação de bois, carneiros e porcos que, junto com os grãos e frutos cultivados, proporcionaram uma alimentação rica e variada. A falta de alimentos não era um problema para as aldeias que viviam às margens do Nilo, fazendo com que a população crescesse rapidamente.

Por volta do ano 3.200 A.E.C., as aldeias, que tinham seus chefes e deuses próprios, começaram a se unir e formaram dois reinos: o Alto e o Baixo

Mapa 1.1: Egito antigo

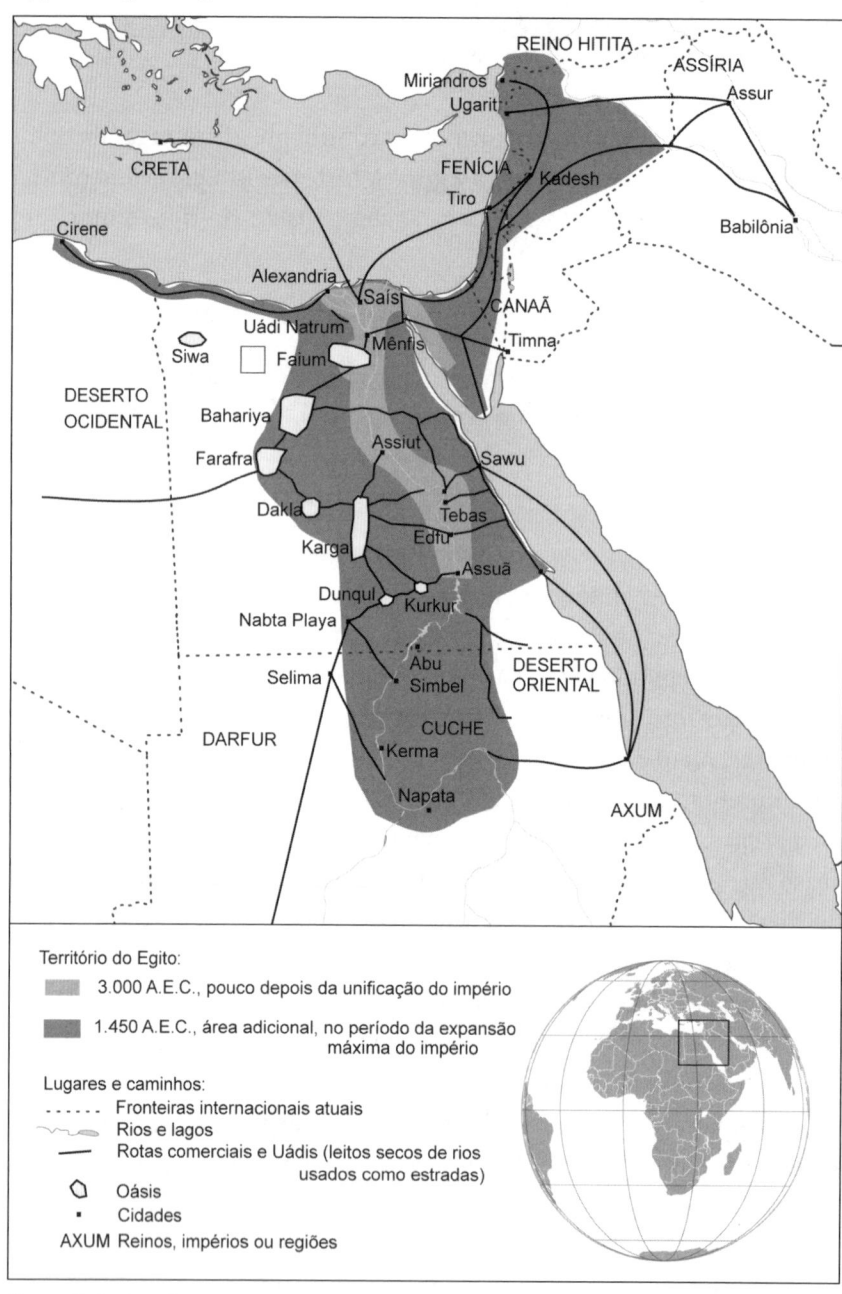

Território do Egito:
- 3.000 A.E.C., pouco depois da unificação do império
- 1.450 A.E.C., área adicional, no período da expansão máxima do império

Lugares e caminhos:
- .... Fronteiras internacionais atuais
- ～ Rios e lagos
- — Rotas comerciais e Uádis (leitos secos de rios usados como estradas)
- ⬡ Oásis
- • Cidades
- AXUM Reinos, impérios ou regiões

Fonte: Gaba (2016).

Egito. Pouco tempo depois, o rei *Menés* do Alto Egito, querendo ampliar suas terras e controlar toda a produção agrícola da região, conquistou o Baixo Egito, formando um só reino cuja capital era a cidade de Mênfis. A partir de então, o Egito passou a ser governado por famílias reais, e muitas das antigas aldeias deram lugar às cidades onde se desenvolveu o mais longevo Estado da história da humanidade.

Figura 1.2: O faraó Akhenaton sendo servido por sua esposa Nefertiti
Fonte: NYPL (2017).

Durante mais de 3.000 anos de história, o soberano do Egito era o faraó, a principal figura desse reino. Tido como reencarnação de *Hórus* (o Deus-Falcão) e como filho de *Amon-Rá*, o Deus Sol, o faraó era uma figura sagrada, uma espécie de deus na terra, e por isso a vida de todo o Egito girava em torno dele, o que lhe dava muitos poderes. Munido de seu **cetro**[1.6] e seu cajado, símbolos de autoridade e que representavam os antigos reinos do Alto e do Baixo Egito, o faraó tinha poder de vida e morte sobre todo o seu reino. Além disso, era ele quem cuidava do sistema de irrigação que mantinha as terras férteis, quem decidia assuntos referentes à justiça e à administração do Egito, e ainda era o comandante principal do exército em tempos de guerra.

1.6: Cetro é um bastão de apoio usado por reis e chefes militares.

Apesar das diversas tarefas realizadas, o faraó tinha as melhores condições de vida de todo o Egito. Morava com sua família em um suntuoso palácio, usava roupas e maquiagens requintadas, estava sempre com joias de ouro e pedras preciosas, tomava banhos relaxantes, alimentava-se das melhores carnes e frutas da região e bebia os melhores vinhos.

> **Boxe 1.1: "A mais bela chegou" ao Egito**
> O Egito Antigo, também conhecido como Egito faraônico, foi um estado governado majoritariamente por homens. No entanto, algumas mulheres conseguiram alcançar posição de destaque. A rainha *Nefertiti* (veja a Figura 1.2) é um dos exemplos de mulheres que exerceram grande poder no Egito. Conhecida por sua beleza (seu nome significa "a mais bela chegou"), pouco se sabe sobre o nascimento da rainha. Nascida no século XIV A.E.C., Nefertiti casou-se com o faraó Aquenaton e com ele teve seis filhos. Contudo, Nefertiti entrou para a história por ter exercido forte influência no governo de seu marido, chegando a ser considerada corregente durante o reinado de Aquenaton. A rainha teve importante papel na tentativa de converter o Antigo Egito num estado monoteísta, defendendo a crença em Aton (uma das formas como o Sol era cultuado no Egito) como deus único. A recusa dos sacerdotes em abandonar seus antigos deuses pode ser uma das razões pelas quais Nefertiti subitamente desapareceu dos registros da época. Até hoje, sua morte é um mistério para historiadores e arqueólogos.

Para governar todo o reino, o faraó recebia ajuda de nobres, pessoas que faziam parte da família real ou que tinham enriquecido ao longo da vida. O cargo de maior destaque era o do *vizir* responsável pela administração da justiça, do tesouro e dos celeiros do faraó. O vizir mais importante da história do Egito foi *Imhotep*, nome que significa "aquele que vem em paz". Nascido no século XXVII A.E.C., Imhotep era filho de uma família humilde e iniciou sua vida pública como **escriba**[1.7]. Sua inteligência fez com que ele se transformasse no vizir do faraó Djoser, além de sumo sacerdote do deus Rá. Considerado por muitos o primeiro arquiteto, engenheiro e médico da história antiga, foi ele quem projetou a pirâmide de Sacara, primeira pirâmide do Egito faraônico. Seu reconhecimento em vida foi tamanho, que Imhotep foi um dos poucos mortais a serem ilustrados como parte da estátua de um faraó.

> **1.7:** Escriba era o profissional que tinha como atividade copiar e escrever manuscritos.

Os demais nobres cuidavam de assuntos administrativos menores, resolviam pequenos problemas jurídicos e vigiavam a cobrança de impostos. Esses altos funcionários também costumavam ser donos de terras, o que lhes garantia uma vida tranquila e com muito conforto. Era no campo que os nobres construíam admiráveis casas que, embora fossem menores que o palácio real, eram compostas por muitos cômodos. Quartos, salas íntimas, salas de depósito de alimentos, cozinha, estábulo, capela familiar, jardins e até mesmo pequenos lagos artificiais faziam parte dessas residências. No interior das casas era possível encontrar camas, mesas e cadeiras de madeira, colchões e almofadas de couro, além de muitos vasos e recipientes de cerâmica ricamente ornados.

Os soldados foram importantes personagens da história do Egito Antigo. Graças ao uso do cavalo e ao manejo de armas como arco e flecha, punhais, machados de guerra, espadas e **cimitarras**[1.8], o exército do Egito conseguiu conquistar a Núbia, ampliar suas redes comerciais e também expulsar o povo **hicso**[1.9]. A importância desses soldados era tão grande, que os principais chefes do exército acabaram se tornando homens ricos e poderosos.

> **1.8:** A cimitarra é uma espada de lâmina curva e mais larga na extremidade livre, muito utilizada por sociedades orientais.
> **1.9:** Hicso é um povo originário da atual Síria que dominou o Egito por volta do ano de 1600 A.E.C. Cerca de 40 anos depois, os hicsos foram expulsos pelos egípcios.

Contudo, a principal força do Egito eram seus trabalhadores. Havia os escribas, os artesãos, os comerciantes e os agricultores. Os escribas eram praticamente as únicas pessoas que sabiam ler e escrever em todo o reino.

Figura 1.3: Ocupações do povo egípcio nos tempos antigos
A- escribas; B- caçadores e pescadores; C- artesãos; D- comerciantes; E- lavradores; F- pastores; G- servos domésticos; H- carregadores; I- guerreiros; J- artistas.
Fontes: Maspero (1888, 1903).

Por isso eles ocupavam altos cargos administrativos no governo do Egito, documentando e controlando a cobrança de impostos, a produção de alimentos, a escrita de leis e costumes, e contando a histórias dos faraós. No entanto, para se tornar um escriba, era necessário muito tempo de estudo, pois o alfabeto **hieroglífico**[1.10] era composto por inúmeros símbolos, sendo que cada um deles poderia representar até cinco palavras. Mas foi graças aos escribas e às mensagens deixadas nos **papiros**[1.11], paredes e túmulos que parte da história egípcia chegou até nós.

> **1.10:** Hieróglifo é a escrita desenvolvida pelos egípcios.
> **1.11:** Os papiros eram folhas feitas pelos egípcios a partir de uma planta que crescia próximo ao rio Nilo.

Assim como os escribas, os comerciantes também eram fundamentais para a vida do Egito, pois eram eles que faziam o comércio desse reino com outras regiões do norte da África e até mesmo com o sul da Europa e com o Oriente Médio (veja o Mapa 1.1). O comércio era feito tanto por terra (no lombo de burros e, mais tarde, por meio de caravanas de camelos) como pelos rios, com embarcações construídas pelos próprios egípcios.

Figura 1.4: O meio de transporte que unia o Egito
Os barcos egípcios percorriam o Nilo levando cargas, transportando viajantes e permitindo a caça e a pesca no rio. Fonte: Maspero (1888).

Os principais produtos comercializados pelos negociantes egípcios eram o vinho e o artesanato feito no reino. Essas mercadorias eram trocadas com o ouro e o cobre da Núbia; o marfim, as peles de animal e as penas de avestruz vindas da **África Subsaariana**[1.12]; a cerâmica, os cavalos, a prata e os escravos dos assírios; e as cerâmicas produzidas em Creta.

1.12: A África Subsaariana é a parte do continente africano que fica ao sul do deserto do Saara.

O Egito também tinha um importante grupo de artesãos, cuja grande maioria vivia nas principais cidades do reino. Os mais especializados deles comandavam a construção de casas, túmulos e templos religiosos. Eles se assemelham muito aos arquitetos de hoje em dia, pois conheciam materiais, técnicas de construção, matemática e astronomia. Havia também artesãos que trabalhavam com o fabrico de móveis, como os carpinteiros e os marceneiros; aqueles que trabalhavam com minérios como o cobre, o ferro e o ouro; e outros que faziam belos objetos de arte, como pinturas e esculturas. Ainda que tenham existido diferentes tipos de artesanato, apenas uma pequena parcela da população se dedicava a essa atividade, cujos conhecimentos eram passados oralmente, de geração para geração.

A maior parte da população do Egito era formada por camponeses, e a vida dessas pessoas era regrada de acordo com as fases do Nilo. Julho era o mês de chuva na região e, consequentemente, da inundação das margens do rio. Nesse período, os camponeses não trabalhavam na terra e muitas vezes eram recrutados pelo faraó para trabalhar na construção de canais de irrigação, templos (como as pirâmides) e outras obras públicas; em alguns casos, os camponeses também eram chamados para compor o exército. Quando a época de chuvas passava, em outubro, os camponeses aravam o solo fertilizado pelo **húmus**[1.13] e jogavam as sementes. Aos poucos, a água do Nilo penetrava na terra e irrigava as plantações. No fim de março, se iniciava a colheita, principalmente do trigo, produto que era levado para o celeiro. Lá o trigo era debulhado pelas mulheres e parte dos grãos guardado para o consumo das famílias camponesas. O restante era utilizado para o pagamento dos pesados tributos cobrados pelo faraó, e o pouco que sobrava era comercializado nas vilas e cidades egípcias.

1.13: Húmus é a matéria orgânica formada pelos restos de vegetais e animais, que torna o solo fértil.

Os trabalhadores egípcios costumavam construir suas casas em regiões altas para que elas não fossem inundadas na época de cheia do Nilo. Eles moravam em casas retangulares simples, construídas com argila amassada ou tijolos de barro seco, cujas portas e janelas eram feitas de madeira; tanto a argila como os tijolos de barros eram feitos a partir da mistura de lama (retirada do leito do Nilo) com areia. As casas mais pobres tinham apenas um cômodo sem nenhuma mobília, mas eram o abrigo que as famílias tinham nas noites frias da região próxima ao deserto. As residências dos trabalhadores mais ricos podiam ter até seis cômodos e costumavam ser pintadas com cores fortes e muito iluminadas pelo sol durante o dia.

Por fim, na condição social mais baixa estavam os escravos. Eles realizavam as atividades consideradas inferiores, como o trabalho nas minas, a preparação dos corpos que seriam mumificados e o talhamento de pedra. Geralmente, esses escravos não eram egípcios e sim prisioneiros de guerra de regiões que haviam sido conquistadas pelo Egito. Também eram eles que tinham as piores condições de vida, dormindo no chão e se alimentando pouco.

Figura 1.5: Alguns deuses egípcios
A- Amon-Rá; B- Ísis e Osíris; C- Hórus; D- Hathor. Fontes: Champollion (1823), Rosellini (1832).

Os egípcios eram **politeístas**[1.14], pois acreditavam em diversos deuses. Parte dos deuses egípcios estava ligada aos fenômenos da natureza, como o Sol, a Lua e a Terra; outros misturavam a forma animal com a forma humana (os deuses antropozoomórficos); e também havia os deuses que representavam ideias como honra e justiça. Para cada um deles foi construído um templo que ficava sob a responsabilidade de sacerdotes e sacerdotisas. Esses homens e mulheres viviam para a religião e cuidavam para que os templos fossem respeitados e os deuses fossem corretamente cultuados. Os deuses mais importantes tiveram cidades inteiras construídas em sua homenagem, como Amon-Rá, o deus criador, cujo centro de culto era **Heliópolis**[1.15].

> **1.14:** Politeístas são aqueles que acreditam em mais de um deus.
> **1.15:** Em grego, a palavra Heliópolis significa cidade (polis) do Sol (Hélio). O nome egípcio original da cidade era Iunu (Lugar dos Pilares).

Durante sua longa história, o Egito Antigo passou por diversas transformações, sempre sob o comando dos faraós (veja os Mapas 1.1 e 1.2). A riqueza do reino chamou a atenção de outros povos que conseguiram controlar o Egito por alguns períodos. Uma das dominações mais importantes aconteceu no final do século VIII A.E.C., quando os **assírios**[1.16] passaram a controlar o reino. Com medo de que o mundo egípcio entrasse em colapso, um grupo de sacerdotes pediu ajuda a Piye, rei de Cuche, na Núbia.

> **1.16:** Os assírios viviam no norte da Mesopotâmia (atual Iraque) e a partir do século XII A.E.C. criaram um verdadeiro império, muito conhecido por suas técnicas militares, que dominou toda a Mesopotâmia até o final do século VII A.E.C.

Em pouco menos de um ano, o rei cuchita conseguiu expulsar os assírios e foi aclamado pelos egípcios como o novo faraó, dando início à 25ª dinastia egípcia, também conhecida como "reino dos faraós negros". Essa dinastia durou quase 100 anos (entre 750 A.E.C. e 660 A.E.C.) e transformou a união do Egito com a Núbia numa das maiores potências da época, comparável apenas ao Império Assírio.

O fim da dinastia dos *faraós negros* foi marcado pela nova dominação dos assírios e pelo enfraquecimento do Estado egípcio. A partir do ano 300 A.E.C., depois de inúmeras disputas com a Núbia e com povos do Oriente Médio e do Sul da Europa, o Império dos faraós caiu nas mãos dos persas e, 200 anos depois, após o suicídio de Cleópatra, se transformou em uma província de Roma. Contudo, durante seus quase 3.000 anos de existência, o Egito teve importantes faraós que criaram um Estado forte e bem aparelhado, no qual foram desenvolvidas diversas técnicas de construção civil e naval, criou diferentes tipos de cosméticos, de jogos e brinquedos, influenciou outras regiões do mundo e deixou para a posteridade monumentos que comprovam a importância de sua história.

> **Boxe 1.2: A crença na vida após a morte**
>
> Os egípcios antigos acreditavam na vida após a morte. Segundo lendas antigas, o deus Osíris tinha sido um dos faraós do Egito, que foi assassinado por seu irmão Set que queria assumir o trono. Após diversas tentativas, Ísis, a esposa de Osíris, conseguiu trazer seu marido de volta à vida. Graças à façanha de Ísis, os egípcios acreditavam na vida após a morte.
>
> Justamente por isso, a morte era um assunto sério para os egípcios. Quando o faraó ou uma pessoa importante morria, seu corpo passava por um processo de mumificação. Os órgãos da cavidade do tronco (como estômago, intestinos e coração) eram retirados e guardados em vasos de cerâmica. Em seguida, o cadáver era mergulhado em um líquido que continha água, sódio e bicarbonato, ficando imerso nessa mistura por 70 dias. Transcorrido esse período, eram colocadas algumas substâncias conservantes e aromáticas dentro do corpo, como mirra e canela. Por fim, o corpo era envolvido com faixas de linho embebidas de cola. Quando a múmia estivesse pronta, ela era colocada dentro de um sarcófago, que do lado de fora era pintado com o rosto do morto para que a alma pudesse encontrar o corpo depois do Juízo Final.
>
> Os sarcófagos iam para os túmulos construídos com antecedência. No caso dos faraós, imensas pirâmides eram edificadas, para que lá fosse enterrado não só o corpo do rei, mas também todos os seus pertences pessoais e alguns de seus escravos domésticos.
>
> Acreditava-se que, depois que o corpo estava mumificado, a alma da pessoa morta seria conduzida até Osíris, deus do Nilo e juiz dos mortos. Osíris iria ler os feitos da pessoa no *livro dos mortos* e em seguida pesar seu coração. Caso o coração pesasse menos do que uma pena, a alma poderia reencontrar o seu corpo (que havia sido mumificado) e viver a vida eterna. Se o coração fosse mais pesado do que uma pena, a alma da pessoa morta seria devorada por uma deusa.

1.2 Núbia

A Núbia era uma região que ficava ao sul do antigo Egito e que abrangia o começo do rio Nilo e as áreas próximas que hoje fazem parte dos países do Egito, da Etiópia e do Sudão.

Durante séculos, a Núbia teve grande importância na história da África, pois foi por meio dessa região que ocorreu o primeiro contato entre a África Subsaariana e o norte do continente. Graças à Núbia, persas, assírios, gregos e romanos souberam da existência de uma África que ficava ao sul do deserto do Saara. A história da Núbia é longa. Os primeiros povos começaram a ocupar a região por volta do ano 7.000 A.E.C., e eram formados por homens e mulheres que foram chamados pelos gregos e romanos de *etíopes*, ou seja: "aqueles que têm a pele negra".

Por volta de 3.200 A.E.C. iniciou-se, a formação do mais importante reino núbio: Cuche. De acordo com os vestígios arqueológicos, Cuche foi um reino governado pelo mesmo grupo de famílias nobres, com o intuito de garantir a manutenção de suas tradições. O rei era escolhido dentro da família real e depois a escolha era confirmada por um **oráculo**[1.17]. Embora tivesse grande poder, o rei **cuchita**[1.18] deveria governar de acordo com os costumes do reino. Caso cometesse algum delito grave, como o desrespeito aos deuses, era possível que os sacerdotes o obrigassem a cometer suicídio como forma de pagar por seu erro.

> **1.17:** Oráculo era a resposta dada por um deus para quem o consultava. Os gregos antigos também recorriam aos oráculos quando tinham alguma questão importante para decidir.
> **1.18:** Cuchita é o nome dado aos habitantes do reino de Cuche (também escrito nas formas Kush, Cush e Cuxe).

O rei era o chefe supremo que controlava toda a administração do reino. O palácio real também era um grande centro administrativo no qual trabalhavam os chefes do tesouro, chefes de arquivo, chefes de ce-

Mapa 1.2: Reino de Cuche

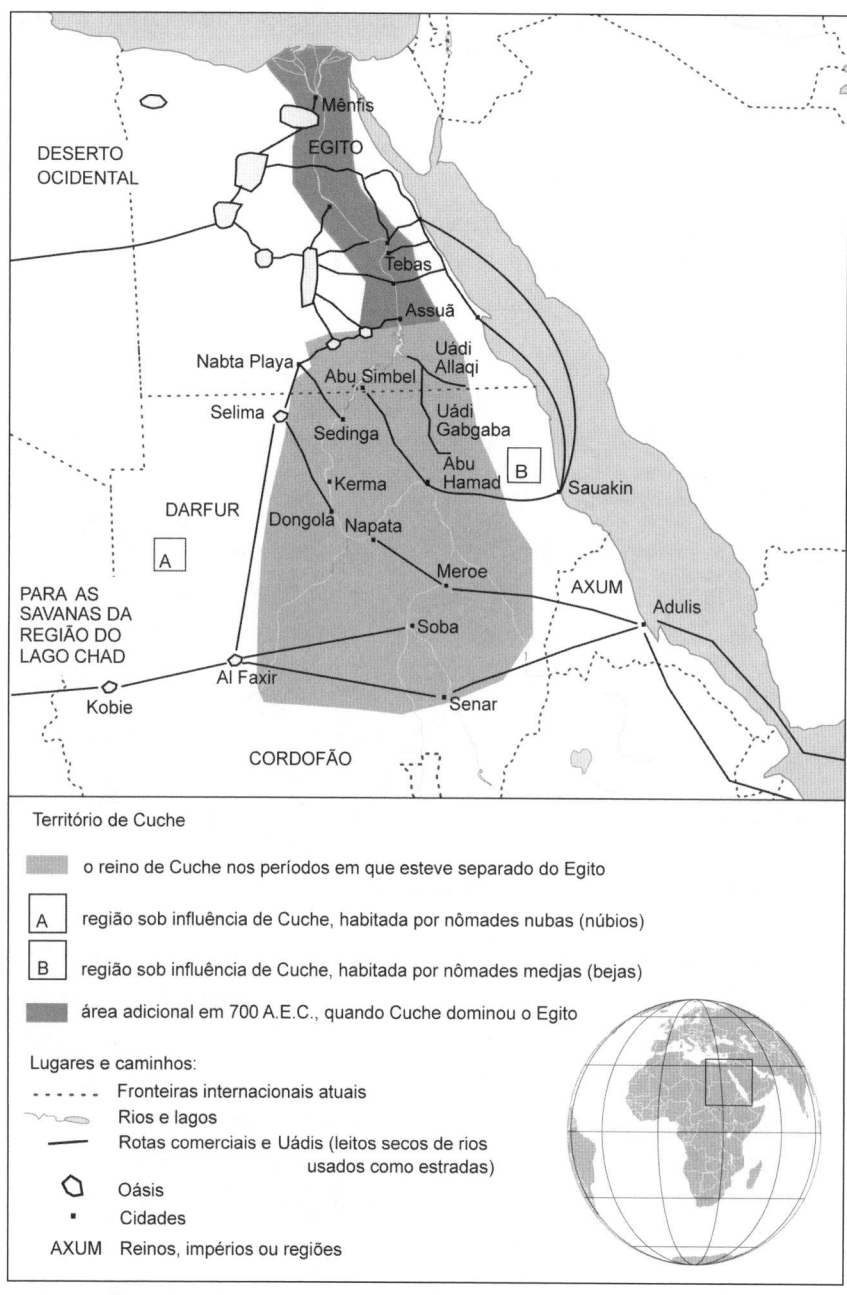

Fonte: Gaba (2016).

leiro e os escribas, além dos comandantes militares. Todos esses altos funcionários eram originários de famílias nobres e auxiliavam o rei a administrar Cuche.

Os sacerdotes, também provenientes da nobreza, cuidavam das cerimônias e dos templos religiosos do reino. Os deuses cultuados pelos cuchitas tinham correspondência com os deuses existentes no Egito Antigo. Junto com os deuses egípcios (Ísis, Tot, Hórus etc.), os cuchitas também acreditavam no deus-leão *Apedemak*, que era um deus guerreiro representado pela cabeça de um leão, e em *Sebiumeker*, que era tido como o deus criador.

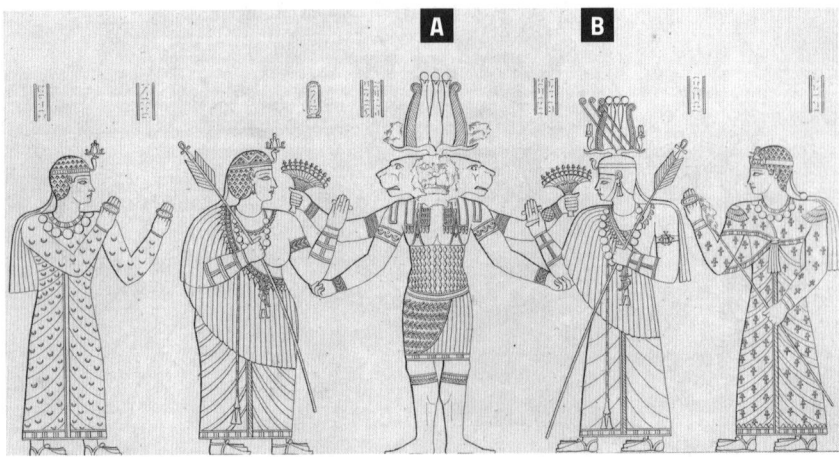

Figura 1.6: Alguns deuses cuchitas
A- Apedemak; B- Sebiumeker. Fonte: Cailliaud (1823).

O reino era formado por diferentes cidades que viviam da intensa atividade comercial. Conforme dito anteriormente, a Núbia ligava regiões distintas do continente africano, e isso transformou Cuche em um grande entreposto de trocas. Os principais produtos exportados por Cuche eram ouro (retirado de minas cuchitas), marfim, ébano, peles de leopardo, escravos e produtos tropicais (parte deles oriundos da África Subsaariana). Tal comércio foi importante para o desenvolvimento da vida urbana do reino, tendo destaque as cidades de Kerma, Napata e Méroe. Junto com os comerciantes que viviam transitando e negociando o que era produzido no Antigo Egito com as peles e os marfins vindos da África Subsaariana, as cidades cuchitas também abrigavam diferentes tipos de artesãos.

Marceneiros e carpinteiros construíam diferentes tipos de móveis que ornavam as casas mais ricas do império. Os ferreiros e as ceramistas fabricavam vasilhas e instrumentos cortantes que eram utilizados diariamente pelos cuchitas; acredita-se que foram os ferreiros da Núbia que ensinaram os povos que viviam na África Subsaariana a trabalhar com o ferro e outros metais como o cobre e o próprio ouro. Os joalheiros eram os artesãos que mais ganhavam dinheiro com a venda de suas produções. O ouro utilizado na confecção dessas joias era retirado das minas localizadas próximas ao Mar Vermelho e que representaram a maior riqueza do reino e de toda a Núbia.

Contudo, a maior parte da população de Cuche era formada por camponeses. Assim como ocorria no Egito Antigo, as margens do Nilo eram terras férteis que facilitavam a produção de cevada, trigo, lentilha, pepino, melão, abóbora e uva (usada na produção de vinho). No entanto, a criação de animais era a principal atividade econômica do reino. Junto com o gado de chifre longo e chifre curto, os pastores criavam carneiros, cabras e cavalos (que eram utilizados como animais de carga). A atividade pastoril era tão importante que, em alguns momentos, as terras férteis de Cuche pararam de produzir cereais e se transformaram em grandes pastos.

A significativa expansão comercial e territorial de Cuche não agradou aos egípcios, que em 1.550 A.E.C. iniciaram uma verdadeira ofensiva militar contra os cuchitas. Derrotado, o Reino de Cuche foi tratado como um vice-reinado do Antigo Egito que, embora continuasse administrado pelas elites locais, devia pagar altos tributos aos faraós. Durante os 500 anos de dominação, é possível observar uma forte influência da cultura egípcia no cotidiano dos cuchitas. Um dos maiores exemplos é a cidade de Napata. A antiga capital de Cuche transformou-se num centro religioso onde as divindades egípcias passaram a ser cultuadas. Além de templos para os deuses Rá e Osíris, os cuchitas começaram a construir pirâmides para enterrar as pessoas mais ilustres da sociedade.

Figura 1.7: Pirâmides de Méroe
Fonte: Cailliaud (1823).

Por volta de 1.000 A.E.C., os cuchitas conseguiram expulsar os egípcios e retomar o governo sobre sua terra. As relações comerciais com os egípcios, bem como as influências culturais, se mantiveram, agora em tempos de paz. Pirâmides continuaram sendo erguidas e a escrita dos *napatanos* era muito parecida com o sistema de hieróglifos desenvolvidos no Egito, embora até hoje ela não tenha sido totalmente decifrada.

Pouco mais de dois séculos depois de recuperar sua soberania, a história se inverteu na relação entre egípcios e cuchitas. Como visto no capítulo 1.1, entre os anos de 750 A.E.C. e 660 A.E.C., o Egito foi dominado pela dinastia de **faraós negros**. Esses faraós eram descendentes do rei cuchita Piye que conseguiu expulsar os assírios do Egito, tornando-se o "senhor das duas terras". Após a precoce morte do faraó Piye, quem assumiu o governo desse grande império foi seu irmão Shabaka, que mudou-se para a cidade de Mênfis quando se tornou o soberano. Shabaka foi responsável por uma série de obras públicas em toda a extensão do seu império. Sob seu governo, a cidade de Napata ganhou templos magníficos como o dedicado à deusa *Nut* (entidade que representava o céu e era considerada a mãe dos deuses pelos egípcios).

O sucessor de Shabaka foi Taharqa (filho de Piye). Ao contrário de seu tio, Taharqa teve um governo repleto de turbulências graças às ofensivas militares dos assírios, que queriam controlar o Egito. Durante seu reinado, o exército de **guerreiros negros** ganhou muita notoriedade, tendo sido registrado na Bíblia anos depois. Contudo, a força e a superioridade militar dos assírios acabaram vencendo o exército "das duas terras" e, no governo de Tanutamon, a união entre o Antigo Egito e o Reino de Cuche se desfez. A dinastia dos faraós negros abandonou as terras do Alto Nilo e retornou para Napata. Teria início uma nova fase do Reino de Cuche.

Em sua nova fase (que se iniciou por volta do ano 660 A.E.C.), o Reino de Cuche mudou sua capital para Méroe, e por isso esse período da história ficou conhecido como *meroíta*. As razões para essa mudança foram muitas: o exército persa, chefiado pelo rei Xerxes I e seu filho Dario, fez inúmeras investidas na cidade de Napata com o objetivo de controlar o comércio e o território dos cuchitas. A cidade de Méroe tinha uma condição climática mais propícia para a agricultura e para a criação de gado, atividades que continuavam sendo exercidas pela maior parte da população. Além disso, a presença de árvores e arbustos era fundamental para a metalurgia, pois serviam como combustível para a fundição do ferro. Em pouco tempo, Méroe estabeleceu importantes rotas comerciais com regiões da África Subsaariana – sobretudo com populações que viviam no atual país de Chade –, e também com sociedades que viviam no Oriente Médio, chegando a comercializar com o Mediterrâneo.

Como a língua desenvolvida pelos cuchitas ainda não foi decifrada, os principais testemunhos do período meroítico são os vestígios arquitetônicos e artísticos deixados na nova capital de Cuche. A grande quantidade de pirâmides em Méroe (são 220 no total) demonstra que algumas influências egípcias se mantiveram. No entanto, novos padrões arquitetônicos foram desenvolvidos. As pirâmides deixaram de ser as sepulturas dos reis e da elite – que passaram a ser enterrados numa sepultura que ficava embaixo da pirâmide –, e passaram a representar uma espécie de escada que levaria a alma do morto para o céu. O templo construído em homenagem ao deus Apedemak, em 200 A.E.C., é outro exemplo das mudanças da arquitetura de Cuche, ao mesmo tempo que confirmava a grande importância que a guerra (e seu deus) continuava tendo na vida dos cuchitas.

Figura 1.8: Templo de Apedemak em Naga
Fonte: Cailliaud (1823).

A constante presença de imagens do deus Apedemak em Méroe não foi por acaso. Com o reestabelecimento das redes de comércio, a nova capital de Cuche transformou-se num importante entreposto de produtos que vinham de regiões tropicais do continente africano para o norte da África (sobretudo o Egito), o Oriente Médio e o Mediterrâneo. Quem conseguisse dominar as rotas comerciais de Méroe controlaria uma importante fonte de riqueza da época.

A prosperidade de Méroe chegou ao conhecimento dos romanos por volta do século I A.E.C. Embora os exércitos do Imperador Augusto tenham conseguido controlar o Antigo Egito e importantes cidades do norte da África como *Assuã*, as forças de Roma foram incapazes de dominar os meroítas. Um dos episódios mais famosos da relação entre Roma e Méroe ocorreu no ano 30 A.E.C., quando um exército de 30.000 meroítas aniquilou três tropas romanas em Primis, forçando o Imperador Augusto a assinar um tratado de paz. Tão impressionante quanto a proeza do exército de Méroe é o fato de esses homens estarem sob o comando de *Amanishakheto*, uma das rainhas-mães do Reino de Cuche.

Em diversos momentos da história dos cuchitas, as mulheres pertencentes à família real desempenharam importante papel no governo de Cuche, controlando a cobrança de tributos, a construção de obras públicas e até mesmo as tropas militares. Essas mulheres eram chamadas de *kandake* ou *candace*, palavra meroíta que significa "rainha-mãe". Segundo os estudiosos, o título de candance existe na Núbia desde o século II A.E.C. *Shanakdakhete*, *Amanirenas* e *Amanitore* são alguns dos nomes das rainhas que governaram os meroítas, mas, ao que tudo indica, Amanishakheto foi a candance mais conhecida de toda a Núbia. Em sua homenagem foram construídas uma estela e diversas inscrições nos palácios meroítas. Conhecida por suas joias de ouro exuberantes e seu ímpeto militar, no século XIX um explorador europeu localizou e saqueou a tumba onde Amanishakheto foi enterrada nas redondezas de Méroe, comprovando assim a importância dessa rainha mãe.

Figura 1.9: Uma candace executa seus inimigos Detalhe da fachada do templo de Apedemak em Naga. Fonte: Cailliaud (1823).

Apesar da vitória de Amanishaketo, no século II E.C., o reino de Cuche entrou em declínio graças aos ataques dos romanos. Em 350 E.C., os meroítas foram dominados pelo reino vizinho de Axum. Era o fim de um dos maiores e mais longevos Estados da história africana, um reino que até hoje tem muito para ser desvendado.

1.3 Axum

No nordeste da África, em pleno planalto Etíope, surgia, há 2.000 anos, a capital daquele que seria um poderoso Império e que ficaria conhecido pelo nome de Axum.

Mapa 1.3: Reino de Axum

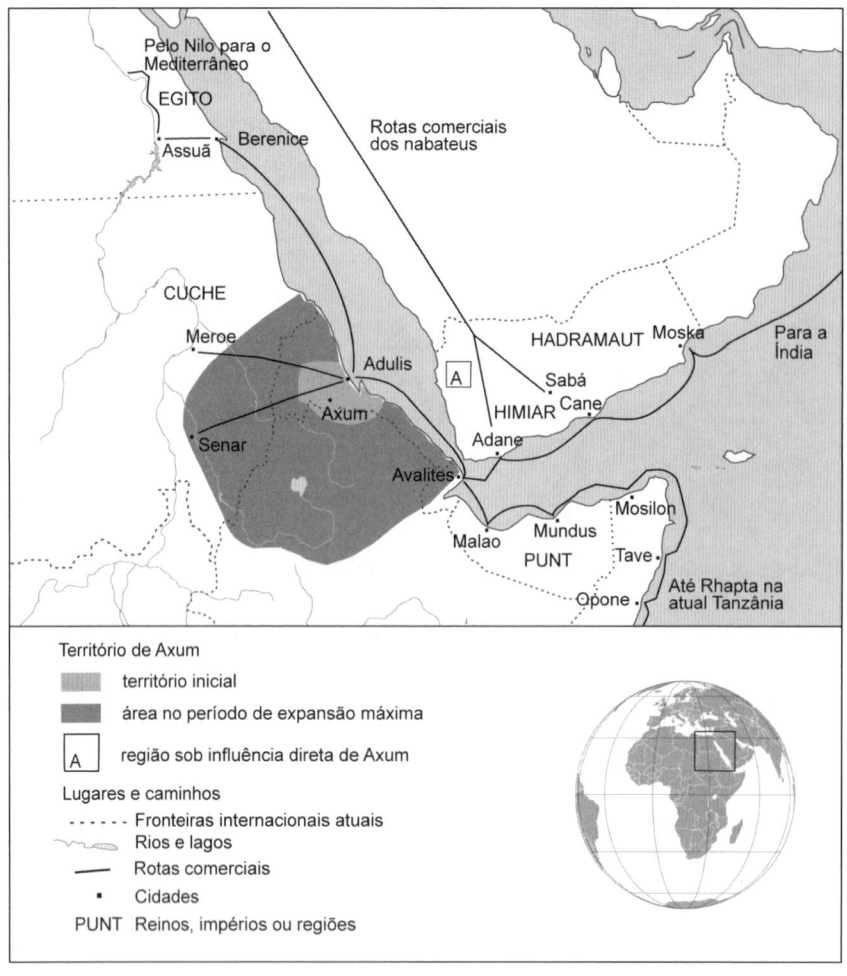

Fonte: Gaba (2016).

Os estudos dos arqueólogos demonstram que essa foi uma região habitada por diferentes povos graças à sua estratégica posição geográfica que ligava o norte do continente africano com a península arábica. Desse modo, cuchitas e grupos seminômades oriundos da atual Arábia Saudita e do Iêmen também viveram naquela região. Todavia, por volta do século I E.C. a cidade de Axum iniciou um processo de dominação de povos vizinhos, criando um Império que durou até o século XIII e que dominava regiões dos atuais países do Sudão, Etiópia, Eritreia, sul do Egito, norte da Somália, Djibuti, Iêmen e parte do sul da Arábia Saudita. Até mesmo o poderoso e rico reino de Méroe foi conquistado pelos axumitas. No seu auge, o poder e a riqueza faziam de Axum um Estado comparável a outros dois impérios de que foi contemporâneo: o Império Romano e o Império Persa.

Rapidamente, os reis de Axum criaram uma intrincada relação com líderes dos povos que dominaram, desenvolvendo um Estado muito hierarquizado. O rei de Axum, também chamado "rei dos reis", transformava os chefes das sociedades que ele subjugava em vassalos. Ou seja: os chefes (que muitas vezes também eram reis) continuavam exercendo suas lideranças locais, mas reconheciam a supremacia do rei de Axum e, por isso, eram obrigados a pagar tributos para ele e oferecer ajuda militar quando necessário. O nome dado aos vassalos de Axum era *negus*. E, à medida que o império ia se expandindo, esses *negus* também poderiam ter seus próprios vassalos, tornando a política do Império ainda mais complexa.

A fim de garantir que os *negus* pagassem os tributos devidos, os reis de Axum criaram dois tipos de cobrança. No primeiro caso, os vassalos deveriam enviar o tributo anual até a capital do Império. No segundo caso, o próprio rei de Axum organizava uma caravana e percorria seus domínios recolhendo os impostos. Para conseguir administrar um Império que crescia a olhos vistos, o rei de Axum era assessorado por um verdadeiro séquito, composto por muitos dos seus familiares, sobretudo seus irmãos homens que, além de cuidar da administração pública, tinham cargos destacados nas expedições militares.

E, quanto mais crescia o reino, maior era o poder do "rei dos reis". Os palácios destinados à família real eram suntuosos e gigantescos. Dois exemplos dessa suntuosidade eram os palácios de *Dungur* e de *Takha Maryam*, ambos residências reais.

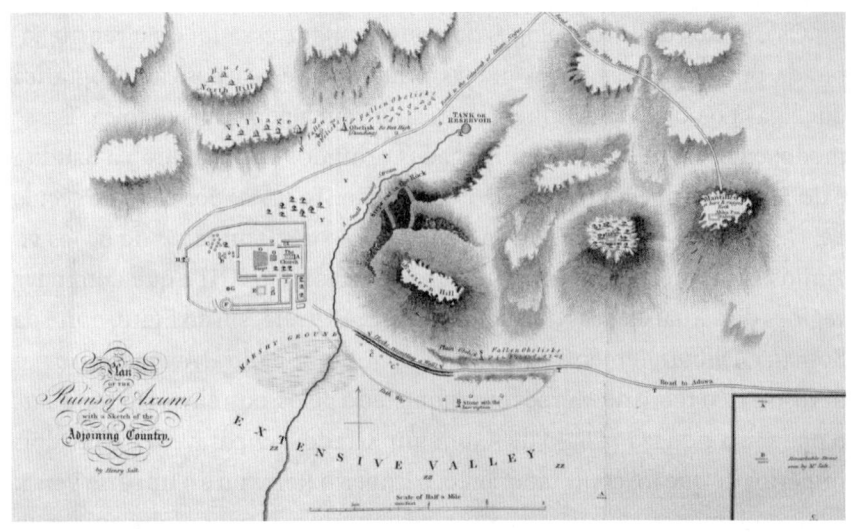

Figura 1.10: Planta das ruínas da cidade de Axum
O sítio arqueológico da cidade de Axum é Patrimônio Mundial da UNESCO.
Fonte: Mountnorris (1809).

Na realidade, gigantismo é o melhor termo para indicar como os reis axumitas compreendiam seus próprios feitos. Um dos maiores exemplos disso são as estelas que esses reis mandaram construir como marcos de seu governo. Feitas de pedra esculpida, algumas dessas estelas chegaram a medir mais de 35 metros de altura. Atualmente, apenas a estela do Rei Ezana conseguiu se manter de pé com seus 24 metros.

Figura 1.11: Estela do Rei Ezana (atualmente no Parque das Estelas em Axum)
Levada para Roma após a invasão italiana (1935), a estela foi devolvida à Etiópia em 2005 e montada no Parque das Estelas do sítio arqueológico de Axum.
Fonte: Mountnorris (1809).

Outro elemento que demonstra o crescente poder dos reis e do próprio Império de Axum eram as moedas. O império de Axum tinha uma cunhagem própria de moedas – o que por si só já aponta como sua economia era forte. Cunhadas em diferentes metais, essas moedas tinham inscrições que, geralmente, diziam respeito ao rei que estava no poder, ou então estampavam seu rosto. Entre os séculos I e IV E.C. foi muito comum que os reis axumitas divulgassem seus feitos. Os grandes e luxuosos palácios, as enormes estelas e seus rostos estampados nas moedas que circulavam por todo o império foram ferramentas importantes para garantir a centralização do poder nas mãos dos reis que, em alguns casos, chegaram a se comparar com deuses.

A maior parte da população de Axum era composta por agricultores e criadores de animais. Esses camponeses faziam barragens e cisternas para armazenar a água que seria utilizada nos canais de irrigação. Cereais e hortaliças eram os principais gêneros cultivados. Além disso, a criação de animais de pequeno e médio porte era muito difundida. Algumas famílias, sobretudo as mais ricas, chegaram a ter rebanhos com mais de 35.000 cabeças de gado. A caça e a domesticação de elefantes também eram praticadas, mas tais atividades estavam diretamente relacionadas à figura real.

Um olhar atento ao Mapa 1.3, que demarca os territórios dominados por Axum, permite observar que a riqueza e o poder desse Império não eram consequências dos grandes rebanhos ou então do trigo e do **teff**[1.19] cultivados pelos camponeses. O Império de Axum passou a controlar importantes cidades portuárias (como Adulis) que permitiam a ligação do continente africano com o sul da península arábica, dominando boa parte do Mar Vermelho. Sendo assim, a atividade que trouxe o esplendor a Axum foi o comércio.

1.19: *Teff* é um cereal nativo da região, domesticado entre 8.000 e 5.000 A.E.C.

Documentos deixados por gregos, romanos e persas que visitaram a região deixam claro que Axum tornara-se, entre os séculos I e IV, uma verdadeira potência comercial. O Mar Vermelho mais parecia um canal por onde transitava uma grande variedade de produtos, vindos dos mais diferentes lugares.

De maneira geral, o Império de Axum importava gêneros alimentícios como vinho, azeite, cereais, uvas frescas, trigo, arroz, milhete e cana-de-açúcar; tecidos grosseiros, artigos de vidro transparente, vasos de vidro e tigelas de cobre. Especificamente da Índia chegavam ferro, aço, tecidos de algodão e mantas. Dos principais portos de Axum saíam as seguintes mercadorias: obsidiana, mármore, chifres de rinoceronte, couro de hipopótamo, macacos, carcaça de tartaruga, marfim, ouro em pó e alguns escravos. Do deserto da Núbia, os comerciantes de Axum negociavam esmeraldas cujo destino final era a Índia.

A chave para controlar um comércio tão vasto e diversificado estava no fato de ele ser considerado um "negócio de Estado". Os principais fornecedores dos comerciantes estrangeiros eram o rei e os *negus* de Axum. Também estavam sob o controle desses homens as caravanas que promoviam o comércio interno do império, bem como algumas rotas comerciais do Mar Vermelho. A proteção oferecida pelos axumitas a Adulis (localizada na atual Eritreia) fez com que a cidade se transformasse num verdadeiro empório, onde a presença de comerciantes do Ceilão (atual Sri Lanka) e da Índia se somava às centenas de negociantes hebreus e bizantinos. O poder que Axum exerceu sobre o comércio dessa região foi tamanho que, em diversas ocasiões, era o Império Axumita que definia a presença ou não de piratas no Mar Vermelho. Não foi por acaso que o Império Romano do Ocidente apoiou a aliança do Império Bizantino com Axum.

A forte presença estrangeira teve impacto na vida religiosa dos habitantes de Axum. Durante centenas de anos, os axumitas cultuavam diversos deuses que estavam relacionados à agricultura e à criação de animais. Por isso, era comum oferecer animais em sacrifício aos deuses. Importantes divindades deste panteão eram: Astar (visto como uma encarnação de Vênus), Beher e Meder (que simbolizavam a terra), além de entidades vinculadas ao Sol e à Lua. À medida que os axumitas foram conquistando outros povos, o culto ao deus Marem cresceu muito. Considerado o correspondente do deus grego Ares, Marem era o deus da guerra, protetor dos axumitas e ancestral dos reis de Axum. Todavia, era possível encontrar pessoas que cultuassem Poseidon (sobretudo na cidade de Adulis), além de signos da religião egípcia e estatuetas de Buda, provavelmente trazidas da Índia.

Assim como ocorria nos primeiros anos do Império Romano, além de reverenciarem seus ancestrais familiares, os axumitas cultuavam seus reis mortos, fazendo, da sepultura desses homens, lugares santos. A história religiosa de Axum mudou no século IV E.C., quando o rei Ezana (que governou entre os anos de 330 e 356) se converteu ao cristianismo e iniciou uma grande campanha em todo o seu território com o objetivo de converter seus súditos. Desde o ano de 313, quando o imperador romano Constantino fez publicar o Edito de Milão, os cristão deixaram de ser perseguidos por Roma. Todavia, foi apenas em 391 que o imperador Teodósio transformou o cristianismo na religião oficial do Império Romano. Nessa altura, grande parte dos axumitas já havia se tornado cristã, graças à política do rei convertido. O rei Ezana deixou seus feitos gravados e fez do Império de Axum o primeiro estado cristão do mundo.

Figura 1.12: Estela encontrada em Axum, com notícia sobre o rei Ezana
É parecida com a "pedra de Ezana" multilíngue encontrada em 1988, mas é escrita apenas em grego. Fonte: Mountnorris (1809).

O reino de Axum começou a entrar em decadência por volta do século VII E.C. graças a dois movimentos distintos. O primeiro foi a instabilidade comercial gerada pelas disputas entre bizantinos e persas em diversas rotas comerciais que abasteciam Axum e que eram abastecidas por produtos axumitas. O segundo movimento foi a expansão islâmica após a ascensão da dinastia Omíada: os árabes passaram a controlar o Mar Vermelho, o que causou um grande esvaziamento das cidades de Axum, inclusive das lideranças eclesiásticas que abandonaram os principais centros urbanos a partir do século X.

1.4 Cartago

A cidade de Cartago é uma das poucas sociedades africanas que conhecemos quando estudamos a história de Roma. Isso porque foi contra os cartagineses que as tropas da República Romana travaram as famosas *Guerras Púnicas* – três grandes guerras que resultaram na vitória dos romanos e no seu controle sob o Mar Mediterrâneo. Contudo, Cartago não foi apenas um coadjuvante em meio à história da Roma Antiga. A grande importância dos cartagineses, sobretudo do século IV A.E.C. ao II A.E.C., e as motivações que levaram os romanos a lutarem contra essa sociedade durante mais de 100 anos, são pistas que apontam a relevância da história de Cartago.

Cartago foi uma cidade fundada pelos **fenícios**[1.20] por volta do século IX A.E.C. De acordo com os romanos, a cidade de Cartago fora fundada pela rainha fenícia **Elissa**[1.21] no ano de 814 A.E.C., quando ela fugia de uma perseguição. Elissa era filha do rei da importante cidade de **Tiro**[1.22]. Quando seu pai morreu, seu irmão mais velho se recusou a dividir o trono com ela e iniciou uma verdadeira perseguição contra a princesa. Sem saída, depois da morte muito suspeita de seu marido, Elissa fugiu para o norte da África e fez de Cartago seu novo lar. O nome de seu novo reino não foi escolhido aleatoriamente: a palavra Cartago significa "cidade nova".

> **1.20:** Os fenícios viveram nos atuais Síria, Líbano e Israel. Fundaram colônias em todo o litoral europeu, asiático e africano do Mar Mediterrâneo e do Mar Negro, e também nas ilhas mediterrâneas.
>
> **1.21:** No poema *Eneida*, em que Virgílio conta a origem lendária de Roma, Elissa é chamada de Dido. Ela acolhe em Cartago o príncipe Eneias, que buscava um lugar para fundar uma nova cidade após a destruição de Troia pelos gregos.
>
> **1.22:** Tiro era uma importante cidade fenícia localizada no atual Líbano.

Os estudos arqueológicos apontam que Cartago, localizada no Norte da África, próximo ao centro da atual capital Túnis, na Tunísia, foi uma cidade criada para servir como colônia dos fenícios de Tiro que estavam à procura de metais, e por isso precisavam expandir suas rotas comerciais no Mar Mediterrâneo. Sua localização estratégica parecia perfeita, pois facilitava a ligação entre o Mediterrâneo do Oriente e o Mediterrâneo do Ocidente, promovendo uma comunicação mais fácil com outras cidades fenícias, como *Útica* (também localizada no Norte da África) e *Gades* (atual Cádiz, na Espanha).

Mapa 1.4: Cartago e seu império

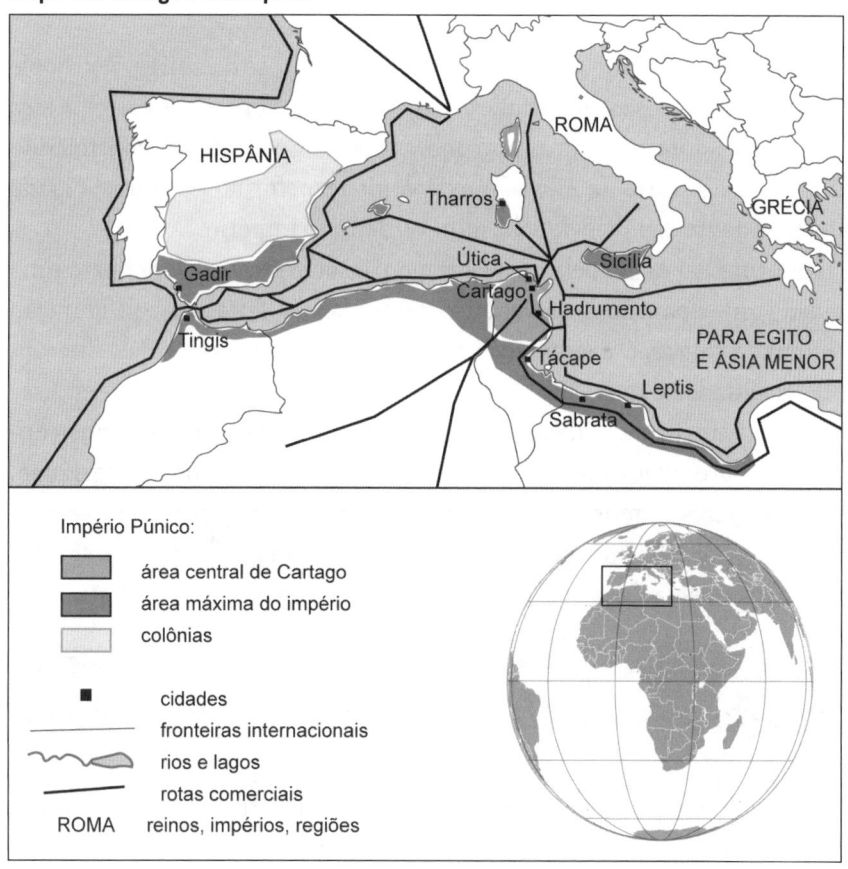

Fonte: Girardelli (2017).

Antes da chegada dos fenícios, a região já era habitada pelos grupos **autóctones**[1.23] *mulucca*, *númidas* e *getulos*. Tais povos viviam da agricultura, produzindo azeite de oliva, mel, vinho e tâmaras. A vida desses povos se transformou muito com a chegada dos fenícios. Embora a atividade agrícola continuasse tendo importância, a partir do século IX A.E.C., a "nova cidade" passou a se especializar no comércio marítimo, aproveitando sua excelente localização no Mediterrâneo.

> **1.23:** Autóctone é o nome dado às populações nativas de uma determinada região. No caso do continente americano, os diferentes povos indígenas compunham a população autóctone.

Por volta do século VI A.E.C., Cartago desligou-se da antiga metrópole de Tiro e tornou-se uma cidade autônoma. Nessa época, os cartagineses passaram a dominar outras povoações fenícias do Ocidente, controlando boa parte do Norte da África. A ex-colônia transformou-se numa cidade independente e, pouco depois, num verdadeiro império.

A principal razão pela qual Cartago passou de uma colônia para uma cidade em expansão foi resultado das mudanças feitas na configuração militar da cidade. O exército passou a recrutar **mercenários**[1.24] de diferentes localidades e que traziam consigo técnicas de guerra diversas. Esse exército bem armado, não só ajudava na proteção de Cartago, como controlava e protegia as rotas comerciais realizadas no Mar Mediterrâneo. Com os mares calmos, os exímios negociantes cartagineses conseguiram ampliar o comércio de metal bruto e passaram a negociar uma gama cada vez mais variada de produtos, como tecidos e escravos.

> **1.24:** Mercenários são guerrilheiros – geralmente de origem estrangeira – que se alistam em exércitos em troca de pagamento. Eles guerreiam por dinheiro.

Esse exército de mercenários também foi importante para garantir o **monopólio comercial**[1.25] de Cartago sobre os povos dominados. Isso significa dizer que as colônias cartaginesas só poderiam comprar e vender produtos com os mercadores de Cartago. Todas as embarcações de povos estrangeiros eram consideradas intrusas, e algumas delas chegaram a ser afundadas pela forte marinha cartaginesa.

> **1.25:** Monopólio comercial é a situação em que existe um único vendedor para um produto ou serviço. No período colonial, a metrópole determinava que somente ela podia comerciar com suas colônias, comprando seus produtos e vendendo bens estrangeiros.

A preocupação em não deixar que gregos, romanos e outros povos atravessassem suas rotas comerciais tinha suas razões. Além do rico comércio do Mediterrâneo, estudos arqueológicos indicam que os cartagineses conseguiram estabelecer relações comerciais com povos do Sudão e passaram a negociar o ouro que vinha de lá. Alguns estudiosos acreditam que tropas cartaginesas mantiveram contato com grupos que viviam na África Subsaariana. Embora a travessia do deserto fosse muito difícil – pois ainda não se utilizavam camelos nessas viagens –, um importante rei cartaginês chamado *Magon* deixou registros de que teria atravessado o Saara três vezes. Ao que tudo indica, os cartagineses não só controlavam o comércio mediterrânico, como passaram a ampliar suas rotas comerciais no Oceano Atlântico, por via terrestre, com outras localidades africanas.

Durante os séculos VI A.E.C. e V A.E.C., Cartago era governada por reis que também eram os chefes militares da nação em momentos de guerra. No entanto, a partir do século V A.E.C., os cartagineses passaram a ser governados por um grupo de homens chamados de *sufetes*. Eleitos anualmente, os *sufetes* eram responsáveis pelas questões administrativas e jurídicas do Império de Cartago, tendo funções muito semelhantes àquelas exercidas pelos cônsules de Roma. Junto com os *sufetes*, os cartagineses criaram uma corte composta por 100 membros; essa corte tinha como função específica controlar todos os órgãos do governo. Embora os cidadãos de Cartago tivessem direito a voto – em alguns períodos chegaram a formar assembleias –, tanto os *sufetes* como os membros da corte faziam parte da camada mais rica da sociedade, formada sobretudo por membros das duas famílias mais influentes da cidade: os *Magon* e os *Barca*.

Figura 1.13: Reconstituição de Cartago no auge do seu poder
Fonte: Sladen (1906).

Os poucos vestígios arqueológicos impedem que se tenha uma ideia mais ampla da sociedade cartaginesa. Todavia, as poucas marcas que conseguiram sobreviver ao tempo demonstram como a cidade de Cartago foi mais do que uma potência econômica. A estrutura urbanística de Cartago era muito sofisticada. Os traçados retos de suas ruas apontam que ela foi uma cidade cuidadosamente planejada, com casas de pedra de mais de um andar e que possuíam cisternas, sistema de esgoto e água encanada. Tais edifícios eram destinados tanto para moradia, como para o diversificado comércio cartaginês.

Toda essa estrutura era protegida por uma muralha de mais de 40 quilômetros de extensão. O que mais impressionava na cidade de Cartago, entretanto, era seu porto. Construído por seus habitantes, o porto de Cartago era duplo: a parte externa estava destinada para os navios mercantes e a parte interna para os navios de guerra – onde havia espaço coberto para mais de 400 embarcações.

Ao que tudo indica, os cartagineses cultuavam deuses fenícios, que no norte da África ficaram conhecidos como *Baal-Hamon* (identificado com o Saturno dos romanos) e a deusa *Tanit*, que estava ligada à fertilidade da terra. Os vestígios arqueológicos apontam que a grande parte dos cultos religiosos acontecia dentro da casa dos cartagineses. Durante alguns anos, sacrifícios eram feitos para apaziguar o ânimo dos deuses. Por volta do final do século IV A.E.C., essa prática caiu em desuso.

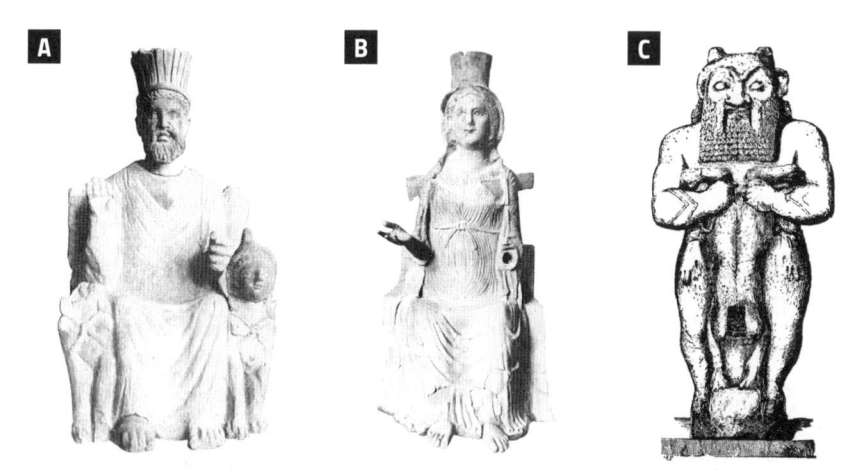

Figura 1.14: Alguns deuses cartagineses
A- Baal-Hamon; B- Tanit; C- Melcarte. Fonte: Merlin (1910), Rawlinson (1904).

A grande organização da cidade e de seus domínios, bem como o controle do Mar Mediterrâneo, fizeram com que Cartago se transformasse num importante adversário para outros povos que viviam na região. No século V A.E.C., os cartagineses entraram em guerra contra os gregos que viviam na Sicília. Aproveitando as disputas internas entre gregos de Atenas e Esparta, Cartago esteve perto de dominar a Sicília; todavia, no ano de 350 A.E.C., os gregos conseguiram organizar um exército que expulsou os cartagineses da ilha.

A maior guerra que Cartago travou também foi sua última: as famosas Guerras Púnicas – que têm esse nome porque os romanos chamavam os cartagineses de púnicos. Durante mais de 100 anos, romanos e cartagineses lutaram para definir quem iria controlar as águas e o comércio do Mediterrâneo. Foram três grandes guerras. A Primeira Guerra Púnica foi entre 264 A.E.C. e 241 A.E.C.; graças à ajuda dos gregos, Roma saiu vitoriosa. A Segunda Guerra Púnica ocorreu nos anos de 218 A.E.C. a 202 A.E.C.; depois de inúmeras vitórias de Cartago, o famoso comandante cartaginês *Aníbal* foi derrotado na *Batalha de Zama*, permitindo que os romanos passassem a controlar a Península Ibérica. A terceira e última Guerra Púnica foi travada de 149 A.E.C. até 146 A.E.C. e demonstrou a grande força de Roma: sob a liderança de Cipião Emiliano Africano, os romanos destruíram Cartago inteira, não deixando nenhum vestígio da cidade que foi sua maior adversária.

Figura 1.15: O porto de Cartago no início do século XX
Fonte: Cagnat (1909).

1.5 O surgimento das comunidades tradicionais africanas

Durante a Idade Antiga, o continente africano foi palco de diferentes organizações sociopolíticas como impérios, reinos e **cidades-estado**[1.26]. Mas também existiram povos que se organizaram em pequenas e médias sociedades, geralmente conhecidas como *aldeias* ou *clãs*. Esse tipo de organização foi mais comum na região ao sul do Saara, e muitos estudiosos o chamam de *comunidades tradicionais africanas*. No entanto, diferentemente do que se pode imaginar, essas pequenas comunidades não eram menos desenvolvidas por não terem reis, imperadores ou grandes muralhas. De maneira geral, as pequenas e médias sociedades foram desenvolvidas por homens e mulheres que conheciam muito bem o meio ambiente em que viviam e sabiam que, em algumas situações – como as longas estiagens que poderiam durar décadas –, seria necessário migrar toda a aldeia para outra localidade. Essa migração teria mais sucesso se o número de pessoas envolvidas não fosse muito grande.

> **1.26:** A cidade-estado era uma cidade que constituía uma unidade política independente, com governo exercido por seus próprios cidadãos livres. Na Antiguidade Clássica, as cidade gregas se organizavam dessa forma.

Outro erro muito comum, quando se pensa nessas comunidades tradicionais, é supor que elas fossem todas iguais entre si. Retomando o mapa físico da África (veja o Mapa 2 da Abertura), seria um grande equívoco imaginar que as aldeias que se estabeleceram em regiões desérticas tivessem a mesma dinâmica daquelas que viveram próximas às florestas tropicais, ou então das comunidades localizadas no litoral índico. Como ocorreu com toda a humanidade, a sobrevivência da espécie estava ligada à capacidade de adaptação ao meio. Com as aldeias e clãs africanos não foi diferente.

O convívio entre essas comunidades também não era sempre pacífico e harmonioso. Por diferentes razões, esses grupos travavam guerras, chegando a escravizar povos vizinhos em algumas ocasiões. Disputas pela foz de um rio perene, o controle sobre um território fértil ou até mesmo desavenças familiares foram motivos para conflitos que ganharam proporções diferentes em cada caso. Todavia, embora essas pequenas e médias comunidades não se enxergassem e não fossem iguais, no caso da África Subsaariana elas compartilhavam um passado comum, bem como algumas semelhanças sociais e culturais.

Muitas das características em comum encontradas nas comunidades tradicionais africanas são consequência de um movimento migratório ocorrido há aproximadamente 4.000 anos e que foi denominado pelos estudiosos **Expansão Banta**. De maneira geral, podemos classificar as características comuns criadas a partir da Expansão Banta em cinco manifestações socioculturais: a ***família extensa***, o ***pertencimento ao coletivo***, a ***ancestralidade***, o ***princípio do coletivo*** e a ***tradição oral***.

> **Boxe 1.3: Expansão banta**
>
> O banto é umas das subdivisões da família linguística Níger-congo. O banto era falado por populações que originalmente habitavam as proximidades do rio Níger, e compreendia um grande número de línguas e dialetos.
>
> Segundo pesquisas arqueológicas recentes, graças ao aumento populacional e ao desmatamento decorrentes da pesca farta e do cultivo de gêneros alimentícios como o arroz, o inhame e as palmeiras oleaginosas (como a do dendê), os grupos humanos que ocupavam essa região iniciaram dois grandes processos de migração em busca de novas terras.
>
> O primeiro processo migratório partiu da região central de Camarões e rumou para o norte da atual República Democrática do Congo e para a África oriental. Esse movimento migratório ainda desenvolveu a atividade pastoril e adquiriu os conhecimentos necessários para o manejo do ferro com sociedades que habitavam o norte do continente.
>
> Já o segundo movimento de migração das línguas bantas saiu da região de floresta do sudeste na Nigéria e expandiu-se para a bacia do rio Congo e seus afluentes chegando ao sul da África. Essas regiões só aprenderam o manuseio do ferro anos depois.

Os grupos de caçadores-coletores que entraram em contato com essa "onda de migração" adotaram as línguas bantas para se aproximarem e negociarem com os grupos recém-chegados. Desse encontro de culturas surgiriam inúmeras sociedades que, embora fossem diferentes e muitas vezes inimigas uma das outras, guardavam traços socioculturais semelhantes.

Atualmente calcula-se que cerca de trezentas línguas de origem banta sejam faladas na África.

Mapa 1.5: Expansão banta

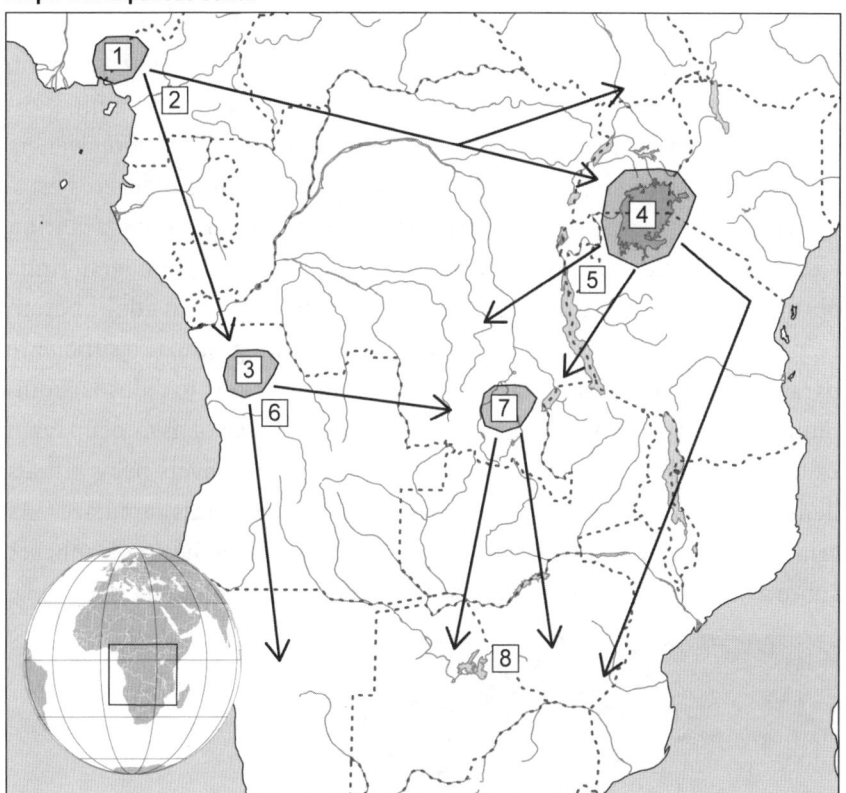

1- 3.000 a 1.500 A.E.C. – origem (sudeste da Nigéria); 2- c. 1.500 A.E.C. – primeiras migrações (leste e sul); 3- núcleo (litoral da região do Congo); 4- 1.000 a 500 A.E.C. – cultura Urewe no lago Vitória; 5- avanço para o sul a partir do lago Vitória; 6- avanço para o leste e o sul a partir do litoral do Congo; 7- 500 A.E.C. – núcleo no interior da região do Congo; 8- 0 a 1.000 E.C. – últimas migrações para o sul. Fonte: Gaba (2016).

Uma das principais instituições das chamadas sociedades tradicionais africanas era a *família*, pois era ela que primeiro definia o **pertencimento** dos indivíduos às suas respectivas sociedades. No entanto, na África Subsaariana, a noção de família é diferente do modelo difundido no mundo ocidental. As famílias africanas eram extensas, formadas não só pela mãe, o pai e seus filhos, mas também pelos avós, tios, sobrinhos, netos e primos que tinham um ancestral em comum. A *família extensa*, também chamada de **linhagem**, era a organização que assegurava a existência física e a perpetuação dos indivíduos, permitia a socialização no grupo e proporcionava o sentimento de **pertencer a um coletivo**, na medida em que possibilitava a conexão de cada membro à sua **ancestralidade**, ou seja, à sua história. Desse modo, a primeira identidade dos homens e mulheres da África Subsaariana era determinada pela família à qual esses indivíduos pertenciam.

Conforme dito anteriormente, as condições naturais de muitas regiões africanas nem sempre eram as mais favoráveis para a sobrevivência humana. Desse modo, por meio de uma rede de direitos e deveres estabelecidos hierarquicamente, as *famílias extensas* conseguiram garantir a vida da comunidade. Cada geração de uma determinada linhagem tinha obrigações a cumprir e direitos a desfrutar. Geralmente, os adultos eram responsáveis pelo sustento da linhagem e deveriam produzir o suficiente para alimentar os idosos e as crianças. Os mais velhos (os idosos) compunham o grupo mais respeitado de cada família; por isso ocupavam os cargos de chefia das comunidades e eram responsáveis pelos rituais de iniciação dos mais jovens e pelos cultos aos ancestrais familiares. As crianças deveriam aprender suas futuras atividades, bem como conhecer sobre a história e a memória dos ancestrais da sua família e da sua aldeia.

Figura 1.16: A árvore sagrada é o centro de convivência de uma comunidade tradicional africana
Fonte: Capello e Ivens (1881).

Sendo assim, quanto maior fosse o tamanho de uma linhagem, principalmente no que diz respeito ao número de adultos, maiores eram as chances de esta família sobreviver. Não por acaso, a **poligamia**[1.27] era prática comum nessas sociedades, pois permitia o crescimento constante das linhagens e a manutenção da ampla rede de parentesco.

> **1.27:** A poligamia é o casamento de uma pessoa com duas ou mais outras pessoas. No caso da África Tradicional, era comum que um homem fosse casado com várias esposas.

As linhagens também determinavam o prestígio social de um homem. Quanto maior o número de pessoas dependentes dele (quer fossem mulheres, filhos, netos, sobrinhos ou irmãos), maior era a importância social e política que ele tinha em meio a seu povo. Este prestígio exercia grande influência nos acordos nupciais feitos entre as diferentes famílias – permitindo a união de grandes linhagens por meio de casamentos – e na escolha dos chefes da comunidade, indicados dentre os líderes das famílias mais extensas, pois eram os homens que detinham maiores recursos econômicos e maior respeitabilidade social.

De acordo com o ***princípio do coletivo***, depois de eleito, o chefe recebia ajuda de um ***conselho de anciões*** (composto pelos homens mais velhos de cada família daquela sociedade). Juntos, o chefe e os membros do conselho deveriam cuidar dos assuntos relacionados à administração e à justiça da aldeia, garantir a segurança de seus habitantes em momentos de guerra, assim como zelar pelos costumes e tradições de seu povo.

Os demais homens adultos podiam exercer diferentes atividades tais como: a criação de animais, a pesca, a caça (quando essa atividade era realizada), a segurança da comunidade (praticamente todos os homens tinham conhecimento de técnicas militares), a produção artística e atividades artesanais – sobretudo aquelas que envolviam o manuseio do ferro.

No entanto, as atividades que garantiam a subsistência da família eram exercidas pelas mulheres da comunidade. Isso porque, de forma geral, todos os serviços relacionados com o espaço doméstico eram realizados pelas mulheres adultas. Eram elas que tratavam de todos os afazeres da casa, criavam os filhos, cortavam lenha para o fogo, buscavam água, confeccionavam tecidos e utensílios de cerâmica e, principalmente, cuidavam da produção dos gêneros agrícolas. Por isso, era muito comum que os rituais de fertilidade da terra fossem feitos por mulheres, por meio de objetos que representassem a capacidade reprodutora das fêmeas, e direcionados a divindades também femininas.

Figura 1.17: Mulheres botsuanas fazem peças de cerâmica
Fonte: Daniell (1804).

Quando havia algum excedente da produção agrícola, era comum que ele fosse comercializado em **feiras e mercados** próximos, geralmente localizados em aldeias maiores ou em cidades. E, diferentemente do que se pode imaginar, o comércio também era uma atividade exercida pelas mulheres. Na maior parte dos casos, eram elas que vendiam as hortaliças e legumes produzidos por sua comunidade. Mas os mercados não eram espaços exclusivamente femininos. Muitos homens também participavam dessa atividade, geralmente negociando outros tipos de produtos. Além de um importante escoadouro de mercadorias (que eram transportadas por meio de vias fluviais ou terrestres), os mercados e feiras viabilizavam trocas de produtos oriundos de diferentes localidades, e também permitiam a circulação de informação e a formação de redes sociais entre duas ou mais sociedades.

Figura 1.18: Mercado de aldeia na África Centro-Ocidental (bacia do rio Congo)
Fonte: Capello e Ivens (1881)

Junto com a noção de família extensa, a **religiosidade** era uma das características definidoras das sociedades da África Subsaariana. Embora cada comunidade acreditasse em um deus ou em deuses próprios, as formas por meio das quais os membros desses grupos entravam em contato com o divino era muito semelhante. Isso porque, em praticamente toda a África ao sul do Saara, a religião era vivenciada no cotidiano. Toda ação humana era uma ação religiosa.

Conforme já foi dito, o cultivo da terra era geralmente antecedido por cerimônias que visavam à fertilidade. Quando meninos e meninas entravam na fase adulta, era comum que fossem feitos rituais de iniciação secretos, nos quais os jovens ficavam reclusos por algum tempo aprendendo os ensinamentos da idade adulta e da profissão que deveriam seguir. Em algumas comunidades, o processo de iniciação dos meninos que se transformariam em ferreiros chegava a durar anos.

Até a família extensa era compreendida por meio da religião. Praticamente todas as sociedades da África Subsaariana acreditavam na coexistência dos mundos dos mortos e dos vivos, e por isso realizavam o culto aos antepassados, crendo que eles eram uma espécie de semideuses que serviam como intermediários na comunicação com forças maiores. De forma parecida com o que aconteceu com o Império Romano antes da conversão ao cristianismo, quase todas as casas africanas tinham pequenos altares particulares, nos quais cultuavam seus ancestrais familiares. Justamente por isso, a morte era extremamente ritualizada por esses povos. Além dos funerais e enterros (que eram obrigatórios), eram comuns tipos específicos de festividades em que se comemorava a entrada do ente familiar no mundo dos mortos.

Junto ao culto aos antepassados, as comunidades africanas também cultuavam deuses específicos que estavam diretamente relacionados com elementos da natureza, independentemente de as sociedades serem monoteístas ou politeístas. Esses cultos geralmente eram acompanhados de muita música e dança e, em alguns casos, envolvia o transe de pessoas que estavam iniciadas para incorporar os deuses ancestrais. Em algumas situações, esses deuses tinham sido os chefes fundadores da sociedade que, após a morte, foram transformados em deuses do trovão, deuses da chuva, deuses da Lua e do Sol, dentre outras divindades. Mas é importante lembrar que as aldeias africanas não acreditavam nos mesmos deuses. Cada comunidade, cidade ou reino tinha seus deuses e entidades próprios e formas específicas de realizar seus cultos e cerimônias religiosas.

Figura 1.19: Dança botsuana com flautas ao luar Danças e cantos faziam parte de festas e cultos religiosos. Fonte: Livingstone (1857).

Muitos povos criam em entidades que viviam nas águas dos rios e dos lagos, ou então na força de uma determinada árvore e de animais específicos. Por isso, havia um respeito significativo à natureza, já que ela era, em último caso, a manifestação dos deuses. Dessa forma, grande parte das sociedades da África Subsaariana exercia uma espécie de **princípio do equilíbrio**. Ou seja: os homens e mulheres entendiam que faziam parte de algo maior que sua comunidade, e qualquer intervenção mais brusca na natureza deveria ser acompanhada por rituais, como uma espécie de pedido de permissão.

Embora a religião fosse algo praticado por toda a comunidade, pois era o que dava o sentido de coletividade aos diferentes povos, existiam figuras que tinham relação ainda mais intensa com o mundo do divino, como os sacerdotes e os feiticeiros. Os sacerdotes eram as pessoas (homens ou mulheres) responsáveis por boa parte das cerimônias religiosas, aqueles que comandavam os rituais de iniciação e as pessoas mais capazes de ler os possíveis sinais dos deuses, assim como decifrar os jogos de adivinhação. Os feiticeiros tinham atributos semelhantes ao dos sacerdotes, mas o fato de eles saberem alterar as características físicas de alguns elementos da natureza fazia com que eles fossem figuras ao mesmo tempo temidas e respeitadas pelo grupo. Não por acaso, muitos dos feiticeiros também eram **ferreiros**, pois ambos detinham o poderoso conhecimento de como alterar a natureza das coisas.

> **Boxe 1.4: A importância dos ferreiros na África Subsaariana**
>
> A mineração é uma atividade realizada em diferentes localidades do continente africano há milhares de anos, sendo o manejo do ferro um dos mais importantes ofícios. Tal atividade esteve relacionada com a descoberta de minério em diferentes localidades da África e das diferentes técnicas que foram desenvolvidas para o manuseio do ferro, utilizado na produção de inúmeros artefatos, sobretudo as ferramentas utilizadas na produção agrícola e as armas utilizadas em períodos de guerra.
>
> As facilidades trazidas pelas ferramentas de ferro eram tantas, que muitos comerciantes atravessavam centenas de quilômetros atrás desse minério, criando importantes redes de comunicação e de troca entre diferentes sociedades africanas.
>
> No entanto, é fundamental ressaltar que o trabalho da metalurgia não era uma tarefa simples. Envolvia uma série de saberes específicos tais como: o

> reconhecimento da localização das jazidas de ferro, as formas de extração do minério, a construção de fornos com temperaturas altas o suficiente para poder trabalhar com o ferro (o ponto de fusão do ferro gira em torno de 1500° Celsius) e os trabalhos de fundição e forja do minério.
>
> Alguns desses saberes eram tão específicos que, em muitas sociedades africanas, o ferreiro era uma figura muito importante econômica e politicamente, sendo ao mesmo tempo temida e respeitada pelos demais habitantes.
>
> Nos mitos de fundação de diversos povos da África Centro-Ocidental, por exemplo, os ferreiros aparecem como reis-fundadores. Essa dupla e importante função se deve não só aos saberes e conhecimentos técnicos atribuídos a esses homens, mas também ao fato de se acreditar que esse conhecimento era oriundo de relações com esferas divinas, privilégio de poucos. Sendo assim, em muitos casos, acreditava-se que o rei-ferreiro detinha não só poderes políticos, mas também atributos mágicos que lhe permitiam acessar outros mundos.
>
> Para saber mais: SILVA, Juliana Ribeiro da. *Homens de ferro: os ferreiros na África Central no século XIX*. São Paulo: Alameda, 2011.

De maneira geral, era por meio da palavra falada que o conhecimento era transmitido de geração para geração. Como a maior parte das comunidades tradicionais africanas eram **sociedades ágrafas**[1.28], a palavra falada era uma das formas que homens e mulheres tinham de se conectar com o mundo divino e sobrenatural, era o elo entre o passado, o presente e o futuro. Dessa forma, era por meio da **tradição oral** que o conhecimento, os costumes, as histórias e os mitos eram contados. Embora a palavra fosse respeitada por todo o grupo, assim como ocorria com a religião, cada sociedade tinha um sacerdote da palavra, ou seja, uma pessoa responsável por guardar a palavra e seus significados.

1.28: Ágrafas são as sociedades que não desenvolveram ou não utilizavam o alfabeto.

Em algumas regiões da África Ocidental, esses guardiões da palavra eram conhecidos como *domas*. Os *domas* eram homens treinados para guardar a memória de um povo. Depois de passar por um processo de mais de 20 anos de iniciação, esses homens eram capazes de memorizar a história de quase todos os antepassados da sua comunidade e se transformavam numa espécie de "documentos vivos" da sociedade. O respeito que os *domas* tinham pela palavra era tão grande que eles falavam apenas quando necessário. Os *domas* também nunca mentiam, pois mentir significava quebrar o elo com a memória e a história daqueles que haviam vivido antes deles. Era a maior ofensa que poderiam fazer.

Os **griots**[1.29] – muitas vezes conhecidos como contadores de histórias – também eram figuras importantes para a manutenção da oralidade. Diferentemente dos *domas*, os *griots* conversavam muito e narravam diversas histórias, muitas vezes acompanhados de música e dança. Assim como os gregos contaram as histórias da Guerra de Troia e as aventuras de Ulisses, muitos *griots* narraram as façanhas de importantes reis, como Sundiata (o primeiro rei do Mali), ou então descreviam batalhas que haviam sido travadas no passado e até mesmo as histórias de como o homem e o mundo haviam surgido. Nas noites mais quentes, os jovens das aldeias sentavam-se em volta de uma pequena fogueira e ouviam as histórias contadas e cantadas pelos *griots* e pelos homens mais velhos da comunidade. Os *griots* viajavam por diferentes povos africanos levando consigo as tantas histórias que aprendiam.

1.29: *Griot* (pronuncia-se "griô") é o nome em francês dos músicos, poetas e contadores de histórias responsáveis pela preservação da cultura de povos da África Ocidental. Nas línguas desses povos, são chamados *jali*, *jeli* ou *djeli*.

Figura 1.20: O chefe de um grupo de *griots* cumprimenta o público
Fonte: Jaime (1894).

Conforme dito anteriormente, embora existissem muitos aspectos em comum nas sociedades da África Subsaariana, elas não eram todas iguais. E também não viveram estáticas no tempo e no espaço. Os deuses cultuados, a organização econômica, as línguas e até mesmo a formação sócio-política eram diferentes. As comunidades tradicionais africanas, em suas diversas formas, não existiram apenas na Idade Antiga. Na realidade, até os dias de hoje é possível encontrar sociedades que guardem práticas milenares decorrentes da Expansão Banta.

Boxe 1.5: A tradição oral

"Quando um ancião morre, é uma biblioteca que se queima." Esse provérbio faz pleno sentido em grande parte das sociedades africanas. Isso porque grande parte das sociedades africanas fez da oralidade e dos testemunhos orais verdadeiros alicerces de suas histórias e memórias.

Durante muitos anos, o Ocidente acreditou que povos que não haviam desenvolvido a escrita, ou sociedades de tradição oral, não tinham histórias, pois os registros dos feitos e dos grandes homens e mulheres haviam se perdido. No entanto, nas últimas décadas do século XX, os estudiosos que analisaram a tradição oral de diferentes sociedades africanas comprovaram como esses grupos organizaram suas vidas, suas culturas e suas memórias em torno da palavra falada. Entendida como um elo fundamental entre a humanidade e o divino, o poder da palavra falada e as diferentes formas de guardar e lembrar aquilo que foi dito constituíram os alicerces de grande parte das cidades, aldeias, reinos e impérios da África Subsaariana, não só no que diz respeito às formas por meios das quais as pessoas acionavam e acionam as memórias, mas também porque a oralidade ajudou a estruturar sociedades nas quais as pessoas mais velhas são reconhecidamente as mais sábias, pois viveram mais e, consequentemente, se lembram mais das coisas vividas.

CAPÍTULO 2
Sociedades africanas entre os séculos V E.C. e XV E.C. (Idade Média)

Em meados do século XIV, um mapa feito por um cartaginês apresentava, no continente africano, um homem com coroa e vestes reais, sentado num trono dourado e segurando uma grande pepita de ouro. Esse era *Mansa Musa*, imperador do Mali e, ao que tudo indica, o homem mais rico do seu tempo. É curioso notar que uma época em que os europeus tinham um conhecimento muito limitado do restante do mundo, foi o período em que diversas sociedades africanas se conectaram entre si e com outros continentes. Neste capítulo iremos analisar a dinâmica interna de muitos povos africanos e como tais povos conseguiram se relacionar com outras partes do mundo durante o longo período que ficou conhecido como Idade Média.

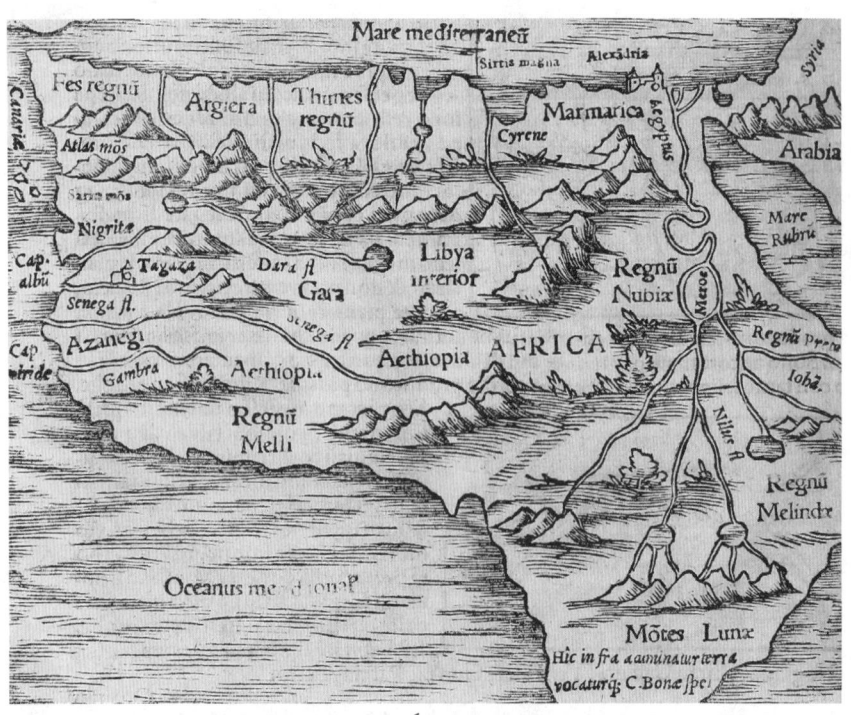

Figura 2.1: Como os europeus imaginavam a África no fim da Idade Média e início da Moderna
Fonte: Munster (1558).

2.1 Gana

O "país do ouro". Foi dessa forma que o reino de Gana ficou conhecido no Oriente Médio, no norte da África e na Europa. Localizado ao sul do deserto do Saara, entre os rios Níger e Senegal (na atual Mauritânia), Gana foi um forte estado fundado no século IV pelo povo africano soninquê e que entrou em decadência no século XIII.

Mapa 2.1: Reino de Gana

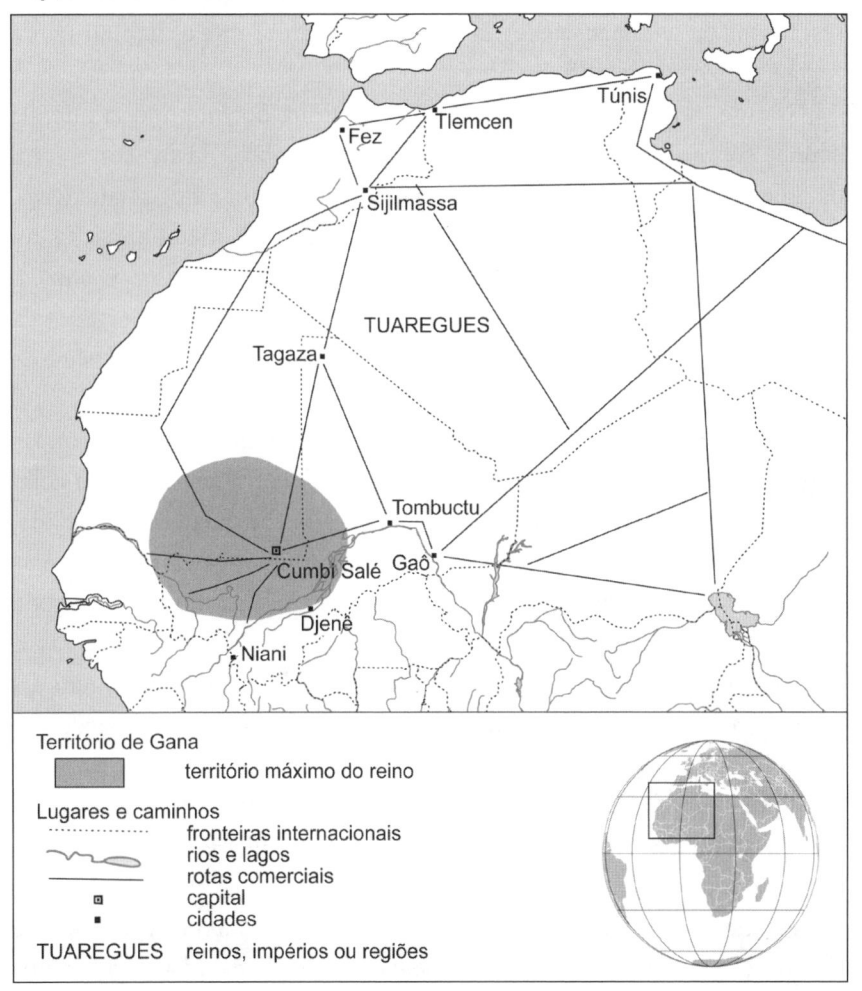

Fonte: Gaba (2016).

Durante seus quase 1.000 anos de existência, Gana exerceu influência sobre outros povos da África Ocidental e ficou conhecido em diferentes partes do mundo graças às suas minas de ouro. Os viajantes árabes que visitaram a região a partir do século VIII ficaram surpresos com a organização desse estado e, já no ano de 700, Gana foi colocada no mapa-múndi pelo geógrafo árabe Al-Khwarizmi.

De acordo com os viajantes árabes, Gana era o nome dado aos reis desse estado. Além de ser chamado de *gana* (chefe de guerra), o soberano poderia responder por *caia-manga* (rei do ouro) e *turca*. Mas não foi por acaso que Gana ficou conhecido pelo título atribuído aos seus governantes. O *gana* ou *caia-manga* exercia um grande poder sobre os habitantes da região e era considerado o senhor do ouro.

Grande parte do poder do *caia-manga* vinha do monopólio que ele exercia sobre as minas de ouro. Ele e alguns membros da sua corte eram os únicos que conheciam o caminho e controlavam as minas auríferas. Todos os que quisessem trabalhar ou comercializar o metal precioso deveriam pagar impostos ao soberano. Além do controle sobre o ouro, o *caia-manga* também exercia um forte poder político sobre o restante da população, pois era tido como uma figura quase sagrada, uma espécie de escolhido dos deuses.

Apesar de sua posição social, o *caia-manga* geralmente vestia roupas simples (túnicas de algodão cru), mas era ricamente ornado com colares, braceletes e pulseiras de ouro. Quando sua chegada era anunciada, as pessoas que estavam presentes se ajoelhavam e jogavam pó sobre as próprias cabeças como forma de reverenciá-lo. Nessas audiências, toda a pompa do *gana* podia ser observada. Além de suas ricas vestimentas, o rei era acompanhado por seu exército particular formado por homens armados e a cavalo, pelos filhos dos chefes de aldeias e pelos ministros que o ajudavam a governar.

O *caia-manga* e sua corte viviam na capital do reino, que era formada por duas cidades. A residência do *gana* e sua família era um complexo murado cujo interior tinha um palácio feito de pedras e madeiras (dentro do qual havia uma enorme pepita de ouro) e por pequenas cabanas que tinham o teto cônico. Ao redor dessa cidade, havia cabanas e pequenos bosques onde viviam os feiticeiros, homens responsáveis pelos cultos religiosos do reino. Esses bosques eram lugares guardados onde ninguém poderia entrar sem autorização, sobretudo os estrangeiros, que eram expressamente proibidos de visitá-los. Esse controle se devia ao fato de os bosques serem considerados lugares ao mesmo tempo sagrados e temidos. Além de comportarem os santuários religiosos, era nos bosques que os antigos *ganas* estavam enterrados e era para lá que muitos criminosos eram mandados.

Figura 2.2: Complexo residencial de chefe no alto Níger
Fonte: Frey (1890).

A segunda cidade que formava a capital do reino era um grande centro comercial no qual moravam muitos mercadores ricos (inclusive muçulmanos), artesãos e pequenos comerciantes. As casas da cidade variavam de tamanho. Os grandes mercadores habitavam casas de dois andares que possuíam mais de nove quartos. Já os artesãos e os pequenos comerciantes moravam em pequenas casas feitas de barro e cobertas de palha.

Além da capital, o reino de Gana abrangia diversas aldeias cuja maior parte dos moradores era composta por camponeses e criadores de animais. Essas famílias viviam em casas rodeadas por hortas, plantações de pepinos, palmeiras, figueiras e pequenos currais onde eram criados carneiros e algumas aves. Parte do que era produzido por essas famílias era pago como tributo ao *caia-manga*.

A mineração do ouro, responsável pela riqueza de Gana, era uma atividade sigilosa. Apenas os homens que trabalhavam na mineração e alguns traficantes sabiam a exata localização das minas. Isso permitia que o *caia-manga* pudesse controlar o ouro que era retirado de suas terras. Todas as pepitas de ouro pertenciam ao *gana*: os mineradores e traficantes só poderiam comercializar o ouro que era encontrado em pó.

Como o ouro era abundante, ele era usado como principal forma de taxar os impostos cobrados sobre o comércio realizado em Gana. O *caia-manga* cobrava um **dinar**[2.1] de ouro para cada carga de sal que entrava em seu reino e dois dinares para a carga de sal que saía. Conforme visto há pouco, os camponeses pagavam seus impostos com as mercadorias que produziam, e muitos artesãos utilizavam barras de cobre como forma de pagar o tributo que devia ao *gana*. Graças ao ouro e às outras formas de tributo, o *caia-manga* e sua corte tinham uma vida farta e cheia de regalias.

2.1: Dinar foi uma moeda de ouro criada pelos califas muçulmanos. Seu peso equivalia a 4,72 gramas.

Embora Gana não tivesse se convertido ao **islamismo**[2.2], durante muitos anos o reino teve boas relações com os **muçulmanos**[2.3] que lá viviam. Contudo, no século XI, um grupo islâmico radical chamado *almorávida* obrigou Gana a se converter ao Islã. Junto com a conversão forçada, a chegada dos almorávidas mudou a estrutura econômica de Gana e a maior parte das zonas agrícolas foi transformada em pasto. Essa mudança causou um grande desequilíbrio no reino que, mesmo depois da expulsão dos almorávidas no século XII, não conseguiu se reestruturar completamente. Em 1204, o povo africano *sosso* invadiu e passou a controlar militarmente o reino. Muitos soninquês fugiram para outras regiões. Era o fim do "país do ouro".

2.2: O islamismo é a religião fundada pelo profeta Maomé na Arábia Saudita durante o século VI e que rapidamente ganhou outras partes do mundo. O islamismo prega as palavras de Alá, o Deus único dessa religião.

2.3: Muçulmano é o nome dado em português para quem segue o islamismo.

Boxe 2.1: A sucessão do poder em Gana

Quando um *gana* morria, era construída uma enorme **abóbada**[2.4] de madeira no local onde ele seria enterrado, dentro de um dos bosques que faziam parte da capital do reino. O corpo do rei era colocado na abóbada em cima de uma cama. Para esse local também eram levados todos os pertences do rei, como suas armas, roupas e os utensílios que ele usava para comer e beber, que seriam enterrados com ele.

Depois do rito funerário, era o momento de escolher o novo *gana*. Todos os possíveis sucessores do trono se reuniam em uma assembleia, e a serpente sagrada que vivia no bosque era trazida. Quem fosse picado por essa serpente seria o novo rei de Gana.

2.4: A abóbada é um teto de formato côncavo, que consiste numa estrutura curva apoiada em paredes ou colunas.

2.2 Mali

Fundado pelo povo *malinquê* no século XIII, o Império do Mali foi um dos estados africanos que ganharam muita notoriedade dentro e fora da África durante o período chamado de Idade Média. Podemos pontuar três razões para isso: os feitos de seus imperadores, o domínio de uma vasta região e o controle de importantes minas de ouro.

Mapa 2.2: Império do Mali

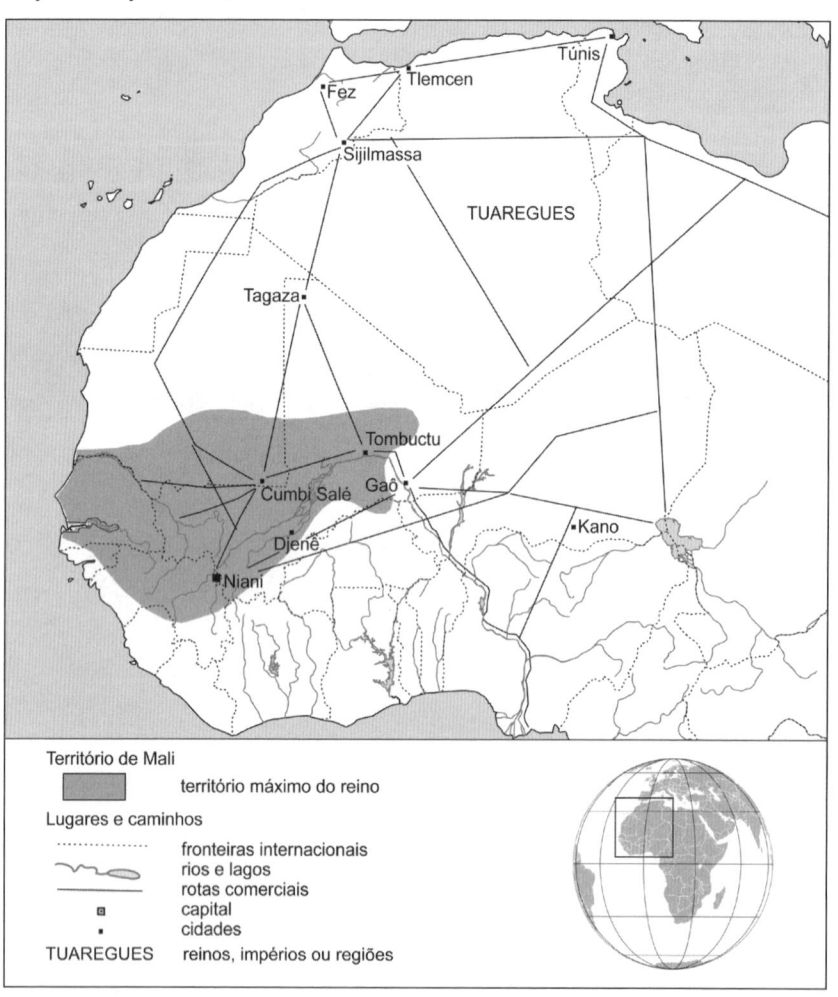

Fonte: Gaba (2016).

O primeiro grande imperador do Mali foi Sundiata Keita, filho do rei malinquê Naré Famagã. Sundiata Keita foi uma figura lendária, um verdadeiro herói, cujas histórias atravessaram as fronteiras do Império do Mali e chegaram a pontos distantes do continente africano. Assim como ocorre com figuras que se transformam em lendas, existem muitas versões sobre a história deste rei africano que misturam fatos com magias e mitos. Vejamos uma delas.

Segundo a tradição oral, a história começa no século XIII, quando o rei mandinga Naré Famagã recebe em sua corte a visita de um caçador que tinha poderes divinatórios. Esse caçador diz que o rei terá um filho com uma mulher muito feia, e tal filho será um rei muito poderoso. Pouco tempo depois dessa visita, Naré Famagã se casa com Sogolon (mulher conhecida por sua feiura), e dessa união nasce um menino aleijado e incapaz de andar; esse menino recebe o nome de Sundiata Keita. Sundiata e sua mãe são constantemente ridicularizados pela corte real, devido à deficiência do príncipe e à feiura da rainha. Muito determinado, num dia em que precisa defender sua mãe, Sundiata apoia-se numa barra de ferro e, milagrosamente, começa a andar.

Após a morte de Naré Famagã, seu filho primogênito Dancarã-Tuma subiu ao poder com a ajuda de sua mãe Sassouma Bateré, desrespeitando a vontade do pai que desejava que Sundiata se transformasse no novo líder mandinga. Com medo dos poderes de Sundiata, Dancarã-Tuma começou a persegui-lo, obrigando o irmão a fugir com sua mãe e irmã para a cidade de Mema, longe do reino dos malinquês. Lá, sua bravura e coragem foram reconhecidas e respeitadas, e Sundiata ganhou posição de destaque no reino.

Enquanto isso, o reino malinquê sofria com os constantes ataques do rei feiticeiro Soumaoro Kanté (que governava o povo sosso). Num desses ataques, Dancarã-Tuma fugiu e o povo malinquê enviou uma comitiva até Mema pedindo ajuda a Sundiata. Sundiata concordou em lutar pelo seu povo, mas sabia que a guerra seria difícil, pois Soumaoro Kanté tinha um exército muito poderoso, e seus poderes mágicos faziam-no imune às armas de ferro. Depois de sofrer algumas derrotas, Sundiata recebeu um presente de sua irmã Nana Triban, que fora obrigada a se casar com o rei sosso: Soumaoro Kanté era invulnerável ao ferro, porém seu ponto fraco era o galo branco. Sabedor do segredo de seu inimigo, Sundiata fez uma flecha com a espora de um galo branco e enfrentou Soumaoro na famosa *Batalha de Kirina* (no ano de 1235). Ao atingir Soumaoro com a flecha de espora de galo, os poderes mágicos de seu inimigo foram desfeitos, e Sundiata conseguiu vencer a guerra. Vitorioso, Sundiata foi coroado o novo rei dos malinquês, iniciando a dinastia de *mansas* que iria governar o famoso Império do Mali.

Assim como o governante de Gana recebia o título de *gana* ou de *caia-manga*, o soberano do Mali recebia o título de *mansa*. Ao *mansa* cabia chefiar o exército e controlar a arrecadação de impostos pagos pelo restante da população. Era do soberano a palavra final nos assuntos administrativos e nas disputas jurídicas. O *mansa* vivia com sua corte em um amplo palácio onde, além de mobílias e objetos de ouro, também era possível encontrar tecidos fabricados na Europa e aves raras. Suas vestimentas eram tão ornamentadas quanto seu palácio: segundo um viajante muçulmano que visitou o Mali em 1352, o *mansa* se vestia com uma túnica vermelha e felpuda, e usava um **solidéu**[2.5] de ouro na cabeça, além de colares e pulseiras feitos do mesmo metal.

> **2.5:** O solidéu é um pequeno barrete, geralmente de tecido, usado por judeus e muçulmanos em sinal de respeito a Deus, e por sacerdotes de algumas Igrejas cristãs como parte dos trajes litúrgicos.

Para governar uma área tão extensa, o *mansa* contava com o auxílio de dois importantes grupos sociais. De um lado, cuidando das questões administrativas do império, estava a linhagem real, uma espécie de nobreza do Mali, que controlava o pagamento de impostos feito pelas aldeias que deviam obediência ao *mansa*.

Do outro lado estava o poderoso exército do Mali, principal responsável pelas conquistas do império. O exército do Mali chegou a ser formado por cerca de 10.000 homens que se dividiam entre a cavalaria do *mansa* e os milhares de arqueiros. Grande parte dos soldados do exército do Mali era composta por escravos, mas na elite do exército estavam homens livres que, além de comandarem as tropas, muitas vezes tinham grande influência política. Os generais do exército usavam espadas, capacetes, cotas de malhas e cavalos, produtos importados do norte da África e da Europa. Essas armas, junto com a presença dos cavalos e a experiência dos arqueiros, fizeram com que, durantes muitos anos, o exército do Mali parecesse indestrutível.

Figura 2.3: Homem malinquê
Fonte: Frey (1890).

Além da nobreza e do exército, o Mali adotou uma tática de dominação parecida com a que o Império Romano empregou durante suas conquistas. Ao invés de obrigar os povos dominados a viverem de acordo com seus costumes, o *mansa* preferia respeitar as diferentes culturas que compunham seu império, contanto que essas pessoas pagassem os impostos devidos. Sendo assim, o Império do Mali era composto por dezenas de cidades-estado, pequenos reinos e milhares de vilas e aldeias que reconheciam o *mansa* como o líder maior. Essa estratégia diminuía o índice de revolta dos povos dominados e garantia certa estabilidade para o império.

Assim como ocorreu em outras partes da África, o Mali também tinha homens livres que formavam castas de profissionais como os ferreiros, os carpinteiros e artistas que trabalhavam com barro e metais.

Outro grupo importante era formado pelas vilas que faziam a extração aurífera. Esses povos tinham técnicas centenárias para retirar ouro das minas que estavam sob o domínio do Império do Mali.

No entanto, a maior parte da população era composta por agricultores, pescadores e pastores. Esses homens e mulheres, que viviam do campo, moravam em vilarejos e habitavam pequenas casas feitas do barro socado e cobertas com palha. Cultivavam **milhete, sorgo**[2.6] e arroz; criavam bois, cabras e camelos, e pescavam nos rios próximos ou então no mar. Parte dessa produção era destinada à subsistência das famílias camponesas, uma parcela pré-estabelecida era usada como forma de pagamento dos **tributos**[2.7] que deviam ao *mansa* e o restante ia para os mercados das cidades do Mali.

> **2.6:** O milhete e o sorgo são espécies de cereais encontradas nessa região do continente africano. São semelhantes ao milho cultivado nas Américas.
>
> **2.7:** Tributo é uma contribuição obrigatória em dinheiro, estabelecida por lei e cobrada por uma repartição do governo. Pode ser um imposto (pela posse de um carro, pelos ganho num período etc.), uma taxa (pagamento de um serviço público recebido, como distribuição de água, coleta de lixo etc.) ou uma contribuição especial (para gerar fundos para um fim específico).

Junto com os camponeses, havia um número significativo de escravos que trabalhavam na produção agrícola do Mali. A maior parte desses escravos (que era obtida nas guerras realizadas pelo exército) era empregada nas fazendas que pertenciam ao *mansa*. Como já mencionado, aqueles que se mostrassem exímios guerreiros e jurassem fidelidade ao Império eram realocados no exército do Mali.

Apesar de a grande maioria da população viver da agricultura, da atividade pastoril e da pesca, o comércio do ouro foi a maior riqueza do Mali. Devido ao seu extenso domínio na região ocidental africana, o *mansa* controlava não só as minas de ouro, mas também as redes de comércio que levavam esse ouro até o deserto do Saara, de onde ele seria levado para o norte da África e de lá para a Europa e para o Oriente Médio.

As caravanas que levavam o ouro voltavam com sal, contas de vidro, tecidos e alimentos produzidos em outras regiões. Embora o **comércio transaariano**[2.8] abrangesse um número variado de mercadorias, apenas as pessoas mais ricas do Império tinham como comprar os produtos que atravessavam o Saara. Para o restante da população, principalmente os camponeses, a única mercadoria acessível desse comércio era o sal – utilizado para a conserva e o preparo de alimentos, bem como para o tingimento de tecidos. No geral, as aldeias camponesas do Mali preferiam realizar suas negociações com povos africanos que viviam mais a oeste e com quem trocavam milhete e arroz por peixe seco produzido na região litorânea.

> **2.8:** O comércio transaariano ligava as duas regiões africanas separadas pelo deserto do Saara: a orla do Mediterrâneo, ao norte, e as bacias dos rios Níger e Senegal, ao sul.

Embora as mercadorias do comércio transaariano não fossem consumidas por toda a população do império, as rotas comerciais que ligavam o Mali com o norte da África deram riqueza e notoriedade ao império. Essas relações comerciais ficaram ainda mais fortes depois que a nobreza e o *mansa* se converteram ao islamismo durante o século XIII. Além do incremento das transações comerciais, a chegada do islamismo trouxe mudanças significativas para o Mali, sobretudo para as principais cidades do império.

Existem dúvidas sobre se Sundiata Keita seria islamizado, pois a tradição oral aponta que ele era um rei mágico que usava a força da natureza e de seus antepassados para governar. Ao que tudo indica, o filho e sucessor de Sundiata, Mansa Uli, já professava a fé em Alá, pois no século XIII ele fez sua peregrinação a **Meca**[2.9]. Foi sob o comando do Mansa Uli que o Império do Mali passou a controlar as cidades de Gaô, Ualata, Tombuctu e Djenê (escrito *Djenné* ou *Jenné* em francês), ampliando ainda mais as redes do comércio transaariano.

> **2.9:** Meca é uma cidade localizada na Arábia Saudita, considerada um lugar sagrado para o islamismo. Segundo os preceitos do Islã, todos os muçulmanos devem realizar uma peregrinação a essa cidade ao menos uma vez na vida.

No entanto, foi Mansa Musa o principal e mais conhecido imperador islamizado do Mali. Cumprindo a obrigação de todo muçulmano, em 1324 o imperador realizou uma peregrinação a Meca – viagem que tornou o Mali mundialmente conhecido. Segundo os registros da época, Mansa

Musa saiu do Mali acompanhado por mais de 70.000 servos e quase duas toneladas de ouro. Para mostrar a prosperidade de seu império, Mansa Musa distribuiu seu ouro pelo Egito, gastando todo o dinheiro que havia levado em mercadorias luxuosas, ficando sem recursos para prosseguir a viagem. Foi tanto ouro que a comitiva de Mansa Musa gastou, que, nas duas décadas seguintes, o preço do ouro ficou relativamente desvalorizado em quase todo o Oriente Médio. Graças ao empréstimo concedido por comerciantes do Cairo, Mansa Musa pôde terminar sua peregrinação.

A viagem para Meca e a reafirmação de sua crença em Alá foi muito importante para Mansa Musa ampliar as redes de contato do Mali com outros estados islamizados no continente africano. Com o Egito, Mansa Musa conseguiu ampliar a compra e venda de escravos. Já com o reino de Fez (no atual Marrocos), Mansa Musa ampliou suas relações diplomáticas, enviando **ulemás**[2.10] para estudarem lá e trazendo artistas e letrados deste império para viverem e trabalharem no Mali.

> **2.10:** Ulemá, na tradição islâmica, é o sábio, o indivíduo reconhecido como autoridade em relação ao saber religioso. Um ulemá pode ser líder de uma comunidade religiosa, jurista especialista na lei corânica, professor, missionário etc.

Figura 2.4: Uma rua de Djenê
Fonte: Dubois (1897).

Na volta de sua viagem, Mansa Musa trouxe consigo o poeta e arquiteto Abu Issak que foi o responsável pela reconstrução de **mesquitas e madrasas**[2.11] nas cidades de Djenê e Tombuctu. Essas duas cidades se transformaram em verdadeiros centros comerciais e culturais onde os costumes pregados pelo Islã podiam ser observados nas técnicas utilizadas na construção das casas e prédios públicos (era a primeira vez que se usava tijolo no Mali), nas roupas e turbantes que os muçulmanos vestiam e na cultura e educação que eram ensinadas nas universidades árabes de Tombuctu.

> **2.11:** Mesquita é o templo religioso dos muçulmanos. Madrasas eram as escolas islâmicas onde se estudavam Religião e Direito.

Embora o islamismo tenha ganhado muito espaço no império do Mali, é importante lembrar que grande parte da população continuava a fazer o culto a seus antepassados e as cerimônias religiosas para seus deuses e entidades divinas. As aldeias do império também não conheceram as inovações arquitetônicas e mantiveram as vestimentas que usavam havia muitos anos, roupas feitas de couro ou de tecidos de algodão mais bruto. Nessas localidades, os *diulas* – uma espécie de feiticeiro da região – eram muito respeitados e frequentemente chamados em casos de doença. Quando ocorriam crimes ou problemas jurídicos mais graves, o *mansa* realizava o julgamento de acordo com a crença da pessoa em questão, respeitando os diferentes credos de seu império.

A expansão territorial realizada por Mansa Musa trouxe problemas para seus sucessores. Embora o exército do Mali fosse bem treinado, não havia homens suficientes para controlar as fronteiras do Império. No final do século XIV, as cidades de Gaô e Djenê conseguiram ficar independentes do Mali, e diversos povos começaram a realizar saques em Tombuctu e outras importantes cidades do Mali. No século XV, os antigos territórios controlados pelo Mali também deixaram de obedecer aos *mansas*, que apenas conseguiram manter o controle de um pequeno Estado até os últimos anos do século XVI.

2.3 Songai

O império de Songai existiu entre os séculos XIV e XVI e dominou uma vasta região da África Ocidental que abrangia os territórios anteriormente dominados pelo Império do Mali, além de novas terras conquistadas.

Mapa 2.3: Império de Songai

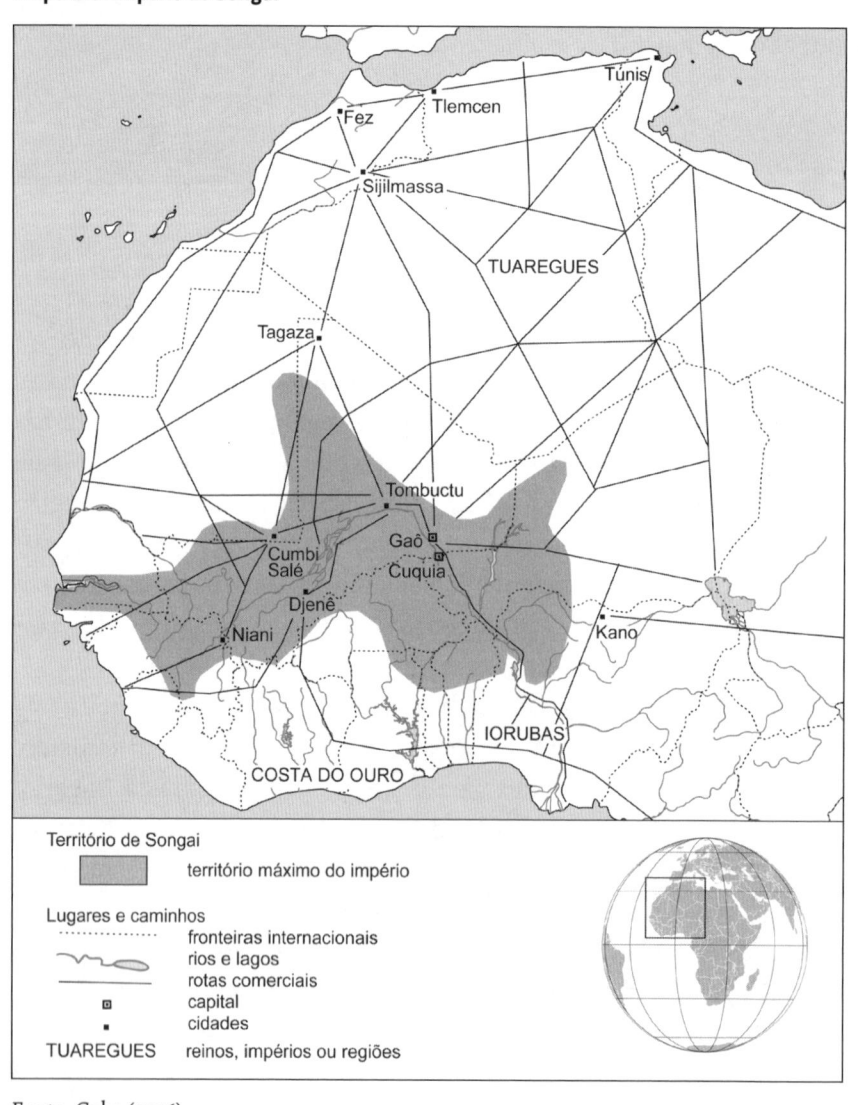

Fonte: Gaba (2016).

Para melhor entender a história desse império é preciso recuar até o século V, nas imediações da cidade de Gaô, próximo ao rio Níger. Essa região era habitada por três grupos: os *sorkos*, conhecidos pela fabricação de barcos e canoas e por serem exímios pescadores; os *gous* que viviam da caça de crocodilos e hipopótamos; e também existiam os *do*, que viviam da agricultura. Por cinco séculos, as trocas comerciais e culturais entre esses três povos acabaram criando uma unidade cultural e linguística entre eles, e dessa união nasceu o povo songai. Segundo conta a tradição oral, por muitos anos os songais viveram sob a ditadura de um sacerdote tirânico chamado *Faran Makan Bote*. Todavia, por volta do século XI, um berbere de nome *Za Aliamen* matou o sacerdote e fundou a dinastia *Diá*, que passou a governar os songais. O rei da dinastia fundada por *Za Aliamen* converteu-se ao Islã (embora a maior parte da população continuasse praticando sua antiga religião) e transferiu a capital de seu reino de Cuquia para Gaô.

Graças às redes comerciais estabelecidas entre Songai e outros grupos islamizados, rapidamente Gaô transformou-se em um importante entreposto comercial das rotas transaarianas, rivalizando inclusive com Cumbi, a capital do Mali. Em 1325, com o comando do *mansa* Musa, a cidade de Gaô foi dominada pelo império do Mali, ficando sob o domínio dos malinquês por 12 anos.

A história de Songai mudou drasticamente no século XV quando Soni Ali subiu ao poder em 1464. Ao contrário de seus antecessores, Soni Ali abandonou a política de pilhagem e começou a praticar uma política de conquista. O grande poderio de Soni Ali era seu exército, formado por jovens cavaleiros e canoeiros hábeis que garantiam a segurança interna e promoviam guerras cujo objetivo principal era a expansão do território songai. Seu forte exército dominou muitas regiões agrícolas, mas também passou a controlar importantes cidades vinculadas ao comércio transaariano, como Tombuctu que foi conquistada em 1468 (quando estava sob o domínio dos **tuaregues**[2.12]); e, depois de inúmeras tentativas, a cidade de Djenê também foi dominada em 1473. Em pouco tempo, o império Songai abarcava as principais cidades e regiões agrícolas próximas ao Níger.

2.12: Tuaregues são um povo berbere que vive no deserto do Saara. Os tuaregues são pastores nômades.

Todavia, a figura do imperador Soni Ali era controversa devido às suas escolhas e práticas religiosas. Ao que tudo indica, Soni Ali não abandonou as crenças tradicionais e recorria sempre que necessário aos cultos, cerimônias e deuses dos antigos antepassados como havia aprendido em Sokoto, cidade de sua mãe. Alguns estudiosos apontam que ele teria sido um imperador feiticeiro, o que era muito malvisto pelos muçulmanos. Soni Ali não só se recusou a obedecer aos ulemás, como os exilou. Após a morte de Soni Ali em 1492, os grupos islâmicos que compunham a nobreza do Império Songai fizeram com que a dinastia de Soni Ali fosse substituída por uma genuinamente muçulmana. Depois de uma guerra civil, subiu ao poder o primeiro representante da dinastia *áskia*: Muhamed Turê.

Muhamed Turê estreitou as relações do Império de Songai com o mundo islâmico. Como muçulmano devoto que era, o novo imperador visitou os principais lugares sagrados para o Islã e chegou a receber o título de califa do Sudão. As investidas bélicas foram mantidas por Muhamed Turê, que conseguiu subjugar importantes grupos vizinhos como os *fulas*, *soninquês* e, sobretudo, duas importantes cidades-estado dos *hauçás*: Kano e Gobir. Todavia, Muhamed Turê também conheceu derrotas importantes. Apesar da sua superioridade numérica e bélica, ele não conseguiu dominar nem islamizar os *dogon*, os *bariba* e os *mossi*.

Para controlar um território tão vasto, o Império Songai criou uma estrutura política muito elaborada, que dividia a administração do império em três esferas de poder. A primeira esfera era o governo central formado pelo imperador e pelos homens mais próximos a ele. Os principais cargos desse governo eram: o secretário-chanceler que redigia as leis e cuidava das correspondências do imperador; o *hi koy*, conhecido como "senhor das águas", que era o chefe das embarcações; o *farimondzo* que era uma espécie de ministro da agricultura que administrava as propriedades do império e resolvia os conflitos de terras; o *kalissa farma* que era uma espécie de ministro das finanças que cuidava do tesouro imperial e das despesas do soberano; o *balama* que desempenhava funções militares; e por fim, o *kori farma* que era responsável por lidar com os estrangeiros.

A segunda esfera de poder era o governo das províncias. Os homens que ocupavam os cargos eram nomeados e poderiam ser demitidos a qualquer momento, dependendo das decisões do governo central. Os chefes de província eram chamados de *fari*. Embora muitas cidades do Império Songai estivessem sob o comando dos *fari*, as cidades mais ricas como Tombuctu, Djenê, Teghazza e Walata tinham grande autonomia política e um núcleo próprio que era responsável pela administração desses centros urbanos. Por fim, a terceira esfera de poder era a chamada administração indireta. Nesses casos, as aldeias e os pequenos reinos que estavam sob o domínio de Songai nomeavam seus chefes segundo seus costumes locais. Tais chefes deveriam ser reconhecidos pelo imperador e continuar pagando os tributos devidos.

As questões jurídicas também eram destinadas a pessoas específicas, respeitando os diferentes credos e culturas que existiam no Império. Nas comunidades muçulmanas, o poder jurídico ficava nas mãos do *cádi*, um cargo vitalício escolhido pelo imperador, cuja função era julgar todos os assuntos criminais e comerciais dos muçulmanos que viviam em Songai; os cádis costumavam viver nas grandes e ricas cidades que compunham o império. No entanto, na maior parte do território Songai, a justiça era feita a partir dos costumes de cada povo. Como o Império Songai dominou diferentes povos, cada aldeia, clã ou grupo étnico julgava seus conflitos a partir de seus costumes, elegendo um chefe para executar o papel de juiz.

A grande extensão territorial fez com que o Império de Songai tivesse uma economia muito diversificada. A maior parte da população, que vivia em aldeias e pequenos povoados, praticava a agricultura, a pesca e, em alguns casos, a criação de animais. Parte do que eles produziam era para consumo próprio; uma porcentagem não muito grande era enviada para o imperador como pagamento dos tributos devidos, e o que sobrava era comercializado nos mercados locais.

Figura 2.5: Grande mercado de Tombuctu
Fonte: Dubois (1897).

Mas também faziam parte de Songai importantes e ricas cidades que estavam atreladas ao comércio transaariano. Como já mencionado, Gaô, Tombuctu, Djenê e Walata são exemplos desses grandes centros urbanos. Nesses casos, era comum que toda a cidade se organizasse em torno do mercado. A população era flutuante, pois a maior parte dos comerciantes era estrangeira e sua presença nas cidades era ditada pelo ritmo das caravanas. Os principais produtos comercializados nas cidades Songai eram: o sal – único gênero que era consumido por praticamente todos os habitantes do Império – , escravos, especiarias, noz-de-cola e o ouro retirado das minas de Bambuku e da região dominada pelo povo *acan* (no atual país de Gana).

Além de importantes entrepostos comerciais, as cidades também eram espaços de cultura e aprendizado, sobretudo da cultura islâmica. Tombuctu, por exemplo, possuía universidade e mais de 120 escolas que eram frequentadas por milhares de estudantes (homens) de todo o Império. Boa parte dos professores tinha se formado nas importantes universidades de Fez (atual Marrocos) e do Cairo (atual Egito) usufruindo do investimento que os imperadores fizeram na vida intelectual de seus súditos. As disciplinas mais estudadas pelos futuros professores eram as humanidades (teologia, retórica, gramática), lógica e astronomia.

Figura 2.6: Mesquita-universidade de Sankoré, em Tombuctu
Fonte: Dubois (1897).

Embora fosse um dos maiores e mais respeitados Impérios da África Ocidental, as disputas internas pelo poder fizeram com que Songai entrasse em decadência em meados do século XVI, quando a África Ocidental já passava por grandes mudanças graças ao contato com os europeus e à formação do tráfico transatlântico de africanos escravizados. Depois de um processo de fragmentação, em 1591, o Império Songai foi conquistado por Marrocos.

2.4 Os povos da Guiné

A África Subsaariana, mais precisamente a costa ocidental do continente, é uma região caracterizada pelo clima úmido e quente, pela presença de florestas e savanas e, principalmente, pelo grande número de rios. Essas condições naturais fizeram com que a África ocidental fosse habitada por diferentes povos. A relativa proximidade com o deserto do Saara também permitiu um intenso comércio dessa região com o norte da África, o que conectou essa região com outros povos do mundo. Nas próximas páginas iremos estudar três importantes povos que viveram nesse local.

2.4.1 Ifé
Ilê Ifé, mais conhecida como Ifé, foi uma das mais importantes cidades-estado da história da África Ocidental. Construída por volta do século VI E.C. na região de floresta tropical próxima aos rios Níger e Benué (localizado no sudeste da atual Nigéria), Ifé era considerada pelos povos iorubas o "umbigo do mundo", o local onde a terra e a vida começaram. Apesar de ter entrado em declínio econômico no século XVI, Ifé manteve sua importância religiosa até os dias atuais.

Os mitos de origem de Ifé são muitos. O mais conhecido deles conta que Olodumaré, o deus supremo dos iorubas, enviou para a Terra Odudua, com um saco que continha um pouco de terra, uma galinha e uma palmeira de dendê. Odudua, uma espécie de semideus iorubano, derramou a terra sobre a água e ali colocou a palmeira e a galinha. Assim que foi colocada no chão, a galinha começou a ciscar e a espalhar a terra por todos os lados, dando origem ao mundo. Esse local inicial ficou conhecido como Ifé, que nas línguas iorubas significa "aquilo que se alarga".

Mapa 2.4: Localização de Ifé na "Iorubalândia"

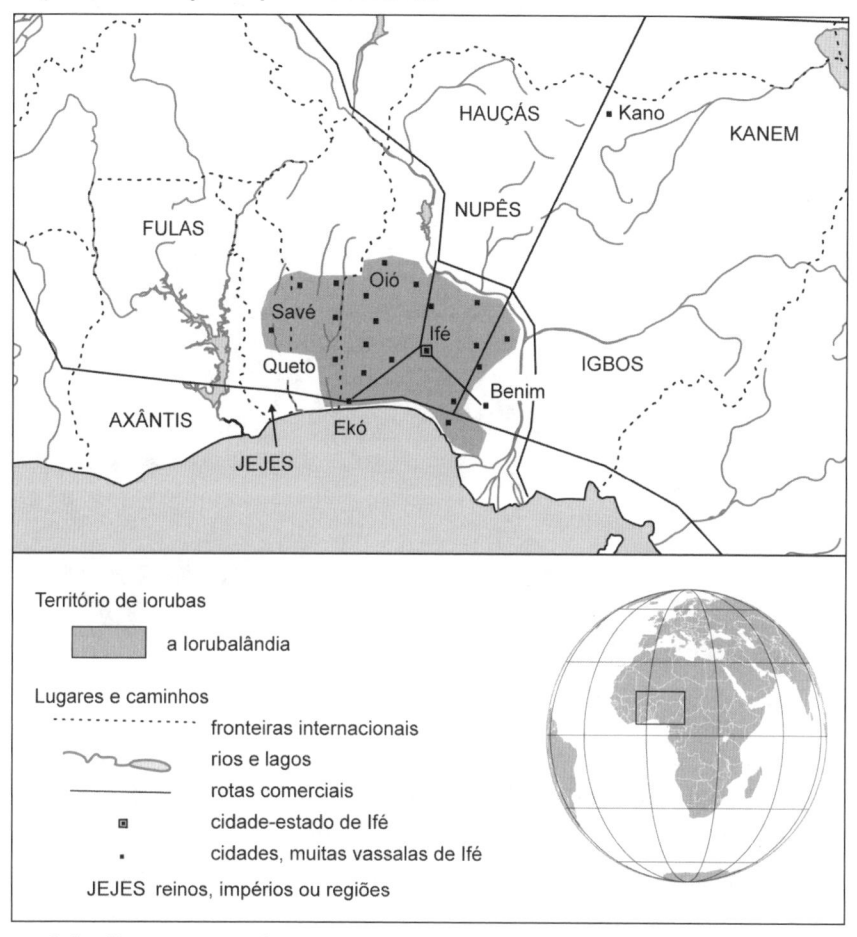

Território de iorubas
▭ a Iorubalândia

Lugares e caminhos
-------------- fronteiras internacionais
~~~ rios e lagos
——— rotas comerciais
▫ cidade-estado de Ifé
▪ cidades, muitas vassalas de Ifé
JEJES reinos, impérios ou regiões

Iorubalândia é a região onde existiram as cidades-estado iorubas. Fonte: Gaba (2016).

Por ser considerada o local onde a vida humana começou, Ifé era tida como cidade sagrada pelos povos que acreditavam ser descendentes de Odudua. Outras importantes cidades próximas, como o Benim, Queto e Oió, acreditavam ter sido criadas pelo príncipe de Ifé (Odudua). Graças a esse antepassado comum, essas outras cidades-estado, bem como aldeias e reinos, pagavam tributos e concediam homenagens a Ifé. A religiosidade era um aspecto tão forte na vida da cidade que, assim como ocorrera no Egito faraônico, o *oni* ou rei de Ifé era considerado um semideus, um rei divino, e que por isso mesmo tinha o direito sagrado de governar a cidade.

Figura 2.7: Corte de rei ioruba
Fonte: Frey (1890).

Ifé era uma cidade cercada por muros de barro. No centro da cidade ficava o palácio do *oni*. Nesse palácio havia um enorme pátio aberto, no qual as cerimônias religiosas eram realizadas. A presença de pátios abertos fazia parte da arquitetura das casas de Ifé, inclusive nas residências mais simples habitadas por camponeses e artesãos. Era no pátio que as pessoas faziam as oferendas a seus deuses, cozinhavam, teciam, conversavam e chegavam a dormir nas épocas de seca.

O *oni* de Ifé tinha diversas atribuições. Além de cuidar dos assuntos sagrados, ele também deveria governar a cidade, cuidando da cobrança de tributos pagos por outras aldeias, bem como controlar a agricultura e o intenso comércio que era realizado na cidade. Como tinha muitos assuntos para cuidar, o *oni* contava com a ajuda de alguns nobres descendentes dos chefes de linhagem, que costumavam ser homens de posses e com idade mais avançada.

Por ficar localizada em uma região de floresta, a agricultura era parte fundamental da economia de Ifé. Os camponeses que trabalhavam a terra cultivavam milhete, inhame, dendê, feijão e quiabo. Além de serem usados na subsistência dos habitantes de Ifé, esses produtos também foram comercializados. O conhecimento do uso de ferro permitiu que os camponeses de Ifé tivessem instrumentos agrícolas que aumentaram a produção de alimentos.

Ifé ocupava uma região estratégica na costa ocidental africana, pois ligava as regiões de savana e de floresta e era banhada por grandes rios, o que permitia a pesca abundante (o peixe era um dos tipos de carne mais consumidos nessa região) e facilitava o transporte de mercadorias. O fato de ligar diferentes regiões climáticas fazia com que o comércio realizado em Ifé fosse muito variado. Tanto os cereais cultivados nas savanas, como o dendê produzido na região de floresta poderiam ser encontrados nessa cidade.

Junto com a grande variedade de alimentos produzidos pelos camponeses, Ifé comercializava instrumentos feitos de ferro, além de contas de pedra e de vidro das mais variadas cores, que eram utilizadas como ornamentos e enfeites. Essas contas eram artigos procurados pelos povos vizinhos de Ifé, como os *nupês* e os *vangaras*.

Esse forte artesanato aponta que além, do *oni*, da nobreza, dos camponeses e dos comerciantes, Ifé deveria ter um importante grupo de artesãos, que provavelmente eram oriundos de linhagens (famílias extensas) que conheciam o manejo do ferro e do vidro havia centenas de anos e passavam esse conhecimento de pai para filho. Esse tipo de organização social era muito comum entre povos africanos. Era o nascimento que determinava o tipo de atividade e de profissão a ser exercido. Se uma pessoa nascesse em uma família de ferreiros, seria artífice do ferro; se nascesse em uma família de camponeses, seria camponesa; se nascesse na família real, seria nobre e poderia até se tornar o novo *oni* de Ifé.

Mas não era apenas o vidro e o ferro que eram fabricados pelos artesãos de Ifé. Em escavações realizadas no início do século XX, arqueólogos encontraram diversas esculturas de bronze e de **terracota**[2.13] que reproduziam cabeças humanas.

2.13: Terracota é um tipo de argila modelada e cozida em forno.

Se observadas com atenção, percebe-se que as cabeças encontradas em Ifé possuem um acabamento perfeito e são de uma beleza quase inigualável. É possível que o artista tenha se inspirado em modelos humanos na busca da beleza ideal. Por isso, tanto as esculturas de bronze como as de terracota retratam o rosto humano em harmonia e equilíbrio.

Além da maestria em sua confecção, as esculturas encontradas em Ifé seguem um mesmo padrão. Apesar de não existirem duas esculturas iguais, as feições humanas retratadas nas obras não expressam emoção e se parecem muito umas com as outras. De acordo com estudiosos de Arte, as esculturas de Ifé fazem parte da mesma tradição artística encontrada no Egito Antigo, na Grécia e Roma Clássicas e na Itália renascentista, na qual os artistas procuravam alcançar a beleza perfeita por meio do retrato fiel do ser humano. As esculturas de Ifé causaram tanta surpresa quando foram achadas, que um arqueólogo, Leo Forbenius, chegou a acreditar que Ifé era uma espécie de colônia grega em solo africano.

Figura 2.8: Templo de Xangô em Ibadã
Xangô, deus do raio, foi um dos reis lendários dos iorubas. Fonte: Frobenius (1913).

Assim como ocorria com as esculturas feitas na Grécia Clássica, as cabeças de Ifé eram pintadas. É possível que tais esculturas, principalmente as que foram feitas em bronze, tenham sido usadas em rituais fúnebres como forma de retratar o rosto de pessoas importantes da cidade. Outra hipótese é que essas obras fossem utilizadas em rituais religiosos. Além das esculturas de cabeças humanas, os artesãos de Ifé também esculpiram cabeças de animais estilizados que traziam o símbolo da realeza na testa e eram utilizados como tampas de vasos religiosos.

Segundo os testes feitos pelos arqueólogos, as esculturas devem ter sido feitas entre os séculos XI e XVI. E, como foram encontradas 27 cabeças de bronze que seguiam o modelo de perfeição, não se sabe ao certo se elas foram feitas apenas por um artista, ou por uma escola de artistas. No entanto, apesar das dúvidas que ainda pairam sobre as origens e as funções dessas esculturas, elas são provas materiais da complexidade da cultura de Ifé, cidade que até hoje permanece um importante centro religioso na África Ocidental.

2.4.2 Benim

Embora fosse composta majoritariamente pelo povo *edo*, a cidade do Benim foi uma daquelas que acreditavam ser descendentes de Odudua, logo, devia tributos religiosos a Ifé. Fundada no século XIII, Benim era uma cidade-estado murada que se formou a partir da **conurbação**[2.14] de diversos vilarejos próximos. Embora essas aldeias formassem uma unidade política maior, cada uma delas manteve sua estrutura social e seus chefes próprios, o que com o passar do tempo causou inúmeros conflitos entre as diferentes lideranças. Segundo a tradição oral, a unidade política do Benim só foi alcançada quando Eueca passou a governar a cidade como *obá*, o chefe soberano e divino. Eueca era filho de Erinuide, uma mulher edo, com Oraniã, filho de Odudua, e por isso herdeiro do trono de Ifé. Sendo assim, ele cumpria todos os requisitos para ser o soberano do Benim.

> **2.14:** Conurbação é a junção ou fusão de diversas cidades formando uma única área urbana ou região metropolitana.

Mapa 2.5: Reino do Benim

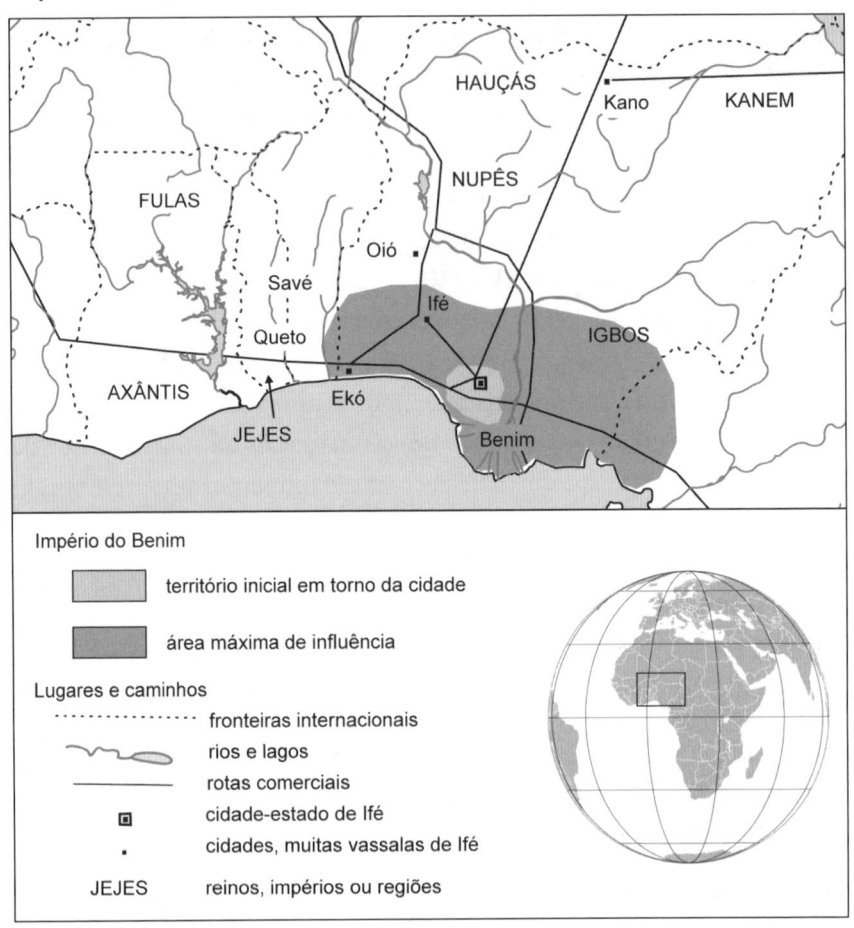

O reino do Benim ficava no sul da atual Nigéria, a leste da Iorubalândia. Não deve ser confundido com o atual país chamado Benim, que é o antigo reino do Daomé, a oeste da Iorubalândia. Fonte: Gaba (2016).

Mesmo sendo um rei soberano e divino, os antigos chefes das aldeias que compunham a cidade do Benim, os *uzamas*, continuaram exercendo grande poder sobre sua comunidade. Eles viviam em vilarejos fora das muralhas da cidade e garantiam a administração desses locais, com exceção da aplicação da pena de morte, que era um atributo exclusivo do obá. Dentro das muralhas, o obá contava com o auxílio de nobres que cuidavam da vida particular do obá e controlavam as finanças, sobretudo os impostos cobrados pela circulação de mercadorias na cidade.

A baixa fertilidade do solo fez com que o Benim tivesse uma produção agrícola pobre. O inhame era a base da alimentação da população *edo*, só que, ao contrário dos demais produtos, era cultivado por homens. A produção do amendoim, do melão, do dendê e dos feijões ficava a cargo das mulheres.

Figura 2.9: Colhendo coco de dendê
O azeite de dendê (ou óleo de palma) é extraído da polpa do coquinho do dendezeiro. Ele é muito rico em vitamina A.
Fonte: Frey (1890).

Em contrapartida, a localização geográfica do Benim permitiu que a cidade rapidamente se transformasse em um importante entreposto comercial. Produtos oriundos da costa atlântica, como peixe seco, eram vendidos nos mercados do Benim, que também negociava o inhame, os feijões e a criação de gado da região das savanas, e o sal que vinha do Saara. Outro atrativo do Benim era a produção do anil utilizado no tingimento de tecidos. Para facilitar este comércio, foi introduzido um sistema monetário composto de barras e manilhas de cobre, pedaços de ferro em forma de arco e **cauris**[2.15].

2.15: O cauri é um tipo de concha (um búzio) encontrada no litoral africano que foi usada como moeda por diferentes sociedades. No Brasil, o cauri é usado nas religiões afro-brasileiras em trajes rituais, objetos litúrgicos e oráculos.

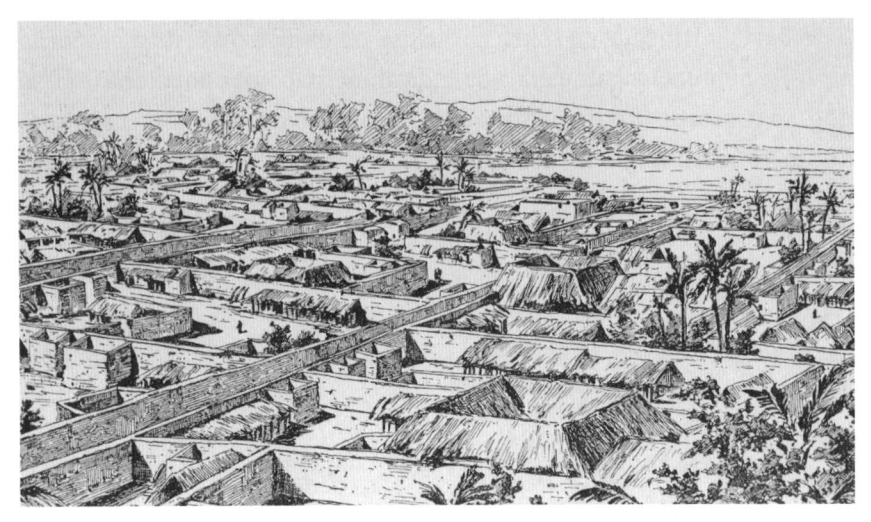

Figura 2.10: Vista da cidade do Benim
Fonte: Roth (1903).

O artesanato também era uma atividade importante no Benim. As corporações de ofício ficavam em bairros específicos e eram responsáveis pela produção de instrumentos e utensílios de barro, cobre e ferro e dos ornamentos do palácio do obá. Junto com esses ferreiros e ceramistas, o Benim também conheceu uma importante classe de artistas que, segundo a tradição oral, havia herdado o padrão artístico de Ifé graças à migração de um artesão dessa cidade. O bronze, o ferro e a terracota eram as principais matérias-primas para os artistas do Benim.

Figura 2.11: Esculturas do Benim
A- cabeça de homem em bronze; B- cabeça de moça em bronze; C- máscara de marfim; D- homem a cavalo em bronze. Fonte: Roth (1903).

Foi justamente com o intuito de ampliar suas redes de comércio que o Benim iniciou sua expansão militar. Sob o comando do obá, a cidade do Benim formou um poderoso exército que passou a dominar grande mercados e controlar rotas fluviais de comércio. Cada colônia fundada era administrada por um "filho do Benim". A ampliação territorial do Benim foi de fundamental importância para a maior centralização do poder nas mãos do obá.

A ascensão de Ogun, que adotou o nome de Euare (1440–1473), representou o ponto de virada na administração da cidade. Durante seu reinado, foi formado um conselho de estado do qual faziam parte tanto a nobreza do palácio do Benim, como os chefes de pequenas cidades que haviam sido nomeados pelo próprio Euare e recebiam escarificações que os distinguiam dos demais habitantes e dos escravos.

Com um forte exército e uma nobreza coesa, conta-se que as tropas de Euare conseguiram capturar cerca de duzentas e uma cidades e aldeias que passaram a copiar as instituições políticas do Benim. Todavia, mesmo com todo esse poderio militar, o Benim não foi capaz de subjugar os povos *edos* que viviam nas montanhas.

Euare também foi responsável pela reconstrução da cidade do Benim. Além de fortificar as muralhas, ele mandou construir grandes avenidas que separavam o palácio da cidade, onde dispôs as corporações de ofício em bairros específicos, cujas casas eram feitas de barro socado e cobertas de palha. Segundo o relato de um viajante holandês, o palácio de obá era composto por diversos edifícios nos quais viviam o soberano, suas esposas e os nobres com suas famílias, seus agregados e seus escravos.

2.4.3 Hauçás

Os hauçás eram diferentes povos que falavam uma língua semelhante e viviam próximos ao vale do rio Gulkin-Kebbi na atual Nigéria.

Os povos hauçás começaram a se formar no século XI e se mantiveram como sociedades independentes até o século XVIII, quando foram invadidos e escravizados por outro povo africano chamado *peul* (também chamado *fula*, *fulani* ou *fulbe*). No entanto, durante 700 anos, os hauçás tiveram grande importância na história africana, sobretudo no comércio realizado dentro do continente.

Mapa 2.6: Estados hauçás

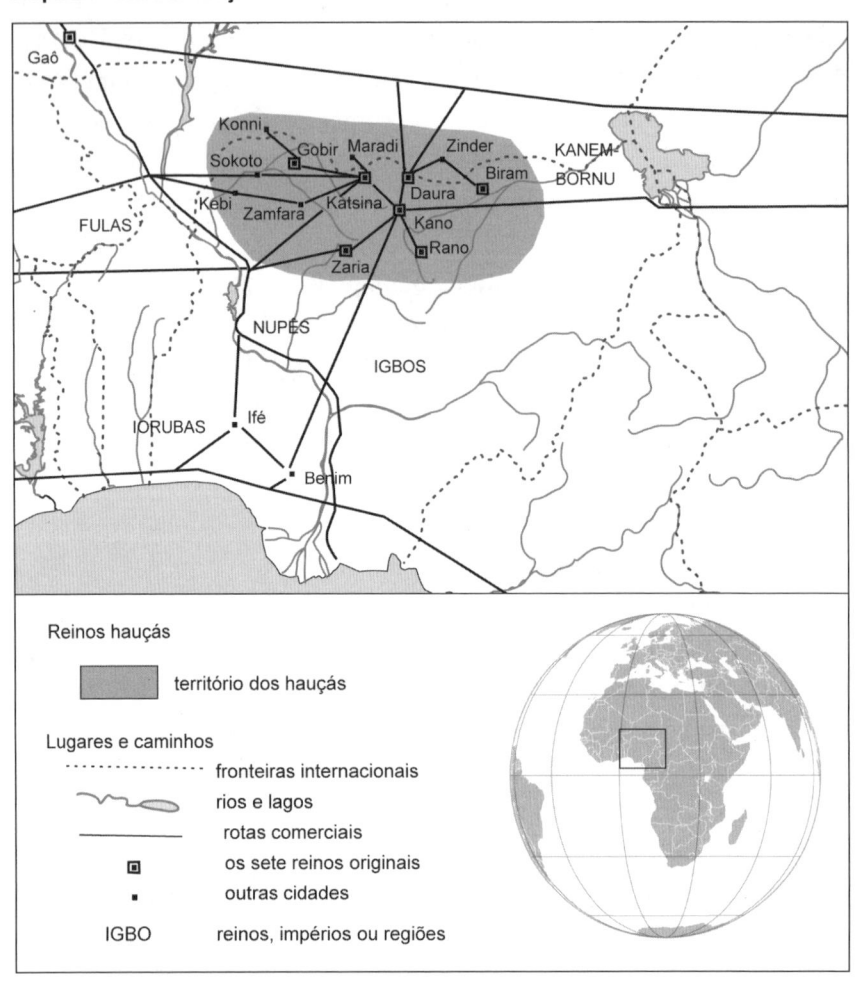

Fonte: Gaba (2016).

No início de sua história, as comunidades hauçás se organizavam em pequenas aldeias chamadas de *gari*. Assim como ocorria em outros grupos africanos, os *garis* hauçás eram formados por linhagens, ou seja, famílias extensas. Cada uma dessas linhagens escolhia dentre os homens mais velhos aquele que seria seu chefe. Depois de escolhidos, os chefes de cada linhagem elegiam um chefe maior, ou o chefe dos chefes, que comandava os assuntos comuns da aldeia com a ajuda dos outros chefes.

Como viviam em uma área de savana com boas condições climáticas e solo fértil, os povos hauçás se transformaram em grandes agricultores.

Além das condições naturais favoráveis, a região habitada pelos hauçás era abundante em ferro. Esse metal foi amplamente utilizado pela população, o que permitiu o desenvolvimento de instrumentos agrícolas parecidos com enxadas com cabos pequenos, que aumentaram ainda mais a produção de alimentos, possibilitando o crescimento da população. O ferro também era usado na construção das pontas de lanças, empregadas na atividade pesqueira.

Figura 2.12: Dançarinos "hoe" numa aldeia hauçá
"Hoe" é uma dança ritual agrícola hauçá muito antiga.
Fonte: NYPL (2017).

Com um número cada vez maior de habitantes, muitos *garis* hauçás ampliaram seu território e criaram outra forma de organização social chamada *birni*. As *birni* eram cidades-estado muradas e, no seu interior, foram construídas casas, poços d'água e campos de cultivo para que a produção de alimentos não fosse afetada por batalhas e disputas territoriais. Graças a essa estratégia, muitas cidades-estado hauçás conseguiram manter sua economia de subsistência em tempos de guerra, o que permitiu que elas se transformassem em importantes centros comerciais.

Com o território mais amplo e um número cada vez maior de habitantes, os antigos chefes de linhagem foram substituídos pelo *sarqui*, que poderia ser entendido como uma espécie de rei hauçá. Cada *birni* tinha o seu *sarqui*, que deveria ser escolhido dentro de uma só família. A escolha desse governante estava condicionada ao número de cavaleiros armados de que ele poderia dispor em momentos de ataque externo. Por isso, os *sarquis* costumavam vir das famílias mais ricas de cada *birni*, pois somente elas poderiam arcar com os custos de ter um pequeno exército particular. Em alguns casos, o *sarqui* tinha tanto poder que governava não apenas a sua cidade-estado, mas aldeias e *birni* menores.

Figura 2.13: Cidade de Kano
Fonte: Morel (1911).

Para comandar a cobrança de impostos e o governo, os *sarquis* eram auxiliados por nobres que, assim como eles, faziam parte das famílias mais ricas de cada cidade-estado. A riqueza estava ligada ao tipo de trabalho controlado por essas famílias, que normalmente cobravam tributos sobre o comércio que era realizado em suas terras. Esses nobres compunham boa parte do exército do *sarqui* e, como pagamento pelos seus serviços militares, eles recebiam em troca bons pedaços de terra.

No entanto, a principal atividade da nobreza era tratar dos assuntos burocráticos das *birni*. Os trabalhadores agrícolas ou camponeses eram os responsáveis pela produção de grãos e do algodão, produtos que tinham muito valor entre os hauçás. Esses camponeses poderiam trabalhar em terras coletivas das *birni*, ou então nas terras das famílias ricas ou até mesmo do *sarqui*. Nessas terras, os camponeses plantavam milhete, sorgo, inhame, arroz, algodão e também cuidavam dos rebanhos de gado.

Apesar da importância fundamental da agricultura em suas vidas, os hauçás ficaram conhecidos como grandes comerciantes. Grande parte dos produtos comercializados era resultado final do que havia sido plantado e cultivado nas *birni* e *garis* hauçás. Graças à sua resistência ao calor, os grãos cultivados pelos hauçás eram comercializados com povos que viviam no deserto. O algodão cultivado era fiado e transformado em tecido de diferentes cores pelos exímios tecelões hauçás.

Além dos tecelões, outras atividades artesanais se desenvolveram nas cidades-estado e aldeias hauçás. Os ferreiros, os ceramistas e os curtidores de couro faziam apetrechos utilizados por quase toda a população: vasilhames, objetos religiosos, vasos, almofadas, sandálias e chinelos de couro são exemplos de produtos manufaturados. A qualidade do trabalho desses artesãos era tão grande, que muitos tecidos e sandálias passaram a ser comercializados em outras regiões africanas, chegando inclusive ao norte do continente. A razão para essa competência pode residir no fato de que as diferentes atividades realizadas pelos hauçás eram transmitidas de geração a geração dentro de uma mesma família, o que facilitava a aprendizagem dos iniciados. Cada família extensa, ou linhagem, guardava o conhecimento secular de uma determinada produção artesanal.

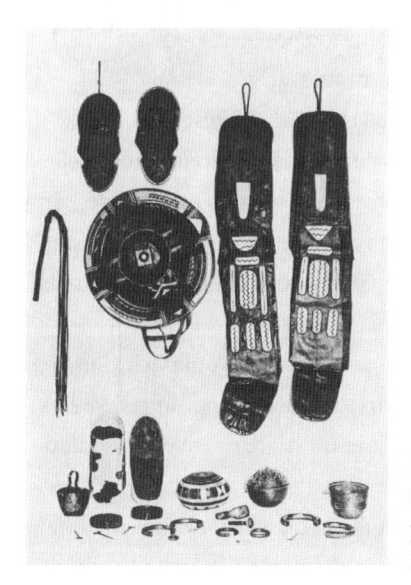

Figura 2.14: Objetos feitos pelos hauçás
Sandálias, chapéu, botas, chicote, chinelos, potes, braceletes, grampos de cabelo.
Fonte: Mockler-Ferryman (1902).

Normalmente, os grãos, tecidos e objetos de ferro e couro eram trocados por sal, um dos produtos mais procurados pelos hauçás, utilizado não só no tempero de comidas, mas também na conservação de alimentos, na produção de medicamentos e no tingimento de tecidos. Com a chegada dos muçulmanos (por volta do século XII), a atividade comercial ganhou mais peso. Algumas cidades-estado, como Kano e Gobir, transformaram-se em verdadeiros empórios e passaram a comercializar diversos produtos: milhete, lã, couro, ouro, marfim, **estanho**[2.16] e miçangas eram trocados por produtos que vinham do norte, como o sal e o natrão (um tipo de sal), e o inhame oriundo do leste, produzido principalmente pelo Benim. No entanto, um dos produtos mais vendidos pelos hauçás era a **noz-de-cola**, um tipo de noz que era muito apreciada pelas comunidades que viviam ou atravessavam o Saara.

2.16: O estanho é um metal extraído de minérios como a cassiterita e usado junto com outros metais para produzir bronze, folha de flandres etc.

> **Boxe 2.2: Noz-de-cola**
>
> A noz-de-cola era uma noz com sabor amargo oriunda das florestas da África Ocidental. Por conter muita cafeína, ela diminuía o cansaço, a fome, a sede e tornava a pessoa mais desperta. Graças a seus atributos naturais, a noz-de-cola se tornou um produto muito procurado pelos mercadores muçulmanos que tinham que atravessar o Saara, pois ela repunha as forças que a difícil travessia do deserto retirava.
>
> Rapidamente, essa noz se tornou um dos itens mais comercializados pelos hauçás. Como era um produto frágil, encontrado em lugares específicos, seu transporte era feito com muito cuidado, o que encarecia o preço final. Mesmo assim, a noz-de-cola também passou a fazer parte do cotidiano das pessoas que habitavam a região.
>
> Nas casas mais ricas era comum oferecer noz-de-cola para uma visita ilustre, ou então servir o produto em festas, casamentos e reuniões importantes. Muitas amizades e até mesmo negociações comerciais eram seladas com esse produto: cada uma das partes envolvidas deveria comer uma das metades da noz.
>
> No Brasil, a noz-de-cola é conhecida como *obi* ou *orobô*, e é um material muito importante nas religiões afro-brasileiras. O extrato da noz é a base para a produção dos refrigerantes de cola. (Imagem: Köhler, 1887)

Acostumados com o comércio, os hauçás tinham fama de conviver com outros grupos africanos de forma pacífica, tanto que a cidade-estado de Katsina ficou conhecida por ter um bairro só de estrangeiros. O Mapa 2.6 demonstra como os hauçás fizeram parte do intenso comércio que ligava os produtos da África Ocidental com o norte do continente, chegando muitas vezes à Europa.

Além do incremento das rotas comerciais, a chegada dos muçulmanos trouxe outras mudanças importantes para as sociedades hauçás. Assim como ocorrera com outras sociedades africanas como o Mali, em diversas cidades-estado, os *sarquis* e a nobreza se converteram ao islamismo e passaram a seguir os preceitos de Maomé. A conversão ao Islã fortaleceu ainda mais as trocas comerciais da região com outras localidades islamizadas da África e garantiu quase que o monopólio do comércio nas mãos dos muçulmanos estrangeiros ou dos hauçás convertidos. A conversão ao islamismo também abriu as portas da cultura muçulmana para a população hauçá. Mesquitas e escolas foram construídas em diversas cidades-estado hauçás e muitos nobres e comerciantes aprenderam a ler, escrever e falar na língua árabe.

> **Boxe 2.3: A religião tradicional dos hauçás**
> Grande parte da população hauçá, principalmente os artesãos e os camponeses, não se converteu ao islamismo e manteve suas crenças anteriores. Os povos hauçás acreditavam num deus supremo chamado *Ubanjiji* que vivia distante dos homens. Por isso, quando um hauçá desejava fazer contato com o mundo sobrenatural, ele recorria aos *iscóquis*, que eram espíritos ou forças tutelares, relacionados a fenômenos da natureza. Existiam os *iscóquis* das águas, das montanhas, das árvores etc. Cada pessoa tinha um *iscóquis* que lhe acompanhava por toda a vida, e para fazer contato com ele era preciso uma cerimônia religiosa com música e dança. Diferentemente do que ocorria com o islamismo, essa religião permitia a participação de toda a sociedade, inclusive de mulheres e das pessoas mais pobres, como os camponeses. A crença em *Ubanjiji* e nos *iscóquis* permaneceu tão forte, que muitos *sarquis* convertidos ao islamismo tinham que recorrer aos sacerdotes para legitimar seu poder frente aos demais hauçás. Um dos santuários mais conhecidos era Bauda, localizado na cidade-estado de Katsina e local de aprendizagem da religião tradicional.

As *birni* hauçás começaram a sofrer mudanças nos séculos XV e XVI, quando se transformaram em pequenos reinos. A partir do ano de 1500, o contato com os europeus fez com que muitos hauçás fossem escravizados e enviados para outras regiões da África e até mesmo para as Américas. Essa escravização em massa acabou enfraquecendo a força política das *birni* e, no século XVIII, quase todos os hauçás foram escravizados.

2.5 África Oriental – o reino de Monomotapa

O reino de Monomotapa foi fundado pelo povo *xona* por volta do século XIII, ao sul do rio Zambeze, ocupando parte do planalto do Zimbábue e chegando até o rio Limpopo (atual país do Zimbábue).

Mapa 2.7: O império de Monomotapa

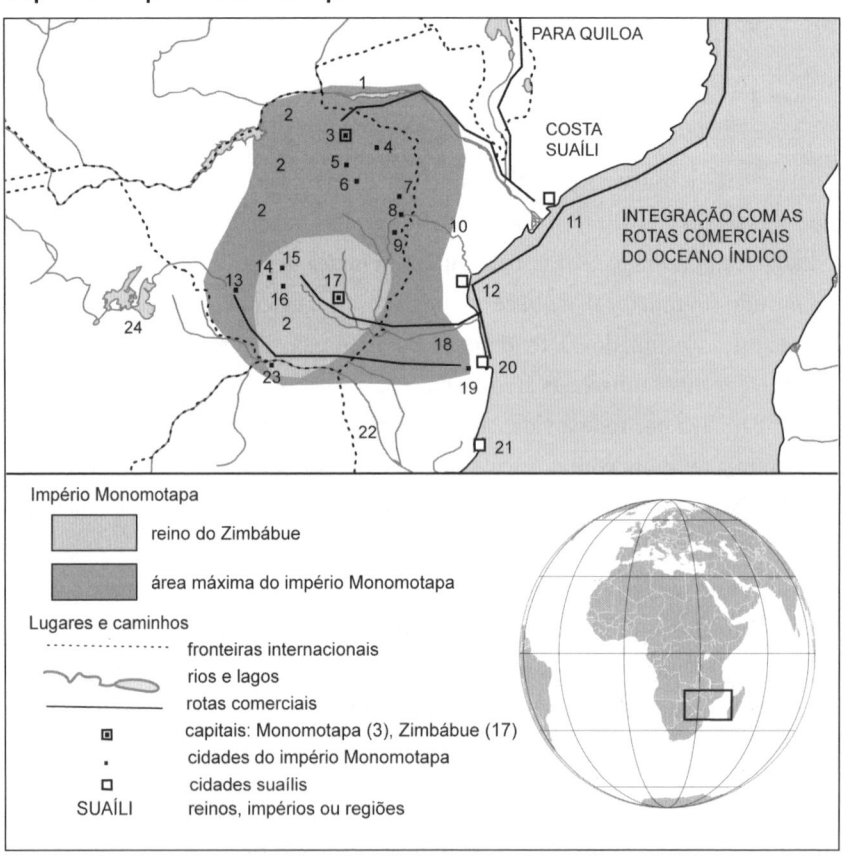

CIDADES: 3- Zvongobe; 4- Ruanga; 5- Nhunguza; 6- Chisvingo; 7- Ziwa; 8- Inyanga; 9- Umtali; 11- Quelimane; 12- Sofala; 13- Khami; 14- Danan'ombe; 15- Naletale; 16- Zinjanja; 17- Grande Zimbábue; 19- Manyikeni; 20- Chibuene; 21- Inhambane; 23- Mapungubwe. OUTROS LOCAIS: 1- rio Zambeze; 2- minas de ouro; 10- rio Buzi; 18- rio Save; 22- rio Limpopo; 24- lagos salgados (salinas). Fontes: Gaba (2016); Randall-Maciver (1906).

Diferentemente do restante da região, o planalto do Zimbábue possuía terras férteis e não era afetado pela mosca tsé-tsé (também conhecida como mosca do sono e que é mortal para animais como boi e carneiros), o que permitiu que os *xonas* conseguissem ocupar aquelas terras.

O fator religioso também foi de fundamental importância para a supremacia dos *xonas* sobre os demais povos da região.

A sociedade desenvolvida pelos *xonas* também ficou conhecida como Reino do Zimbábue (c. 1220-1450). Ele tinha esse nome porque as aldeias e vilas dos *xonas* tinham um arranjo muito característico. Tais vilarejos eram murados com grandes blocos de pedras que serviam como proteção para as casas construídas de **daga**[2.17] e sapê. Essas muralhas de pedra com formato cilíndrico ficaram conhecidas como *zimbábues* (que na língua *xona* significa "casa de pedra" ou "casa do chefe"). Dentro de cada *zimbábue*, era possível encontrar de cinco a oito famílias.

2.17: Daga era o nome dado à mistura de argila, cascalho e pedra.

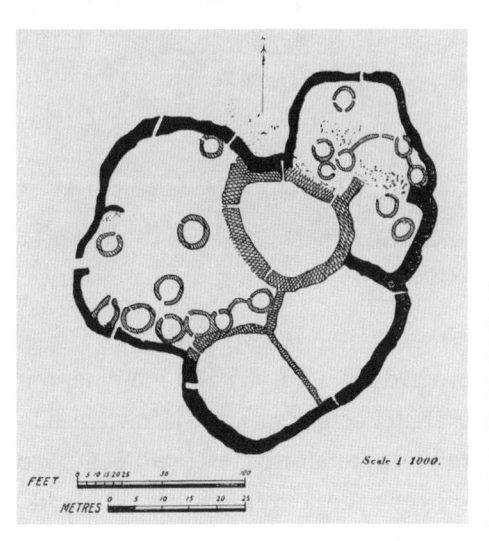

Figura 2.15: Planta das ruínas de um complexo residencial em Inyanga (atual Nyanga).
Dentro da muralha externa, muros menores delimitam moradias e recintos secundários, talvez usados como oficinas.
Fonte: Randall-Maciver (1906).

A capital do Reino do Zimbábue era o Grande Zimbábue (o maior complexo criado pelos *xonas*). Essa cidade começou a ser construída no século XI e floresceu até o século XV. A cidade era formada por um grupo de construções de pedra cujos restos arqueológicos ocupam uma área de

7,3 km². A construção mais notável é o Grande Recinto, cercado por muros de cerca de 11 metros de altura e 250 metros de circunferência. O Grande Recinto chegou a abrigar quase 200 pessoas e era um verdadeiro labirinto de muralhas de pedra.

Fora das muralhas existem vestígios de um grande aglomerado populacional estimado em cerca de 20.000 habitantes que moravam em casas de madeira revestida com argila.

Figura 2.16: Interior do Grande Recinto do Zimbábue
Fonte: Randall-Maciver (1906).

A descoberta das minas de ouro próximas ao planalto incrementou ainda mais a economia dos *xonas*. As redes comerciais, que já haviam sido firmadas com a criação de gado, sofreram um forte crescimento. O ouro do Reino do Zimbábue passou a ser negociado com as grandes cidades do litoral índico do continente como Quiloa e Sofala. Esse comércio permitiu que o Reino do Zimbábue comprasse porcelana chinesa, vidros feitos pelos sírios e contas de vidro dos mais diversos lugares, entrando assim na rota comercial do Oceano Índico.

O crescimento comercial também resultou na ampliação dos *zimbábues* que ficaram maiores e mais complexos. Entretanto, essa sociedade entrou em decadência durante o século XV. O crescimento não controlado da população, a seca de alguns rios próximos e o aparecimento da mosca tsé-tsé foram algumas das razões dessa decadência. Por isso, o grande chefe que governava a região, Niatsimba Mutota, resolveu migrar para o norte em busca de novas terras, tendo sido acompanhado por muitos dos seus súditos. Essa nova sociedade herdeira do Reino do Zimbábue ficou conhecida como Reino de Monomotapa, pois era governada pelo *monomotapa*, que significa "senhor dos cativos" ou "senhor de tudo". Essa nova sociedade era formada por diferentes aldeias, cujos habitantes produziam diversos tipos de cereais e criavam gado.

A figura central do Reino de Monomotapa era o **suserano**[2.18] que tinha poderes divinos, pois fazia contato direto com os ancestrais. O rei aparecia em público poucas vezes e, quando o fazia, estava vestido com roupas simples, produzidas em suas próprias terras. O rei era assessorado por um conselho formado por suas nove esposas, que controlavam a cobrança de impostos e cuidavam das terras.

2.18: Suserano é um governante que domina seus vassalos pelo controle de suas relações externas e pela cobrança de tributos, embora não interfira na política interna.

Boxe 2.4: A religião e a supremacia dos xonas
Os xonas acreditavam num deus supremo chamado *Muári*. Contudo, os homens só podiam entrar em contato com esse deus por meio dos espíritos dos mortos (*vadzimu* e *umondoros*), que eram cultuados do alto das colinas. É provável que os outros povos da região, amedrontados com as vozes que ecoavam do topo da colina, tenham criado um respeito religioso pelos *xonas*. Em razão disso, esses povos passaram a pagar tributos aos *xonas* em troca de proteção divina.

Ao contrário do próprio monomotapa, os membros da sua corte usavam roupas de seda bordadas com ouro, além de inúmeros braceletes e colares. Os homens usavam cabelos compridos e os penteavam em forma de chifres. O restante da população usava tangas feitas com pele de animal ou de casca de árvores. A corte monomotapa frequentemente mudava de lugar. Apesar da economia rica e dinâmica e da estrutura social complexa, o Reino Monomotapa entrou em decadência no início do século XVI.

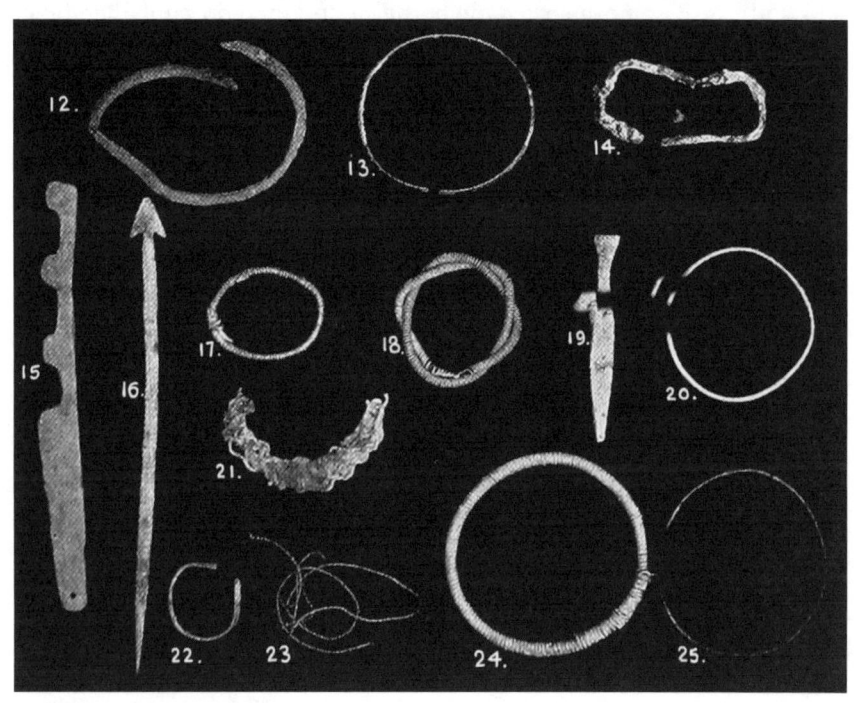

Figura 2.17: Artesanato xona
Adornos de cobre (braceletes) e utensílios de ferro (chave, ponta de lança, buril). Fonte: Randall-Maciver (1906).

2.6 Sociedades do litoral índico

O litoral índico do continente africano foi palco da formação de diversos povos. De acordo com os estudos arqueológicos, desde o século X E.C., essa região já era densamente habitada. Contudo, entre os séculos XIII e XV formou-se uma população que ficou conhecida como *suaílis*.

Mapa 2.8: Região dos suaílis

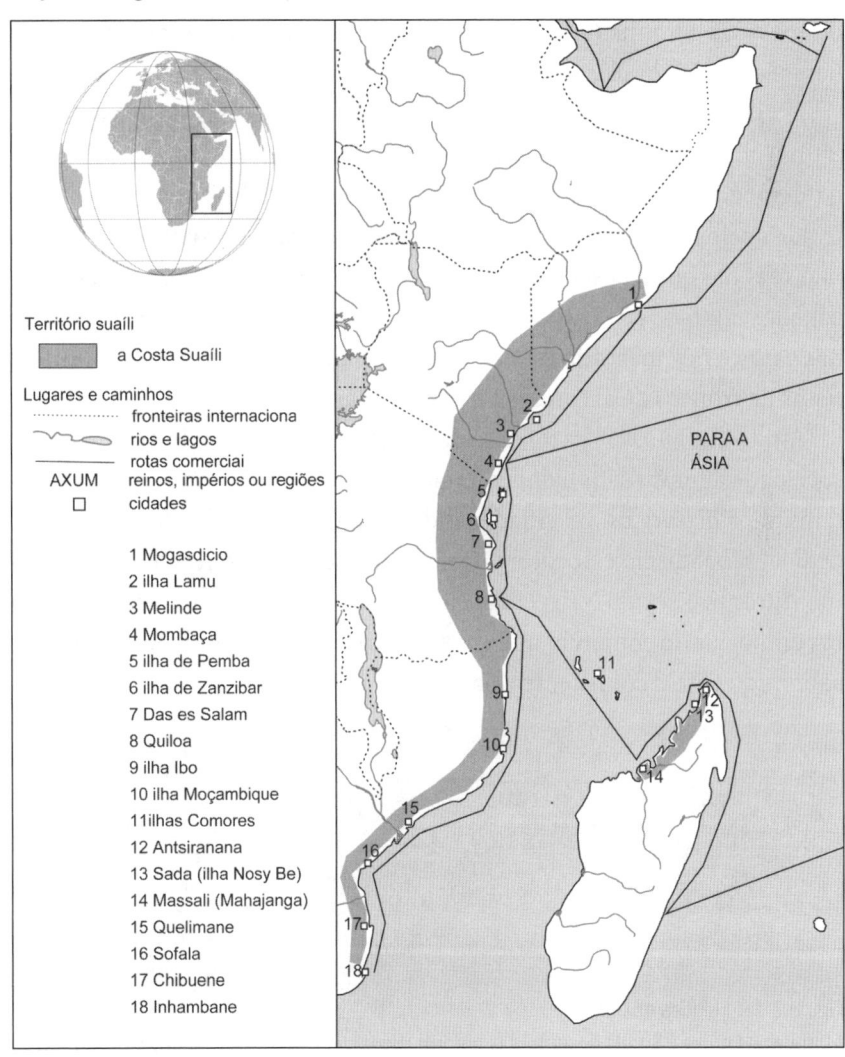

Território suaíli
- a Costa Suaíli

Lugares e caminhos
- fronteiras internaciona
- rios e lagos
- rotas comerciai
- AXUM reinos, impérios ou regiões
- cidades

1 Mogasdicio
2 ilha Lamu
3 Melinde
4 Mombaça
5 ilha de Pemba
6 ilha de Zanzibar
7 Das es Salam
8 Quiloa
9 ilha Ibo
10 ilha Moçambique
11 ilhas Comores
12 Antsiranana
13 Sada (ilha Nosy Be)
14 Massali (Mahajanga)
15 Quelimane
16 Sofala
17 Chibuene
18 Inhambane

PARA A ÁSIA

Fonte: Gaba (2016).

Os *suaílis* eram de origem banta e sofreram forte influência dos árabes, persas e indianos.

Ao longo dos anos, os *suaílis* se organizaram em diferentes tipos de estados que variaram desde pequenas aldeias até cidades litorâneas amuralhadas. De forma geral, as sociedades suaílis estavam organizadas em clãs de pessoas livres. Tais clãs se assemelhavam muito às famílias extensas já tratadas neste livro. Todavia, existiam diferenças sociais, econômicas e até mesmo políticas entre os clãs. Os clãs mais ricos eram compostos pelos dirigentes da sociedade. Em seguida havia os clãs dos comerciantes, das pessoas comuns (que na sua maior parte eram pescadores e camponeses) e os poucos clãs de escravos.

A maior parte da população – que compunha os clãs das pessoas comuns – vivia da agricultura e da pesca coletora. Banana, inhame, coco, cana-de-açúcar, tamarindo, laranjas e nozes eram alguns dos gêneros cultivados pelos camponeses em suas pequenas roças. A proximidade com o mar fez com que a pesca coletora também fosse muito praticada. Pérolas, conchas, âmbar, tartarugas marinhas e peixes eram produtos presentes nas casas e nos mercados suaílis. Essa população vivia em casas simples, feitas de troncos de árvores e barro, cobertas por folhas.

Ainda que a maior parte dos suaílis tenha se organizado em pequenas sociedades, foram suas cidades-estado que deixaram mais vestígios e testemunhos históricos. As cidades índicas mais conhecidas foram: Sofala, Quiloa, Mogadíscio e Socotorá. Com a chegada expressiva dos muçulmanos durante o século XIII, essas cidades se transformaram em verdadeiros empórios do comércio que era feito com outras localidades do Índico, sobretudo com o continente asiático.

Figura 2.18: Cidades do Índico
Mombaça, Quiloa e Sofala desenhadas por um europeu do século XVI. Fonte: Braun (1572).

As monções do Oceano Índico muitas vezes obrigavam comerciantes muçulmanos a passarem meses nessas cidades esperando o momento certo para retornar para a Ásia com seus navios repletos de mercadorias africanas. Essas esperas constantes acabaram resultando na significativa miscigenação desses negociantes islâmicos com a população local, criando assim muitos mestiços.

Embora a atividade mercantil fosse a mais lucrativa, grande parte dessas cidades, sobretudo as populações bantas, ou seja, os grupos não islamizados, eram agricultores, pescadores, criadores de gado e ferreiros. A manutenção da agricultura e do pastoreio permitiu que tais cidades sobrevivessem aos períodos de crise que atacaram praticamente todas as grandes cidades-estado do Índico, até o início do século XV, quando o contato com portugueses e outros povos europeus mudou para sempre as dinâmicas econômicas e sociais dessas cidades.

2.7 A África Centro-Ocidental

Mapa 2.9 – África Centro-Ocidental

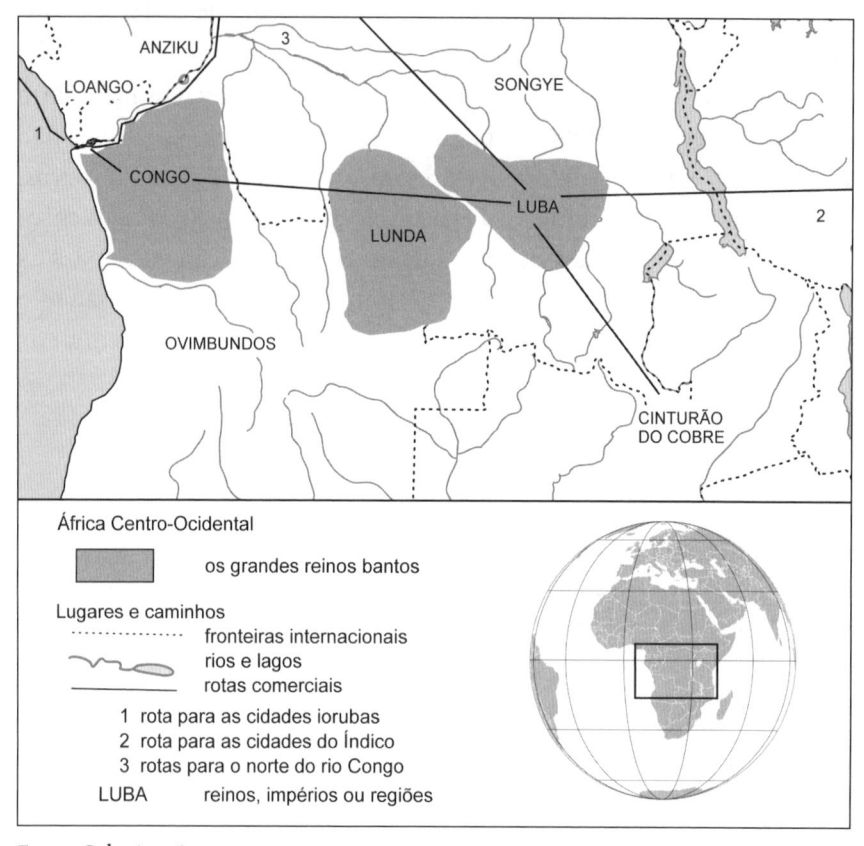

África Centro-Ocidental
- os grandes reinos bantos

Lugares e caminhos
- fronteiras internacionais
- rios e lagos
- rotas comerciais

1 rota para as cidades iorubas
2 rota para as cidades do Índico
3 rotas para o norte do rio Congo
LUBA   reinos, impérios ou regiões

Fonte: Gaba (2016).

A África Centro-Ocidental foi uma região que também conheceu grande variedade de povos e organizações sociais que, na sua maioria, estavam dispostos ao longo do rio Congo e seus afluentes. Durante o século XIII, foi formado o reino de *Luba*, composto por diferentes aldeias que estavam subdivididas por linhagens, isto é, por famílias extensas, sendo que cada uma delas era especializada na produção de um determinado gênero. Embora o líder de cada linhagem tivesse amplos poderes sobre sua família, havia uma reverência ainda maior pelo rei que, segundo a tradição oral, era o descendente direto de *Calala Ilunga* e *Congolo*, os fundadores de Luba.

Justamente por isso, o rei era considerado um ser divino, responsável pela segurança e prosperidade do povo.

As principais atividades econômicas do reino de Luba eram a agricultura e a pesca. Todavia, como eram descendentes de grandes guerreiros, os lubas conseguiram ampliar seu território por meio de pequenas guerras. A religião de Luba cultuava seus ancestrais, usando para isso máscaras e esculturas de madeira, além de rituais que envolviam música e dança.

Figura 2.19: Um muquiche (feiticeiro) da região do rio Cuango (Angola)
Fonte: Capello e Ivens (1881).

Todavia, o reino mais conhecido da região centro-ocidental da África foi o reino do *Congo*. Fundado no final do século XIII, o reino do Congo, localizado no sudoeste do continente, chegou a abranger parte dos atuais países de Angola, Cabinda, República Democrática do Congo e Gabão.

De acordo com a tradição oral, antes do século XIII aquela região já era habitada por povos de origem banta que se organizavam em pequenas aldeias agrícolas. Tais sociedades eram governadas pelas *candas*, famílias de linhagem que primeiro haviam ocupado aquele lugar. Por volta do ano de 1200, um grupo de estrangeiros, oriundos da outra margem do rio Congo, migrou para a região. Sob a liderança de Nimi e Lukeni, os *muchicongos* formaram fortes alianças, criando assim o que os europeus intitularam reino do Congo.

Figura 2.20: Ferreiro no Congo
Fonte: Knox e Stanley (1888).

Conforme ocorreu com as cidades que se diziam descendentes de Odudua, a figura mais importante do Congo era o *manicongo*, ou o rei do Congo, pois ele era dotado de poderes divinos: segundo a tradição oral, o primeiro rei do Congo era um ferreiro. Além disso, cabia ao *manicongo* organizar o exército em épocas de guerra, cuidar dos assuntos de justiça dos demais habitantes do reino e controlar o comércio e a cobrança dos impostos das aldeias e cidades subordinadas ao seu poder. Parte do poder do *manicongo* e da própria unidade deste reino residia no fato de que o *manicongo* possuía uma mulher em cada uma das 12 *candas* tradicionais do reino. Isso permitia certo rodízio de poder entre as principais linhagens do reino, evitando assim disputas dinásticas.

Para conseguir dar conta de tantas atividades, o *manicongo* contava com a ajuda de uma verdadeira nobreza burocrática composta por conselheiros e pelos governadores das províncias de seu reino. Assim como o manicongo, os conselheiros habitavam as suntuosas casas da capital do reino. Já os governadores de províncias, escolhidos entre os membros das tradicionais *candas*, costumavam morar nas cidades ou aldeias que governavam. Acreditava-se, inclusive, que os chefes das *candas*, junto com o *manicongo*, possuíam um poder especial conhecido como *cariapemba*, uma grande força que os destacava entre os demais.

Figura 2.21: Um chefe de província do reino do Congo
Fonte: Knox e Stanley (1888).

O *manicongo* e os governadores de província não eram as únicas pessoas do reino com poderes sobrenaturais. Os *gangas*, como eram conhecidos os feiticeiros, também possuíam poderes sobre-humanos. Tais homens, que normalmente eram ferreiros, moravam próximos aos rios e cachoeiras e também detinham o poder da *cariapemba*. Com a ajuda de objetos conhecidos como **inquices**[2.19], os *gangas* conseguiam riqueza e saúde, mas também podiam causar dor e destruição. Devido a esse grande poder, os *gangas* eram temidos e excluídos da sociedade, só sendo visitados em momentos de crise.

> **2.19:** Inquices eram objetos ritualísticos, como esculturas de madeira, pedras e conchas, utilizados pelos *gangas* em cerimônias religiosas e de cura. O inquice abrigava o poder da divindade. No candomblé congo-angola brasileiro, a palavra designa as divindades que equivalem aos orixás iorubas.

Figura 2.22: Imagens religiosas dos povos bantos
A- inquice N'Gana 'Nzambi (Angola); B- ídolo da aldeia de Serombo (Congo); C- amuleto dos wajiji (Tanganica); D- ídolos de aldeia bateké (Congo). Fontes: Knox e Stanley (1888); Capello e Ivens (1881).

As aldeias eram habitadas principalmente por agricultores e artesãos. Morando em casas de barro com telhados de palha, os habitantes dessas aldeias plantavam o necessário para seu sustento, criavam pequenos animais e aproveitavam os rios da região para a atividade pesqueira. Em tempos de guerra, eram esses homens que compunham a maior parte do exército do *manicongo*.

Além de objetos de ferro, o artesanato do reino do Congo produzia tecidos de ráfia. Com teares estreitos, os artesãos trançavam a fibra da ráfia (uma palmeira da região) das mais diferentes formas, e esse tecido chegava inclusive a ser utilizado como moeda nos mercados do reino.

A atividade mercantil também tinha grande importância no reino. Os diversos rios da região permitiam que produtos de outras partes do continente, como o sal e o cobre, chegassem até os principais mercados do Congo. Lá as mercadorias eram trocadas pelos tecidos de ráfia e também por cauris (que também funcionavam como uma espécie de moeda do reino; veja a nota 2.15).

Assim como ocorreu com diferentes sociedades africanas, o reino do Congo sofrerá grandes transformações após a chegada dos europeus. As transformações causadas pela presença europeia em território africano serão o próximo tema a ser debatido.

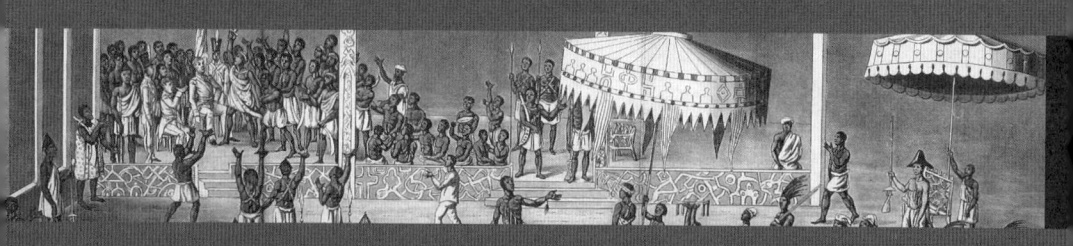

CAPÍTULO 3
Sociedades africanas entre os séculos XV E.C. e XVIII E.C. (Idade Moderna)

O período conhecido como Idade Moderna trouxe marcas profundas para a história do continente africano, muitas delas visíveis até os dias de hoje. Como visto nos capítulos anteriores, o contato da África com povos de outros continentes já acontecia desde a Idade Antiga. O comércio foi o eixo das relações intercontinentais das sociedades africanas, que exportavam diversos produtos, tais como ouro, marfim, escravos e cereais. A entrada de algumas sociedades africanas nas redes do comércio transaariano permitiu que novos produtos entrassem na África Subsaariana, e também possibilitou que povos dessa localidade ampliassem seu contato com o mundo islâmico. O século XV, contudo, trouxe novos parceiros comerciais: os europeus. E, com esses novos parceiros, uma mercadoria ganhou especial destaque: o escravo, ou melhor dito: o africano escravizado.

As novas relações comerciais e a entrada do continente africano nas transações do Oceano Atlântico redimensionaram não apenas o comércio de escravos (que já era praticado pelos muçulmanos), mas o próprio significado que a escravidão passou a ter para as sociedades da África Subsaariana. Nas páginas que seguem, iremos trabalhar a intrincada rede criada pelo **tráfico transatlântico**[3.1], buscando analisar as diferentes inserções das sociedades africanas nessa nova rede comercial que conectou a África, a Europa e as Américas e que foi responsável pela escravização de milhares de africanos.

> **3.1:** O tráfico transatlântico de escravos foi realizado no Oceano Atlântico do século XVI ao século XIX. Grande parte do tráfico foi feito pela rota triangular, em que os africanos escravizados eram levados para o Novo Mundo, de onde os navios seguiam para a Europa carregados de produtos coloniais, para só depois ir da Europa novamente para a África, levando produtos a serem trocados por escravos.

3.1 Escravidão na África praticada por povos africanos

Na história da África existiram diversos povos que praticaram a escravidão antes do contato com os muçulmanos e europeus. Conforme apresentado nos capítulos anteriores, o continente africano era formado por diferentes reinos, cidades e aldeias que muitas vezes entravam em conflito. O controle de rotas comerciais, a disputa por minas de ouro e até mesmo conflitos religiosos foram algumas das razões que levaram povos africanos a entrar em guerra em diferentes momentos da história. Os grupos que venciam as batalhas transformavam os inimigos sobreviventes (seus cativos de guerra) em escravos e os usavam como mão de obra na execução de tarefas variadas.

Assim como ocorreu com diversos povos europeus (como os gregos que foram escravizados pelos romanos) e sociedades ameríndias, o africano escravizado por outro africano era visto como um ser diferente e, muitas vezes, inferior. Exemplos dessa situação de escravização entre diferentes povos africanos já foram tratados. Num determinado momento de sua história, os egípcios escravizaram os núbios na Idade Antiga. No Império do Mali, por exemplo, os malinquês escravizaram outros grupos africanos que consideravam seus inimigos, como os soninquês.

No entanto, a escravidão praticada pela maior parte das sociedades africanas era diferente daquela que os muçulmanos e os europeus praticaram com diferentes povos africanos. Ainda que muitos senhores enxergassem seus escravos como seres inferiores, o uso do escravo era predominantemente coletivo, em prol da comunidade e, em muitos casos, os escravos ou seus filhos podiam ser absorvidos pelas linhagens por meio de casamentos.

Figura 3.1: Escravos no antigo Egito carregam trigo para o celeiro da cidade, sob a supervisão de um capataz
Fonte: Maspero (1903).

Muitos estudiosos chamam a escravidão que era praticada na África Subsaariana de **escravidão doméstica**. Mas engana-se quem imagina que essa escravidão tinha esse nome porque era mais "suave" ou "amena" que outras formas de dominação. A escravidão doméstica tinha esse nome por duas razões. A primeira razão estava relacionada ao tipo de trabalho que a grande maioria dos escravos executava: ligado aos serviços domésticos, ou seja: os serviços que garantiam a subsistência da família ou aldeia. A segunda razão estava atrelada às formas de obtenção do escravo. Até o contato com os muçulmanos e os europeus, não existiam mercados de escravos nas sociedades da África Subsaariana; o escravo não era uma mercadoria. Nas sociedades africanas, a obtenção de escravos era resultante de três movimentos: guerras, razias e sequestros.

Nas guerras, a obtenção de cativos era a consequência, e não a causa dos conflitos. Sociedades entravam em disputa por alguma razão (o domínio de uma determinada região, ou o controle de uma rota de comércio, por exemplo), e quem saísse vitorioso poderia escravizar seus inimigos. Já as razias eram conflitos travados entre sociedades cujo objetivo principal era a obtenção de escravos. Nestes casos, os cativos eram as causas do conflito. Por fim, o sequestro também foi uma tática utilizada por sociedades africanas a fim de conseguir escravos. Quando não tinham um exército bem estruturado ou não queriam passar pelos perigos da guerra, determinadas sociedades africanas sequestravam pessoas das aldeias próximas, principalmente mulheres, e as escravizavam.

A principal razão para a utilização de escravos na África Subsaariana antes do contato com o mundo islâmico e os europeus se devia à falta de trabalhadores em determinadas regiões. De nada adiantava uma aldeia ou reino possuir terras férteis se não tivesse braços suficientes para trabalhar nelas. Por isso, muitos conflitos tinham como objetivo final a escravização.

No entanto, o número de escravos era pequeno nas aldeias que praticavam a escravidão na África Subsaariana. Normalmente, cada família tinha de um a quatro escravos, quase todos empregados nas atividades agrícolas e domésticas. Nessas sociedades havia uma preferência pela escravidão feminina, pois a mulher escrava **produzia** e **reproduzia** para a família de seu proprietário.

Como já foi visto em capítulos anteriores, em sociedades de origem banta era comum que a maior parte do trabalho doméstico fosse realizado pelas mulheres (livres ou escravizadas): eram elas que arrumavam a casa, cortavam lenha, buscavam água, cuidavam da plantação, enfim, elas **produziam** parte importante do sustento da família. Embora as escravas não tivessem o mesmo prestígio que as mulheres livres, elas também se tornavam concubinas ou segundas esposas de seus senhores, ajudando assim a **reproduzir** o número de membros de uma determinada família. Ainda que os filhos dessa união não tivessem os mesmo direitos que os filhos de mulheres livres, o fato de eles ampliarem a linhagem senhorial fazia com que não fossem considerados escravos.

Os reinos e cidades-estado africanos possuíam um número maior de escravos. Ainda que essas sociedades também tivessem preferência por escravas, os homens escravizados eram alocados em diferentes atividades. Alguns reis e chefes militares, como em Gana e no Império do Mali, chegaram a ter dezenas de cativos.

Nessas sociedades, o escravo doméstico ocupava uma posição de destaque entre os demais. Isso porque ele realizava tarefas consideradas leves e vivia próximo a seus senhores, o que muitas vezes representava algumas vantagens, como melhores vestimentas, alimentação mais variada e até mesmo o recebimento da liberdade. Além dos escravos que cuidavam dos serviços das casas, havia as mulheres, que compunham os **haréns**[3.2] dos nobres e reis africanos, e os **eunucos**[3.3] que ajudavam na administração da propriedade senhorial.

> **3.2:** Harém era o conjunto de mulheres, concubinas, escravas e parentes femininas de um determinado rei ou sultão. Os haréns eram comuns em sociedades que praticavam a poligamia, ou seja, em sociedades em que o homem podia ter mais do que uma esposa.
> **3.3:** Eunuco era um escravo que era castrado.

A segunda posição era ocupada por escravos utilizados nos exércitos de reinos africanos. Embora fossem escravos e estivessem expostos aos perigos da guerra, esses homens eram encorajados a estimular sua bravura para obter bom desempenho nas guerras e batalhas. Quando conseguiam bons resultados, era comum que ganhassem parte do **butim**[3.4] ou então fossem libertados. Eles também recebiam uma alimentação diferenciada, vestimentas mais ornamentadas e moravam em alojamentos especiais. No entanto, não era qualquer um que conseguia trabalhar no exército. Para ser um escravo militar, era preciso ter nascido escravo na casa de alguma família rica e nobre do reino.

> **3.4:** Butim era parte do que era saqueado ou roubado durante as guerras.

Em terceiro lugar estavam os escravos das famílias mais pobres, que trabalhavam junto com seus proprietários no cultivo da terra e no cuidado dos animais: o tipo mais comum de escravidão na África. Esses cativos tinham uma função muito parecida com a dos escravos das aldeias: garantir o sustento senhorial. E, como trabalhavam para pessoas pobres, eles costumavam dividir a comida e a casa com seu senhor. Entretanto, isso não significava que fossem iguais a eles, pois, mesmo pertencentes a senhores pobres, os escravos podiam ser castigados e até mesmo vendidos quando necessário.

Por fim, estavam os escravos destinados às tarefas mais cansativas, que costumavam ser os cativos de guerra, ou seja, pessoas que nasceram livres e foram escravizadas. Nos reinos que dependiam da produção de gêneros alimentícios, a maioria dos escravos trabalhava nas *fazendas reais*, também conhecidas como *fazendas de escravos*. Nas fazendas que pertenciam ao rei ou ao governante, os escravos trabalhavam em grupo e eram vigiados por capatazes o tempo todo. Em troca do trabalho árduo, esses escravos recebiam pequenos pedaços de terra que deveriam cultivar nos dias de folga. Essas fazendas de escravos foram comuns no Império do Mali.

Outra atividade extenuante realizada por escravos da primeira geração era a extração de minérios como ouro. Como esse trabalho era muito cansativo e perigoso, pois as minas poderiam desabar e as condições de trabalho eram **insalubres**[3.5], os reis e chefes de Estado preferiam empregar os escravos que outrora haviam sido seus inimigos de guerra. Por isso, em muitas sociedades africanas a mineração era uma atividade realizada por homens estrangeiros e que viviam no cativeiro. Graças ao trabalho desses cativos, Gana tornou-se o "país do ouro" e as minas da região do Grande Zimbábue foram exploradas e o ouro retirado delas conseguiu atravessar o Oceano Índico e chegar à China e ao sul da Ásia.

3.5: Insalubre é aquilo que não é salubre, ou seja, que não é saudável.

Em algumas sociedades africanas, o escravo também era sacrificado em cerimônias religiosas, como acontecia no Egito Antigo: quando o faraó morria, ele era enterrado em sua pirâmide com todos os seus escravos pessoais. Em outros reinos, a pessoa que recebesse algum tipo de penalidade, como a prisão, poderia enviar um escravo no seu lugar.

3.2 A escravidão islâmica

O islamismo chegou ao continente africano no século VIII, e tal evento trouxe muitas mudanças para a África. De acordo com o que foi estudado na seção anterior, diversos reinos, cidades-estado e impérios africanos foram influenciados por essa religião em diferentes aspectos. Para compreender as razões dessa grande influência islâmica no continente africano, é preciso recuperar um pouco dos preceitos do islamismo.

O islamismo ou Islã é uma religião **monoteísta**[3.6] que começou a ser pregada no século VII na região da atual Arábia Saudita.

> **3.6:** Monoteísta é o nome dado a uma religião que acredita em um só deus.

Seu principal profeta foi Maomé, um comerciante da região que um dia começou a receber visitas do anjo Gabriel. Esse anjo lhe revelava as palavras divinas de Alá, o deus único. A partir de então, Maomé passou a transmitir os preceitos que lhe eram ensinados e rapidamente ganhou diversos seguidores. Como Maomé estava divulgando não só uma nova religião, mas também uma nova forma de vida, suas palavras foram anotadas e compiladas em um único livro, **Alcorão**[3.7], que até hoje é considerado o livro sagrado do islamismo.

> **3.7:** O Corão (ou Alcorão) é o livro sagrado do islamismo. É a compilação das revelações recebidas de Alá (Deus) pelo profeta Maomé.

Uma das principais atividades do muçulmano era difundir o islamismo por todo o mundo. Essa difusão ocorreu de duas formas: por meio de negociações comerciais e por meio das *jihads*. O comércio foi a forma mais comum e pacífica que os muçulmanos encontraram para propagar as palavras de Alá e conseguir novos seguidores. Muitos negociantes de sociedades africanas viram vantagens nessa conversão: por ser uma religião universal, tais negociantes podiam fazer seu culto e levar uma vida religiosa correta onde quer que estivessem, contanto que respeitassem os preceitos do islamismo. Além disso, a conversão ao islamismo abria as portas do comércio transaariano para muitos mercadores da África Subsaariana. Já as *jihads* eram guerras santas travadas pelos muçulmanos. Tais guerras tinham por objetivo converter outros povos ao islamismo e escravizar os "infiéis", ou seja, aqueles que se recusavam a crer em Alá.

Mapa 3.1: Difusão do islamismo na África

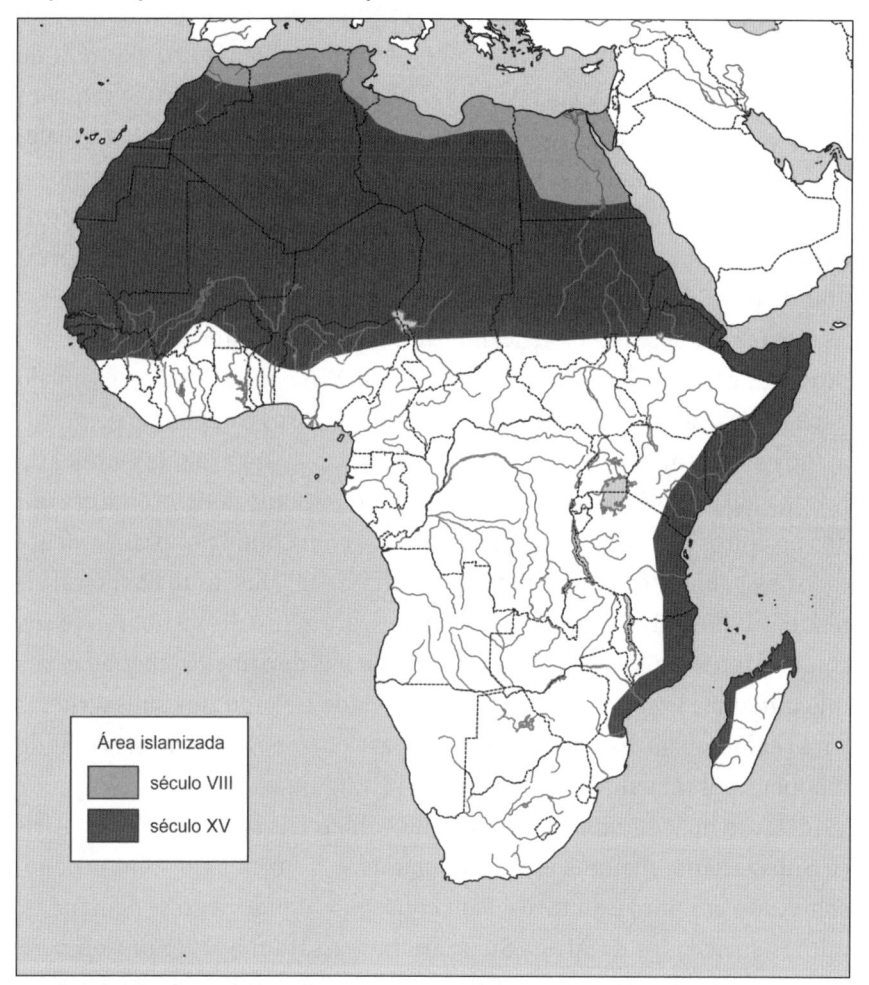

Fonte: Gaba (2016).

Rapidamente, inclusive por uma proximidade geográfica, o islamismo chegou ao norte da África. Nessa região, um dos primeiros povos a se converterem ao Islã foi o *berbere*, um povo nômade que vivia no deserto. Graças à conversão dos *berberes* e ao uso de camelos para atravessar o deserto, o islamismo chegou à África Subsaariana.

O contato dos muçulmanos com os povos africanos ocorreu de diferentes formas e em diferentes momentos da história da África. Com os grandes reinos e cidades, as relações dos muçulmanos se iniciaram por meio de trocas comerciais. Gana, por exemplo, manteve apenas contato comercial com os muçulmanos, o que permitiu que o ouro extraído de suas minas chegasse à Europa e ao Oriente Médio. O comércio também foi a porta de entrada do islamismo nas cidades de Ifé e Benim. Já a realeza do império do Mali se converteu às crenças do Islã e, sob o governo de Mansa Musa, inúmeras mesquitas e escolas muçulmanas foram construídas em todo o império. Nas cidades litorâneas da costa índica da África, grande parte dos comerciantes também se converteu ao islamismo.

Essas cidades e reinos africanos tinham especial interesse no sal e nos produtos comercializados pelos muçulmanos. A domesticação do camelo e sua utilização na travessia do Saara fez com que os comerciantes muçulmanos abrissem as portas da África Subsaariana para produtos vindos da Europa, do norte da África e do Oriente Médio. Como já visto, o sal era um dos produtos mais procurados, pois ele era consumido por praticamente todos os habitantes dessas sociedades africanas. Mas junto com o sal vinham produtos de luxo, que geralmente ficavam restritos à nobreza e aos comerciantes mais ricos. As mesmas caravanas de camelos, chefiadas por muçulmanos, levavam uma grande variedade de produtos subsaarianos para regiões mais distantes da África e para outros continentes: presas de hipopótamos, marfim, ouro e escravos são alguns exemplos.

Quanto mais se expandiam as redes comerciais islamizadas pela África Subsaariana, maiores eram as demandas do comércio transaariano, sobretudo por ouro e escravos. Para conseguir atender a essas demandas, muitas sociedades da África Subsaariana passaram a fazer um número maior de guerras com o principal objetivo de conseguir escravos e vendê-los para negociantes muçulmanos.

Os comerciantes muçulmanos compravam tanto escravos quanto escravas da África Subsaariana. Normalmente, as escravas africanas seriam vendidas a outros muçulmanos e se tornariam suas esposas ou concubinas. Já os homens escravizados seriam transportados para outras regiões, inclusive para a China, o Oriente Médio e a Europa, e estavam sujeitos a executar os mais variados tipos de trabalho.

Na maioria dos casos, os homens e mulheres que eram comprados na África Subsaariana precisavam atravessar o deserto do Saara para chegar ao seu destino final (mercados europeus e asiáticos). Esse transporte de escravos ocorria junto com as caravanas de camelos que faziam o transporte das outras mercadorias. Tal travessia era extremamente difícil, pois o escravo a fazia a pé e muitas vezes carregando diversos produtos. Além disso, o forte calor, o clima muito seco, a pouca quantidade de água e comida, e o longo trajeto a ser percorrido dificultavam ainda mais a viagem. Quase um terço dos escravos não aguentava a jornada e morria.

Tabela 3.1: Quantidade de africanos escravizados transportados pelas rotas dos comerciantes muçulmanos (séculos XV a XVII)

Século / Rota	Saara	África Oriental	Mar Vermelho	Total
XV	550.000	100.000	100.000	750.000
XVI	700.000	100.000	100.000	900.000
XVII	700.000	400.000	200.000	1.300.000
Total	1.950.000	600.000	400.000	2.950.000

Fonte dos dados: Lovejoy (2002, p. 90).

Com a chegada do islamismo à África Subsaariana, o escravo africano se tornou, de fato, uma mercadoria, e uma mercadoria muito importante. Durante quase 1.000 anos (entre os séculos VIII e XIX), os comerciantes muçulmanos compraram e venderam escravos africanos em diferentes continentes. Estima-se que cerca de dez milhões de africanos foram comercializados por eles nesse período, número muito próximo ao que foi negociado pelos europeus.

3.3 Os europeus e a escravização de africanos

A chegada dos europeus ao continente americano redimensionou o tráfico de africanos no Atlântico, fazendo desse comércio um dos mais lucrativos do período conhecido como Idade Moderna. A implementação do sistema colonial, que visava à produção em larga escala de gêneros tropicais com grande demanda na Europa, só poderia ser efetivada caso a mão de obra utilizada fosse abundante e barata. Ou seja, escrava. A dizimação de grande parte da população ameríndia e a proibição da escravização indígena, no começo do século XVI, transformaram o africano escravizado numa alternativa viável e lucrativa.

Os portugueses foram os primeiro europeus a explorar a África Ocidental, a partir do início do século XV, época conhecida como período das **grandes navegações**. Os objetivos iniciais dessas explorações eram dois. De um lado, os portugueses queriam ter acesso direto ao ouro africano que chegava à Europa pelas mãos dos muçulmanos. Do outro lado, eles estavam interessados em participar do comércio feito no Oceano Índico que, na época, era controlado pelos italianos e também pelos muçulmanos.

Durante muitos anos, as rotas comerciais do Índico eram os locais onde circulavam as mercadorias mais importantes e mais caras para diversas regiões da Europa, do Oriente Médio, da Ásia e do Norte da África. Os tecidos luxuosos como a seda e o veludo; especiarias como a canela e a pimenta; o ouro e a prata são exemplos dos produtos que eram comercializados.

Como o Mediterrâneo, caminho mais fácil para chegar às Índias, estava sob o controle dos muçulmanos (que eram considerados inimigos religiosos dos católicos), os portugueses resolveram contornar todo o continente africano para chegar à Ásia. O trajeto era muito maior e muito perigoso, pois não se tinha notícia de nenhum outro povo que tivesse tentado realizar tal façanha, mas, caso os portugueses tivessem êxito nessas viagens, eles passariam a controlar uma nova rota comercial marítima.

O rei de Portugal e os principais comerciantes do país estavam investindo muito dinheiro nas navegações. Além da construção dos navios, havia os gastos com a tripulação e com o desenvolvimento de novos instrumentos de navegação que facilitassem a orientação dos marinheiros quando estivessem no meio do mar.

Mapa 3.2: Primeiras explorações europeias do litoral africano

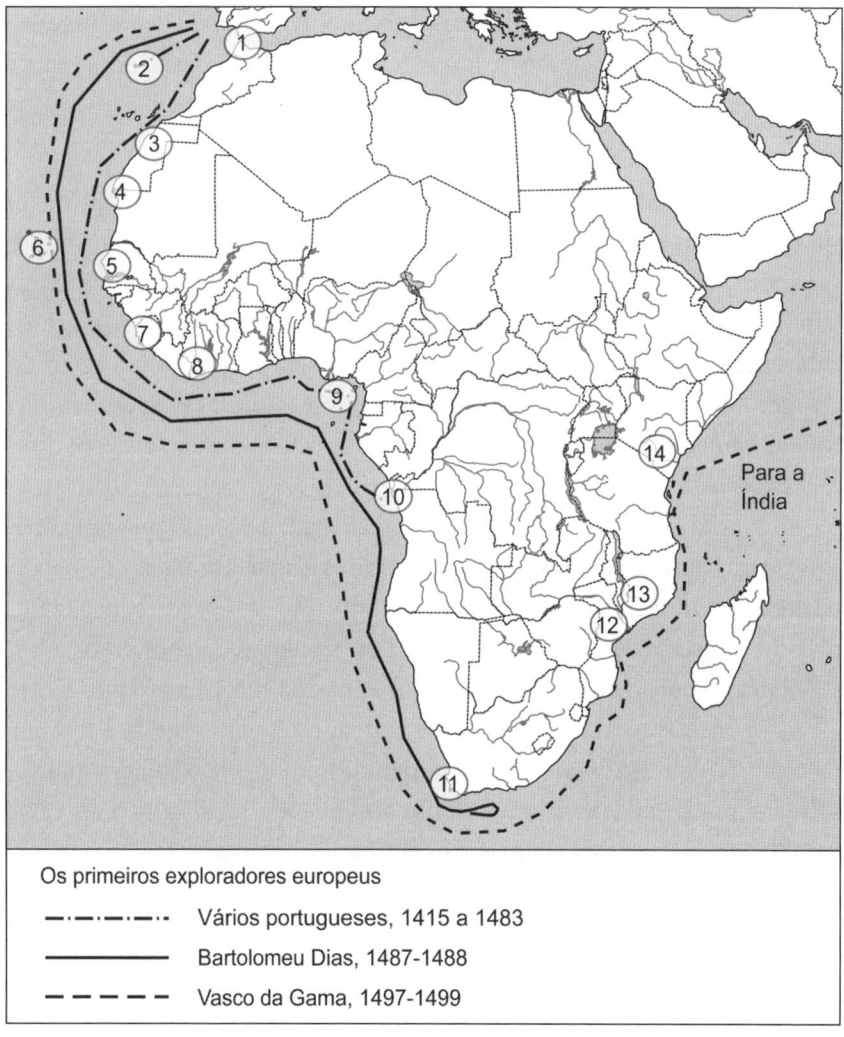

Os primeiros exploradores europeus
—·—·—·· Vários portugueses, 1415 a 1483
———— Bartolomeu Dias, 1487-1488
— — — — Vasco da Gama, 1497-1499

Lugares: 1- Ceuta- 1415; 2- Madeira, 1419; 3- Cabo Bojador, 1434; 4- Arguim, 1445 (construção de feitoria); 5- Goreia, 1434; 6- Cabo Verde, 1456; 7- Serra Leoa, 1460; 8- Costa do Ouro, 1471 (construção do forte São Jorge da Mina em 1482); 9- ilha Fernão do Pó, 1472; 10- Congo, 1483; 11- cabo da Boa Esperança, 1487; 12- Quelimane, 1498; 13- Moçambique, 1498; 14- Melinde, 1498. Fontes: Gaba (2016); Albuquerque, Reis e Carvalho (1977).

A conquista de Ceuta, em 1415, foi um grande feito que encorajou ainda mais os portugueses. Em 1419, eles chegaram às Ilhas da Madeira; e em 1430, ao Arquipélago dos Açores. Contudo, o ano de 1434 foi de extrema importância para Portugal, pois foi o momento no qual eles conseguiram ultrapassar o **Cabo Bojador**[3.8] e chegar à África Subsaariana.

> **3.8:** O cabo Bojador fica no atual Saara Ocidental. O desaparecimento de muitos navios entre os recifes da região motivou o surgimento de lendas sobre monstros marinhos e a impossibilidade de ir além do Bojador.

A partir de então, as viagens para as regiões africanas que ficavam ao sul do Saara tornaram-se frequentes. Em 1434, as expedições portuguesas aportaram na região da Guiné que, conforme visto anteriormente, era habitada por diferentes povos africanos como os iorubas, edos e acans. Quarenta e oito anos depois, os portugueses chegaram até a região do Congo. A partir desse primeiro contato, os portugueses e os demais europeus começaram a estabelecer importantes redes comerciais com diferentes sociedades africanas.

Ao contrário do que se pode imaginar, a chegada dos portugueses na África Subsaariana não significou a dominação dos grupos africanos que viviam naquela região. Embora muitos africanos tenham se assustado com o tamanho das embarcações e com a brancura dos portugueses, esses povos eram suficientemente organizados para barrar a entrada europeia no continente.

As primeiras tentativas portuguesas de ultrapassar a região litorânea da costa ocidental africana foram impedidas tanto pelas doenças que assolaram sua tripulação (como a febre amarela e a malária), como pelas batalhas travadas pelos africanos que, munidos com arcos e flechas, pequenas espadas e ágeis **pirogas**[3.9], venceram as armas de fogo europeias. Já que a tentativa de dominação não havia dado certo, a principal relação estabelecida entre os portugueses e africanos foi o comércio.

> **3.9:** A piroga é um tipo de canoa a remo, bem estreita e longa, feita tradicionalmente de um tronco de árvore escavado. A piroga foi usada em todos os continentes, por muitos povos, desde os tempos neolíticos, e é usada até hoje para fins utilitários e esportivos.

A soberania das sociedades africanas também impediu que os portugueses tivessem acesso às minas de ouro que haviam sido descritas pelos viajantes árabes. A quantidade de ouro que os portugueses conseguiram comprar no continente africano era muito menor do que eles haviam sonhado. Por isso, eles rapidamente transferiram seus interesses comerciais para outra mercadoria: o escravo africano.

No início, os africanos escravizados eram comercializados como outra mercadoria qualquer. As elites das sociedades africanas que habitavam as regiões próximas ao litoral começaram a trocar os escravos que já possuíam por produtos vindos da Europa que lhes interessavam, como o veludo e armas de fogo.

Ainda no século XV, os portugueses compraram um grande número de africanos que seriam vendidos para outras sociedades europeias, ou então utilizados como mão de obra na produção de cana-de-açúcar na Ilha da Madeira. Para facilitar o transporte desses escravos, os portugueses construíram o forte de São Jorge da Mina, em 1482. Durante a construção, Portugal teve de pagar altos impostos para o povo acan. Todavia, com esse forte os portugueses aumentaram o lucro de suas trocas comerciais, pois podiam estocar um grande número de mercadorias (inclusive escravos), enquanto esperavam que suas embarcações voltassem das viagens feitas para a Europa.

Além das justificativas econômicas para a escravização de africanos, os portugueses encontraram respaldo na Igreja Católica, que via esse fenômeno como mais uma forma de lutar contra os *infiéis* e ampliar seu rebanho. Em 1454, o Papa Nicolau V publicou uma bula papal na qual dizia que:

> [...] Guinéus e negros tomados pela força, outros legitimamente adquiridos por contrato de compra foram trazidos ao reino, onde em grande número se converteram à fé católica, o que esperamos **progrida até a conversão do povo** ou ao menos de muitos mais. [...] Por isso nós, tudo pensando com devida ponderação, por outras cartas nossas concedemos ao dito rei Afonso [de Portugal] a plena e livre faculdade, entre outras, de invadir, conquistar, subjugar quaisquer sarracenos e pagãos, inimigos de Cristo, suas terras e bens, a todos reduzir à servidão e tudo aplicar em utilidade própria e dos seus descendentes. [...] (NICOLAU, 1939, p. 36-37; grifo nosso)

Figura 3.2: Forte de São Jorge da Mina
A fortaleza, que fica na atual cidade de Elmina, em Gana, pertenceu sucessivamente a Portugal, à Holanda e à Inglaterra. Fonte: Braun (1572).

Ainda que os portugueses e os demais europeus não tenham empreendido nenhuma invasão à África, a permissão concedida pela Igreja livrava-os de qualquer comprometimento moral com o fato de comercializarem africanos escravizados. Nesse momento da história, interesses religiosos e econômicos pareciam ter o mesmo fim.

Mapa 3.3: Primeira rota do tráfico de escravos: séculos XV–XVI

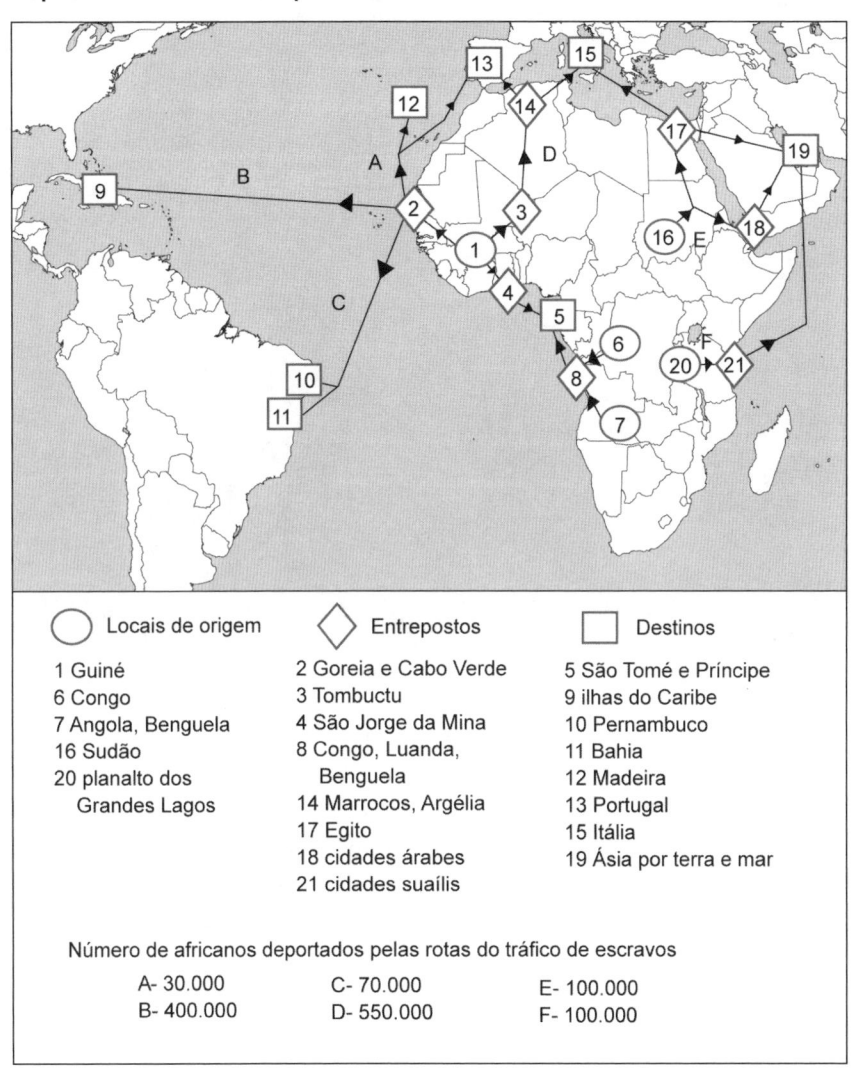

○ Locais de origem   ◇ Entrepostos   □ Destinos

1 Guiné
6 Congo
7 Angola, Benguela
16 Sudão
20 planalto dos
   Grandes Lagos

2 Goreia e Cabo Verde
3 Tombuctu
4 São Jorge da Mina
8 Congo, Luanda,
   Benguela
14 Marrocos, Argélia
17 Egito
18 cidades árabes
21 cidades suaílis

5 São Tomé e Príncipe
9 ilhas do Caribe
10 Pernambuco
11 Bahia
12 Madeira
13 Portugal
15 Itália
19 Ásia por terra e mar

Número de africanos deportados pelas rotas do tráfico de escravos

A- 30.000
B- 400.000
C- 70.000
D- 550.000
E- 100.000
F- 100.000

Fontes: Girardelli (2017); UNESCO (2017); Schaller (2017).

Com a colonização da América, portugueses e outras sociedades europeias, como os holandeses, ingleses e franceses, enxergaram no tráfico transatlântico de africanos escravizados uma importante fonte de lucro. A compra desses escravos, que antes ficava restrita à região conhecida como Costa do Ouro, começou a ser feita com outras localidades da África.

Figura 3.3: Recepção dos portugueses pelo rei do Congo
Como resultado das relações diplomáticas e comerciais, a corte do Congo logo adotou alguns costumes dos europeus. Fonte: Pigafetta (1624).

As primeiras grandes levas de africanos escravizados saíram da região que hoje corresponde aos países de Congo e Angola. A compra massiva de escravos nessa região estava intimamente ligada com a conversão do rei do Congo ao catolicismo e à íntima relação que este reino passou a ter com os portugueses.

Logo em seguida, entre os séculos XVI e XVII, portugueses e outras nações europeias, como os franceses, holandeses e ingleses, começaram a comprar africanos escravizados da região que ficou conhecida como Costa do Ouro (no atual país de Gana), habitada por sociedades acans, fantis e mandingas.

Mapa 3.4: Segunda rota do tráfico de escravos: século XVII

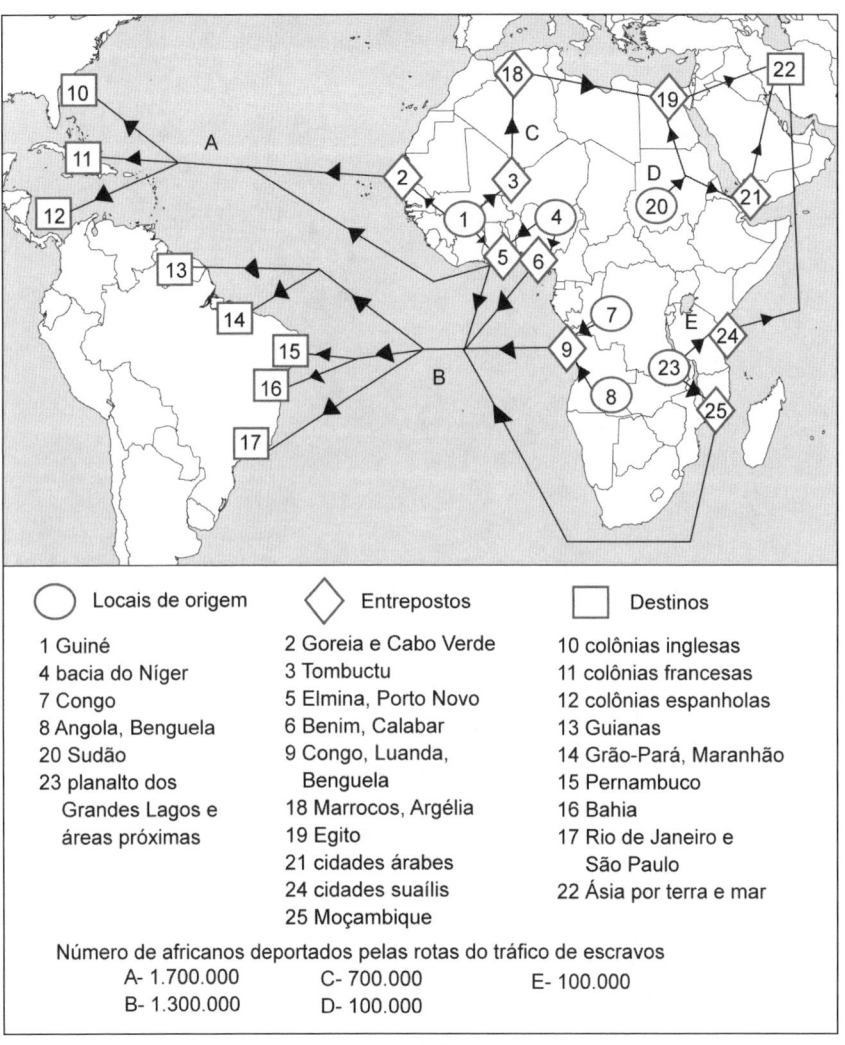

○ Locais de origem	◇ Entrepostos	☐ Destinos
1 Guiné	2 Goreia e Cabo Verde	10 colônias inglesas
4 bacia do Níger	3 Tombuctu	11 colônias francesas
7 Congo	5 Elmina, Porto Novo	12 colônias espanholas
8 Angola, Benguela	6 Benim, Calabar	13 Guianas
20 Sudão	9 Congo, Luanda, Benguela	14 Grão-Pará, Maranhão
23 planalto dos Grandes Lagos e áreas próximas	18 Marrocos, Argélia	15 Pernambuco
	19 Egito	16 Bahia
	21 cidades árabes	17 Rio de Janeiro e São Paulo
	24 cidades suaílis	22 Ásia por terra e mar
	25 Moçambique	

Número de africanos deportados pelas rotas do tráfico de escravos
A- 1.700.000   C- 700.000   E- 100.000
B- 1.300.000   D- 100.000

Fontes: Girardelli (2017); UNESCO (2017); Schaller (2017).

A partir do século XVII, e sobretudo no século XVIII, o tráfico atlântico ampliou sua área de atuação para a região do Golfo do Benim, que ficou conhecida como a Costa dos Escravos devido ao grande número de africanos que de lá saíram. O reino do Benim, estudado no capítulo 2.4, se transformou em um grande fornecedor de escravos para os europeus e brasileiros.

Mapa 3.5: Terceira rota do tráfico de escravos: século XVIII

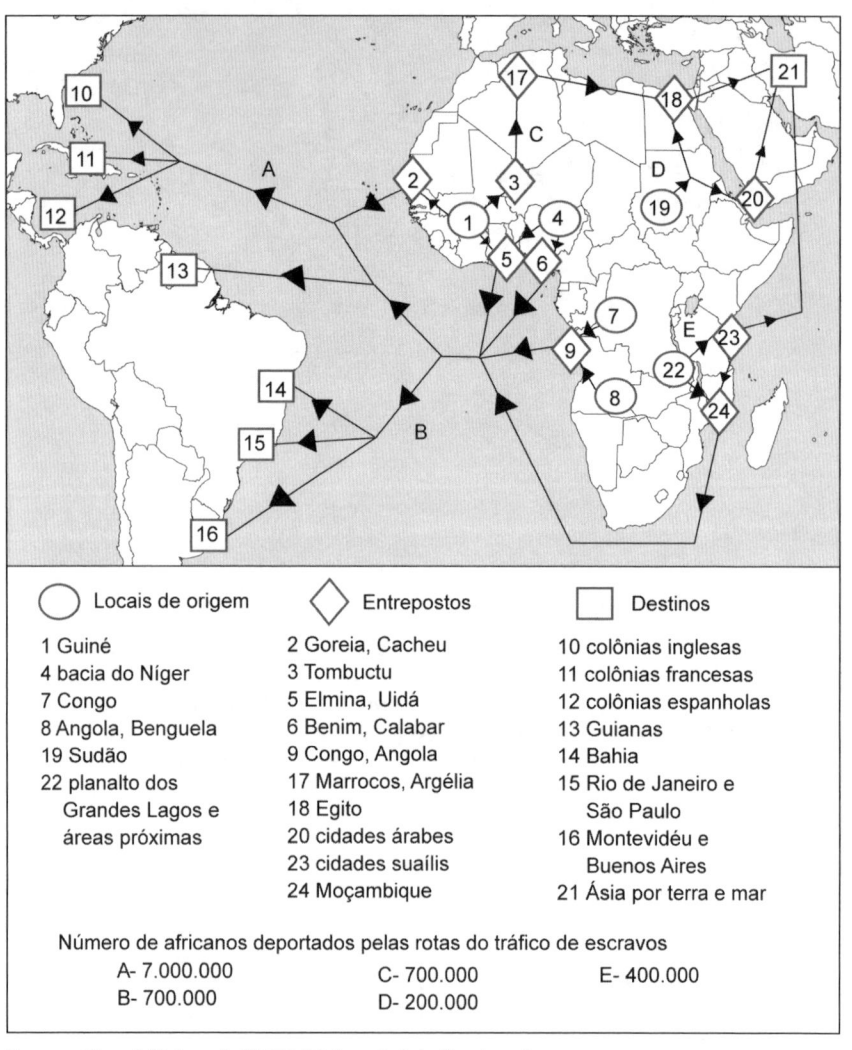

Locais de origem
1 Guiné
4 bacia do Níger
7 Congo
8 Angola, Benguela
19 Sudão
22 planalto dos Grandes Lagos e áreas próximas

Entrepostos
2 Goreia, Cacheu
3 Tombuctu
5 Elmina, Uidá
6 Benim, Calabar
9 Congo, Angola
17 Marrocos, Argélia
18 Egito
20 cidades árabes
23 cidades suaílis
24 Moçambique

Destinos
10 colônias inglesas
11 colônias francesas
12 colônias espanholas
13 Guianas
14 Bahia
15 Rio de Janeiro e São Paulo
16 Montevidéu e Buenos Aires
21 Ásia por terra e mar

Número de africanos deportados pelas rotas do tráfico de escravos
A- 7.000.000
B- 700.000
C- 700.000
D- 200.000
E- 400.000

Fontes: Girardelli (2017); UNESCO (2017); Schaller (2017).

Por fim, durante o final do século XVIII e início do XIX, o comércio com a região Congo-Angola, que nunca havia sido extinto, foi reaceso. A constante busca de cativos fez com que portugueses e brasileiros iniciassem o tráfico com a África Oriental, principalmente com a região do atual país de Moçambique. Algumas das cidades-estado do Oceano Índico estudadas no capítulo 2.6, como Quiloa e Sofala, acabaram envolvendo-se no comércio atlântico de africanos escravizados e se tornaram importantes portos de embarque no final dos setecentos.

Mapa 3.6: Quarta rota do tráfico de escravos: século XIX

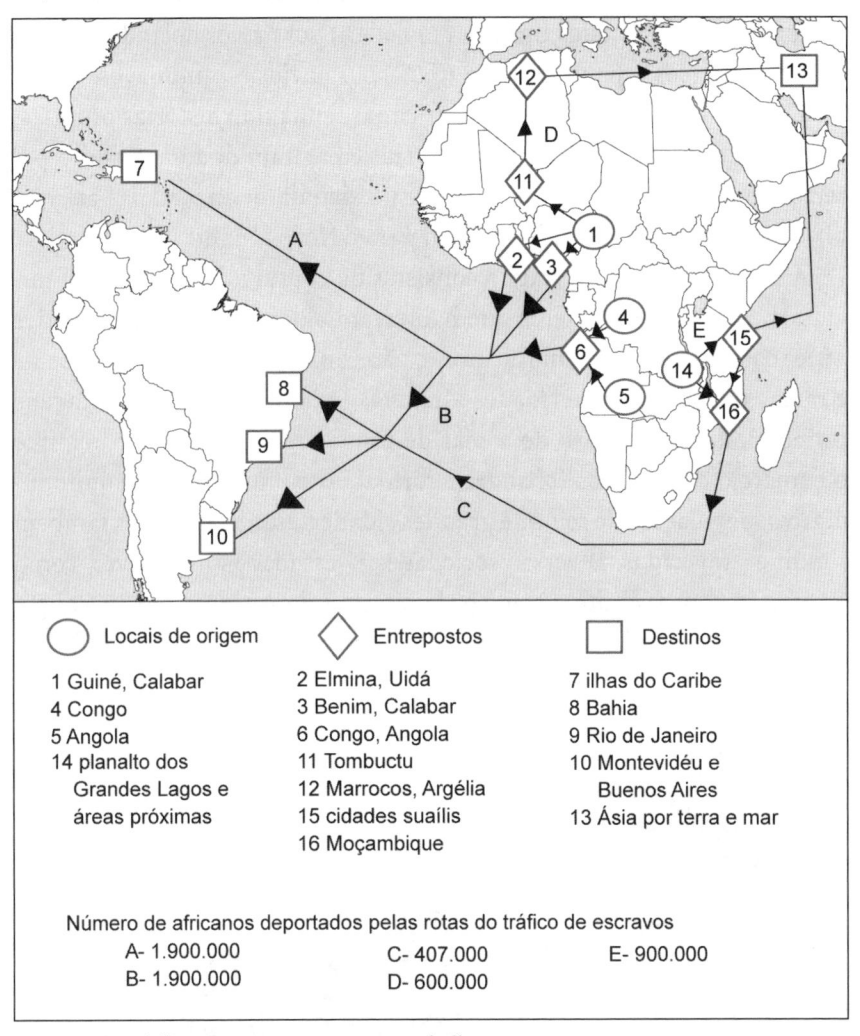

○ Locais de origem   ◇ Entrepostos   □ Destinos

1 Guiné, Calabar
4 Congo
5 Angola
14 planalto dos
   Grandes Lagos e
   áreas próximas

2 Elmina, Uidá
3 Benim, Calabar
6 Congo, Angola
11 Tombuctu
12 Marrocos, Argélia
15 cidades suaílis
16 Moçambique

7 ilhas do Caribe
8 Bahia
9 Rio de Janeiro
10 Montevidéu e
   Buenos Aires
13 Ásia por terra e mar

Número de africanos deportados pelas rotas do tráfico de escravos
A- 1.900.000
B- 1.900.000
C- 407.000
D- 600.000
E- 900.000

Fontes: Girardelli (2017); UNESCO (2017); Schaller (2017).

Os autores Eltis, Behrendt e Richardson (2000, p. 13), estudando o movimento de navios europeus e do Novo Mundo dedicados ao tráfico de africanos escravizados, fizeram um levantamento do número de viagens que saíram da África entre 1527 e 1867. Em seguida, verificaram como essas viagens se dividiam de acordo com as nacionalidades das embarcações que as realizaram. Cerca de dois terços dessas viagens foram feitas por navios pertencentes à Inglaterra (11.632 viagens, ou 42,7% do total) e a Portugal/Brasil (7.310 viagens, ou 26,8%). Entre as viagens restantes,

4.035 (14,8%) foram feitas por navios franceses; 1.711 (6,3) por embarcações pertencentes aos Estados Unidos; 1.219 (4,5%) por navios holandeses; 1.116 (4,1%) por barcos espanhóis; e 228 (0,8%) por navios escandinavos.

Embora cada uma das regiões africanas tenha tido histórias próprias, é possível dizer que as dinâmicas do tráfico agiram de forma muito parecida em todas elas. De maneira geral existiam quatro etapas até que africanos escravizados embarcassem para o Novo Mundo.

A primeira etapa do tráfico consistia na captura de grupos ou indivíduos. Homens e mulheres que habitavam aldeias e pequenas cidades africanas, situadas próximo ao litoral, não conseguiam resistir às guerras e razias travadas por sociedades africanas maiores, graças às vantagens proporcionadas pelo uso de armas de fogo e de cavalos. À medida que o comércio de escravos foi se transformando em um negócio muito lucrativo, populações de reinos e grandes cidades-estado africanas também foram escravizadas. Diversas sociedades já estudadas neste livro, como os hauçás, iorubas e até mesmo os habitantes do antigo reino do Congo, foram transformadas em escravos.

Figura 3.4: Caravana de cativos escravizados na costa da Guiné Francesa
Fonte: Frey (1890).

Os grupos militares ou exércitos que realizavam a captura desses escravos os vendiam para mercadores que ficaram conhecidos como **pom-**

beiros. Eram esses pombeiros os responsáveis pelo transporte da "carga" de africanos até as principais cidades da costa Atlântica da África e, justamente por isso, viajavam para os grandes sertões africanos em busca de cativos. O transporte poderia ser realizado tanto por terra, como pelos rios, por meio de canoas. No início, os pombeiros eram africanos, mas, com o passar dos anos e a intensificação do comércio, muitos europeus e, sobretudo, filhos de europeus nascidos na África passaram a exercer essa atividade.

Quando chegavam às grandes cidades e reinos que ficavam próximos ao litoral, os pombeiros vendiam os africanos capturados para as elites da região. O pagamento poderia ser feito com objetos de ouro, tecidos importados, pedras de sal e, principalmente, armas de fogo e cavalos, mercadorias essas que os pombeiros também utilizavam para pagar os grupos militares. Quando passavam a ser propriedade das elites africanas, os homens, mulheres e crianças capturados eram colocados em barracões onde deveriam esperar a negociação entre os chefes do local e os mercadores europeus. Essa espera poderia durar meses, pois as embarcações que atravessavam o Atlântico só partiam quando estavam lotadas de escravos. Em alguns casos, as elites africanas compravam parte desses escravizados para uso próprio.

Figura 3.5: Escravos presos no barracão do comerciante em Uidá (Daomé)
Fonte: Forbes (1851).

Por fim, os africanos escravizados eram comprados pelos mercadores europeus nos grandes mercados que existiam em diversas cidades portuárias da África. Era comum que tais mercadores fizessem suas compras acompanhados por médicos que avaliavam as condições físicas dos escravos, pois o preço do cativo estava condicionado à sua saúde.

Figura 3.6: Inspeção e venda de um escravo
Fonte: Mayer (1854).

As moedas utilizadas pelos europeus na compra dos cativos variavam de região para região e eram definidas pelas exigências das elites africanas locais. O cavalo e a arma de fogo eram mercadorias sempre bem-vindas, pois elas garantiam a manutenção do poder militar e político desses grupos. Todavia, outros produtos como veludo, contas de vidro, sal e conchas também eram comercializados, pois eles acabavam transformando-se em símbolos de distinção social das elites. Com a colonização das Américas, produtos de origem americana, como o tabaco e a farinha de mandioca, também passaram a ser utilizados no tráfico transatlântico. Apenas o grupo seleto que mercadejava africanos escravizados tinha acesso fácil às mercadorias vindas de além-mar, o que confirmava, perante o resto da sociedade, seu prestígio.

Alberto da Costa e Silva (2000) descreveu como se dava o comércio de escravos nos principais portos africanos, e quais produtos entravam nesse comércio. Na Senegâmbia, os escravos eram embarcados principalmente nos portos de Arguim e Cabo Verde (atual Cap-Vert, onde fica a cidade de Dacar), sendo trocados por algodão, cavalos e sal. Na Costa do Ouro, objetos de ferro e tecidos comercializados no Índico eram trocados por africanos escravizados principalmente no porto de Anomabu. Na Costa dos Escravos, os portos de Ajudá, Porto Novo, Lagos, Afra, Popo Grande e Jakin eram os principais pontos de embarque de africanos escravizados, trocados principalmente por sal, algodão e cavalos. Nos portos de Pinda e Cabinda, no Congo, os africanos eram trocados por armas, pólvora, tecidos de algodão e seda, cachaça e porcelana. Nos portos de Luanda e Benguela, a troca era feita por cachaça, contas de vidro, tecidos, facas e trigo. Em Moçambique, os escravos, embarcados principalmente em Quelimane, Quiloa e Inhambane, eram trocados por armas, pólvora e algodão.

3.4 A travessia da Calunga Grande 3.10

> **3.10:** Calunga, entre os bantos, era um tipo de espírito ligado à água. Nas religiões afro-brasileiras, é o lugar onde os espíritos dormem: a calunga pequena (o cemitério) e a calunga grande (o mar).

Depois de serem capturados em sua terra natal, os africanos escravizados eram vendidos a corretores de outras sociedades africanas e levados para as principais **cidades costeiras**[3.11] do continente. Essa jornada variava de acordo com a distância entre o local da captura e o da venda do escravo. No início do comércio transatlântico, essa viagem costumava ser rápida, pois os escravos vinham de regiões próximas ao litoral. Contudo, a partir do final do século XVIII e início do século XIX, muitos africanos eram escravizados no interior do continente e podiam demorar semanas até chegar aos portos de embarque.

> **3.11:** Cidades costeiras são as que ficam em litorais.

Independentemente da distância a ser percorrida, o escravo viajava a pé, ligado a outros companheiros de cativeiro pelo pescoço.

Como recebiam pouca comida e tinham de andar rapidamente, alguns escravos, principalmente aqueles que tinham ferimentos, não resistiam a essa primeira viagem e morriam. Os demais continuavam a jornada.

Ao chegar às cidades costeiras, os escravos eram colocados em barracões próximos às feitorias europeias e lá eram comprados por negociantes europeus e brasileiros. Como a travessia do Atlântico não era barata, os traficantes esperavam ter o número suficiente de escravos para lotar os navios e só então realizar a viagem. Por isso, os africanos escravizados podiam esperar até três meses antes de embarcar. Durante o período de espera nas cidades costeiras, esses escravos viviam presos e eram constantemente vigiados.

Chegada a hora da viagem, os africanos eram colocados nos porões das embarcações de médio porte que ficaram conhecidas como **navios negreiros** ou **tumbeiros**. Conforme visto no capítulo 3.3, os destinos desses navios eram as diferentes colônias no Novo Mundo. No entanto, este capítulo irá se ater às viagens que eram feitas para o Brasil.

A duração da viagem variava de acordo com o ponto de partida e o ponto de chegada. Nos séculos XVI a XVIII, os navios que saíam da costa ocidental africana demoravam cerca de 25 dias para chegar a Pernambuco, 30 dias para chegar à Bahia e 40 dias para aportar no Rio de Janeiro. Já a travessia entre a costa índica da África (principalmente na região de Moçambique) e o Rio de Janeiro poderia durar de dois a três meses.

O momento do embarque era um dos mais temidos pelos escravos. Em primeiro lugar, muitas sociedades africanas acreditavam que o mar separava o mundo dos vivos do mundo dos mortos; por isso, a viagem significava a perda da vida. Outros povos acreditavam que os portugueses e europeus em geral eram canibais e que todos eles seriam devorados assim que entrassem no navio. Quando a experiência do tráfico foi aumentando, os africanos escravizados sabiam que não morreriam (ao menos fisicamente) e que não seriam devorados; mas também sabiam que seu futuro seria duro e incerto e que dificilmente retornariam à sua terra natal. Por isso, muitos africanos ainda realizavam uma última tentativa de fuga e alguns mais radicais chegavam a cometer suicídio. Contudo, a maior parte dos escravos era embarcada levando consigo todos os seus medos.

Desejando obter o maior lucro possível, os traficantes empilhavam cerca de 500 escravos nos porões de cada navio.

Figura 3.7: Um navio negreiro
Veja no Boxe 3.1 a descrição desse navio. Fonte: Walsh (1831).

Boxe 3.1: Um navio negreiro descrito por uma testemunha ocular

Em maio de 1829, o reverendo Robert Walsh, que estava no Brasil desde 1828, voltou para a Inglaterra. Na viagem, seu navio, o *North Star*, dominou o navio negreiro *Veloz*, da Bahia. O reverendo Walsh acompanhou os oficiais ingleses na abordagem do *Veloz*, e contou o que viu nas páginas 479 a 482 do livro que publicou (WALSH, 1831). As unidades de medida estão convertidas aqui para as modernas do Sistema Internacional, para facilitar o entendimento.

O *Veloz* tinha saído da África com 562 escravos, que ficavam presos num espaço entre o convés superior e a coberta do porão, trancado por escotilhas em forma de grelha que eram as únicas entradas de luz e ar. Esse espaço tinha apenas um metro de altura; por isso, os escravos ficavam sentados, um entre as pernas do outro, tão juntos que não havia possibilidade de se deitarem nem de mudar de posição. Sobre a escotilha ficava o capataz dos escravos a bordo, com um chicote que usava se ouvisse algum barulho embaixo. O termômetro do navio marcava, à sombra, quase 32 graus Celsius. O calor e o cheiro eram tão fortes que o depósito dos escravos só pôde ser examinado depois que todos foram levados para o convés. Eles estavam completamente nus e morrendo de sede; alguns, principalmente entre as crianças, nem conseguiam ficar de pé; e muitas mulheres estavam grávidas.

O espaço era dividido em dois compartimentos, cada um com sua escotilha. Um media cerca de 5 por 5,5 metros: era onde ficavam as 226 mulheres e meninas. Fazendo as contas, o espaço disponível para cada pessoa era um quadrado que tinha, em média, cerca de 34 centímetros de lado. O outro compartimento media cerca de 12 por 6,5 metros: nele ficavam os 336 homens e meninos. Neste caso, o espaço médio disponível para cada pessoa era um quadrado medindo cerca de 48 centímetros de lado.

Essa situação é parecida com a da famosa planta do navio *Brookes* (STOWAGE, 2016), que mostra as normas da lei inglesa de 1788 sobre o transporte de escravos. O espaço para os escravos também ficava entre o convés superior e o porão, mas era dividido em três setores: para mulheres, homens e meninos. No *Brookes* os compartimentos eram divididos em dois andares, cada um com cerca de 80 cm de altura. O espaço determinado para cada pessoa previa que ela poderia ficar deitada: media cerca de 1,85 m x 40 cm para um homem, 1,75 m x 40 cm para uma mulher e 1,5 m x 30 cm para um menino. Contando todos os escravos desenhados na planta, vemos que o *Brookes* podia carregar legalmente 441 escravos numa viagem.

Nesses porões, os escravos passavam a maior parte da travessia amontoados uns nos outros e presos pelos pés ou pelos braços. Como não havia espaço suficiente, os escravos ficavam sentados durante boa parte da viagem ou revezavam as poucas esteiras que existiam no navio. Em pequenos grupos, os escravos subiam até a proa da embarcação para tomar sol. Essa era uma medida que diminuía o índice de doenças tanto físicas quanto mentais dos escravos – que saíam da total clausura –, mas também era um dos momentos mais tensos da viagem, pois a tripulação deveria vigiar atentamente os africanos para que não ocorresse nenhum tipo de revolta. Em algumas viagens, os escravos aproveitaram o momento do banho de sol e fizeram motins, chegando inclusive a ferir e até mesmo a matar alguns integrantes da tripulação.

Entretanto, os escravos passavam a maior parte da viagem nos porões. Lá, eles normalmente consumiam água **salobra**[3.12] e se alimentavam apenas de farinha de mandioca, peixe ou carne seca e feijão, pois eram os únicos alimentos que não estragavam durante a viagem. Alguns africanos já embarcavam doentes e, como as condições de higiene eram precárias, cerca de um terço deles morria durante a travessia. Para evitar que as doenças se alastrassem ainda mais, os traficantes jogavam os corpos dos mortos no mar.

3.12: Água salobra é a mistura de água doce com água do mar.

No início do século XIX, os traficantes introduziram algumas melhorias nas embarcações a fim de não perderem tantos escravos durante a viagem. Homens e mulheres foram separados, barbeiros-cirurgiões cuidavam dos enfermos, havia mais água doce nas embarcações. Mesmo assim, a travessia atlântica permaneceu uma experiência traumática até a sua extinção.

Apesar de todo o horror, muitos africanos conseguiram construir laços de solidariedade durante a viagem. A amizade construída entre esses africanos chegava a ser tão forte que existia uma palavra para defini-la: *malungu*. Essa palavra tinha origens em diferentes línguas africanas, mas a experiência da travessia do Atlântico fez com que ela ganhasse um significado especial: companheiro de travessia. A força dessa amizade era tanta, que alguns africanos conseguiram mantê-la depois da chegada ao Brasil, ou em outras localidades da América.

Embora a travessia do Atlântico fosse uma viagem relativamente cara e o número de perdas humanas fosse alto, durante mais de 300 anos o tráfico transatlântico foi a principal fonte de escravos para diversas localidades das Américas, sobretudo para o Brasil. Estima-se que cerca de dez milhões de africanos escravizados chegaram às Américas, e a metade deste número desembarcou nos portos brasileiros. Isso significa que um número bem maior deles saiu do continente africano. Em 1807, o tráfico transatlântico de escravos foi declarado ilegal e passou a ser combatido, principalmente pela Inglaterra. Contudo, muitos países e colônias continuaram a importar africanos escravizados. No Brasil, esse comércio, que começou no início do século XVI, só chegou ao fim em 1850 por meio da Lei Eusébio de Queiroz.

Ainda que muitos desses africanos escravizados tenham conseguido refazer suas vidas na América, os milhões de seres humanos que foram violentamente retirados de suas sociedades de origem não deixam dúvidas de que o tráfico transatlântico de africanos escravizados foi um dos maiores crimes cometidos contra a humanidade.

3.5 Sociedades africanas no tráfico transatlântico

Ainda que a maior parte das sociedades africanas que se envolveram no tráfico transatlântico tenha ocupado o lugar de escravizadas, alguns povos, reinos e impérios da África tiveram suas atividades econômicas diretamente ligadas ao tráfico, facilitando a escravização e a viagem forçada de milhares de africanos para as Américas. Na região africana que ficou conhecida como **Costa dos Escravos**, é possível encontrar algumas sociedades cujas trajetórias foram impactadas pelo tráfico transatlântico. Em alguns casos, o contato com o tráfico transatlântico foi benéfico por algum tempo, pois permitiu que muitas sociedades ampliassem suas redes de comércio e seu poderio militar. Em outros casos, povos que durante muitos anos foram escravizadores, acabaram sendo escravizados. Vejamos algumas dessas sociedades.

3.5.1 Império de Oió

Oió era uma cidade que foi fundada entre o final do século XIV e o começo do século XV próxima à região de florestas habitada pelos iorubas na região ocidental da atual Nigéria.

Assim como os habitantes de Ifé e da cidade do Benim, aqueles que viviam em Oió cultuavam Odudua, o deus supremo dos iorubas. Por um longo período, Oió sofreu ataques constantes de povos vizinhos, até que no começo do século XVI foi conquistada pelo povo *nupe*, o que obrigou que seus habitantes tivessem de se refugiar em outra região. Na época, a capital de Oió era a cidade de Oió-Ile, conhecida pelo suntuoso palácio real e pelo grande mercado conhecido como Oja-oba. Mas nem mesmo a alta muralha que protegia a capital de Oió impediu o sucesso dos nupes.

Mapa 3.7: Império de Oió

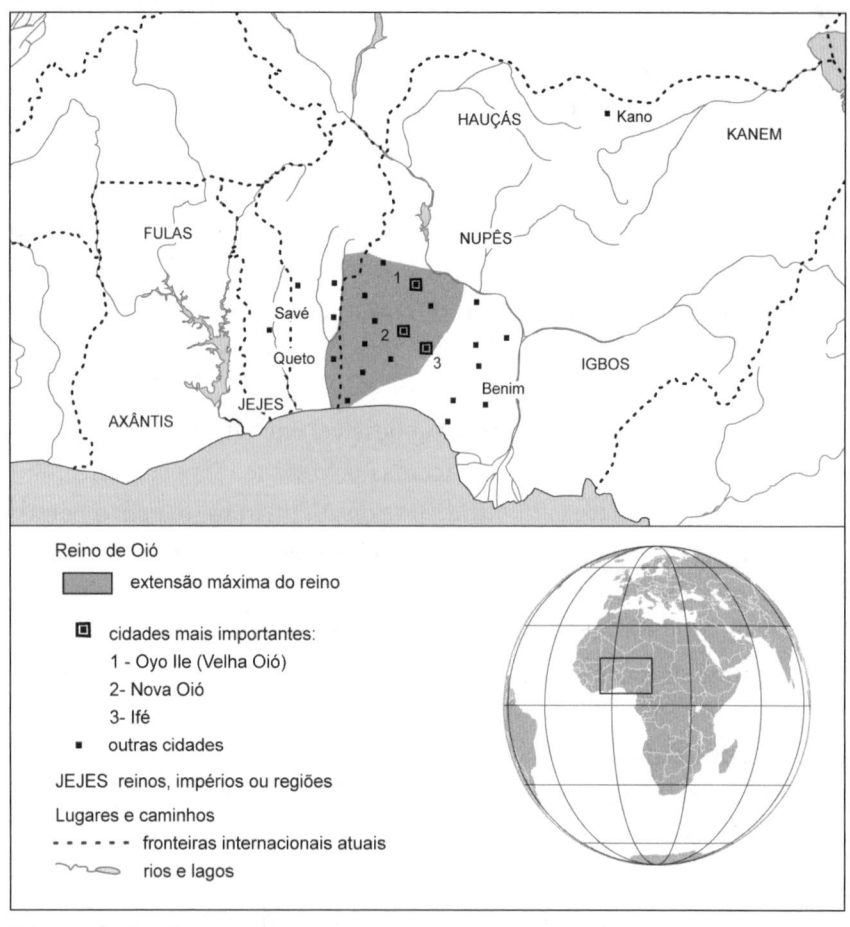

Reino de Oió
- extensão máxima do reino
- cidades mais importantes:
  1 - Oyo Ile (Velha Oió)
  2 - Nova Oió
  3 - Ifé
- outras cidades

JEJES reinos, impérios ou regiões

Lugares e caminhos
- - - - - fronteiras internacionais atuais
~~~~ rios e lagos

Fonte: Gaba (2016).

Décadas depois, os moradores de Oió retornaram à sua terra natal sob o juramento de construir um Estado forte, que não seria mais ameaçado por sociedades rivais. Para conseguir cumprir esse juramento, os governantes de Oió agiram em duas frentes: a primeira foi no sentido de garantir a centralização do poder nas mãos da elite política. A segunda frente foi a organização de um forte exército que contava com uma cavalaria composta por mais de 1.000 homens. Nos anos seguintes, a cidade-estado de Oió transformou-se num grande e poderoso império, o mais extenso dentre as sociedades iorubas, e um dos maiores da África Ocidental. Não por acaso, a expansão de Oió coincidiu com o crescimento do comércio negreiro na região.

Figura 3.8: Entrada do palácio (afin) do alafin de Oió
A Nova Oió (Oyo Atiba) foi fundada nos anos 1830 para substituir a Velha Oió (Oyo Ile), abandonada por causa das guerras dessa época, e cujas ruínas ficam no Parque Nacional Velha Oió (National Park Old Oyo).
Fonte: Morel (1911).

O império de Oió era governado por um soberano que recebia o título de *alafin*. Esse era um título hereditário, seguindo a linhagem paterna do *alafin* que estava no poder. Contudo, como em outras sociedades africanas, a poligamia era uma prática frequente nesse império, fazendo com que o número de candidatos ao trono se tornasse cada vez maior. Para evitar brigas, a escolha do futuro soberano ficou a cargo do *Oió mesi*, uma espécie de Conselho real formado por sete membros da elite de Oió. À medida que o império se expandia, maior era o poder que o *Oió mesi* tinha, até chegar ao ponto de essa instituição ser responsável não apenas pela escolha do *alafin*, mas também por sua morte. Em tempos de caos, era o chefe do *Oió mesi*, conhecido como *bashorum*, quem decidia quando o antigo imperador deveria se encaminhar para a morte (num processo de suicídio ritualístico), para que seu sucessor pudesse subir ao poder.

Para contrabalançar o grande poder que os membros do *Oió mesi* tinham, os *alafins* criaram uma associação secreta chamada de *Ogboni*. Tal associação era formada por homens ligados a diferentes cultos religiosos do vasto império de Oió, e sua principal tarefa era aprovar (ou não) as principais decisões tomadas pelo *Oió mesi*. Como se pode perceber, ao longo do século XVII, o império de Oió criou uma rede de poder hierarquizada, mas que mantinha a centralização das decisões políticas.

A administração do império de Oió estava dividida em duas esferas. A capital do império e as cidades mais próximas ficavam sob a responsabilidade direta do *alafin*, que contava ainda com a ajuda do *ona efa* (encarregado da justiça) e do *osi efa* (responsável pelas finanças). As províncias mais distantes eram governadas pelos *ilari* e *ajele*, que, além das tarefas políticas, também tinham poderes religiosos, já que eram sacerdotes de Xangô. Tanto o *ilari* como o *ajele* eram nomeados diretamente pelo *alafin* para cuidar da arrecadação de impostos dos povos subjugados.

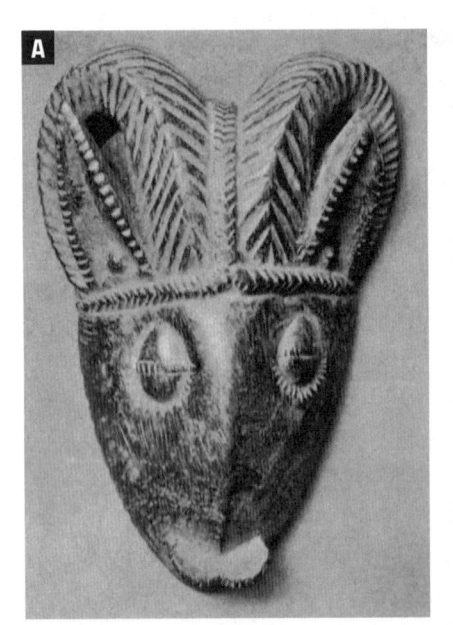

Figura 3.9: Objetos encontrados nas ruínas da Velha Oió
A- cabeça de carneiro representando o orixá Xangô; B- bandeja decorativa do túmulo de um sacerdote de Xangô. Fonte: Frobenius (1913).

Antes da conquista dos *nupes* e do exílio de sua terra natal, a sociedade de Oió vivia da produção agrícola e também do comércio feito com caravanas que atravessavam o Saara e permitiam que o sal chegasse a boa parte da população, que exportava tecidos de algodão e objetos de ferro. Após o ressurgimento de Oió e a organização de seu forte exército, um dos principais produtos importados eram os cavalos – que compunham a principal força militar dos *alafins*. Por sua vez, a exportação dos cativos de guerra para as rotas do tráfico transatlântico fez com que o poder econômico de Oió aumentasse.

Entre o final do século XVII e a primeira metade do século XVIII, quanto mais africanos escravizados Oió produzia em suas guerras, mais o império crescia, sobretudo para as regiões sul e sudeste da atual Nigéria. A guerra que levou ao domínio do Daomé durou mais de 50 anos e foi marcada por inúmeras batalhas épicas, nas quais a forte cavalaria de Oió lutou contra o exército fortemente armado do Daomé. O auge deste império aconteceu quando Oió, em 1748, conseguiu derrotar e dominar o reino do Daomé, que se transformou em mais uma das províncias tributárias do maior império ioruba.

Logo após o auge, o império de Oió começou a dar os primeiros indícios de que entrava em decadência. Em 1754, intrigas dentro do palácio resultaram na morte sucessiva de quatro *alafins* e na desestabilização do poder central. Ao perceber essa instabilidade, muitos povos subordinados ao império de Oió começaram a fazer revoltas para obter sua independência novamente. Em 1823, o Daomé conseguiu se desvencilhar da dominação de Oió, que se encontrava em forte crise política. Uma das últimas medidas tomadas pela elite política de Oió foi aceitar ajuda militar da Grã-Bretanha em 1888, num período em que o tráfico transatlântico já havia acabado. Como se verá mais adiante, a ajuda da Grã-Bretanha foi uma forma de conseguir dominar diretamente o estado de Oió, que deixou de existir em 1896.

3.5.2 Reino do Daomé

O Reino do Daomé foi fundado no começo do século XVII na região sul do atual Benim. A sociedade que fundou esse império era formada principalmente pelos *fon* e *adjá*, mas também havia a presença de outros povos que migraram para a região fugindo da ampliação das rotas de escravização que já haviam alcançado as sociedades iorubas e o reino de Allada, situado ao norte do Daomé.

Mapa 3.8: Reino do Daomé

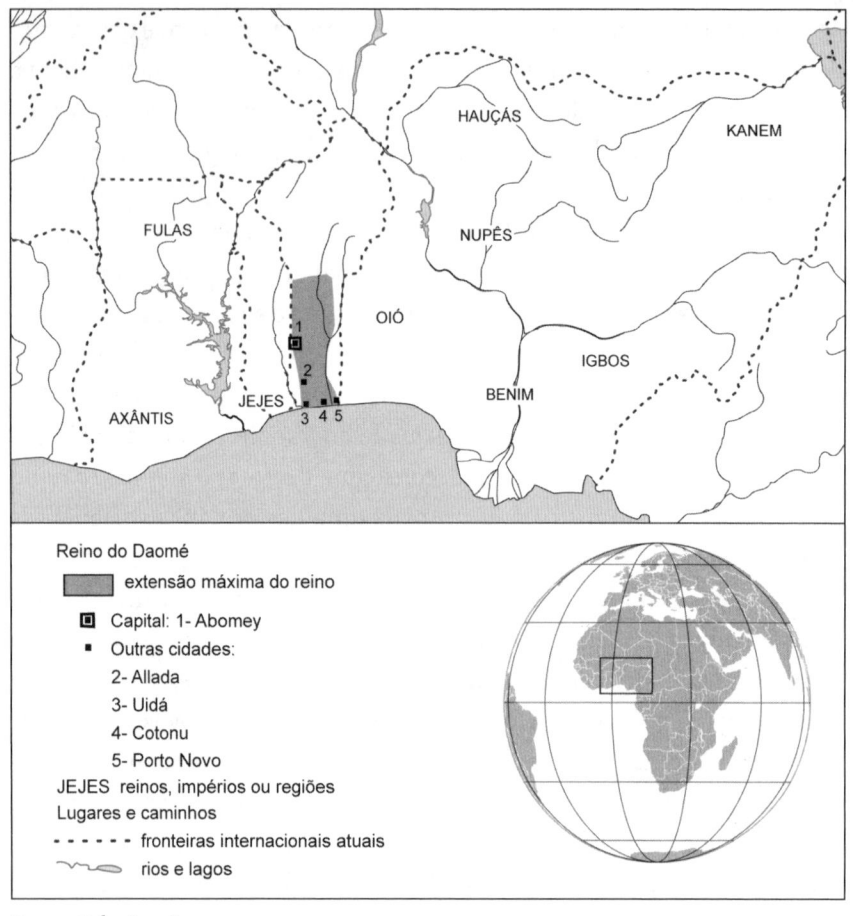

Fonte: Gaba (2016).

Embora a história do reino do Daomé esteja intimamente ligada com a ampliação das redes do tráfico transatlântico e da maior presença de comerciantes europeus e brasileiros nessa região, a complexidade dessa sociedade demonstra como as sociedades africanas se relacionaram de forma distinta com o comércio negreiro.

Fundado por volta de 1600, o reino do Daomé inaugurou uma nova forma de organização política. Ao invés de considerar o Estado como uma família estendida (como ocorreu com outras sociedades africanas já estudadas), o reino do Daomé defendia a ideia de que todo cidadão deveria fundir-se ao Estado, que seria governado por um rei absoluto. A sucessão do trono era feita por meio da escolha dos herdeiros homens do rei e, algumas vezes, o filho mais velho era escolhido. No entanto, como não havia nenhuma lei que determinasse qual filho ocuparia o trono, o Grande Conselho (formado por homens de destaque da sociedade) discutia e escolhia aquele que parecia reunir o maior número de qualidades.

O rei do Daomé governava com ajuda da corte real. O *migan* era uma espécie de primeiro cônsul responsável pelas questões judiciais do reino. Havia também o *mehu* que cuidava das questões relativas à família real e ao palácio. Um dos cargos mais importantes do reino do Daomé era o da *kpojito*, também conhecida como "rainha-mãe". Assim que um rei subia ao trono, escolhia uma das mulheres de seu predecessor para ocupar o segundo cargo mais poderoso de todo o reino. Uma das *kpojito* mais famosas da história do Daomé foi Hwanjile.

A vida na corte do Daomé era muito ritualizada e repleta de símbolos. Um dos mais famosos era o para-sol utilizado pelo rei e sua corte. De tamanhos variados e muito coloridos, os para-sóis eram utilizados para proteger a realeza contra o sol, mas também eram empregados em espaços privados para evitar que alguma pessoa pisasse na sombra do rei, o que era considerado uma grande ofensa. Havia uma pessoa específica para segurar o para-sol real, tarefa que podia ser exercida por uma das mulheres do rei. O para-sol era feito com a técnica do "aplique". Sobre um tecido de algodão era bordado outro tecido que tinha imagens pictográficas e personalizadas: cada rei tinha sua própria imagem. Sendo assim, os apliques funcionaram como uma espécie de brasão dos soberanos do Daomé.

Figura 3.10: Ghezo, rei do Daomé
Governante do Daomé de 1818 a 1858, Ghezo tornou-se rei dando um golpe de estado contra o irmão Adandozan, com a ajuda do traficante de escravos brasileiro Francisco Félix de Sousa. Fonte: Forbes (1851).

O rei fundador do Daomé foi Houegbadja, que governou entre os anos de 1645 e 1685. Além de ser o responsável pela construção do palácio de Abomey, capital do reino, Houegbadja também fez as primeiras incursões militares, que mais tarde levariam à ampliação do reino. Uma sucessão de reis ocupou o trono do Daomé depois de Houegbadja, e havia uma constante preocupação de o novo rei ser mais poderoso do que seu antecessor. Por isso, os reis do Daomé tinham um grande cuidado em destacarem suas particularidades. Cada soberano tinha seu símbolo próprio, como uma espécie de marca registrada. Além disso, cada rei que subia ao trono construía um edifício dentro do palácio, transformando a corte de Abomey num verdadeiro complexo arquitetônico.

A estrutura militar do Daomé foi uma arma muito importante para a expansão territorial do reino. Ao contrário dos povos vizinhos, o reino do Daomé optou por ter um exército profissional e permanente composto por cerca de 10.000 pessoas muito bem treinadas e disciplinadas. Embora não houvesse cavalaria, o comércio com os traficantes europeus fez com que o exército do Daomé tivesse acesso às armas de fogo, o que lhe dava uma grande vantagem nos embates com outros povos africanos.

Figura 3.11: A corte do Daomé no pátio do palácio em Abomey
Fonte: Forbes (1851).

Outra particularidade da força militar do Daomé era o batalhão feminino que ficou conhecido como exército das Amazonas. Existem diferentes versões sobre as origens das Amazonas do Daomé. Uma das versões mais aceitas é que esse batalhão feminino foi criado durante o governo do rei Agadja, que governou entre os anos de 1708 e 1740. A ideia inicial era que as mulheres entrassem nas tropas para fazê-las parecer mais numerosas no momento do combate. Mas a coragem e a agilidade dessas mulheres foram tamanhas, que nos 100 anos seguintes elas criaram uma organização militar própria, responsável por inúmeras vitórias militares do reino do Daomé. Rapidamente, essas mulheres acabaram transformando-se numa parte importante do exército daomeano. Passavam por duro treinamento e não podiam se casar – a menos que se tornassem uma das esposas do rei.

A maior parte da população do reino do Daomé era composta por camponeses que cultivavam pequenas roças próximas às suas casas. Com a expansão do território do Daomé, o rei passou a ter algumas fazendas que eram cultivadas com mão de obra livre e também por alguns escravos que eram capturados em outras sociedades africanas; a principal função dessas fazendas reais era garantir o cultivo de alimentos para a corte e a família real.

No entanto, uma das principais atividades do reino do Daomé foi o comércio de africanos escravizados com os traficantes europeus. O acesso às armas de fogo permitiu que o exército daomeano tivesse grande vantagem bélica sobre muitas aldeias de pequenas sociedades africanas que viviam próximas, mas não faziam parte do reino. Muitas delas tiveram suas populações escravizadas e levadas para a América a partir do porto de Uidá, que na época era controlado pelo reino do Daomé. Os africanos escravizados pelo exército do Daomé eram trocados por armas de origem europeia, criando assim o ciclo vicioso do tráfico de escravos. O comércio transatlântico nessa região foi tão intenso, que nos dias de hoje existe em Uidá a "Porta do Não Retorno": um monumento que simboliza a última etapa do comércio negreiro, a maior deportação conhecida na história da humanidade.

Figura 3.12: Uma amazona do exército do Daomé
Fonte: Forbes (1851).

O crescimento territorial e econômico do Daomé chamou a atenção do forte império de Oió durante os primeiros anos do século XVIII. Após décadas de batalhas, o exército de Oió conseguiu vencer os daomeanos, que se transformaram num povo tributário do império dos *alafins* até o ano de 1823. Embora tivesse de pagar altas tarifas, o reino do Daomé manteve sua estrutura política, seu forte envolvimento com o comércio transatlântico de escravos e suas manifestações culturais. Após a subordinação ao império de Oió, o reino do Daomé retomou sua soberania e manteve-se como um forte Estado até 1894, quando se transformou num protetorado francês, passando a compor parte das colônias francesas na África entre os anos de 1904 e 1958.

Um dos traços mais fortes da cultura do reino do Daomé é o culto aos voduns. Assim como muitos povos que viviam na África Subsaariana, a religião dos daomeanos estava ligada ao culto aos ancestrais, que naquela região eram chamados de voduns. Segundo os daomeanos, Mawu-Lisa é a entidade suprema que rege os mundos. Tal entidade é formada por características femininas (Mawu) e masculinas (Lisa). Juntamente com Mawu-Lisa existem diversos voduns que representam, ao mesmo tempo, ancestrais de famílias do reino do Daomé e fenômenos da natureza. Tal religião prega um forte contato com a natureza, sendo a serpente um dos seus símbolos mais poderosos. Muitos africanos escravizados que vieram dessa região do continente cultuavam os voduns. Por isso é possível encontrar religiões de matriz africana em diferentes pontos das Américas (como Estados Unidos, Jamaica, Haiti e Brasil) que têm traços muito semelhantes à religião do reino do Daomé.

3.5.3 Axântis

O império Axânti surgiu no século XVIII no atual país de Gana e durou até o ano de 1896. O auge econômico deste império esteve relacionado com o tráfico de africanos escravizados e o comércio de ouro com mercadores europeus.

Os axântis eram descendentes do povo *acan* que, desde o século XI, habitava as florestas da região sul da atual Gana. Ao longo de sua vasta história, os acans formaram diferentes Estados como os reinos de Bono, Akim e Akwamu.

Mapa 3.9: O império Axânti

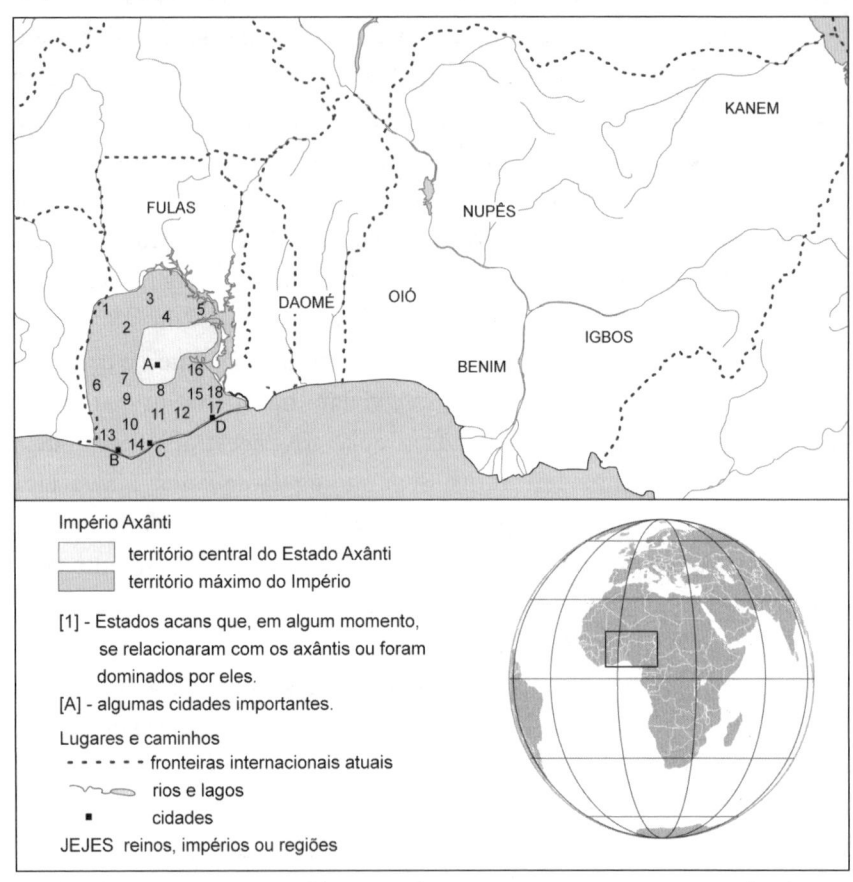

Império Axânti
- território central do Estado Axânti
- território máximo do Império

[1] - Estados acans que, em algum momento, se relacionaram com os axântis ou foram dominados por eles.
[A] - algumas cidades importantes.

Lugares e caminhos
- - - - - - fronteiras internacionais atuais
- rios e lagos
- ■ cidades
- JEJES reinos, impérios ou regiões

Estados do norte: 1- Bono; 2- Tekiman; 3- Kintampo; 4- Koranza; 5- Bassa. Estados do oeste: 6- Aowin; 7- Sefwi; 8- Adansi. Confederação Fanti: 9- Denkera; 10- Wassau; 11- Tufel; 12- Assin. Estados do litoral sudoeste: 13- Axim; 14- Ahanta. Estados do leste: 15- Akim; 16- Kwahu; 17- Akwapin; 18- Akwamu. Capital dos axântis: A- Kumasi. Portos usado pelos europeus: B- Axim; C- Elmina; D- Acra. Fontes: Gaba (2016); Ezilon (2017).

Segundo o mito de origem, o Império Axânti foi formado quando o *ashantehene* (rei) Osei Tutu e o *okomfo* (sacerdote) Anokye decidiram reunir todos os acans em um poderoso Estado. O sacerdote Anokye disse que havia recebido ordens do deus supremo Nyame para unir todo o seu povo. Essa união seria representada pelo Tamborete de Ouro (que representaria a alma dos acans), e o novo Império seria governado por Osei Tutu.

Os registros históricos mostram que a organização do Império Axânti foi bem menos pacífica do que conta o mito de origem. Osei Tutu de fato existiu, foi o primeiro *ashantehene* dos axântis durante os primeiros anos do século XVIII e garantiu que os sucessores ao trono fossem escolhidos em meio à sua linhagem materna. O Tamborete de Ouro, conhecido como *sikadwa kofi*, também existiu e tornou-se o símbolo religioso do novo Estado acan. Contudo, para que Osei Tutu conseguisse organizar seu império, diversas investidas militares contra outras sociedades acan foram realizadas, o que possibilitou a ampliação do governo dos *ashantehenes*.

Para governar o vasto território, o Império Axânti estava organizado da seguinte forma: a capital Kumasi era diretamente administrada pelo *ashantehene* e seus conselheiros. Os demais Estados provinciais, que compunham a maior parte do império, eram governados pelos *amanhenes*, chefes escolhidos dentro das antigas famílias locais, que deviam jurar fidelidade e submissão ao imperador, que era a única pessoa em todo o império que podia mobilizar o exército, declarar guerra e cobrar tributos. Embora estivesse submetido ao *ashantehene*, os *amanhenes* tinham grande autonomia para governar suas províncias.

Figura 3.13: Corte axânti em Kumasi recebendo visitantes europeus
Fonte: Dupuis (1824).

O exército, composto por milhares de homens, muitos deles armados com fuzis e acompanhados por cavalos, foi a principal arma utilizada pelo império Axânti para ampliar e manter seu vasto território.

3.6 Formas de resistência à escravização no continente africano

Nas estimativas mais conservadoras, o Tráfico Transaariano e o Tráfico Transatlântico (veja as notas 2.8 e 3.1) foram responsáveis, cada um, pela retirada de 10 milhões de pessoas. Mas uma importante diferença que deve ser sublinhada é que o Tráfico Transaariano durou 1.000 anos, e o Tráfico Transatlântico vigorou por apenas 350 anos, o que demonstra que o volume de africanos comercializados no segundo caso foi muito maior por unidade de tempo.

A entrada de armas de fogo e de cavalos, e a forma como traficantes europeus aproveitaram ou então incentivaram os conflitos entre sociedades africanas, são algumas das razões que ajudam a entender por que a intensidade do comércio de africanos escravizados foi tão grande ao longo de mais de três séculos. Contudo, apesar da desigualdade de forças, muitos dos homens e mulheres que entraram na malha deste comércio encontraram formas de resistir ainda no continente africano.

A fuga foi a forma mais constante de resistência e ela geralmente acontecia na travessia terrestre, quando os africanos escravizados estavam sendo levados (geralmente a pé) para as cidades portuárias onde seriam embarcados nos **tumbeiros**. Embora fosse mais difícil, porque a vigilância era cada vez maior, alguns africanos também conseguiram fugir quando já estavam nas cidades litorâneas à espera dos navios. Como essas esperas podiam durar meses, pequenas brechas ou descuidos dos mercadores se transformavam em oportunidades de fuga.

Um exemplo interessante de organização contra o tráfico aconteceu no lago de Ganvié, que ficava nas proximidades do reino do Daomé, atual Benim. Ao longo dos séculos XVI e XVII, o lago de Ganvié transformou-se num quilombo formado por diversos grupos que fugiam das redes de escravização criadas pelo tráfico transatlântico.

Boxe 3.2: Resistência à escravidão em território africano: a história da rainha Nzinga

Ndongo era um reino da África Centro-Ocidental que passou por um processo de centralização do poder ao longo do século XVI. A partir de então, além dos *sobas* (chefes políticos de regiões específicas do reino), Ndongo passou a ser governado pelo soberano que recebia o título de *ngola*; como símbolo de seus poderes políticos, o ngola carregava peças de ferro que representavam a mediação entre o mundo dos vivos e dos mortos.

A história do reino de Ndongo sofreu grandes mudanças no final do século XVI, quando os portugueses iniciaram uma tentativa sistemática de adentrar e dominar o território em busca de novas rotas de tráfico de africanos escravizados. Um dos maiores marcos dessa iniciativa foi a fundação da cidade de São Paulo de Luanda (atual Luanda, capital de Angola) pelo lusitano Paulo Dias em 1587.

Nesse período, Ndongo era governado pelo Ngola Kiluanji, cujo reinado foi marcado pelo embate contra os portugueses. Ainda sob seu reinado, os lusitanos conseguiram conquistar parte do território de Ndongo, obrigando o Ngola Kiluanji a refugiar-se em Cassaba, no interior do reino. Tal medida impediu que os portugueses conseguissem avançar ainda mais no território de Ndongo.

Com a morte do Kiluanji, quem assume o posto de ngola é seu filho Mbandi. O novo soberano passa a controlar as rotas de tráfico de escravos entre os portugueses e alguns grupos jagas (grupos nômades que se organizaram sem um governo centralizado) que viviam nas proximidades. Por representar um obstáculo aos interesses de Portugal, em 1622, os portugueses que moravam em Luanda aceitaram receber uma comissão do Ngola Mbandi para negociar um possível tratado de paz.

Foi nesse contexto que Nzinga Mbandi iniciou a intensa defesa de Ndongo. Filha do Ngola Kiluanji e meia-irmã do Ngola Mbandi, Nzinga nasceu por volta de 1581 e foi criada dentro dos padrões da realeza, tendo se tornado uma grande guerreira. Como representante de Ndongo, Nzinga impressionou os portugueses por sua polidez e inteligência na missão diplomática em que representou seu irmão em 1622. Para conseguir reaver os territórios de Ndongo que estavam sob o domínio lusitano, Nzinga aceitou converter-se ao catolicismo, tornando-se Dona Anna de Souza e assinando a paz com Portugal.

Todavia, o período de paz durou pouco. Os interesses econômicos do tráfico transatlântico de africanos escravizados fizeram com que diversos comerciantes portugueses desrespeitassem o tratado de paz e voltassem a comercializar africanos escravizados com alguns jagas e também com sobas que traíram o Ngola Kiluanji, trazendo muita desordem para Ndongo. Inconformada com a situação, Nzinga iniciou um forte movimento de resistência, no qual ela não perdoou os traidores de Ndongo, incluindo seu tio (um dos sobas) e seu próprio irmão.

Os portugueses elegem um novo rei para Ndongo. Todavia, Nzinga não aceita tal decisão, se intitula a nova rainha de Ndongo e passa a defender abertamente a liberdade dos Mbundu (etnia predominante do reino Ndongo). Para conseguir manter sua força militar e política e fazer frente aos constantes ataques portugueses, Nzinga consegue se aliar com os jagas que viviam no oeste do reino, formando uma confederação antilusitana que tinha os quilombos como importantes estratégias de guerra. Ao saber da invasão holandesa em Luanda em 1641, Nzinga aproximou-se dos batavos para enfraquecer ainda mais a presença dos portugueses, que recuperaram o controle da cidade anos depois. A rainha Nzinga morreu em 1663 com mais de 80 anos de idade. Ainda que algumas de suas ações tenham sido controversas (ela renegou e depois voltou ao cristianismo, e chegou a participar do comércio de escravos com os holandeses), Nzinga durante muitos anos foi venerada como uma "rainha imortal" pelo povo Mbundu e é conhecida no Brasil como Rainha Ginga.

Figura 3.14: Anna Nzinga, rainha de Matamba e Angola
Assim Nzinga foi retratada numa coletânea de biografias de mulheres célebres escrita pela francesa Laure Junot no início do século XIX. Fonte: Junot (1834).

CAPÍTULO 4
A afrodescendência do Brasil: do século XVI E.C. ao XIX E.C.

Quando se pensa em uma comida tipicamente brasileira, qual é a primeira palavra que vem à cabeça? E um ritmo musical característico do Brasil?

Muita gente deve ter pensado na feijoada e no samba, e não é para menos. Tanto os brasileiros como os estrangeiros veem algo genuinamente brasileiro nesses dois elementos.

Também não é por acaso que tanto a feijoada como o samba têm suas histórias atreladas à trajetória dos africanos e de seus descendentes no Brasil: os povos africanos que vieram para cá são fundadores do Brasil que existe hoje. A relação da história brasileira com o continente africano começou no século XVI, quando o Brasil ainda era a América Portuguesa (como era conhecido enquanto colônia de Portugal). O elo que uniu os dois lados do Atlântico foram os homens e mulheres retirados de diferentes partes da África para trabalhar na condição de escravos em terras americanas. Embora fossem vendidos como bens móveis, os africanos e seus descendentes não se portaram como coisas, mas como seres humanos que eram, deixando marcas de seu trabalho e de sua cultura em praticamente todo o continente americano. Foi por meio do trabalho dessas mulheres e homens que o açúcar, o ouro e o café se transformaram nos principais produtos exportados ao longo da história do Brasil escravista. Muitas estradas, ruas e calçadas foram construídas com o trabalho escravo. Diversos políticos importantes foram alimentados pelo leite de suas amas, mulheres negras (africanas ou crioulas).

Mas foi também graças aos africanos, seus filhos e netos que a feijoada e a capoeira transformaram-se em manifestações brasileiras; que muitas igrejas barrocas de Minas Gerais se destacam por terem sido ornadas com búzios e santos de feições negras; que o samba tornou-se um dos ritmos musicais mais ouvidos e dançados do Brasil; que o português que falamos aqui tem palavras como *moleque*, *dengoso* e *cafuné*.

A formação deste Brasil de hoje foi feita com muito trabalho e violência, mas também com resistência e com a criação de laços de solidariedade entre pessoas de diferentes origens. A seguir, abordaremos a presença e a trajetória dos africanos e seus descendentes durante o período escravista, analisando as diversas formas que esses escravos encontraram para viver e resistir ao cativeiro; a luta pelo fim da escravidão; e, por fim, a formação de um país herdeiro de práticas e tradições vindas da África, que muitas vezes foram reinventadas deste lado do Atlântico.

4.1 O trabalho escravo no Brasil

Como bem se sabe, Pedro Álvares Cabral chegou às terras *brasilis* em 22 de abril de 1500, data que marca o início da colonização do país que viria a ser conhecido como Brasil. O vasto território já era densamente habitado por nativos, que os europeus batizaram de índios. No final do século XV, estima-se que entre 3 e 5 milhões de indígenas vivessem no território. Eles estavam divididos em quatro grandes troncos linguísticos (caraíba, aruaque, macro-jê e tupi) e se organizavam em diferentes grupos que possuíam línguas, crenças, rituais e organização social próprias. Esses grupos indígenas ocupavam localidades diferentes do extenso território do atual Brasil. Como os tupis viviam ao longo do litoral, esse foi o grupo com o qual os portugueses estabeleceram os primeiros contatos, e aquele com os quais os lusitanos iniciaram a exploração do pau-brasil. Na época, essa era uma árvore abundante na Mata Atlântica, que rapidamente despertou o interesse dos europeus: além de ter uma extração relativamente fácil, o pau-brasil poderia ser utilizado tanto no tingimento de tecidos, como na construção de embarcações e de residências, já que sua madeira era muito resistente.

A exploração do pau-brasil tinha sido muito proveitosa para os lusitanos, a ponto de a Coroa Portuguesa decretar que os interessados em comercializar a madeira precisavam ter autorização real para isso. No entanto, durante os primeiros anos do século XVI, os portugueses estavam mais interessados em estabelecer relações comerciais com a dinâmica rede comercial criada no Oriente. Os milhares de embarcações que cruzavam o Oceano Índico transportando ouro, seda, prata, porcelana, marfim e **especiarias**[4.1] pareciam atrair mais a atenção dos comerciantes, navegadores e da própria nobreza de Portugal. Sendo assim, durante os primeiros 30 anos após a chegada de Pedro Álvares Cabral, poucas ações foram tomadas pelas autoridades portuguesas com o intuito de garantir o controle e a exploração da nova colônia.

> **4.1:** Especiarias são produtos aromáticos de origem vegetal usados para temperar certos alimentos. Exemplos de especiarias são: cravo, pimenta, canela. Durante muito tempo, as especiarias também foram usadas para preservar os alimentos por mais tempo.

Somente a partir de 1530, os portugueses iniciaram uma colonização mais sistemática do Novo Mundo. A escolha por investir na nova colônia foi, em parte, decorrente dos prejuízos causados pela forte concorrência no comércio do Índico, em parte consequência das diversas invasões que a colônia americana estava sofrendo por parte de outras nações europeias que também desejavam explorar o Novo Mundo, independentemente da divisão que havia sido estabelecida no Tratado de Tordesilhas em 1492.

A colonização da América Portuguesa tinha um desafio inicial: como um país tão pequeno como Portugal iria conseguir administrar uma porção de terras tão grande?

A primeira medida tomada pela Coroa Portuguesa data de 1534. Nesse ano, o território da América Portuguesa foi dividido em 16 grandes faixas de terra chamadas de capitanias hereditárias. Cada uma dessas capitanias seria doada pelo rei a um nobre português (chamado de donatário) que deveria construir vilas, arrecadar impostos e, principalmente, redistribuir a terra para quem pudesse cultivá-la.

No entanto, muitos donatários não cumpriram suas obrigações, sendo que alguns nunca chegaram a colocar seus pés em terras brasileiras. O fracasso do sistema de capitanias fez com que o rei português tentasse outra forma de administração. Em 1548, foi instituído o **governo-geral**[4.2] com o objetivo de centralizar a administração da América Portuguesa, cuja capital era a cidade de Salvador na Bahia.

> **4.2:** O governo-geral era composto por militares e funcionários civis que deveriam cuidar dos assuntos administrativos da América Portuguesa. Sua sede, a cidade de Salvador, também era o local de morada dos vice-reis.

Além de garantir a defesa da colônia, o governador-geral também tinha a responsabilidade de administrar esse novo território. Para isso, ele contava com o apoio de funcionários reais, trabalhadores vindos da Europa e homens da Igreja. Uma das grandes dificuldades era atrair homens e mulheres portugueses para a nova colônia e garantir que esse novo domínio gerasse lucros para sua metrópole. Como a retirada do pau-brasil já estava se esgotando e não havia nenhuma notícia de ouro e prata na colônia, a solução da Coroa Portuguesa foi adotar um sistema econômico no qual a colônia deveria ser o local de cultivo de produtos tropicais que tivessem procura no mercado europeu. Para que a Coroa Portuguesa conseguisse obter lucros nessa venda, era preciso que sua colônia (a América Portuguesa) produzisse gêneros a preços baixos. Isso significa que o custo de produção deveria ser o menor possível.

A melhor forma de baratear os custos da produção seria obtida por meio da combinação da seguinte equação: terra em abundância + mão de obra barata = produção em larga escala.

A imensidão da América Portuguesa garantiria a terra necessária para a produção, mesmo que boa parte dela fosse tomada pela Mata Atlântica. Mas quem iria trabalhar nessas grandes propriedades? A resposta viria do outro lado do Atlântico.

Durante muito tempo acreditou-se que a opção em utilizar a mão de obra de africanos escravizados teria duas razões. A primeira seria a maior força física do africano, que por sua vez já estaria acostumado ao cativeiro, pois a escravidão era praticada por diferentes sociedades africanas. A segunda razão seria a lassidão e a incapacidade dos povos indígenas em se adaptarem à intensa rotina de trabalho exigida pela agricultura de exportação do sistema colonial. Ambas as razões estão equivocadas, e todas as duas carregam preconceitos e desinformação histórica.

Em primeiro lugar, é fundamental pontuar que a forte presença de africanos escravizados no Brasil não significou a não utilização da mão de obra indígena. Os índios foram empregados em diferentes atividades ao longo da história do Brasil, chegando a trabalhar ao lado de africanos escravizados e, muitas vezes, em situação análoga à escravidão, como em algumas das fazendas administradas por missionários em diferentes partes da colônia. Na região norte do Brasil – sobretudo no antigo Estado do **Grão-Pará**[4.3] –, os índios eram mais utilizados como mão de obra do que os africanos escravizados.

4.3: O Grão-Pará era a região da América Portuguesa que hoje corresponde aos estados brasileiros do Pará e do Maranhão.

Todavia, as principais atividades que estavam ligadas à economia de exportação foram realizadas pelos africanos escravizados e seus descendentes. Entender o porquê disso, significa compreender a história do Brasil num contexto mais amplo, que permita entender sua conexão com a história das Américas e da África, bem como sua relação com a construção dos Impérios coloniais europeus.

Conforme visto no capítulo 3.3, antes mesmo de chegarem ao Brasil, os portugueses já realizavam o comércio de africanos escravizados. Esse era um negócio vantajoso e que dava um bom dinheiro para quem trabalhasse nele. No final do século XV, antecipando a chegada dos europeus às Américas, cerca de 10% da população das cidades de Lisboa e Sevilha era compostas por africanos escravizados – o que demonstra que o tráfico transatlântico já era uma empresa lucrativa. A experiência do uso de africanos escravizados na produção açucareira nas ilhas de Madeira e Açores havia mostrado as vantagens do uso dessa mão de obra nesse tipo de atividade.

Além disso, em meados do século XVI, o valor do escravo africano era relativamente baixo, o que o tornava acessível para muitas pessoas. E, mais do que uma propriedade, o africano escravizado representava um investimento, pois depois de quatro ou cinco anos o senhor conseguia recuperar o que havia pago pelo escravo (por meio da exploração do trabalho do próprio cativo) e continuava usufruindo de seu trabalho por muito mais tempo. O fato de trabalharem em uma terra totalmente desconhecida também dificultava fugas e possíveis revoltas dos africanos escravizados. Tudo isso demonstra que o africano não foi escravizado devido à sua força física, mesmo porque a maior parte deles chegava às Américas em péssimas condições de saúde, como já foi apontado. Os africanos foram escravizados de forma massiva porque o tráfico transatlântico tornou-se uma das empresas mais lucrativas do mundo.

Se não bastassem as razões descritas acima, é fundamental pontuar que os primeiros anos de contato entre europeus e as populações indígenas do Brasil (e no restante do continente americano) foram marcados pela morte de um número muito grande de índios. Na realidade, o maior holocausto da história da humanidade ocorreu com os primeiros habitantes das Américas durante o período colonial: doenças para as quais não tinham imunidade, o confronto com os europeus nos primeiros contatos e as inúmeras violências sofridas durante o processo colonial foram as principais razões para tal dizimação. Em parte como resposta ao extermínio da população indígena, no ano de 1537, o Papa Paulo III publicou uma Bula Papal na qual proibia a escravização de indígenas, a não ser que eles se recusassem à catequização.

Tal proibição estava ligada a um importante debate filosófico travado por homens vinculados à Igreja Católica. Nas primeiras décadas do século XVI, esses homens, na sua maioria membros do clero, debateram sobre a existência ou não da alma dos autóctones das Américas, decidindo por fim que os índios eram almas pagãs que precisavam de salvação, que só seria possível por meio da catequese, e não da escravização. Este mesmo debate definiu, por sua vez, que os *guinéus* (como eram chamados os africanos) eram considerados infiéis e, por isso, deveriam viver em vida o purgatório na forma da escravidão. Ainda que muitos índios tenham sido escravizados a despeito da proibição do Papa, e que alguns membros do clero fossem contrários à escravização de africanos, a permissão da Igreja Católica para a escravização dos africanos foi, durante muitos anos, a sustentação teórica e moral para o tráfico transatlântico.

> **Boxe 4.1: As maldições de Cam e Caim**
> Boa parte da justificativa para a escravização dos povos africanos estava na interpretação feita de histórias bíblicas que apresentavam os africanos como seres inferiores graças a um castigo divino. A primeira história é de Cam, um dos filhos de Noé, que teria zombado de seu pai ao vê-lo nu. Como castigo, Noé amaldiçoou os descendentes de Cam – os negros que viviam na África –, condenando-os a pagar com a escravidão pelo pecado cometido por seu ancestral.
>
> A outra narrativa bíblica diz que os africanos eram os descendentes de Caim, que havia matado seu irmão Abel simplesmente por inveja. Para punir toda a sua estirpe, os descendentes de Caim teriam a cor negra, entendida como uma verdadeira mácula pela crueldade de Caim.

4.2 Quem eram os africanos escravizados no Brasil?

Mapa 4.1: Rotas do tráfico de escravos para o Brasil

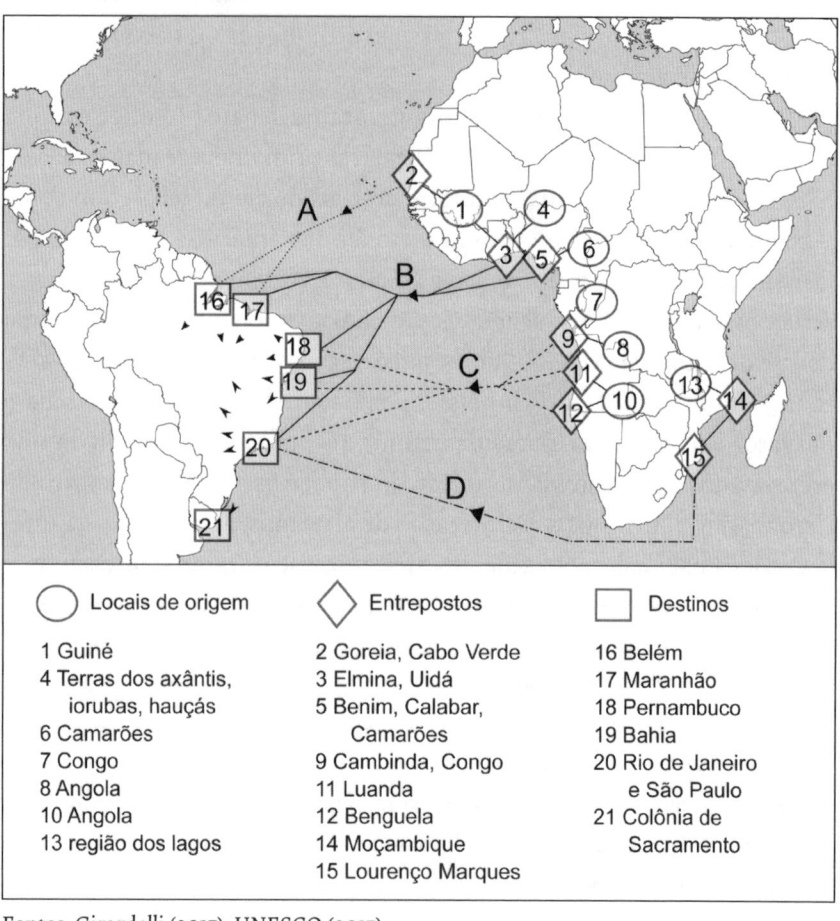

○ Locais de origem ◇ Entrepostos □ Destinos

1 Guiné
4 Terras dos axântis, iorubas, hauçás
6 Camarões
7 Congo
8 Angola
10 Angola
13 região dos lagos

2 Goreia, Cabo Verde
3 Elmina, Uidá
5 Benim, Calabar, Camarões
9 Cambinda, Congo
11 Luanda
12 Benguela
14 Moçambique
15 Lourenço Marques

16 Belém
17 Maranhão
18 Pernambuco
19 Bahia
20 Rio de Janeiro e São Paulo
21 Colônia de Sacramento

Fontes: Girardelli (2017); UNESCO (2017).

Os africanos que vieram escravizados para o Brasil tinham origens diversas. O mapa 4.1 mostra as diferentes rotas do tráfico de escravos do continente africano para terras brasileiras. Se olharmos o mapa com atenção, veremos que existem quatro grandes rotas de comércio.

A primeira rota, indicada com a letra "A", mostra os escravos que saíam da **Senegâmbia**[4.4] e seguiam para a região norte e nordeste da América Portuguesa. Os africanos saídos dessa região geralmente faziam parte de povos *hauçá, acan* e *ioruba* que foram comercializados durante o século XVI, período no qual os portugueses mantiveram grandes redes comerciais com as elites locais dessa região da África.

4.4: A Senegâmbia era a região africana que hoje corresponde aos países: Senegal, Gâmbia, Guiné Bissau e Guiné.

A segunda rota, indicada com a letra "B", mostra a via de tráfico de escravos saídos da **Costa da Mina**[4.5]. Os africanos escravizados nessa região tinham três destinos: 1) o estado do Grão-Pará; 2) a região sul do Brasil; 3) o nordeste da América Portuguesa, principalmente, os portos da Bahia e de Pernambuco, locais onde os africanos provavelmente seriam comprados por senhores de engenho.

4.5: A Costa da Mina era a região africana que hoje corresponde aos países: Gana, Togo, Benin e Nigéria.

Essa rota do tráfico foi tão intensa e lucrativa que muitos colonos brasileiros, sobretudo baianos, passaram a participar do comércio e se transformaram em grandes traficantes desde o final do século XVII até 1850, quando o tráfico foi extinto. *Axântis, hauçás, ibos, fulanis* e *iorubas*: esses são apenas alguns dos povos africanos dessa região que foram escravizados e vendidos em terras americanas.

A terceira rota, indicada com a letra "C", demonstra outra importante entrada de africanos no Brasil. Essa rota começou a funcionar por volta de 1590 e também permaneceu até a abolição do comércio transatlântico de escravos. A região conhecida como **África Centro-Ocidental**[4.6] importou africanos de diferentes sociedades cujos destinos foram, principalmente, os portos do Rio de Janeiro e de São Paulo. Muitos brasileiros, principalmente os fluminenses, participaram dessa rota comercial, sobretudo das vias de navegação que saíam da cidade de Luanda em Angola. Dessa região saíram africanos *angolas*, *congos* e *benguelas*.

> **4.6:** A África Centro-Ocidental era a região africana que atualmente corresponde aos países: Gabão, Congo e Angola.

A quarta e última rota, indicada com a letra "D", demonstra o tráfico de africanos entre a região do atual país de Moçambique e as regiões sul e sudeste do Brasil, que também foi controlado por brasileiros e passou a existir desde o final do século XVIII até a abolição do tráfico no Brasil. De lá foram embarcados africanos *monjolos* e *moçambiques*.

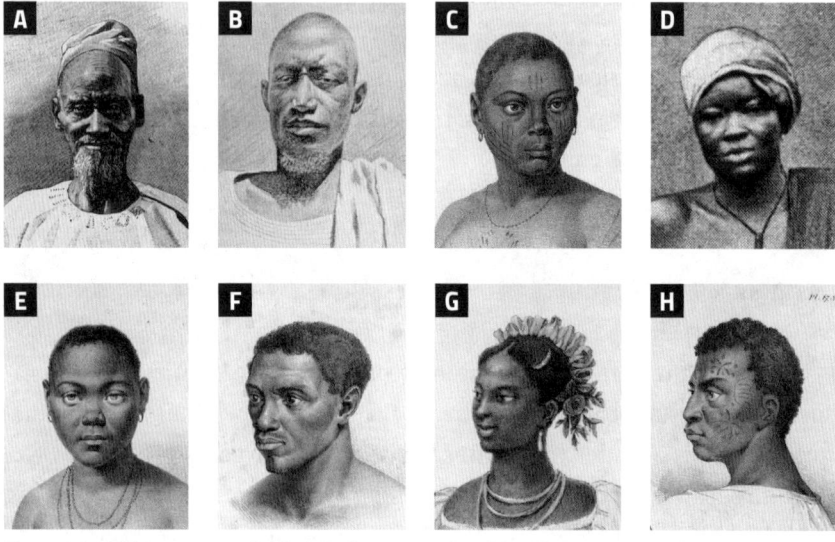

Figura 4.1: Africanos escravizados vindos para o Brasil
A- fula; B- hauçá; C- mina (jejes, axântis, acans etc.); D- nagô (ioruba); E- congo (bacongo); F- angola (ambundos, ovimbundos, ganguelas etc.); G- cabinda (bantos embarcados em Cabinda); H- moçambique (bantos do leste africano). Fontes: Debret (1835), Kingsley (1901), Morel (1902), Reclus (1899), Rugendas (1835).

As diferentes rotas de tráfico de escravos fizeram com que a escravidão na América Portuguesa se transformasse em um verdadeiro mosaico de pessoas com as mais diferentes fisionomias, línguas e costumes. Ao contrário do que se possa imaginar, a diferenciação entre os diversos africanos escravizados não era tão difícil assim. Além das línguas diferentes, cada povo africano tinha tipos específicos de penteados e **escarificações**[4.7] características do seu local de origem, além de vivências e práticas particulares que muitas vezes se transformavam em atrativos na hora da compra. Durante o período da mineração, por exemplo, muitos senhores preferiram comprar escravos vindos da Costa da Mina, pois eles já conheciam o manuseio do ferro, o que facilitava a extração e a fundição do ouro.

4.7: As escarificações eram pequenas cicatrizes produzidas no rosto ou no corpo que serviam como símbolo de pertencimento a um determinado povo, ou então como símbolos de rituais de passagem.

4.3 A chegada ao Brasil

Após a longa travessia (já estudada na seção 3.4), quando finalmente desembarcavam nos portos da América Portuguesa, a situação de boa parte dos africanos era péssima. Aqueles que tinham conseguido aguentar a viagem passavam por um breve exame médico e eram rapidamente vendidos. Os africanos mais fragilizados, principalmente aqueles que haviam contraído **escorbuto**[4.8], passavam por um processo de quarentena em galpões localizados na região portuária. Nesses locais eles recebiam uma alimentação especial para recuperar suas forças o mais rápido possível. Assim que estivessem mais fortes, eram levados para os mercados onde seriam comprados. A partir de então, o destino desses africanos estava atrelado ao de seu senhor e, em muitos casos, eles tinham de continuar a viagem, só que agora pelo interior do Brasil.

4.8: O escorbuto é uma doença resultante da falta de vitamina C, que foi o grande flagelo dos marinheiros nas longas viagens em que comiam basicamente carne salgada e bolacha. O problema só começou a ser controlado quando o limão foi incluído nas rações de bordo.

Figura 4.2: Galpão de escravos no Rio de Janeiro
Fonte: Debret (1835).

Nem todos os africanos recém-chegados resistiam ao período da quarentena. Por isso, era comum encontrar cemitérios nas proximidades do porto. Além dos maus-tratos e das doenças adquiridas durante a travessia, muitos escravos **boçais**, isto é, africanos recém-chegados, sofriam de *banzo*, uma doença que parecia atacar a alma de alguns africanos que, tomados por uma tristeza profunda, se deixavam morrer. Para muitos deles, era preferível morrer a trabalhar como escravo, pois acreditavam que a morte significava o retorno à sua terra natal, junto a seus ancestrais.

No entanto, a maior parte dos africanos sobrevivia à travessia do Atlântico. Dessa forma, o africano escravizado rapidamente era introduzido à sua nova sociedade. A viajante inglesa Maria Graham – que, como Debret, também esteve no Brasil no início do século XIX –, descreveu a condição dos escravos encontrados em um dos mercados do Brasil, o Valongo, no Rio de Janeiro:

> Todas as casas desta longuíssima rua são depósitos de escravos. Passando pela rua [...] vi na maior parte delas bancos colocados rente às paredes, nos quais filas de jovens criaturas estavam sentadas com as cabeças raspadas, os corpos macilentos, tendo na pele o sinal da sarna (doença) recente. Em alguns lugares as pobres criaturas jazem em tapetes, evidentemente muito fracas para sentar-se. (GRAHAM, 1990, p. 274)

Nos depósitos descritos acima, os escravos esperavam a chegada de compradores. Esse talvez fosse um dos momentos mais temidos pelos africanos escravizados. Recém-chegados em uma terra que lhes era completamente desconhecida, os escravos não tinham ideia de seu destino.

O terror desses africanos aumentava quando percebiam que seriam separados de seus familiares e companheiros de travessia. Era prática comum os senhores comprarem africanos oriundos de diferentes regiões da África, acreditando que assim dificultariam possíveis revoltas escravas. Já que não falavam a mesma língua e não compartilhavam os mesmos costumes, esses africanos muitas vezes não se reconheceriam como iguais – o que facilitaria o controle senhorial.

Por isso, a venda também era o momento da despedida de muitas famílias africanas. Com exceção de mulheres acompanhadas de crianças recém-nascidas, membros de um mesmo grupo ou família eram, na maior parte dos casos, propositadamente apartados. Novamente a violência da escravidão se fazia imperar.

Normalmente, no momento da compra, o africano escravizado era batizado e recebia um nome cristão, e o seu sobrenome se referia ao porto africano de onde havia sido embarcado; por isso existiram Mariana Mina, Pedro Angola e Manoel Congo. Esse ritual simbólico, sem dúvida alguma violento, marcava o início da vida dos africanos escravizados no Brasil. Eram homens e mulheres que tiveram sua liberdade roubada, suas famílias desfeitas, seus costumes e línguas ignorados, seus nomes alterados e que, por fim, tornavam-se escravos. Em seguida, eles recebiam ensinamentos básicos do catolicismo, como deveriam se portar perante seu senhor, bem como algumas palavras em português. A partir de então, o africano recém-chegado se juntava ao **ladino** e ao **crioulo**[4.9] na execução das mais variadas tarefas, como veremos a seguir.

4.9: Ladino era o escravo africano que já estava adaptado à sociedade em que vivia e trabalhava. Crioulo significa alguém que nasceu numa terra, sendo seus pais estrangeiros: em alguns lugares, os filhos de europeus; em outros, como o Brasil, os filhos de africanos.

Boxe 4.2: Memórias do Cais do Valongo e da Pequena África no Rio de Janeiro
Construído em 1776 e tendo funcionado até 1831, o Cais do Valongo foi o porto que recebeu mais africanos escravizados nas histórias das Américas. No entanto, logo após a desativação do comércio negreiro, foi iniciada uma tentativa de apagar a memória e os horrores da escravidão naquela região, que passou a ser conhecida como Cais da Imperatriz, em homenagem à Imperatriz Leopoldina, esposa de D. Pedro I.

A descoberta de um cemitério de escravos na região, conhecido atualmente como Cemitério dos Pretos Novos, trouxe à tona a importância que aquela região teve para a história do Brasil, sobretudo no que diz respeito à escravidão e seus descendentes. Essa importância foi reconhecida em âmbito internacional, pois o complexo do Cais do Valongo é um dos maiores e mais importantes lugares de memória do tráfico transatlântico de africanos escravizados do mundo. Por isso, em julho de 2017, esse sítio foi reconhecido como Patrimônio da Humanidade pela UNESCO.

4.4 O mundo do trabalho

Mapa 4.2: Atividades econômicas rurais baseadas na mão de obra escrava: Brasil, séculos XVI e XVII

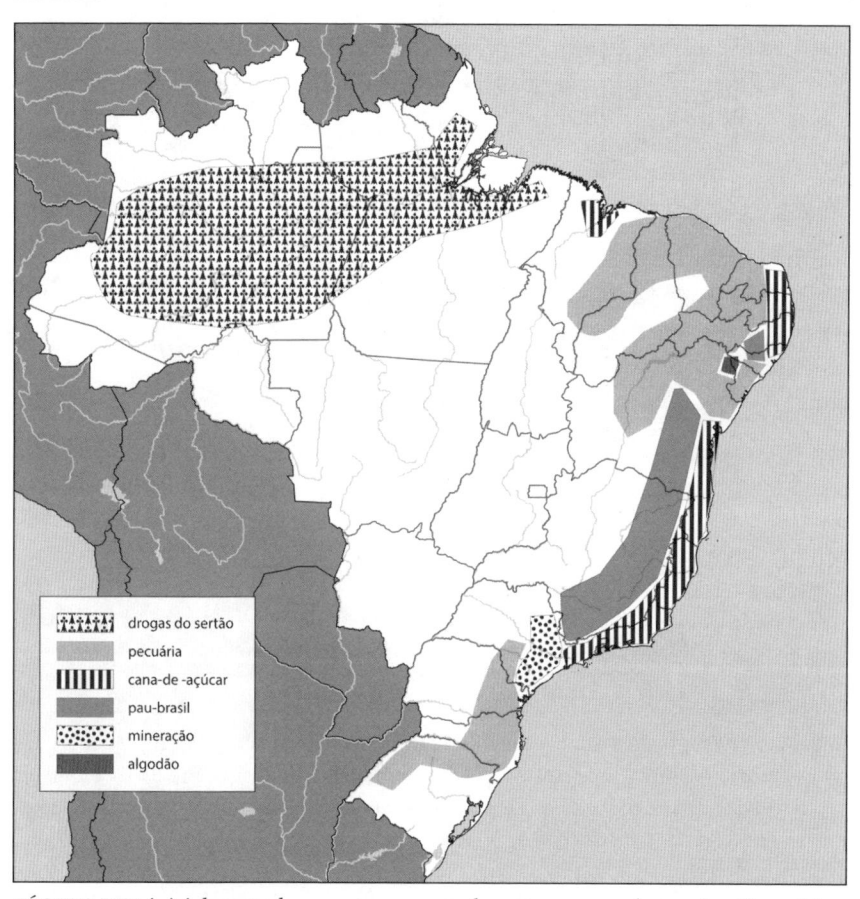

Legenda:
- drogas do sertão
- pecuária
- cana-de-açúcar
- pau-brasil
- mineração
- algodão

SÉCULO XVI: inicialmente, houve apenas controle e escoamento do pau-brasil por feitorias esparsas nos atuais estados de Pernambuco, Alagoas, Bahia e Rio de Janeiro. Nesses lugares, e em povoamentos nos atuais Espírito Santo e São Paulo, foi introduzido o cultivo da cana-de-açúcar. Na Bahia começou a atividade pecuária, que se expandiu pelo interior do sertão.
SÉCULO XVII: a América Portuguesa desenvolveu novas atividades econômicas relacionadas com a expansão para o oeste: o garimpo de ouro nos rios de São Vicente (SP), a exploração das drogas do sertão na Amazônia (com escravos indígenas) e a pecuária no sul. Fontes: NordNordWest (2017); Albuquerque, Reis e Carvalho (1977).

Mapa 4.3: Atividades econômicas rurais baseadas na mão de obra escrava: Brasil, século XVIII

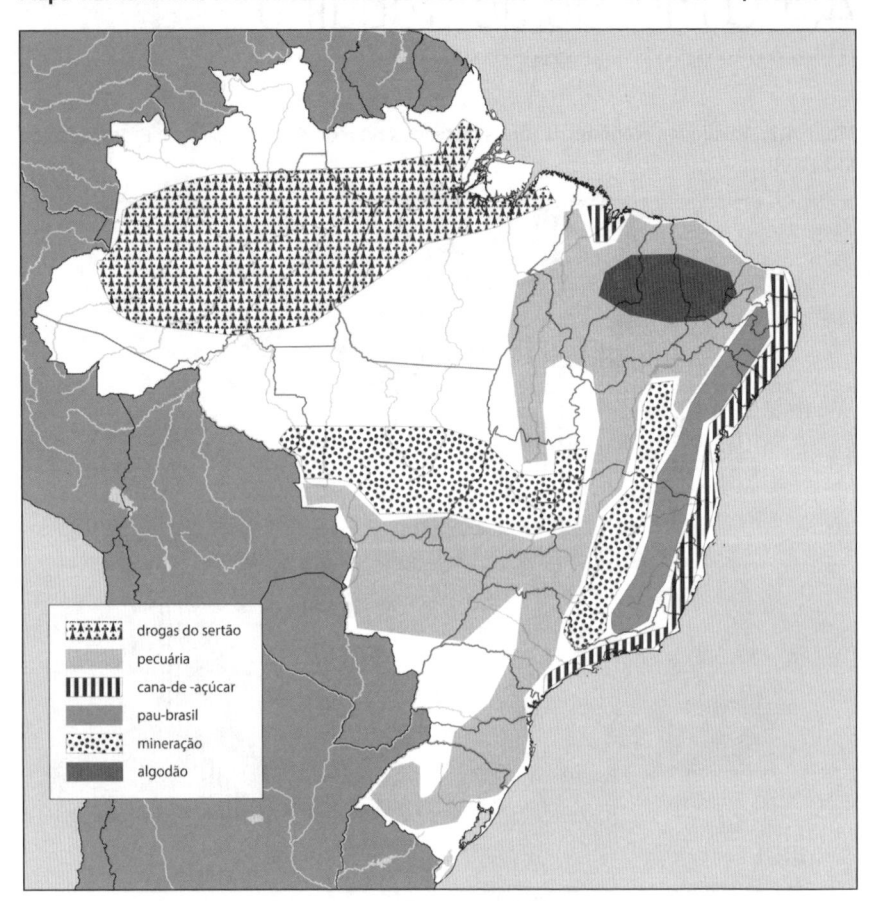

Enquanto as drogas do sertão, a cana-de-açúcar e a madeira continuaram sendo exploradas aproximadamente nos mesmos territórios do século anterior, a pecuária e a mineração se expandiram ao longo das bacias dos grandes rios, ocupando, embora de modo esparso, as terras das atuais regiões Sudeste, Centro-Oeste e Sul. Além de ouro e pedras preciosas, a região das Minas também fornecia ferro, usado por ferreiros locais para produzir utensílios baratos (facas, colheres, enxadas, ferraduras, machados, gamelas etc.) que abasteciam o mercado interno de produtos populares.
Fontes: NordNordWest (2017); Albuquerque, Reis e Carvalho (1977); Alfagali (2017).

Mapa 4.4: Atividades econômicas rurais baseadas na mão de obra escrava: Brasil, século XIX

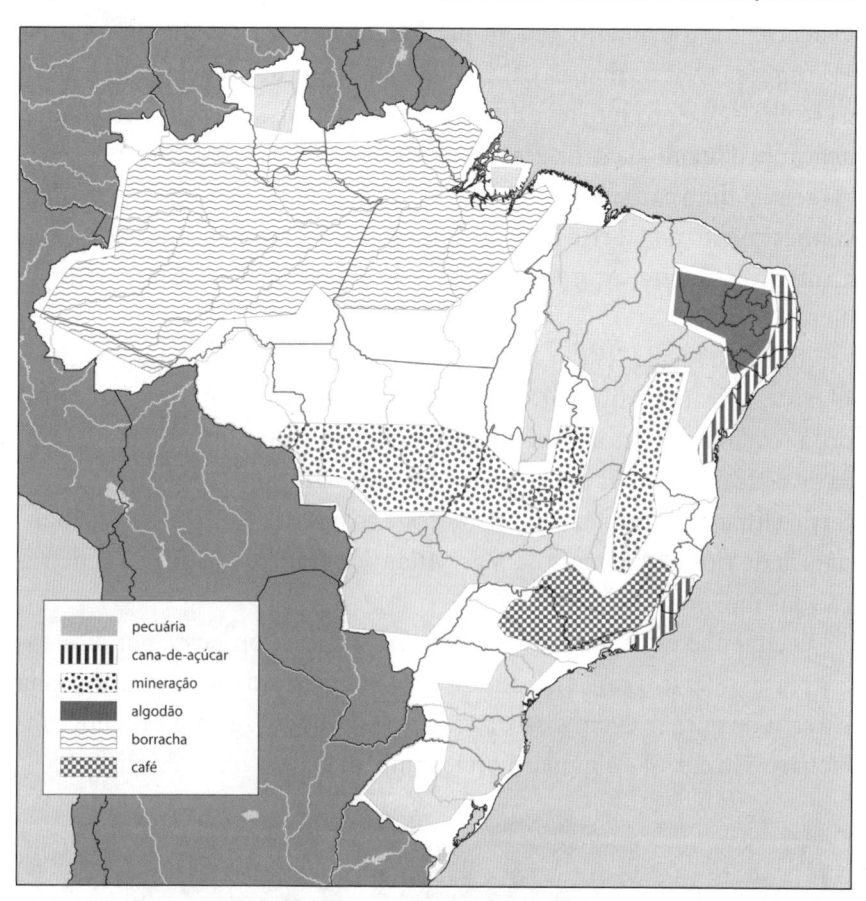

Legenda:
- pecuária
- cana-de-açúcar
- mineração
- algodão
- borracha
- café

NORDESTE: o algodão, que começara a se destacar na segunda metade do século XVIII, foi um produto brasileiro importante no mercado internacional nas primeiras décadas do seculo XIX.

SUDESTE E SUL: foi introduzido o cultivo do café, que em pouco tempo suplantou os outros produtos de exportação brasileiros.

NORTE: a extração de drogas do sertão, feita nas matas nativas, foi substituída pela produção sistemática de borracha por grandes empresas. O açúcar e o algodão continuaram a ser produzidos, mas em menor escala, o mesmo ocorrendo com os produtos da mineração.

Fontes: NordNordWest (2017); Albuquerque, Reis e Carvalho (1977).

4.4.1 O açúcar

O açúcar foi o primeiro gênero produzido em larga escala na América Portuguesa (veja os mapas 4.2, 4.3 e 4.4). Ao longo dos séculos XVI e XVII, a escolha desse produto teve duas razões principais. Em primeiro lugar, o açúcar produzido da cana era um produto raro e, por isso mesmo, poderia ser vendido caro na Europa. Em segundo, os portugueses já possuíam conhecimento do fabrico de açúcar de cana graças à colonização das ilhas Canárias, Madeira, Açores e Cabo Verde, todas localizadas no Atlântico Norte.

Ainda no século XVI, se iniciaram as construções dos primeiros engenhos de açúcar em diferentes localidades da América Portuguesa. Contudo, a região nordeste da colônia acabou se tornando a principal produtora de açúcar devido às suas condições naturais: grandes propriedades de terra, clima quente, chuvas constantes e solo fértil. Junto a isso, a abundância de rios e as árvores da Mata Atlântica eram ideais para a construção das moendas.

O engenho era a unidade produtiva do açúcar composta por diferentes partes. Havia o canavial, onde a cana era cultivada; a casa de moenda e a casa de purgar. Além disso, a casa-grande, as senzalas, a casa dos funcionários, o curral e algumas hortas também faziam parte do engenho.

Figura 4.3: Engenho de açúcar
Fonte: Barlaei (1647).

A fabricação do açúcar era um processo complexo que exigia uma divisão e um número significativo de escravos. Cerca da metade dos cativos do engenho trabalhavam no campo e eram responsáveis pelo plantio, colheita e transporte da cana. Essas tarefas normalmente eram realizadas por homens que acordavam antes do amanhecer e passavam o dia inteiro nos canaviais, parando apenas para uma única refeição. Na época da colheita, o trabalho era ainda mais duro, pois existia uma cota mínima de feixes de cana que deveriam ser cortados. O escravo que não conseguisse cortar o número mínimo geralmente era castigado.

Depois da colheita, a cana ia para a casa de moenda onde seria triturada. Desse processo se extraía o caldo e o bagaço. O caldo continuaria o processo de transformação até se converter em açúcar, enquanto o bagaço era dado para os animais. A trituração da cana era um dos momentos mais trabalhosos, pois as engrenagens das moendas precisavam de algum tipo de força para funcionar. Muitos engenhos construíam suas casas de moendas próximas a rios para aproveitar a força da água; outros usavam tração animal; e existiram casos nos quais os próprios escravos faziam as moendas funcionarem.

Da casa de moenda, o caldo era levado para a casa de purgar. Nesse local, o caldo de cana era fervido diversas vezes até que se transformasse em melaço. Depois que o melaço estava pronto, ele era colocado em formas furadas para que se retirasse o excesso de água. Esse procedimento durava vários dias. Quando a secagem chegava ao final, se obtinham os **pães de açúcar**[4.10], que continham três tipos de produtos: o primeiro era o açúcar branco que seria ensacado e enviado para a Europa. O segundo tipo era o açúcar mascavo utilizado nas casas dos senhores de engenho e nas vilas e cidades da América Portuguesa. Por fim, o açúcar escuro era usado na alimentação dos escravos e dos animais.

> **4.10:** Depois que o melaço secava, ficava com o formato de um cone (por causa da forma), e era chamado de pão de açúcar. Você provavelmente já ouviu falar no morro do Pão de Açúcar na cidade do Rio de Janeiro. Pois bem, esse morro recebeu esse nome por ter o mesmo formato do açúcar quando tirado da forma.

A disciplina rígida ditava o ritmo da produção açucareira nos engenhos. Para que não houvesse nenhum tipo de atraso, os escravos trabalhavam sob o olhar atento dos feitores e capatazes que, sempre que preciso, usavam a violência. A **labuta**[4.11] era tão pesada, que os cativos enfrentavam jornadas que variavam de 14 a 16 horas por dia. Além disso, o trabalho na moenda era muito perigoso. Diversos escravos perdiam partes da mão ou até mesmo o braço inteiro enquanto colocavam a cana nas engrenagens.

4.11: Labuta é sinônimo de trabalho.

Se não bastassem todas as atividades referentes à fabricação do açúcar, em diversas ocasiões os escravos ainda tinham outras tarefas. Eram eles que construíam as ferramentas e utensílios utilizados nos engenhos; cortavam lenha; cuidavam dos animais; produziam farinha de mandioca e outros alimentos para seu próprio sustento.

Durante os séculos XVI e XVII, o açúcar foi o principal produto exportado pela América Portuguesa. Essa situação mudou depois que os holandeses, expulsos de Pernambuco (1654), levaram as técnicas de produção açucareira para as **Antilhas**[4.12]. As inovações tecnológicas empregadas pelos holandeses, aliadas ao uso da mão de obra escrava, fizeram com que o preço do açúcar antilhano fosse menor que o produzido na América Portuguesa. Como não podiam competir no mercado internacional, os engenhos do nordeste diminuíram muito a fabricação de açúcar que, embora continuasse sendo produzido até o século XIX, perdeu o título de "ouro branco".

4.12: As Antilhas são ilhas do Mar do Caribe que fazem parte da América Central.

4.4.2 A mineração

A busca por **ouro** e prata sempre fez parte do imaginário dos europeus que se aventuraram nas navegações. Assim que chegaram à América, os espanhóis encontraram populações indígenas que conheciam e trabalhavam com esses metais preciosos. Essa situação serviu como incentivo aos hispânicos, que passaram a controlar as minas onde esses minérios eram extraídos por meio do trabalho forçado das populações autóctones. Os portugueses não tiveram a mesma sorte.

> **Boxe 4.3: A descoberta do ouro na América Portuguesa**
> Como vimos, o início da colonização portuguesa ficou limitado à região litorânea da América, o que facilitava a comunicação entre metrópole e colônia. Como nenhuma jazida de ouro ou prata foi descoberta nessa região, Portugal resolveu explorar suas terras de outra forma, iniciando assim a produção em larga escala do açúcar. No entanto, um grupo de colonos que habitava a Capitania de São Paulo iniciou um movimento expedicionário com o intuito de encontrar metais preciosos no interior da América Portuguesa. Esse movimento ficou conhecido como "bandeiras" e seus integrantes eram os bandeirantes.
>
> Em 1695, chegou a Portugal notícia sobre a descoberta de ouro. O desejo de enriquecer rapidamente fez com que muitos homens (colonos e metropolitanos) deixassem suas casas e famílias e migrassem para o interior da colônia. Rapidamente arraiais e vilas foram criados nas proximidades das minas. A Coroa Portuguesa também se apressou a fim de garantir o arrecadamento de impostos, bem como solucionar os diversos conflitos que ocorreram na região, como a Guerra dos Emboabas. Tal conflito ocorreu entre os anos de 1707 e 1709 e foi marcado pela disputa entre os bandeirantes paulistas e os colonos portugueses e baianos pelo direito exclusivo de exploração do ouro na região das Minas. O conflito terminou em 1709 com a intervenção do governador do Rio de Janeiro e a derrota dos bandeirantes.

Veja nos mapas 4.2, 4.3 e 4.4 as áreas de mineração entre os séculos XVI e XIX. Depois da chegada dos primeiros "aventureiros", muitos homens ricos migraram para a região levando consigo seus escravos. Como as chances de encontrar ouro e diamante aumentavam de acordo com o número de pessoas que trabalhavam nas minas e riachos, logo o escravo se tornou a principal mão de obra da mineração. O uso dos escravos foi tão grande, que acarretou mudanças das rotas do tráfico transatlântico em ambos os lados do Oceano.

Muitos proprietários sabiam que africanos oriundos de determinadas regiões da África, sobretudo da África Centro-Ocidental, tinham muito conhecimento da mineração; por isso, eles prefeririam comprar africanos dessa região. Já na América Portuguesa, a descoberta do ouro fez com que os portos de Salvador e Recife (que abasteciam boa parte dos engenhos das capitanias do Nordeste) deixassem de ser os maiores portos de desembarque de africanos escravizados na América Portuguesa. Com a descoberta do ouro, os portos de Parati e do Rio de Janeiro passaram a receber um número cada vez maior de africanos escravizados, sobretudo da África Centro-Ocidental. A nova dinâmica econômica criada pela extração aurífera foi tão grande, que a Coroa Lusitana reorganizou sua colônia e, para facilitar sua nova administração – o que incluía o desembarque de africanos escravizados e o embarque de ouro e pedras preciosas –, transferiu a sede colonial de Salvador para o Rio de Janeiro em 1763.

Depois que desembarcavam nos portos da região sudeste, esses africanos eram comprados e seguiam para as minas por meio da **Estrada Real**[4.13]. A rotina dos escravos começava cedo. Ainda de madrugada, eles eram acordados e levados para os leitos dos rios. Os escravos passavam boa parte do dia dentro da água fria, revolvendo o cascalho com suas peneiras em busca de pepitas de ouro.

> **4.13:** A Estrada Real foi um complexo de estradas, construído a partir do século XVII, que ligava a região das Minas com o litoral. Tais estradas foram construídas a mando da Coroa Portuguesa, que queria fiscalizar a circulação das riquezas e mercadorias que transitavam entre Minas Gerais e o Rio de Janeiro. Esses caminhos existem até hoje e podem ser visitados.

Quando o ouro escasseou, foi necessário que os escravos perfurassem galerias subterrâneas e lá trabalhassem mais de 16 horas diárias com parte do corpo submersa e agachados à procura de ouro. O trabalho era interrompido apenas uma vez, por volta do meio-dia, quando era realizada uma refeição normalmente composta de farinha de mandioca, feijão e banha de porco (toucinho). Em cerca de uma hora os escravos voltavam paras as minas e lá continuavam até o início da noite, trabalhando com ajuda de lamparinas.

A atividade da extração de ouro e diamante era tão árdua, que o tempo de vida útil do escravo era de sete a oito anos. Além dos acidentes de trabalho, muitos cativos morriam de disenteria e doenças pulmonares causadas pelas condições insalubres de seu trabalho.

Figura 4.4: Escravos trabalhando no garimpo
Fonte: Rugendas (1835).

Assim como ocorria na produção açucareira, os escravos eram constantemente vigiados por feitores. No trabalho das minas, a vigilância era muito maior. Depois do dia de trabalho, todos os escravos eram revistados a fim de garantir que nenhum grama de ouro tivesse sido roubado. Contudo, diversos cativos conseguiam burlar os capatazes: alguns escondiam pequenas porções de ouro nos seus cabelos, outros engoliam o metal e depois o retiravam de seus dejetos. Os furtos foram tão frequentes, que alguns estudos apontam que o ouro encontrado na **Igreja de Santa Efigênia**, em Ouro Preto, tinha essa origem. Mas o principal objetivo do ouro furtado era a compra da liberdade. A fim de evitar os roubos, muitos senhores permitiam que seus escravos trabalhassem nas minas algumas horas por semana ou aos domingos, para que conseguissem juntar a quantia necessária e comprar sua carta de alforria.

> **Boxe 4.4: Igreja de Santa Efigênia em Ouro Preto**
> A Igreja de Santa Efigênia foi construída entre 1720 e 1785 em Vila Rica, atual cidade de Ouro Preto. Segundo reza a lenda, a igreja teria sido erguida por Chico Rei, um ex-escravo que havia conseguido comprar a sua liberdade e a de seus companheiros trabalhando na Mina da Encardideira. Apesar de não sabermos ao certo se Chico Rei realmente existiu, é certo que muitos africanos e seus descendentes participaram da construção da igreja, pois além de a Santa Efigênia ter sido muito cultuada pela população negra do Brasil, nessa igreja em específico é possível encontrar diversos elementos da cultura africana como búzios, chifres de cabra e marcas de iniciação.

A sociedade mineradora conheceu um grande número de libertos. Após conseguir a liberdade, muitos ex-escravos continuavam trabalhando nas minas. No entanto, boa parte desses alforriados exercia outras atividades, principalmente aquelas ligadas à alimentação, como a criação de gado e porco, a produção de farinha ou a atividade de **mascate**[4.14].

4.14: O mascate é um mercador ambulante que percorre vilas e cidades vendendo produtos.

A "febre do ouro" fez com que a região centro-sul da América se tornasse extremamente populosa. A vontade de enriquecer do dia para a noite era tão grande, que as vilas e cidades da região cresceram de forma pouco ordenada. Além disso, a preocupação com a alimentação só começou a existir depois de momentos de total penúria nos quais boa parte da população passou fome.

Com a escassez do ouro e dos diamantes, a atividade da mineração entrou em decadência na segunda metade do século XVIII. Com isso, a produção de gêneros alimentícios, que visava a garantir a subsistência da sociedade mineradora, acabou tornando-se a principal atividade econômica da região, que continuou dependente da mão de obra escrava.

4.4.3 O café

A descoberta do ouro deslocou os interesses metropolitanos da região nordeste para a região centro-sul da América Portuguesa. Como já dito, graças à importância econômica dessa região, a capital da colônia foi transferida para o Rio de Janeiro em 1763. Nesse momento, a mineração já estava em decadência; contudo, a região das minas continuava sendo uma das mais populosas da colônia e local de trabalho de muitos escravos (africanos e crioulos) que cuidavam da criação de animais e produção de gêneros alimentícios.

Por volta do início do século XIX, alguns fazendeiros da região centro-sul começaram a cultivar o café, um produto originário da Etiópia que havia sido difundido pelos árabes. Seu sabor forte e a alta concentração de cafeína (substância que mantém as pessoas acordadas por mais tempo) fizeram com que o café se tornasse muito consumido pelos países europeus.

Quando o café tornou-se um produto econômico de grande importância, o Brasil já havia proclamado sua Independência (1822). Contudo, diferentemente do que ocorreu com outros países da América Latina, a abolição da escravidão não acompanhou o processo de independência política do Brasil. Na realidade, durante o período imperial, o Brasil não só manteve a escravidão como aumentou o comércio de africanos escravizados por meio do tráfico transatlântico (que durou até 1831) e por contrabando (feito até o ano de 1850).

> **Boxe 4.5: A manutenção da escravidão no Brasil Império**
> Quando as elites da América Portuguesa resolveram se separar de Portugal e criar um novo Estado nacional, a questão da manutenção ou não da escravidão foi pauta de calorosos debates políticos. Num primeiro momento, figuras importantes como José Bonifácio de Andrada e Silva se mostraram contrários à perpetuação do escravismo. Segundo o deputado, que chegou a sugerir uma abolição gradual da escravidão para que os proprietários não tivessem prejuízos tão altos, "O luxo e a corrupção nasceram entre nós antes da civilização e da indústria. E qual será a causa principal de um fenômeno tão espantoso? A escravidão, senhores, a escravidão. Porque o homem que conta com os jornais de seus escravos vive na indolência, e a indolência traz todos os vícios após si." (SILVA, José Bonifácio de Andrada e. *Representação à Assembleia Geral Constituinte Legislativa do Império do Brasil sobre a escravidão*, 1825, p. 10.)

No entanto, outros parlamentares de destaque no processo de independência, como Antônio Carlos de Andrada e Silva, irmão de José Bonifácio, defenderam o contrário. Para esses homens, a escravidão era fundamental não só para a economia como para a unidade política brasileira. Junto a isso, esses políticos ainda argumentaram que a manutenção da escravidão traria benefícios para os próprios africanos, que teriam a oportunidade de deixar para trás a "selvagem África". A voz desses homens foi vitoriosa.

Desse modo, a Carta Constitucional de 1824 – documento que sancionou os direitos civis e políticos do Império do Brasil e que vigorou até 1889 – manteve a escravidão por meio do artigo 179, que garantia o direito à propriedade aos cidadãos brasileiros.

Os homens que passaram a governar o recém-criado Estado do Brasil optaram por manter uma economia baseada na exportação de produtos primários cultivados por meio do trabalho de escravos, mão de obra que continuou sendo fornecida pelo tráfico negreiro de africanos até 1850.

O sudeste brasileiro, principalmente a região do Vale do Paraíba, tinha as condições ideais para a produção cafeeira: grandes porções de terra, solo fértil, clima quente e chuvas regulares. A manutenção da escravidão propiciou a mão de obra necessária para a produção em larga escala e a proximidade com o Rio de Janeiro facilitou a exportação do produto (veja o mapa 4.4).

Assim como ocorreu na produção açucareira, o escravo participava de todo o processo de produção do café. Antes de tudo, era preciso derrubar, a mata da região e deixar uma boa área "limpa", onde o plantio seria feito. Em seguida, os escravos plantavam pequenas mudas por todo o terreno. Enquanto as mudas estavam em fase de crescimento, a principal atividade dos escravos era retirar as ervas daninhas e regar quando necessário. Quando a muda se transformava em arbusto, se iniciava o trabalho mais penoso dos cativos: a colheita dos grãos. Debaixo de sol e chuva, e sob a vigilância de muitos capatazes, os escravos passavam o dia inteiro colhendo os grãos de café, parando apenas para uma refeição rápida ao meio-dia. Os cafezais eram tão grandes, que cada escravo chegava a ser responsável pela colheita de aproximadamente 4.000 pés de café.

Figura 4.5: Escravos trabalhando na colheita do café
Fonte: Rugendas (1835).

Após a colheita, os grãos do café eram levados para um grande terreiro e lá ficavam de um a três meses até secarem totalmente. Durante esse período, os escravos revolviam os grãos e cuidavam para que eles ficassem limpos. Depois de seco, o café passava por um processo de beneficiamento. Nessa etapa da produção, os grãos eram pilados até se transformarem em pó.

Em seguida, era feita a retirada das impurezas. O café, já em pó, era ensacado e transportado para o Rio de Janeiro, onde seria exportado. No início, o trajeto entre as fazendas e o porto do Rio era feito no lombo de mulas ou burros, e algumas vezes os sacos eram carregados por escravos. Depois da construção das ferrovias, o trem passou a transportar o produto.

O café foi o último gênero produzido em larga escala com mão de obra escrava. Muitos senhores do café, principalmente aqueles que tinham suas fazendas na região do Oeste Paulista, ao perceberem que a escravidão estava chegando ao fim, começaram a contratar imigrantes europeus e japoneses para trabalhar nas suas fazendas. Em alguns casos, escravos e imigrantes chegaram a trabalhar juntos, mas, na década de 1880, grande parte das fazendas de café já empregava mão de obra assalariada composta por imigrantes.

4.4.4 Outras formas de trabalho escravo nas regiões rurais

Embora os escravos tenham sido usados massivamente na produção de gêneros de exportação, como o açúcar e o café, e na mineração, eles também trabalharam em outros setores econômicos. Boa parte do que era consumido dentro da colônia era produzida por escravos. Não foi por acaso que, no século XVIII, o Padre Antonil disse que os escravos eram as mãos e os pés dos senhores da América Portuguesa.

Desde os primeiros anos da colonização, muitos escravos foram usados na produção do tabaco, correspondendo a quase metade dos lavradores desse gênero. Cultivado principalmente em pequenas propriedades do Recôncavo Baiano, o tabaco também era um artigo de exportação, embora não fosse produzido em larga escala como o açúcar. O principal destino do fumo era a Costa Atlântica da África, local onde ele era trocado por escravos.

Outra atividade que teve presença importante dos escravos foi a pecuária (veja os mapas 4.2, 4.3 e 4.4). Tanto no interior do sertão nordestino como nos pampas do atual estado do Rio Grande do Sul, os escravos trabalharam na criação e no abate de animais. Na realidade, os africanos escravizados, sobretudo aqueles vindos da África Ocidental, tiveram papel fundamental na implementação da pecuária extensiva no Brasil, pois muitos deles vinham de regiões que já tinham experiência nessa atividade – ao contrário dos portugueses. Algumas regiões interioranas do nordeste se destacaram pela criação de animais, geralmente utilizados no mercado interno, sendo consumidos nas regiões litorâneas da colônia. Nesses casos, era comum encontrar escravos trabalhando ao lado de libertos, mestiços e índios.

No sul, a famosa charqueada (técnica utilizada para salgar a carne) se transformou em uma das principais atividades econômicas, responsável pelo abastecimento de carne seca em toda a região centro-sul da América Portuguesa. No começo do século XVII, a criação de gado nessa parte da colônia estava voltada para a produção de couro. No final do século XVIII e em praticamente todo o século XIX, a pecuária praticada na região sul do território brasileiro passou a produzir o charque: carne de boi salgada e seca ao sol, que era consumida em diferentes localidades do Brasil. As maiores estâncias produtoras de charque chegavam a empregar entre 60 e 90 escravos.

> **Boxe 4.6: Memória e arqueologia das Charqueadas**
> Pelotas, um dos pontos turísticos mais visitados do Rio Grande do Sul, foi uma cidade que se desenvolveu a partir da charqueada praticada na região entre os séculos XVIII e XIX. Responsável pela produção de grande parte do charque consumido na América Portuguesa e no Brasil Império, Pelotas e seu entorno acabaram sendo ocupados por muitas estâncias. Atualmente, um dos passeios feitos na região é, justamente, a visita da **rota das charqueadas**. Além de conhecer os edifícios que compunham o complexo estancieiro-charqueador da região, os visitantes também podem conhecer um pouco da vida e do trabalho dos escravos dessa região.

Os escravos também se ocuparam da produção de outros gêneros que eram consumidos dentro da colônia e, mais tarde, do Império. Conforme visto há pouco, após a decadência do período aurífero, a região de Minas se transformou em um dos maiores produtores de alimento da colônia. Arroz, milho, feijão e farinha de mandioca e de milho eram cultivados e produzidos tanto em médias propriedades como nos sítios e chácaras de homens de baixa renda que contavam com a ajuda de um número geralmente pequeno de escravos – que poderia variar entre dois e dez cativos. Os alimentos cultivados nessas propriedades constituíam a base alimentar das vilas e cidades da região e também podiam ser encontrados em outras localidades do Brasil, como em diferentes partes de São Paulo e na capital do Rio de Janeiro.

Figura 4.6: Escravos fazendo farinha de mandioca
No projeto de Constituição de 1823, um dos critérios para poder votar e se candidatar era ter uma renda anual mínima igual ao preço de 150 alqueires de farinha de mandioca.
Fonte: Rugendas (1835)

O cultivo do algodão também foi realizado por meio de trabalho escravo (veja os mapas 4.2 e 4.4). A produção em larga escala desse produto começou na segunda metade do século XVIII, quando foi criada a Companhia de Comércio (1775) que impulsionou a produção. Muitos africanos escravizados foram importados, e o algodão do Maranhão chegou a ser exportado para alguns países da Europa, aproveitando-se a crise algodoeira causada pela Independência dos Estados Unidos (1776). No entanto, a produção em larga escala do algodão durou pouco. Sem conseguir competir com a produção algodoeira dos Estados Unidos (que recuperou sua produção no começo do século XIX), o Maranhão manteve o cultivo do algodão, que passou a ser consumido no mercado interno da América Portuguesa e do Brasil Império. Era desse algodão que saíam os tecidos mais grosseiros utilizados na confecção de roupa dos próprios escravos e dos sacos nos quais o açúcar seria exportado.

Como a produção de algodão ficava próxima à região norte do Brasil, alguns escravos africanos e crioulos que trabalhavam na produção algodoeira foram realocados e se juntaram aos muitos indígenas nas **atividades extrativistas** e no cultivo da baunilha e do cacau nativo.

> **Boxe 4.7: As atividades extrativistas no Brasil**
> Atividades extrativistas são atividades produtivas baseadas na extração ou coleta de produtos nativos não cultivados ou antes de começarem a ser cultivados. No Brasil, foram muito importantes o pau-brasil e as chamadas "drogas do sertão" (veja os mapas 4.2, 4.3 e 4.4).
>
> As drogas do sertão eram coletadas na Amazônia, inicialmente com mão de obra indígena e depois também com africanos escravizados. Incluíam principalmente produtos vegetais: especiarias, plantas medicinais e outros produtos vegetais, como cacau, guaraná, castanha-do-pará, castanha de caju, pau-cravo (cuja casca substituía o cravo-da-índia), canela (várias espécies nativas que substituíam a canela asiática), baunilha (também espécies nativas parecidas com a baunilha verdadeira do México), pimentas nativas, urucum, resina de copaíba, algodão, borracha e madeiras nobres para marcenaria.

Entretanto, do ponto de vista do comércio internacional, o nome "drogas do sertão" incluía produtos animais (como peles, gordura, ovos de tartaruga preparados como "manteiga de tartaruga") e até minerais (pedras preciosas e semipreciosas, minérios).

Diversos produtos extrativistas passaram a ser cultivados, como o cacau, a borracha e o algodão, que em seus períodos áureos alavancaram a economia brasileira. Em meados do século XIX, o Pará exportava anualmente cerca de 300.000 pares de sapatos de borracha, além de produzir seringas (peras flexíveis), garrafas, chapéus e capas impermeáveis (FLETCHER; KIDDER, 1866).

Figura 4.7: Escravos trabalhando na extração do látex e na produção de artigos de borracha
Fonte: Fletcher e Kidder (1866).

4.4.5 As cidades

Figura 4.8: Rua Direita (Rio de Janeiro)
Fonte: Rugendas (1835).

Observe com atenção a figura 4.8. Ela é uma **litografia**[4.15] feita pelo viajante austríaco Johan Moritz Rugendas que retrata a Rua Direita, principal via da cidade do Rio de Janeiro durante o século XIX. Se analisada com cuidado, é possível perceber que dentre os diversos personagens retratados estão muitos escravos. Isso porque, assim como ocorreu no campo, a escravidão foi a principal mão de obra das cidades da América Portuguesa e do Brasil.

> **4.15:** A litografia é uma estampa obtida pelo processo de gravura feita, normalmente, em pedra calcária.

Nas grandes cidades, além do trabalho doméstico, os escravos eram empregados em trabalhos de *aluguel* ou de *ganho*. No aluguel, também comum nas regiões rurais, o cativo era alugado de um senhor para outro, podendo realizar variada gama de atividades. Já na atividade de ganho, o escravo oferecia seus serviços pelas ruas e no comércio da cidade em troca de um pagamento, frequentemente chamado de **jornal**[4.16]. Parte do dinheiro que ele recebia era entregue semanalmente para seu senhor. O pouco dinheiro que sobrava ficava com o escravo, que ainda precisava pagar por sua alimentação e, em muitos casos, por sua moradia.

4.16: Jornal, neste sentido, é o mesmo que "jornada", um dia de trabalho.

Figura 4.9: Escravo de ganho sentado junto de quitandeira esperando serviço
Fonte: Fletcher e Kidder (1866).

Durante muito tempo, acreditou-se que a escravidão urbana era menos violenta do que a vivida no campo porque os escravos tinham maior mobilidade e não eram controlados por feitores ou capatazes. É verdade que os escravos urbanos passavam boa parte do dia longe do olhar senhorial em um espaço em que não havia feitores. No entanto, a concorrência existente nas grandes cidades fazia com que os escravos tivessem de trabalhar durante todo o dia para conseguir pagar a quantia semanal que deviam a seus senhores e se sustentar, pois eram eles que pagavam os alimentos que consumiam na rua. Além disso, sempre que o senhor julgasse necessário, seu escravo poderia ser castigado em praça pública para servir como exemplo aos demais.

Os escravos de ganho exerciam um número grande de atividades. Muitos deles trabalhavam na região da **alfândega**[4.17] transportando os produtos que chegavam aos portos e que seriam comercializados nas cidades.

4.17: A alfândega é a repartição pública encarregada de vistoriar mercadorias e bagagens que entram e saem de um país.

Figura 4.10: Escravos carregando tonel
Fonte: Debret (1835).

Outros eram responsáveis pela manutenção da limpeza urbana, varrendo as ruas, retirando os dejetos das casas e até mesmo fazendo alguns reparos como o calçamento de vias. Quando ocorria algum incêndio, era muito comum ver escravos correndo com baldes de água para controlá-lo.

O comércio era uma das atividades em que mais se viam escravos urbanos trabalhando. Eles vendiam de tudo! Cestos de palha, galinhas e porcos, frutas e legumes, angu, limonadas, doces e quitutes.

Boa parte desse comércio era realizada por mulheres que acabaram tornando-se grandes negociantes. Como existia muita concorrência, era preciso chamar a atenção. Por isso, muitas escravas, principalmente as quituteiras, se vestiam com roupas caras, faziam penteados diferentes e até usavam joias para se diferenciar das demais e atrair fregueses.

Figura 4.11: Mulheres trabalhando no mercado do Rio de Janeiro
Fonte: Chamberlain (1822).

Era comum que os proprietários urbanos aproveitassem os conhecimentos de seus escravos africanos e os colocassem para trabalhar em atividades que eles já exerciam em sua terra natal. Isso ocorria com mais frequência com os africanos *mina*, que, como vimos no início detse capítulo, eram originários da Costa da Mina e sabiam manusear muito bem o ferro, tornando-se no Brasil grandes ferreiros. Outros senhores treinavam seus cativos em determinadas profissões e depois os vendiam por um preço muito maior do que haviam pagado. Não era à toa que cidades como Rio de Janeiro, Salvador e Recife tivessem inúmeros escravos sapateiros, músicos, artesãos, barbeiros-cirurgiões, ourives etc.

Figura 4.12: Escravos cirurgiões-barbeiros
Fonte: Debret (1835).

4.4.6 Os escravos domésticos

Eles estavam nos engenhos de açúcar, nas regiões mineradoras, nas fazendas de café, nos sítios e chácaras, nas charqueadas do sul, nas pequenas e grandes cidades. Onde quer que tenha havido escravidão, lá estavam os escravos domésticos, principalmente as mulheres, trabalhando na casa de seus senhores.

As tarefas feitas pelos escravos domésticos eram muitas e podiam variar de acordo com a posição socioeconômica de seu proprietário. No caso de famílias abastadas, era possível observar uma quantidade significativa de escravos destinados aos afazeres domésticos. Nessas casas era comum que cada escravo tivesse uma tarefa específica: havia as cozinheiras, as arrumadeiras, as copeiras, as lavadeiras, as passadeiras, as engomadeiras, os cocheiros e os meninos de recado.

Vale a pena destacar duas tarefas dadas às escravas: as de mucama e ama de leite. As mucamas eram escravas moças que auxiliavam nos serviços caseiros e pessoais de suas senhoras, muitas vezes servindo como "damas de companhia".

Já as amas de leite eram usadas por muitas senhoras brasileiras que não queriam ou não podiam amamentar seus filhos recém-nascidos. Por isso, elas compravam ou alugavam escravas que ainda tivessem leite materno para amamentar seus filhos. Essa prática foi muito comum no Brasil e muitas vezes essas amas de leite se transformavam em babás das crianças que haviam amamentado, acompanhando toda a sua infância.

Esses escravos normalmente moravam na casa de seus senhores, que tinha um espaço reservado para eles. As casas-grandes dos engenhos açucareiros e das fazendas de café costumavam ter um quarto próximo à cozinha que servia como dormitório para esses escravos. Nas casas urbanas mais ricas, os escravos domésticos geralmente dormiam nos porões ou sótãos.

Durante muito tempo, se acreditou que os escravos domésticos tinham uma qualidade de vida melhor do que os cativos que trabalhavam no eito. Além de o trabalho ser considerado mais leve, o fato de estarem mais próximos a seus senhores poderia trazer algumas vantagens, tais como: uma alimentação mais rica e variada (com frutas e legumes), melhores roupas e um tratamento menos violento de seus senhores.

Figura 4.13: Escravos domésticos
Fonte: Debret (1835).

No entanto, é preciso lembrar que o escravo doméstico era o primeiro a levantar e o último a dormir nas residências senhoriais. Todo o funcionamento da casa dependia deles e em poucas situações era possível descansar durante o dia. O preparo dos alimentos, por exemplo, era muito trabalhoso. Nas grandes refeições como o almoço, muitas vezes era preciso que a cozinheira matasse, depenasse, para só então preparar a galinha que seria servida. Os bolos e pães do café da manhã também eram preparados pela cozinheira, que ainda deveria cuidar para que nunca faltasse lenha e buscar água sempre que necessário. As arrumadeiras e copeiras tinham de limpar diariamente os cômodos da casa senhorial.

As lavadeiras deveriam garantir que as roupas e lençóis estivessem sempre brancos e perfumados; por isso, levavam grandes cestos para a beira de rios ou córregos e passavam o dia inteiro quarando e batendo as mudas de roupa. As engomadeiras gastavam dezenas de claras de ovos para deixar as roupas sem nenhum amassado.

Figura 4.14: Lavadeiras
Fonte: Debret (1835).

O dia a dia do escravo doméstico de famílias pobres era ainda mais difícil. Como o senhor não tinha condições de ter mais do que um ou dois escravos, todas as atividades da casa ficavam concentradas em uma mesma pessoa que deveria cozinhar, limpar, lavar e passar roupas. Em alguns casos, além dos serviços domésticos, o escravo ainda precisava ajudar seu senhor na lavoura. Nas grandes cidades, muitas escravas dividiam seu tempo de trabalho entre a casa de seu senhor e a venda de doces e quitutes. Quando retornavam à casa senhorial, já no fim da noite, dormiam nos corredores em cima de esteiras.

Apesar de desfrutarem maior intimidade com seus senhores, não resta dúvida de que o trabalho doméstico era extremamente cansativo. E se por um lado a maior convivência com a família senhorial poderia representar alguns benefícios, em muitos casos os escravos domésticos se tornavam alvos fáceis de inúmeras crueldades de seus proprietários, sofrendo diferentes tipos de violência de seus senhores e senhoras.

> **Boxe 4.7: A presença escrava na Guerra do Paraguai**
> Embora este seja um assunto ainda silenciado, muitos escravos africanos e crioulos engrossaram as tropas brasileiras durante a Guerra do Paraguai (1864–1870). Estimativas recentes apontam que entre 5% e 10% dos soldados eram escravos, o que dava um número total de aproximadamente 12.000 homens (existem indícios de que mulheres escravas também tenham ido para os campos de batalha).

A fim de aumentar seu poderio militar e garantir o sucesso da guerra, a partir de 1866 o Exército brasileiro passou a recrutar escravos. Os senhores que cedessem voluntariamente seus cativos seriam devidamente indenizados. D. Pedro II foi o primeiro a ceder seus escravos para o combate. Proprietários que haviam sido recrutados poderiam enviar escravos no seu lugar. Contudo, como os voluntariamente cedidos não supriram as necessidades vigentes, as autoridades também usaram os **escravos de "nação"**[4.18] sob a promessa de liberdade depois de vencida a guerra.

Ainda que os comandantes do Exército tivessem consciência da necessidade desses soldados escravos, muitos deles expressavam constantemente o desprezo por esses homens. Em grande parte dos casos, esses escravos compuseram os primeiros batalhões. A ideia é que eles servissem como "bucha de canhão", ou seja, que fossem os primeiros a enfrentar o ataque inimigo. A formação desses batalhões de escravos, em muitas ocasiões, ajudou o Exército brasileiro a conhecer as táticas de seus opositores. Contudo, centenas de escravos foram mortos nas batalhas e outros tantos padeceram ao longo da guerra.

Além das atrocidades vividas em época de guerra, muitos escravos não receberam a prometida alforria e, apesar de vitoriosos "heróis de guerra", retornaram ao cativeiro.

4.18: No ano de 1831, o Brasil decretou oficialmente o fim do tráfico internacional de escravos. Contudo, essa medida não foi bem vista pelos grandes proprietários (principalmente os cafeicultores) que pressionaram o Estado brasileiro para reabrir o tráfico negreiro na ilegalidade. Sendo assim, até 1850, milhares de africanos entraram clandestinamente nos portos brasileiros. Quando esses africanos escravizados eram descobertos por alguma autoridade (brasileira ou internacional), eles eram colocados sob a tutela do Estado brasileiro e, para diferenciá-los dos demais, recebiam o nome de "escravos de nação". Embora as autoridades fizessem "vistas grossas" para o comércio e uso desses africanos, os escravos de nação que conseguissem provar que haviam entrado no Brasil depois de 1831 eram alforriados.

4.5 A escravidão além do trabalho

Após conhecer e vivenciar o sistema escravista, os escravos ladinos e crioulos aprenderam a **negociar** com seus senhores por melhores condições de vida e mais espaços de autonomia. Isso fez com que, mesmo enfrentando jornadas de trabalho que variavam de 12 a 18 horas, os escravos encontrassem tempo e espaço para festejar, criar laços de amizade, cultuar seus deuses e até mesmo construir família. Essa capacidade de refazer sua identidade ajudou a suportar a vida em cativeiro e muitas vezes foi fundamental para a obtenção da liberdade.

4.5.1 A roça própria e o comércio

Conforme visto há pouco, era comum que a alimentação que os escravos recebiam de seus senhores fosse muito pobre. Tanto nas regiões rurais como nas urbanas, os escravos geralmente ganhavam um pouco de farinha de mandioca ou de milho, feijão e um pedaço de carne salgada. Além de garantir o sustento dos escravos, esses alimentos eram baratos e facilmente encontrados na colônia e no Brasil império, o que representava pouco gasto para os proprietários.

Contudo, a maioria dos escravos não se contentou apenas com os alimentos dados, e conseguiu negociar com seus senhores a possibilidade de terem suas roças próprias. Essa prática acabou se tornando comum nos engenhos de açúcar e fazendas de café. O senhor reservava uma pequena parte de sua propriedade que poderia ser cultivada pelos escravos nos domingos, feriados e nas poucas horas vagas que lhes sobravam. Para os senhores, as roças próprias apresentavam duas vantagens. Em primeiro lugar, elas serviam como incentivo para os escravos trabalharem com mais eficácia, pois essa era a condição imposta para que os cativos pudessem receber os pedaços de terra. Em segundo, essas roças diminuíam a possibilidade de fuga, já que os escravos iriam pensar duas vezes antes de deixar suas pequenas plantações.

Mas não foram apenas os senhores que tiveram vantagens com o sistema de roças. Os escravos também souberam tirar proveito dessa prática. O primeiro benefício era a própria alimentação escrava, que passava a contar com frutas, legumes, hortaliças e até mesmo com carne de galinha ou porco. Algumas roças eram tão bem cuidadas, que os escravos conseguiam não só garantir uma alimentação mais rica e saudável, mas também vender o excedente nas vilas e cidades próximas. Boa parte do dinheiro conseguido na venda era usada na compra de outros produtos como algodão, farinha, feijão, sal e aguardente. Quando sobrava algum dinheiro, muitos escravos o guardavam na tentativa de comprar, no futuro, a tão sonhada alforria.

Nas vilas e cidades, os escravos também incrementavam a sua alimentação. Como passavam o dia fora, a maior parte dos cativos se alimentava na rua comprando angu, limonadas e os quitutes que eram vendidos por outros escravos ou libertos.

Figura 4.15: Vendedoras ambulantes de comida
Fonte: Debret (1835).

4.5.2 As muitas senzalas

Durante boa parte da vigência da escravidão no Brasil, os escravos também conseguiram negociar com seus senhores como seriam construídas as casas em que eles iriam morar, ou seja, as senzalas. Isso pode parecer estranho, porque grande parte das senzalas que ainda existem no Brasil (tanto as que podem ser visitadas, como aquelas que aparecem na televisão) são grandes galpões ou barracões, com poucas janelas e apenas uma porta que deveria ficar trancada à noite para evitar que os escravos fugissem.

A questão é que essas senzalas só começaram a ser construídas a partir do século XIX, quando os senhores, principalmente os fazendeiros de café, começaram a se preocupar com o aumento da fuga de escravos e resolveram construir esse tipo de habitação que permitia um maior controle sobre a população cativa. Antes disso, grande parte das senzalas eram pequenas cabanas feitas de pau a pique e cobertas com palha, técnica de construção aprendida com os povos indígenas que habitavam as terras brasileiras.

Figura 4.16: Senzala de pau a pique
Fonte: Rugendas (1835).

Em alguns casos, os africanos escravizados conseguiam manter o padrão arquitetônico das casas que habitavam quando eram homens livres na África. Uma das principais características desse tipo de construção era o teto baixo e a ausência de janelas. Ao contrário do que possa parecer, a ausência de janelas não era uma imposição senhorial para dificultar a fuga dos escravos, mas sim uma técnica de construção de algumas regiões do continente africano que evitava que ventos entrassem com facilidade na casa. A falta de janelas também permitia que um fogo sagrado sempre permanecesse aceso dentro da casa. O fogo sempre aceso era uma prática comum de povos vindos da região Centro-Ocidental da África (como os angolas e os congos) e representava uma ligação simbólica dessas pessoas com seus antepassados.

Como essas casas não comportavam um número grande de pessoas, era comum que existissem diversas senzalas em uma mesma propriedade. No caso dos escravos solteiros, ocorria uma separação por sexo: existiam as senzalas dos homens e as senzalas das mulheres (a construção vista à esquerda na figura 4.3 parece ser uma dessas senzalas). Já os escravos casados costumavam morar em casas separadas.

Nas cidades, os escravos também encontraram formas alternativas de morar. A grande maioria dos cativos habitava os porões e sótãos das casas de seus senhores. Esses cômodos geralmente eram úmidos e com pouca ventilação, o que os transformava em ambientes extremamente quentes e abafados. Contudo, assim como ocorreu com os cativos que viviam na região rural, muitos escravos urbanos conseguiram negociar com seus senhores a possibilidade de morar em outras casas. Diversos escravos que viviam no ganho alugavam quartos e até mesmo casas no centro da cidade, onde viviam e muitas vezes constituíam família, retornando à residência senhorial apenas para realizar o pagamento semanal que deviam. Essa prática ficou conhecida como **morar sobre si**.

4.5.3 Família escrava

Mesmo em meio às mazelas da vida em cativeiro, muitos escravos ladinos e crioulos se casaram e construíram famílias. No entanto, para que o casamento ocorresse, os escravos enfrentavam diversas dificuldades.

Um dos maiores empecilhos para a formação de famílias escravas consistia no constante medo da separação. Não havia nenhuma garantia de que a família escrava seria mantida sempre unida. Em momentos de crise financeira ou como forma de punição, os senhores poderiam vender os membros da família escrava para proprietários distintos.

No entanto, apesar desses obstáculos, diversos homens e mulheres, africanos e crioulos, se casaram e construíram famílias, pois essa era uma das formas que os escravos encontraram para criar novos laços de afeto e recriar práticas e valores oriundos de sua terra natal. Mesmo tendo apoio da Igreja Católica, a decisão do casamento era tomada pelos próprios escravos e, na maioria das vezes, não envolvia cerimônia religiosa, já que esse era um ritual caro.

Embora os senhores preferissem que os escravos de uma mesma propriedade casassem entre si – o que facilitaria a vigilância sobre a família –, na maior parte dos casos, a escolha do companheiro era feita pelos escravos. Diversos fatores eram decisivos na escolha do futuro cônjuge. A convivência permitiu que, em muitas circunstâncias, africanos e crioulos casassem uns com outros. No entanto, o desejo de manter laços culturais que haviam sido rompidos com a travessia atlântica fez com que africanos oriundos da mesma região casassem entre si, ainda que eles pertencessem a senhores diferentes.

Nessa situação, o casal passava a maior parte da semana vivendo em moradias separadas. Nos domingos e feriados, o cativo costumava conseguir licença de seu proprietário para visitar sua esposa e filhos. Caso a licença não fosse concedida, muitos escravos optavam por realizar pequenas fugas para encontrar sua família. Para que não houvesse nenhum tipo de confusão, estava acordado que as crianças escravas nascidas de casais pertencentes a senhores distintos eram propriedades do senhor da mãe.

Figura 4.17: Escrava carregando filho (detalhe)
Fonte: Rugendas (1835).

Junto com a família nuclear (pai, mãe e filhos), os escravos ladinos e crioulos desenvolveram uma ampla rede de parentesco que lembra muito as famílias extensas encontradas em diferentes regiões da África. Essa rede de parentesco se dava por meio do **apadrinhamento**. Ao nascer, a criança escrava era batizada, e seu padrinho e/ou madrinha se responsabilizava por ela caso alguma coisa acontecesse com seus pais. No entanto, além das obrigações costumeiras, o padrinho também se comprometia em ajudar seu afilhado a conseguir sua alforria. Por isso, muitos pais que estavam na condição de escravos escolhiam libertos e/ou livres para batizar seus filhos, na esperança de que eles conseguissem a liberdade de forma mais rápida.

4.5.4 Solidariedades no mundo do trabalho

A luta pela compra da liberdade criou outras formas de solidariedade entre escravos e libertos. Em grandes cidades como Salvador, Rio de Janeiro, Porto Alegre e Recife era comum que escravos que exerciam a mesma profissão se reunissem em **juntas**[4.19] e fizessem uma espécie de poupança, cujo dinheiro era destinado à compra da alforria de todos os integrantes de grupo. Essa prática foi especialmente forte em Salvador onde, além de exercer a mesma profissão, os componentes dos **cantos**[4.20] (como eram chamadas essas *juntas* profissionais) também tinham a mesma etnia, ou seja, tinham vindo da mesma região africana. Essa dupla identidade fortalecia ainda mais os laços de solidariedade entre eles e permitia que muitos escravos conseguissem comprar sua liberdade.

> **4.19:** As juntas eram organizações de escravos e libertos que exerciam a mesma profissão.
> **4.20:** Os cantos eram determinados lugares nas cidades em que os escravos de ganho e trabalhadores livres ficavam oferecendo seus serviços. Era comum que um canto fosse dedicado a um determinado tipo de trabalho (uma junta profissional), como o canto dos sapateiros, o cantos dos barbeiros e assim por diante.

4.5.5 Religiosidade

Além das juntas profissionais, outro elemento que agregou escravos e libertos foi a religião. Os cativos e os alforriados que seguiram a religião católica e os que mantiveram sua crença nos deuses e entidades africanas encontraram na fé a força de que precisavam para suportar a vida em cativeiro, criando redes de solidariedade que almejavam a sonhada liberdade.

Muitas religiões africanas foram trazidas pelos escravos para o Brasil. Africanos que vinham de regiões islamizadas da África, como o Golfo da Guiné, continuaram acreditando em Alá e, quando chegaram ao solo brasileiro, fizeram o possível para encontrar outros muçulmanos e cultivar suas tradições e costumes. Os escravos e libertos islamizados criaram verdadeiras redes de contato e, em diversas situações, eles, aqui no Brasil, sabiam de acontecimentos importantes que estavam ocorrendo em território africano ou em outras colônias e países da América.

Religiões que cultuassem diferentes deuses e entidades africanas também foram comuns ao longo da história brasileira, embora os senhores, a Igreja Católica e as autoridades governamentais tentassem proibir essas práticas. No Maranhão, africanos minas iniciaram o culto dos voduns; na Bahia, africanos jejes e nagôs reverenciavam os orixás. Tanto os voduns como os orixás eram deuses ancestrais ou heróis de diferentes sociedades africanas.

Conforme ocorria na religião de diversos povos africanos, cada pessoa tinha um orixá que lhe acompanhava durante toda a vida e, para entrar em contato com seu orixá, a pessoa deveria passar por um ritual de possessão que era acompanhado de música e dança. Durante o período em que estava em transe, a pessoa entrava em contato com a força divina e, muitas vezes, conseguia resolver os problemas que lhe afligiam.

Muitos escravos e libertos recorriam aos orixás para resolver diferentes tipos de problema. Aos poucos, a crença nos orixás foi se desenvolvendo e, no século XIX, deu origem ao **Candomblé**. Essa religião era formada por "irmãos de fé", pessoas que acreditavam nos orixás e que se reuniam em torno de uma mesma casa ou terreiro. Nesse espaço, que era comandado por uma mãe de santo ou um pai de santo, além de realizar suas cerimônias religiosas, entrar em contato com seus deuses e buscar repostas por meio de jogos de adivinhação (como o jogo de búzios), muitos escravos e libertos conseguiram formar outra família, família essa que muito se assemelhava com as grandes linhagens existentes em diversas localidades africanas.

> **Boxe 4.8: O Candomblé e os Orixás**
> O candomblé é uma das religiões criadas no Brasil a partir das religiões de povos africanos. Ele cultua os orixás (os deuses dos iorubás), os voduns (dos jejes) e os inquices (dos bantos), que têm origem totêmica e familiar.
>
> Cada orixá tem um poder diferente e está ligado a um determinado fenômeno da natureza, o que os aproxima muito dos deuses da mitologia grega.
> **Oxalá**: o orixá que criou a humanidade. Grande senhor que a tudo comanda. É simbolizado com um coroa que representa a sabedoria. Sua cor é o branco.
> **Xangô**: em vida, Xangô foi rei de Oió, na atual Nigéria. Ele é o orixá dos raios e trovões. Seu símbolo é o machado. Sua cor é o vermelho.
> **Iansã**: deusa dos raios e tempestades. É um orixá feminino. Iansã é guerreira e por isso seu símbolo é uma espada. Suas cores são o vermelho e o marrom escuro.
> **Oxóssi**: orixá da mata, caçador, seu símbolo é um arco e flecha. Na África, era cultuado pelo povo Keto. Sua cor é o azul claro.
> **Oxum**: deusa das águas doces, do amor e da beleza. Seu símbolo é um espelho e sua cor é o amarelo.
> **Ogum**: orixá do ferro e o deus das guerras. Suas cores são verde-escuro e azul-escuro.
> **Iemanjá**: orixá das águas salgadas. É considerada a mãe de todos os orixás. Seu símbolo é um colar de contas e suas cores são o azul e o branco.
> **Exu**: orixá mensageiro e guardião dos templos; é ele quem tem de atender aos pedidos feitos para os orixás. Seu símbolo é um tridente e suas cores são vermelho e preto.

Figura 4.18: Alguns orixás
1- Exu; 2- Ogum; 3- Xangô; 4- Oxalá; 5- Iemanjá; 6- Oxum; 7- Iansã; 8- Oxóssi.
Fonte: acervo da Pallas Editora.

Já os escravos que decidiram converter-se ao catolicismo, viam nas Irmandades Religiosas uma fonte de alento e de esperança em obter a liberdade de forma pacífica e conforme as leis senhoriais. As Irmandades Religiosas eram organizações criadas por católicos que tinham como principais objetivos ampliar a fé cristã e fazer caridade. Cada irmandade tinha sua própria igreja e seu santo patrono. Para se tornar membro de uma irmandade, era preciso estar de acordo com os deveres que tinham que ser seguidos, bem como pagar um valor de entrada e uma taxa anual (também chamada de esmola), cujo dinheiro seria convertido para a realização de festas, missas e rituais fúnebres. As irmandades existem desde a Idade Média e, já no início da colonização da América Portuguesa, era possível observar a formação dessas organizações. Contudo, a partir do século XVII começaram a se formar irmandades negras no território colonial.

As irmandades negras seguiam os mesmos rituais das demais, e eram formadas por escravos e libertos, crioulos e africanos que haviam sido impedidos de entrar nas outras irmandades que existiam na América Portuguesa. As irmandades negras normalmente cultuavam santos negros, como São Elesbão, São Benedito, Santa Efigênia e Nossa Senhora do Rosário (a padroeira dos negros).

Figura 4.19: Coleta na Igreja de Nossa Senhora do Rosário (Rio de Janeiro)
Fonte: Debret (1839).

Em alguns casos, as irmandades negras ou irmandades de "homens pretos" eram formadas por escravos da mesma origem. Escravos e libertos *angola* ou *congo* se reuniam e formavam uma irmandade. No entanto, boa parte dessas organizações negras comportava homens e mulheres de diferentes origens e condições sociais.

Muitos senhores e a própria Igreja Católica viam com bons olhos a formação das irmandades negras, pois acreditavam que essa era mais uma forma de controlar a população escrava e liberta, já que esses homens negros passariam a compartilhar a mesma religião que seus proprietários ou ex-senhores, religião essa que defendia a escravização de negros crioulos e africanos.

Contudo, embora tivessem a mesma fé religiosa que seus senhores, as irmandades negras foram importantes espaços de sociabilidade para negros cativos e alforriados. Os membros de uma mesma irmandade criaram laços de amizade, parentesco e, sobretudo, solidariedade: muitas vezes, o padrinho de um recém-nascido era escolhido dentro da irmandade da qual os pais da criança faziam parte. Casamentos entre escravos ou de cativos com libertos também ocorriam dentro dessas organizações. As irmandades negras também garantiam um enterro e um cortejo fúnebre dignos para todos os seus membros.

Figura 4.20: Cortejo fúnebre do filho de um rei negro (Rio de Janeiro)
Fonte: Debret (1839).

Mais do que ampliar as redes de parentesco, as irmandades negras tiveram papel importante na luta pela liberdade de muitos escravos. Além de pagar as missas, festas e rituais funerários, o dinheiro pago anualmente por cada um dos "irmãos" muitas vezes era utilizado para a compra da carta de alforria de membros da irmandade que viviam no cativeiro. Diversos escravos africanos e crioulos conseguiram obter sua liberdade graças à poupança feita por seus "irmãos" de credo. Assim que comprava a alforria de um membro, a irmandade começava uma nova poupança para ajudar outra pessoa.

A devoção de escravos e libertos fez com que algumas irmandades negras ganhassem muito prestígio e se transformassem em organizações com muito dinheiro. No Rio de Janeiro, tanto a Igreja de Nossa Senhora do Rosário, como a Igreja de Santo Elesbão e Santa Efigênia foram construídas na região central da cidade.

A festa era o evento mais importante da irmandade. Anualmente, cada irmandade fazia a festa para seu santo padroeiro. Essa comemoração era composta por uma longa procissão, uma missa solene e uma grande festa com muita música, dança e batuque. Também era nessa festa que a irmandade coroava seu rei e sua rainha. Para os escolhidos, esse era um momento de grande prestígio frente a seus companheiros. As relações criadas entre os membros dessas irmandades eram tão fortes, que muitas delas existem até os dias de hoje.

Figura 4.21: Procissão de santa padroeira dos negros (Ouro Preto, MG)
Segundo Alessandro Dell'Aira, Rugendas errou ao chamar a santa de Rosália. Na verdade, seria Santa Efigênia, a quem é consagrada a igreja que aparece no quadro (Nossa Senhora dos Pretos do Alto da Cruz, que, segundo a lenda, foi paga com o ouro da mina da Encardideira, que teria sido comprada por Chico Rei). Fontes: Rugendas (1835); Dell'Aira (http://www.revistadehistoria.com.br/secao/perspectivas/as-pistas-do-monarca-do-congo).

4.5.6 Outras formas de sociabilidade

Além da família e dos diferentes grupos religiosos, os escravos e libertos encontraram outras formas de criar laços de sociabilidade. Os batuques, danças e folguedos foram importantes manifestações feitas por essa parte da população, que permitiam esquecer, por um pequeno intervalo de tempo, as mazelas da vida em cativeiro. Por isso, muitos senhores toleravam que seus cativos fizessem festas nos dias santos e também nos seus dias de folga.

Figura 4.22: Folguedo dos escravos (detalhe)
Fonte: Rugendas (1835).

A capoeira também permitiu que escravos e libertos se juntassem em torno dessa prática que misturava música, dança e luta. No entanto, a capoeira não era bem vista pelos senhores e pelas autoridades, pois foi uma forma que muitos escravos encontraram para lutar, fisicamente, contra a escravidão. No Rio de Janeiro, as maltas de capoeira foram proibidas de andar nas ruas da cidade, e aqueles que desobedecessem às ordens eram presos.

Figura 4.23: Capoeira escrava
Fonte: Rugendas (1835).

4.5.7 A liberdade e o retorno

As diversas formas de solidariedade vistas neste capítulo permitiram que os africanos e crioulos escravizados conseguissem reinventar heranças e tradições, bem como criar novas práticas e costumes que possibilitaram que a vida em cativeiro fosse menos dura.

Alguns desses homens e mulheres conseguiram, por meio dessas redes e de trabalho árduo, obter a liberdade através da compra das cartas de alforria. Embora até o ano de 1871 todo liberto pudesse ter sua liberdade questionada por seu antigo senhor, o sonho da liberdade alimentou a vida de muitos escravos.

Grande parte dos alforriados permaneceu no Brasil, realizando diferentes tipos de tarefas e, por vezes, alcançando importantes posições sociais. No entanto, muitos africanos resolveram voltar para sua terra natal, criando assim o grupo dos **retornados**. Os descendentes desses homens e mulheres que voltaram para a África depois de terem vivido como escravos são, até hoje, chamados de *brasileiros* na Nigéria, *tabons* em Gana e *agudás* no Benim.

4.5.8 Alforria e o mundo dos libertos

Apesar de grande parte dos escravos (tanto africanos como crioulos) morrer na condição de cativos, as estratégias e redes de negociação criadas por eles foram responsáveis pela alforria de um número significativo de homens e mulheres na história brasileira, desde o período colonial até a abolição definitiva da escravidão.

A liberdade, concedida por meio da Carta de Alforria, era obtida de duas maneiras. No primeiro caso, o proprietário concedia a liberdade a seu escravo. Essa alforria voluntariamente cedida pelos senhores poderia ter diversas razões, como o envolvimento íntimo (e por vezes amoroso) com determinados escravos e escravas. Poderia ainda ser um ato simbólico no qual o proprietário se apresentava à sociedade como um bom cristão, como no caso de senhores que libertavam escravos recém-nascidos no momento em que eles seriam batizados. Ou então um último ato de benevolência, no qual o senhor, à beira da morte, libertava os cativos que lhe haviam sido "fiéis" em vida.

> **Boxe 4.9: Registro d'uma carta de liberdade da preta Ignacia, como abaixo se declara**
>
> Eu, abaixo assignada, desejando dar uma prova de gratidão do quanto devo a minha escrava Ignacia Africana, de idade de quarenta anos, pouco mais ou menos, pela maneira de elevada fidelidade com que me tem servido até hoje, d'esta data em diante tenho resolvido, em conta de minha terça, como me faculta as Leis, conceder à referida minha escrava a sua liberdade; com a condição porém de me acompanhar até a minha, aliás, até a morte, depois da qual gosará, como se de ventre livre nascesse, da liberdade que pela presente lhe concêdo de minha livre e espontanea vontade. [...]
>
> (Arquivo do Tribunal de Justiça do Estado de Sergipe. MAR/1º OF, Livro de notas Cx 849, 16 jun. 1868. Disponível em <http://www.tjse.jus.br/arquivojudiciario/index.php/exposicao-virtual/134-a-alforria>. Acesso em 16 mar. 2017.)

No entanto, essa aparente bondade senhorial muitas vezes estava atrelada a acordos feitos com os escravos anteriormente. Na região mineradora, por exemplo, era comum que os senhores prometessem a carta de alforria caso seu escravo achasse uma pepita de ouro ou uma pedra de diamante. Conforme visto anteriormente, escravos que eram alistados em milícias e tropas do Exército também poderiam ser alforriados pelos serviços prestados.

A segunda forma de o escravo obter a alforria era comprá-la. O dinheiro para isso poderia ser adquirido por meio da poupança de escravos que possuíam pequenas roças ou então que haviam guardado parte do dinheiro que recebiam trabalhando nas ruas das cidades; empréstimos concedidos pelas Irmandades religiosas; ou então por redes de solidariedade das quais faziam parte outros libertos.

Contudo, como até o ano de 1871 não existia no Brasil nenhuma lei que regulamentasse as alforrias, a concessão ou não da liberdade acabava sendo uma escolha do proprietário, que poderia se recusar a libertar algum escravo, mesmo que este tivesse dinheiro suficiente para pagar por sua liberdade. A falta de legislação sobre as alforrias também permitia que o senhor invalidasse toda e qualquer carta que houvesse assinado caso o liberto em questão não se comportasse de maneira que seu ex-senhor considerasse adequada.

Esse poder que os senhores detinham sobre as alforrias fez com que muitas redes de clientelismo fossem criadas no Brasil. Ex-escravos acabavam criando suas vidas próximas a seus antigos senhores, como trabalhadores de suas casas e fazendas (como os feitores e capatazes) e, por vezes, acabavam transformando-se em novos senhores de escravos. Essa rede alimentava a dinâmica da estrutura social escravocrata, na qual a liberdade muitas vezes era entendida não como o oposto da escravidão, mas sim como sinônimo da posse de escravos.

Figura 4.24: Mulata livre rica viajando para o campo com as filhas e as escravas
O fato de usar ou não sapatos era uma distinção comum entre as pessoas livres e as escravas.
Fonte: Debret (1839).

No entanto, diversos libertos construíram suas vidas longe do olhar senhorial. Alguns se transformaram em pequenos lavradores; outros se tornaram caixeiros viajantes ou tropeiros; e muitos preferiram tentar a sorte nas vilas e cidades; existiram ainda aqueles que conseguiram retornar à África. Nos principais centros urbanos brasileiros era possível encontrar um grande número de trabalhadores libertos que exercia desde tarefas mais simples (como carregadores da alfândega) até atividades mais especializadas como barbeiro-cirurgião. Como a grande maioria deles tinha de assegurar sua sobrevivência em um contexto marcado pela competição com outros libertos, com homens livres e com escravos, era preciso se destacar.

Essa foi a tática utilizada por muitas libertas vendedoras de sucos, doces e quitutes que usavam roupas caras, turbantes feitos com **pano da costa**[4.21] e até mesmo joias de ouro a fim de chamar a atenção dos fregueses (veja a figura 4.15). Numa época em que as mulheres eram criadas apenas para viver dentro de casa, cuidando do lar, viajantes estrangeiros que estiveram em Salvador, Pernambuco e no Rio de Janeiro ficaram impressionados com a elegância dessas mulheres e a competência com a qual administravam seus negócios.

4.21: O pano da costa era um tecido produzido na Costa do Benim, na África Ocidental.

Boxe 4.10: Tia Ciata

Uma das mais famosas quituteiras da história do Brasil foi Tia Ciata. Nascida na Bahia em 1854, Hilária Batista de Almeida se mudou para o Rio de Janeiro em 1876, quando tinha apenas 22 anos. Lá se casou com um funcionário público com quem teve 14 filhos. Para ajudar a manter a família, Tia Ciata levava seu tabuleiro para a Rua Sete de Setembro, onde, vestida de baiana, vendia seus quitutes.

Respeitada mãe de santo, as festas dadas por Tia Ciata e pelas outras baianas quituteiras se tornaram ponto de encontro de muitos escravos, libertos e livres que aproveitavam a oportunidade para celebrar cultos religiosos, papear, cantar e dançar. Graças a esses eventos, que podiam durar dias inteiros, a região onde morava Tia Ciata (que hoje é a praça Onze) foi chamada de "pequena África".

Foi nesses encontros, especialmente os que ocorriam na casa da própria Tia Ciata, que nasceu o samba.

Muitos libertos, ou então seus descendentes, conseguiram alcançar posições de destaque na sociedade. Ainda no século XVII, Henrique Dias – um crioulo que nasceu escravo, mas conseguiu se casar, constituir família e tornar-se capitão de infantaria – , foi um dos nomes mais importantes na guerra que expulsou os holandeses da capitania de Pernambuco.

Dois dos maiores artistas da América Portuguesa, sem dúvida os maiores de seu tempo, também eram descendentes diretos de escravos. Antonio Francisco Lisboa (1730–1814), mais conhecido como Aleijadinho, é autor das mais importantes obras do barroco brasileiro. Filho de um mestre de obras, Aleijadinho vivenciou intensamente o universo religioso, sua maior fonte de inspiração, criando assim um estilo próprio de pintar e esculpir.

Figura 4.25: O Aleijadinho em Vila Rica (quadro de Henrique Bernardelli)
O pintor representou o Aleijadinho já enfraquecido pela doença, sentado entre visitantes que examinam a obra que o escultor dirigia numa igreja dessa cidade mineira.
Fonte: Bernardelli (1904).

Filho de uma africana e de um contratador de diamantes, autor de importantes obras, como o risco do Passeio Público, o chafariz das Marrecas e outras obras que estão em igrejas cariocas, Valentim da Fonseca e Silva, o mestre Valentim (1750–1813), foi não só um grande artista, mas também um importante arquiteto do período colonial que frequentava diferentes segmentos sociais do Rio de Janeiro. Membro da Irmandade da Nossa Senhora do Rosário (onde está enterrado), Mestre Valentim também circulou entre as principais autoridades coloniais, tendo sido recebido pelo Vice-rei de Portugal para discutir projetos de melhoria para a cidade do Rio de Janeiro.

Figura 4.26: Chafariz de Mestre Valentim (Rio de Janeiro)
O chafariz, usado por escravos, aguadeiros e marinheiros, fica onde era o ancoradouro do Largo do Paço (atual praça Quinze de Novembro). O prédio à esquerda é o palácio dos Vice-reis, que dava nome ao lugar. Fonte: Debret (1839).

Uma importante, e talvez uma das mais conhecidas figuras do Brasil do século XVIII, foi Chica da Silva. Nascida na capitania de Minas Gerais em 1732, Francisca da Silva Oliveira era filha de um homem branco e livre com uma escrava de origem africana chamada Maria da Costa. Como geralmente acontecia no Brasil da época, Chica da Silva herdou a condição escrava de sua mãe até completar 18 anos, quando conseguiu sua alforria. Mas o que fez com que Chica da Silva se tornasse uma importante figura na América colonial, sobretudo na capitania de Minas Gerais, foi a relação amorosa que ela estabeleceu com o contratador português João Fernandes de Oliveira. Embora não tenham se casado oficialmente (o que era comum com casais compostos por homens brancos e mulheres escravas), eles viveram juntos por mais de 15 anos no Arraial do Tijuco e lá tiveram 13 filhos. Durante esse período, Chica da Silva ganhou grande prestígio social, transformou-se em senhora de terras, chegando a usufruir de privilégios que eram destinados apenas às mulheres brancas da colônia. Mas Chica da Silva manteve fortes laços com os negros e mulatos da região por meio de sua participação em quatro irmandades. Quando morreu em 1796, o prestígio de Chica da Silva se fez presente uma vez mais: assim como ocorria com os brancos mais importantes da época, ela foi enterrada na igreja de uma das irmandades a que pertencia: a Igreja de São Francisco de Assis.

Já no período imperial, ainda no campo das artes, outros nomes ganharam destaque. Estevão Silva (1840–1891) foi aluno da Academia Imperial de Belas Artes durante 16 anos e um dos mais importantes pintores de natureza morta da época. Destacado aluno da Academia Imperial, Antônio Rafael Pinto Bandeira, descendente de escravos, tornou-se um grande pintor de paisagens, além de professor de desenho no Liceu de Artes e Ofícios de Salvador. Antônio Firmino Monteiro, que havia sido caixeiro e tipógrafo, depois de muito esforço conseguiu cursar a Academia Imperial de Belas Artes. Seu talento era tamanho que, com ajuda do Imperador D. Pedro II, ele conseguiu completar seus estudos em Paris e é um dos precursores de pinturas de paisagens executadas ao ar livre.

Além de mercadores e artistas, libertos e gerações futuras de homens negros livres conseguiram tornar-se tipógrafos (Francisco de Paula Brito), botânicos, escritores (Machado de Assis e Gonçalves Dias), poetas (Cruz e Sousa e Gonçalves Crespo), músicos (como o maestro Antonio Carlos Gomes, neto de escravos) e até mesmo médicos (Juliano Moreira).

Um caso excepcional, mas ao mesmo tempo exemplar, foi o da família Rebouças. A história dessa família começou na Bahia, no século XVIII, com o casamento de um alfaiate português e uma negra alforriada. Dessa união nasceram nove filhos. O mais velho, José, tornou-se Maestro da Orquestra do Teatro de Salvador, formado em Bolonha (Itália); Manuel virou funcionário da Justiça em Salvador; Maurício se formou médico em Paris.

Todavia, o mais famosos dos irmãos foi Antônio Pereira Rebouças. Advogado, condecorado Cavaleiro Imperial da Ordem do Cruzeiro por D. Pedro I, Antônio Pereira Rebouças também foi Secretário de Governo de Província, Deputado para a Assembleia Geral do Governo e Conselheiro Geral. Seu filho, André Rebouças, formou-se em engenharia e tornou-se um importante abolicionista do Brasil.

4.6 Resistência e abolição

4.6.1 A resistência cotidiana

Apesar de terem conseguido criar laços de parentesco e de amizade bem como melhorar suas condições de vida, o intenso ritmo de trabalho e o alto grau de violência foram características constantes na vida dos escravos. No entanto, os cativos não aceitaram tais condições de forma passiva. Onde quer que tenha existido escravidão, também houve resistência escrava. E tal resistência foi experimentada em diferentes níveis durante toda a história da escravidão no Brasil.

A forma de resistência mais comum era aquela exercida diariamente pelos escravos. Como tinham conhecimento das tarefas que deveriam executar, muitos cativos encontravam formas de burlar suas atividades. O "corpo mole" era frequente nos canaviais, nas fazendas de café e até mesmo nas casas senhoriais. Nesse tipo de resistência, o escravo simplesmente decidia trabalhar menos do que sua capacidade física e mental suportava, ou então inventava alguma doença ou mal-estar. O resultado dessa tática era uma menor quantidade de trabalho escravo, o que representava prejuízo para os senhores.

A fim de evitar esse comportamento, os cativos eram diariamente vigiados pelos feitores e capatazes que controlavam o tempo e a qualidade do trabalho escravo. Quando o feitor julgava que um cativo estava fingindo doença ou cansaço, impunha algum tipo de castigo para ele, que normalmente consistia em 10 a 30 chibatadas.

Outra forma de resistência empregada pelos escravos era o estrago proposital de ferramentas e máquinas de trabalho. Quebrar as engrenagens da casa de moenda de um engenho, por exemplo, poderia representar dias sem trabalho e um enorme prejuízo para o senhor que, além de ter que parar a produção, deveria gastar com o conserto de seu maquinário. Essa atitude era mais rara, pois, quando descoberta, recebia represálias mais violentas, que serviam como aviso aos demais cativos.

Ainda que a relação fosse mais íntima, muitos escravos e escravas que trabalhavam nas casas grandes encontraram formas sutis de resistir à escravidão. Em diversas situações, a comida era servida queimada ou com muito sal; a casa era mal arrumada em dia de visita ou festa; ou, então, as roupas eram manchadas propositadamente. Essas pequenas atitudes serviam como lembretes aos senhores da condição humana de seus cativos.

Em casos mais extremos, o escravo que não suportava o cativeiro muitas vezes decidia acabar com a própria vida parando de se alimentar, comendo terra ou utilizando formas mais violentas. Além de ser uma maneira de resistir à escravidão – pois a morte do escravo representava uma enorme perda aos senhores e os cativos sabiam disso – , muitos escravos, principalmente os africanos, acreditavam que, depois da morte, a alma retornava à sua terra natal e encontraria as almas de todos os seus antepassados.

4.6.2 As fugas

A fuga foi uma das formas mais utilizadas para resistir à escravidão. Conforme visto no capítulo 4.5, não faltaram motivações para que os escravos fugissem de seus senhores. No entanto, a fuga escrava nem sempre teve o mesmo objetivo.

De forma geral, é possível afirmar que existiram dois tipos de fuga na história da escravidão no Brasil. No primeiro caso, encontram-se as fugas que tinham como objetivo a reivindicação escrava por melhores condições de vida. Escravos que estivessem trabalhando mais do que o habitual poderiam realizar pequenas escapadas e só retornar à propriedade de seu senhor mediante algum tipo de negociação. Cativos que eram impedidos de festejar ou de visitar sua família também recorriam a esse tipo de fuga para conseguir estabelecer acordos com seus senhores.

O segundo tipo de fuga era aquele que pretendia negar a escravidão. Nessas circunstâncias, os escravos abandonavam a propriedade senhorial e, individualmente ou em grupo, iam buscar formas alternativas de viver fora do cativeiro. Muitos cativos se embrenhavam no meio do mato e lá construíam pequenas comunidades que ficaram conhecidas como quilombos ou mocambos. Outros prefeririam tentar a vida em lugares mais distantes, principalmente nas grandes cidades, pois nesses espaços o escravo fugido poderia se passar por um negro liberto.

A fuga foi uma estratégia de resistência tão comum, que os senhores utilizaram diferentes formas de lutar contra ela. Nas regiões rurais, era comum que os senhores contratassem os **capitães do mato**, homens especializados em recapturar escravos fugidos. Já nos grandes centros urbanos, a captura de escravos ficava sob a incumbência da polícia. Os jornais das vilas e cidades eram repletos de anúncios feitos pelos senhores que não só denunciavam as escapadas dos escravos, como ofereciam a descrição física do fugitivo e muitas vezes algum tipo de recompensa para quem o encontrasse.

> **Boxe 4.11: Os jornais usados para "caçar" escravos**
> AVISOS.
> No dia de entrudo pelas 9 horas e meia da noite fugio a Vicente Guedes de Souza huma mulata filha do Cabo da Boa Esperança por nome Dina, de estatura ordinaria, clara, e com signaes de sardas pela cara; falla Portuguez e Inglez; cabello hum pouco crespo, idade pouco mais, ou menos de vinte cinco annos: Quem della tiver noticia avisará ao mesmo na Rua da Misericordia defronte do Açougue grande, ou na Loja da Gazeta, e receberá boas alviçaras.
>
> (*Gazeta do Rio de Janeiro*, n. 48, p. 4, 25 de fevereiro de 1809)

Quando a captura do escravo fugido ocorria, os senhores costumavam aplicar castigos físicos violentos e obrigar o escravo a usar uma gargalheira que servia como símbolo de escravo fugido.

No entanto, a despeito das punições, a fuga foi uma estratégia amplamente praticada por aqueles que viviam no cativeiro.

4.6.3 Os quilombos

Os quilombos, também conhecidos como mocambos, eram comunidades formadas por escravos fugidos. Nessas comunidades, os escravos refaziam suas vidas à margem do cativeiro. Lá, construíam famílias, estabeleciam laços de amizade, plantavam, criavam animais e chegavam a comercializar com povos indígenas que habitavam as redondezas ou então com os vilarejos próximos.

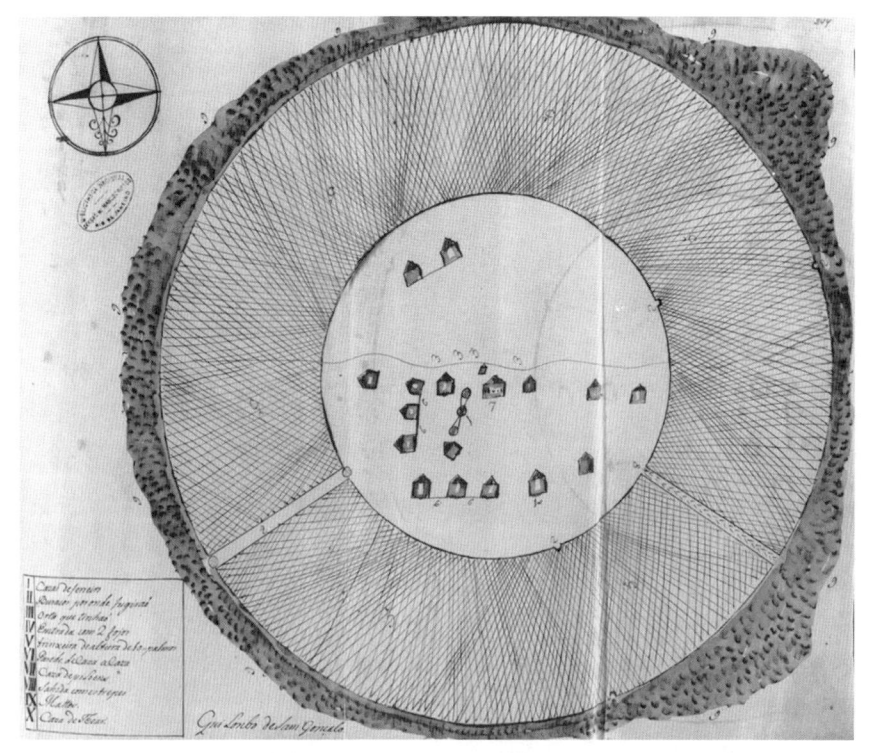

Figura 4.27: Planta baixa do quilombo de São Gonçalo (MG)
1- casas de ferreiro; 2- buracos por onde fugiram; 3- horta que tinham; 4- entrada com dois fojos (buracos disfarçados com folhagens para capturar animais); 5- trincheira da altura de 10 palmos; 6- parede de casa a casa; 7- casa de pilões; 8- saída com estrepes (varas pontiagudas); 9- matos; 10- casa de tear. Fonte: Gonçalves (1988).

Apesar de ser uma organização que foi duramente combatida pelos senhores e pelas autoridades governamentais, os quilombos não eram comunidades isoladas. Os documentos de época mostram que muitos **quilombolas**[4.22] faziam trocas comerciais clandestinas com os engenhos, fazendas e cidades próximas. Em alguns casos, os quilombolas aproveitavam o cair da noite para visitar familiares e amigos que viviam sob o cativeiro. Em outras situações era o inverso que ocorria: os escravos realizavam pequenas fugas e passavam algumas horas, ou até mesmo dias, nas festas que aconteciam no mocambo.

4.22: Quilombola era o nome dado para quem morava em quilombos.

Mapa 4.5: Alguns quilombos que existiram no Brasil (séculos XVII a XIX)

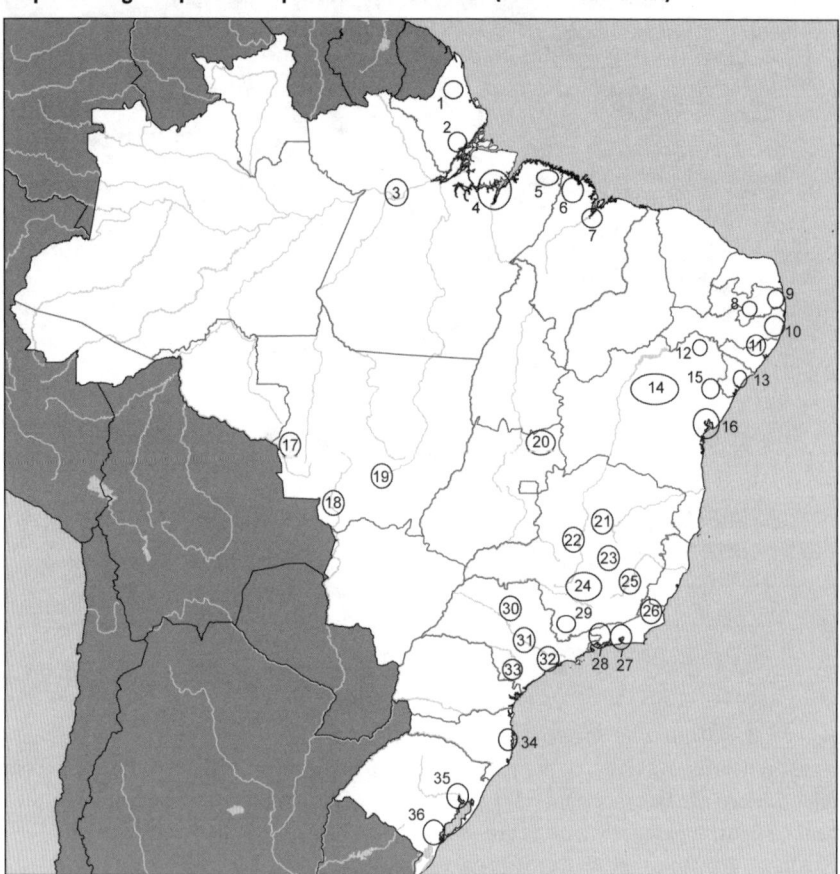

1- Oiapoque; 2- Mazagão; 3- Rios Trombetas e Curuá; 4- Caxiu, Alcobaça, Cametá, Mocajuba, Anajás; 5- Gurupi; 6- Lagoa Amarela, Maracaçumé, Turiaçu; 7- São Benedito do Céu; 8- Livramento; 9- Cumbe, Gramame; 10- Iburá, Nazaré, Malunguinho, Japomim, Olinda, Goiana, Igaraçu; 11- Palmares; 12- Jeremoabo; 13- Capela, Itabaiana, Divina Pastora, Itaporanga, Rosário, Laranjeiras; 14- Xique-Xique, Orobó, Tupim, Andaraí, Jacobina; 15- Rio Real; 16- Urubu, Jacuípe, Jaguaribe, Maragogipe, Muritiba, Cachoeira, Buraco do Tatu, Cabula, Itapuã; 17- Piolho; 18- Sepotuba, Rio Manso; 19- Pindaiatuba, Mutuca; 20- Calunga; 21- Cabaça, Luanda, Guinda, Isidoro, Caraça, Inficionado; 22- Samambaia, São Gonçalo, Santos Fortes, Salitre, Rio da Perdição, Ambrósio; 23- Sabará, Congonhas do Campo, São João del Rei, Vila Rica; 24- Campo Grande; 25- Suaçuí, Paraopeba; 26- Campos; 27- Serra dos Órgãos, Inhaúma, Leblon, Morro do Desterro; 28- Manoel Congo, Rio Paraíba; 29- Sapucaí; 30- Araraquara, Tambau, Corumbataí, Mogi-Guaçu, Monjolinhos; 31- Campinas, Atibaia, Jundiaí, Piracicaba; 32- Pinheiros, Itapetininga, Parnaíba, Sorocaba, Santos, Jabaquara; 33- Ribeira; 34- Alagoa, Enseada do Brito; 35- Rio Pardo; 36- Negro Lúcio, Arroio, Serra dos Tapes, Couto, Manuel Padeiro. Fontes: NordNordWest (2017); Moura (1986).

Como a formação dos quilombos estava condicionada à fuga dos escravos, não é de estranhar que um número grande de mocambos tenha sido construído em diferentes localidades e épocas da história brasileira. O mapa 4.5 apresenta alguns dos principais quilombos formados desde o século XVI até a abolição da escravidão no Brasil.

Dentre os diversos quilombos construídos, o mais conhecido foi Palmares. A fama de Palmares está ligada ao fato de ele ter sido o maior e mais duradouro quilombo da história das Américas.

4.6.3.1 Palmares

Palmares foi um quilombo que surgiu nos últimos anos do século XVI na capitania de Pernambuco. No ano de 1597, cerca de 40 escravos fugiram do engenho Porto Calvo, que ficava ao sul da capitania. Mas aquela não havia sido uma simples fuga. Antes de escaparem, os escravos haviam feito uma verdadeira rebelião no engenho: armados com foices e pedaços de madeira, os cativos haviam massacrado a população branca que ali morava.

Caso fossem capturados, era provável que eles recebessem a pena capital, ou seja, a pena de morte. Por isso, a fuga deveria ser para mais longe do que o habitual. Depois de alguns dias de caminhada, esses escravos resolveram parar num ponto que lhes parecia estratégico: além de terras férteis e água abundante, aquela era uma região alta, o que permitia o controle visual das áreas ao redor. Ali, no alto da serra da Barriga, foi fundado o quilombo dos Palmares.

Durante os primeiros anos do século XVII, o quilombo aumentou de tamanho graças às diversas fugas que ocorreram no período. Além do desejo pela liberdade, os escravos que trabalhavam na capitania de Pernambuco encontraram maior facilidade para realizar suas fugas.

Desde o ano de 1630, a capitania estava sob o comando dos holandeses. A invasão holandesa fez com que diversos senhores de engenho (quase todos portugueses ou descendentes deles) se empenhassem em devolver o governo da capitania para as mãos de Portugal. As inúmeras batalhas que foram travadas entre 1630 e 1654 fizeram com que a vigilância sobre os cativos ficasse comprometida. Como muitos escravos não viam aquela luta como deles, aproveitaram a fragilidade do momento e fugiram para o quilombo que já estava ganhando fama.

Palmares chegou a ocupar uma área de 27.000 km², o que equivale ao atual estado de Alagoas. Essa vasta região foi habitada por 20.000 pessoas (um quinto da população da capitania de Pernambuco), que se dividiam em dez mocambos diferentes: *Amaro, Acotirene, Tabocas, Dambrabanga, Aqualtene, Subupira, Macaco, Andalaquituche, Osenga e Zumbi*. O principal mocambo era o do Macaco, pois ali era a residência do chefe maior de Palmares e o local onde os chefes dos demais mocambos se reuniam para discutir os assuntos comuns ao quilombo.

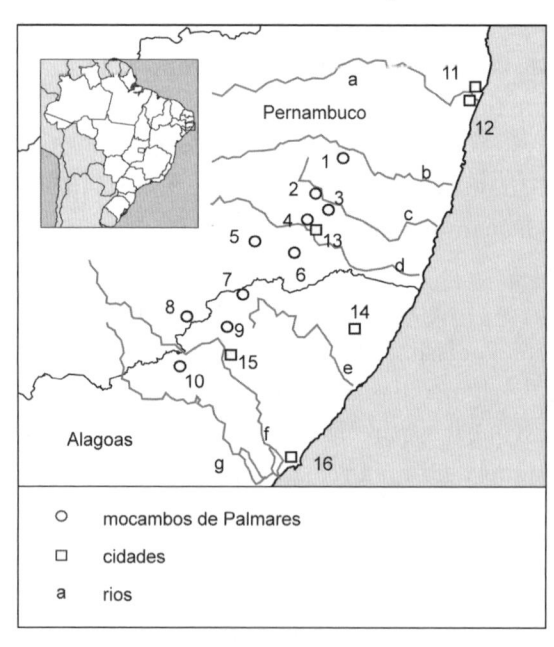

Mapa 4.6: A região de Palmares
MOCAMBOS: 1- Amaro; 2- Acotirene; 3- Tabocas; 4- Zumbi; 5- Dambranganga; 6- Aqualtene; 7- Subupira; 8- Osenga; 9- Macaco; 10- Andalaquituche. CIDADES: 11- Olinda; 12- Recife; 13- atual Palmares; 14- Porto Calvo; 15- atual União dos Palmares; 16- Maceió. RIOS: a- Capibaribe; b- Ipojuca; c- Sirinhaém; d- Una; e- Camarajibe; f- Mundaú; g- Paraíba.
Fontes: NordNordWest (2017); Galdino (1993); Araújo (2017).

Como ocupavam uma extensa área, os mocambos ficavam bem afastados uns dos outros, sendo necessário mais de um dia de viagem para percorrer a distância entre eles. No entanto, essa distância não era sinônimo de isolamento. Para evitar que os mocambos se tornassem alvos fáceis dos capitães do mato, foi criada uma rede que garantisse a proteção de todos os quilombolas. Todos os mocambos eram fortificados com paliçadas; as trilhas eram repletas de armadilhas; e os quilombolas criaram um exército muito eficiente.

Figura 4.28: Palmarinos cuidando das defesas de um mocambo: a torre de vigia
Este desenho, que decora um mapa anexo à narrativa da estada de Maurício de Nassau no Brasil, é considerado o único registro de Palmares feito por um contemporâneo.
Fonte: Barlaei (1647).

De maneira geral, os quilombolas moravam em casas de barro cobertas de madeira e palha. A principal fonte de alimentos era a agricultura e, como aquela era uma região onde não faltava água e o solo era fértil, rapidamente os quilombolas conseguiram produzir mais do que precisavam para sobreviver. Os principais produtos cultivados eram o milho, a batata-doce, a mandioca, o feijão e a banana. Além desses alimentos, havia a criação de animais de pequeno porte, a caça e a pesca.

Nos mocambos também era possível encontrar artesãos que utilizavam muitas técnicas africanas na construção de cestos de palha, pilões e vasos de barro, instrumentos musicais e cerâmicas. A técnica da metalurgia também havia atravessado o Atlântico com muitos dos africanos que vieram escravizados para a América Portuguesa, e foi utilizada em Palmares. Junto com o artesanato, os quilombolas recuperaram outras tradições africanas. Assim como ocorria na África Subsaariana, as famílias palmarinas eram extensas. Em alguns casos, homens e mulheres tinham mais de um cônjuge, o que permitia a criação de diversas redes de parentesco.

Como abrigava africanos escravizados de diferentes regiões, escravos crioulos, libertos e livres (inclusive homens brancos e um mouro), a língua falada em Palmares era uma espécie de mistura do português com palavras africanas e indígenas. O sincretismo também esteve presente nos cultos religiosos dos palmarinos. Junto com a crença em deuses e entidades da África, havia também um catolicismo popular que era ensinado na única igreja que havia sido edificada no quilombo.

Palmares era um quilombo tão estruturado que chegou a ser considerado uma forma alternativa de organização social em meio à colonização da América Portuguesa. Durante dezenas de anos, a eficiência do exército palmarino era tamanha que as expedições armadas não conseguiam obter vitórias significativas. Cada investida contra Palmares era respondida com mais fugas de escravos para o quilombo.

No entanto, após a expulsão dos holandeses em 1654, os senhores de engenho e as autoridades portuguesas uniram suas forças com o objetivo de destruir o quilombo. Em 1678, foi conquistada a primeira vitória importante contra o quilombo, comandada por Fernão Carrilho, uma espécie de soldado aventureiro que conseguiu destruir alguns dos mocambos de Palmares e aprisionar diversos quilombolas. O impacto dessa batalha obrigou **Ganga Zumba**[4.23], o primeiro chefe de Palmares, a assinar um acordo de paz no dia 5 de novembro do mesmo ano. Esse acordo garantia a liberdade para quem houvesse nascido no quilombo. Em contrapartida, todos os escravos fugidos deveriam voltar para o cativeiro.

> **4.23:** Ganga Zumba foi o líder do quilombo dos Palmares que ficou no poder entre os anos de 1645 e 1678.

Muitos palmarinos interpretaram a assinatura desse acordo como uma traição de Ganga Zumba. Ainda no ano de 1678, o posto de chefe supremo de Palmares foi passado para **Zumbi**, o maior comandante de guerra do quilombo. Com a ajuda de sua esposa Dandara, Zumbi conseguiu derrotar todos os mocambos que haviam jurado fidelidade a Ganga Zumba, e iniciou novas estratégias de guerra. Mocambos inteiros mudaram para lugares mais seguros; todos os homens válidos passaram por um intenso treinamento militar; o estoque de armas foi aumentado; e as fortificações dos mocambos foram reforçadas.

Sob o comando de Zumbi, Palmares voltou a ser um problema. Novas investidas foram feitas, mas quase todas sofreram mais derrotas do que vitórias. No ano de 1685, o rei de Portugal, Pedro II, escreveu uma carta de próprio punho para Zumbi na qual pedia, novamente, a paz. Zumbi não aceitou os termos propostos pelo rei e a guerra continuou.

Em 1691, os senhores de engenho, cansados de perder seus escravos para Palmares, contrataram o serviço do bandeirante Domingos Jorge Velho, que era conhecido como um violento caçador de índios. Junto com os bandeirantes vindos da capitania de São Paulo, Pernambuco conseguiu formar um exército com mais de 9.000 homens. Novamente, Dandara teve um papel importante na história de Palmares. A esposa de Zumbi foi uma das muitas mulheres que lutaram pela manutenção de Palmares. Pouco se sabe sobre seu passado. Sua origem, por exemplo, é desconhecida. O que se sabe é que, além de esposa de Zumbi, Dandara foi mãe de três de seus filhos e que, fazendo uso da capoeira e de técnicas de guerrilha, Dandara compôs parte das tropas dos quilombolas que defenderam o quilombo com a própria vida, preferindo morrer a voltar para o cativeiro: Dandara morreu lutando em fevereiro de 1694.

A partir de então, batalhas sangrentas foram travadas. Na manhã do dia 6 de novembro de 1695, Domingos Jorge Velho conseguiu invadir Palmares e destruir diversos mocambos, inclusive o do Macaco. Contudo, Zumbi e seus homens conseguiram escapar e estavam se recuperando para continuar a luta. Todavia, no dia 20 de novembro de 1695, o esconderijo de Zumbi foi descoberto e ele foi assassinado.

A morte do líder de Palmares foi um grande golpe para o quilombo. A maior parte dos homens e mulheres que lá viviam foi capturada e escravizada. Contudo, alguns palmarinos conseguiram fugir e continuaram vivendo em mocambos nas regiões próximas à serra da Barriga. Apesar da derrota, a duração, extensão e organização interna de Palmares fizeram com que esse quilombo se transformasse em um dos principais ícones da luta contra a escravidão no Brasil e nas Américas.

Boxe 4.12: Zumbi

Zumbi nasceu no ano de 1655 em um dos mocambos que constituíam o quilombo dos Palmares. Em uma das diversas expedições militares feitas contra o quilombo, Zumbi foi capturado quando ainda era recém-nascido e entregue aos cuidados do padre Antônio de Mello que morava em Porto Calvo, um distrito da capitania de Pernambuco.

A criança foi batizada com o nome de Francisco e foi criada e educada pelo padre Antônio até os 15 anos de idade. Durante esses 15 anos, Zumbi aprendeu a ler e escrever, tornou-se coroinha e iniciou os estudos de latim. Ao que tudo indica, além de dar boa educação, padre Mello nunca maltratou Zumbi. Mas isso não foi suficiente para que o jovem Francisco se conformasse com a vida em cativeiro.

No ano de 1670, quando tinha 15 anos, ele acompanhou outros escravos que decidiram fugir para o quilombo dos Palmares. Lá, Francisco abandonou seu nome católico e escolheu ser chamado de Zumbi, que significava "Deus da guerra". Rapidamente, a inteligência e a visão tática fizeram de Zumbi o chefe militar de Palmares. Em 1678, quando tinha apenas 23 anos, Zumbi se tornou o líder de todo o quilombo e permaneceu no poder até 1695, quando foi morto e decapitado pelas autoridades coloniais.

Mesmo depois de morto, os feitos de Zumbi fizeram dele um herói da luta contra a escravidão e contra a discriminação racial no Brasil. O dia da sua morte (20 de novembro) foi escolhido como a data de comemoração da consciência negra no Brasil.

4.6.3.2 Outros quilombos notáveis

A região das Minas, que possuía a maior concentração de escravos no século XVIII, também foi palco da formação de muitos quilombos. Além do controle da tributação sobre todo ouro e diamante que eram extraídos da província, as autoridades coloniais ainda se viram obrigadas a combater a criação dessas comunidades que, na maior parte dos casos, estavam muito próximas.

Os quilombos mineiros não só expunham a fragilidade do controle de escravos na região, mas também causavam grandes transtornos para as vilas e cidades. As autoridades de Vila Rica (que mais tarde seria a cidade de Ouro Preto) recebiam constantes queixas de que quilombolas haviam roubado propriedades ou então estavam impedindo a passagem em alguma estrada que ligava o perímetro urbano às fazendas produtoras de gêneros alimentícios. Esses mesmos quilombolas também faziam incursões às fazendas e pequenas propriedades para resgatar familiares e amigos, e nesse vaivém construíram redes de comércio com pequenos negociantes e produtores.

Na tentativa de destruir essas comunidades, as autoridades praticamente instituíram o capitão do mato como figura de poder, armaram milícias compostas por homens livres e libertos, e proibiram que comerciantes negociassem com os quilombolas. Em momentos de crise, chegou a ser autorizado que todo quilombola que fosse encontrado tivesse uma de suas mãos decepada.

Relações estreitas entre quilombolas e pequenos negociantes também foram frequentes nos mocambos e quilombos que se formaram nos arredores do Rio de Janeiro no período em que a cidade era capital do Império. A região que hoje é conhecida como Baixada Fluminense foi um dos locais de maior concentração dessas comunidades. Era para lá que muitos escravos que trabalhavam no perímetro urbano da Corte fugiam, pois, ao mesmo tempo que a região estava afastada do grande centro, sua localização ainda permitia um contato frequente com a cidade.

Na realidade, essa proximidade foi uma espécie de estratégia de sobrevivência para muitos desses mocambos, pois permitiu que os quilombolas conseguissem negociar os alimentos e cestarias que produziam, garantindo assim seu sustento. Junto à região que era banhada pelo rio Iguaçu, muitos cativos também se refugiaram nas matas da **Floresta da Tijuca**[4.24].

4.24: Terceira maior área verde urbana do mundo, a Floresta da Tijuca foi construída a mando de D. Pedro II, em 1861, pelo Major Archer, o Barão d'Escragnolle. Com a ajuda de escravos, em 11 anos o Major Archer não só reflorestou a região com mais de 100.000 mudas de espécies nativas da Mata Atlântica, como construiu lagos, fontes e áreas de lazer, num verdadeiro trabalho paisagístico.

Grande produtora de açúcar e tabaco, a capitania e mais tarde província da Bahia também tinha uma grande concentração de escravos. Por isso, nas redondezas de Salvador e do **Recôncavo**[4.25], inúmeros quilombos foram encontrados.

4.25: O Recôncavo Baiano é uma região agrícola próxima a Salvador.

Os documentos produzidos nas incursões ao quilombo **Buraco do Tatu**, localizado na praia de Itapuã, permitiram conhecer um pouco mais da dinâmica dessas comunidades. O quilombo era protegido por corredores de estacas pontiagudas que eram fincadas no chão e cobertas com folhas para não serem descobertas. Junto a elas, havia grandes covas ao redor do quilombo que também eram disfarçadas com folhas e arbustos, e por fim um pântano que protegia a retaguarda da comunidade. A falta de vestígios de plantações e alguns relatos feitos na época demonstram que os habitantes do quilombo viviam praticamente como "parasitas". Com exceção do consumo de peixe, os demais alimentos e até mesmo algumas das mulheres da comunidade eram roubados ou extorquidos das propriedades próximas.

É provável que parte do alimento consumido por esses quilombolas também fosse adquirida por meio das redes de solidariedade que eles construíram com escravos e libertos que moravam e trabalhavam em Salvador. Esta rede permitiu que o quilombo sobrevivesse por cerca de 20 anos, período no qual trouxe grandes problemas para as autoridades.

Amazonas, Maranhão, Goiás, Mato Grosso, São Paulo e Rio Grande do Sul foram outras localidades nas quais escravos fugidos criaram quilombos e mocambos. Embora cada um desses lugares guardasse particularidades que definiram as trajetórias dessas comunidades quilombolas – como a forte presença indígena na região norte do Brasil, a extração de diamantes em Goiás, a questão dos limites das fronteiras brasileiras no Mato Grosso, a produção de café em São Paulo e a atividade de pecuária no sul –, é possível afirmar que a luta pela liberdade foi uma característica comum a todas elas e que, salvo algumas exceções, tais comunidades estavam em constante contato com o mundo escravista propriamente dito.

4.6.4 As revoltas

A revolta foi uma das formas mais radicais que os escravos encontraram para lutar contra o cativeiro. Na longa história da América Portuguesa e do Brasil Império, os escravos se articularam de diferentes formas a movimentos revoltosos, chegando a exercer a liderança em alguns deles.

Devido a esse caráter violento, tanto os senhores como as autoridades governamentais dificultavam o máximo possível a reunião de escravos fora do horário de trabalho. Graças a esse controle constante, a maior parte das revoltas escravas da América Portuguesa e do Brasil Império foi descoberta durante o seu planejamento, o que facilitou a ação de policiais e capitães do mato para sufocar o movimento.

Embora essa rede de controle tenha conseguido conter inúmeras revoltas, a documentação produzida pela polícia e pela justiça demonstra que escravos e libertos foram muito eficazes em criar seus circuitos de alianças, e que muitos deles estavam dispostos a arriscar a própria vida pela liberdade.

Uma das revoltas mais importantes na história brasileira foi a *Conjuração Baiana*, também conhecida como *Revolta dos Alfaiates* ou *Revolta dos Búzios*, ocorrida na capitania da Bahia em 1798, num forte diálogo com movimentos que estavam ocorrendo em outras partes das Américas, tais como a independência dos Estados Unidos (1776) e a Revolta do Haiti (1791–1804). De origem popular, os médicos, alfaiates, pequenos comerciantes e escravos que se envolveram nesse movimento defendiam a instauração do regime republicano, a abertura dos portos, o livre comércio e a abolição da escravidão. A partir de 12 de agosto de 1798, panfletos passaram a circular nas ruas de vilas e cidades da capitania. Para conseguir identificar quem fazia parte do movimento, muitos membros passaram a utilizar uma pulseira com um búzio (daí um dos nomes dados à revolta). As autoridades iniciaram uma forte repressão à insurreição, e no dia 8 de novembro de 1798 executaram exemplarmente quatro líderes da revolta: Lucas Dantas, Manoel Faustino, Luís Gonzaga e João de Deus. Descendentes diretos de escravos e defensores de uma sociedade mais igualitária, esses homens receberam a sentença máxima e foram enforcados e esquartejados, assim como ocorrera anos antes com Tiradentes (1789).

A independência do Brasil (1822) e a formação do Estado brasileiro também geraram inúmeras insurreições que contaram com a participação de escravos. Na Bahia, em 1823, uma mulher negra liderou um dos embates travados pela independência do Brasil. Nascida escrava na ilha de Itaparica, Maria Felipa de Oliveira conseguiu sua liberdade e era uma das mulheres que trabalhavam como coletoras de mariscos da região. Ao se inteirar da resistência de muitos portugueses à declaração de Independência em 1822, Maria Felipa resolveu agir e, junto com outras 40 mulheres (muitas delas escravas e libertas), atacou parte da frota lusitana que queria sitiar a cidade de Salvador. Munidas de peixeiras e galhos de cansanção (erva que dá grande ardência, chegando a queimar a pele), as mulheres surraram os portugueses e incendiaram algumas de suas embarcações. As ações do grupo liderado por Maria Felipa foram fundamentais para derrotar os lusitanos que, em 2 de julho de 1823, se retiraram da província da Bahia.

Escravos e libertos também se envolveram nos movimentos insurretos que ficaram conhecidos como *Revoltas Regenciais*. Entre os anos de 1831 e 1840, o Império do Brasil foi governado por políticos brasileiros que atuavam em nome do imperador D. Pedro II, que ainda não tinha a idade necessária para assumir o poder. Esse foi um momento de muitas crises no Brasil, tendo em vista a situação econômica e política deixada por D. Pedro I quando ele abdicou do trono em 1831. As insatisfações eram grandes em todo o Império e, em algumas regiões, cidadãos das mais diferentes situações sociais e escravos se uniram em busca daquilo que eles consideravam melhorias.

A *Cabanagem* foi um movimento que ocorreu entre os anos de 1835 e 1840 na província do Grão Pará. Entre os revoltosos estava grande parte da população pobre da região, composta por índios, mestiços e negros (escravos e libertos) que viviam em cabanas nas margens dos rios e igarapés. Um dos objetivos do movimento era diminuir a pobreza da província e aumentar os poderes das autoridades locais. No entanto, eram muitos os interesses que estavam em jogo, e muitas vezes não havia concordância entre os diferentes atores sociais. Exemplo disso foi a insurreição de escravos que ocorreu dentro da Cabanagem e que foi dizimada pelos próprios cabanos. Em 1840, as autoridades do poder central conseguiram desmantelar a rebelião, que teve mais de 30.000 mortes.

A *Balaiada* foi um movimento que ocorreu entre os anos de 1838 e 1841 na província do Maranhão, e que teve forte caráter popular. Pessoas pobres, pequenos artesãos (muitos deles produtores de balaios) e escravos se uniram na tentativa de tentar diminuir a exploração sofrida pela pequena elite local. No início, os revoltosos tiveram algumas vitórias importantes, chegando a contar com o apoio de prisioneiros. Em 1839, a liderança do movimento ficou nas mãos do ex-escravo Cosme Bento de Chagas, que também reuniu mais de 3.000 quilombolas no movimento. Em 1841, com auxílio das forças da capital (lideradas pelo futuro Duque de Caxias), os balaios foram derrotados, e os escravos quilombolas foram reescravizados.

A *Revolução Farroupilha*, ou *Guerra dos Farrapos*, foi o movimento insurreto mais longo do período regencial. Entre os anos de 1835 e 1845, os estancieiros da província do Rio Grande do Sul exigiam que o governo central autorizasse a livre circulação de rebanhos na região platina, mais especificamente na fronteira com o Uruguai. Como não tiveram uma resposta positiva, iniciaram um forte movimento que, em 1838, chegou a proclamar a República de Piratini, propondo o desligamento do Rio Grande do Sul do restante do Brasil. O governo central mobilizou muitos esforços para lutar contra os revoltosos, que contaram com a ajuda de escravos em suas tropas. Após dez anos de conflito, um tratado de paz foi assinado e o Rio Grande do Sul voltou a fazer parte do Império do Brasil de forma pacífica.

No entanto, dentre as revoltas regenciais, uma merece especial destaque, tendo em vista seu caráter combativo à escravidão. Conforme visto, a província da Bahia foi palco de um ciclo de revoltas organizadas por escravos que moravam na região do Recôncavo Baiano (veja nota 4.25) e na capital provincial. A revolta mais importante aconteceu em Salvador, no ano de 1835, e ficou conhecida como a **Revolta dos Malês**[4.26]. Esse movimento, que teve a participação de escravos e libertos africanos de diferentes origens, guarda a particularidade de ter comportado um grande número de africanos **nagôs**[4.27] na sua organização. Os nagôs eram africanos muçulmanos e, por isso, muitos deles sabiam ler e escrever em uma época em que a maioria dos homens brancos e livres não sabia assinar o próprio nome.

4.26: Malê era o nome dado aos povos nagôs/iorubas islamizados que foram escravizados no Brasil.
4.27: Nagôs foi o nome dado aos africanos iorubas escravizados.

Após diversos encontros e reuniões marcados em becos ou em casas sublocadas da cidade, a revolta foi marcada para o dia 25 de janeiro de 1835, dia de Nossa Senhora da Guia. A data foi especialmente escolhida porque as festas religiosas permitiam que os escravos pudessem andar com mais facilidade pelas ruas de Salvador, o que despistaria as autoridades.

No entanto, na noite anterior, a revolta foi delatada para a polícia, que imediatamente iniciou a busca pelos revoltosos: diversas patrulhas foram colocadas nas ruas e, depois de algumas buscas, os policiais encontraram 60 africanos reunidos no porão de um sobrado. Pegos de surpresa, os africanos tiveram de antecipar o momento da batalha e saíram às ruas chamando os demais escravos para a luta.

Mais de 500 escravos se juntaram aos 60 africanos que, armados com pedaços de madeira, facas e algumas pistolas, começaram a invadir os prédios públicos, tomando cuidado em não ferir o restante da população.

Ainda que o número de escravos e libertos africanos que aderiram à revolta tenha sido alto, as autoridades estavam preparadas para o combate, e, após uma madrugada inteira de lutas, a revolta foi controlada. Depois do reconhecimento dos principais líderes (três escravos e dois libertos, todos africanos), os revoltosos receberam diferentes punições. Os líderes do movimento foram fuzilados, diversos africanos livres foram deportados para a África e a maioria dos escravos foi açoitada em praça pública e depois entregue a seus senhores.

Mesmo que a Revolta dos Malês não tenha alcançado seus objetivos principais, ela serviu de alerta para as autoridades, que redobraram a sua atenção e o controle sobre a população escrava, sobretudo na província da Bahia.

A questão racial também esteve presente em outra sedição que ocorreu na mesma província e que ficou conhecida com o nome de Sabinada. Considerada uma das mais importantes revoltas do período regencial, a Sabinada foi um movimento que ocorreu entre novembro de 1837 e março de 1838, marcado pelos ideais republicanos e que contou com a presença e a liderança de homens negros (livres e escravizados).

Também em 1838, as autoridades do Brasil Império tiveram que lidar com outro movimento insurreto liderado e composto por escravos em busca de melhores condições de vida e na luta pela liberdade. No Vale do Paraíba Fluminense, região que já despontava como principal produtora de café do Brasil e do mundo, eclodiu uma rebelião que ficou conhecida como *Revolta de Manoel Congo*. A revolta ocorreu em novembro de 1838, entre os escravos do capitão-mor Manuel Francisco Xavier, que detinha algumas fazendas na região. O motivo do levante contra o fazendeiro teria tido origem após a morte do escravo Camilo Sapateiro pelo capataz de uma de suas fazendas. Indignados com o assassinato do companheiro de cativeiro, os escravos, liderados pelo também escravo e ferreiro **Manoel Congo**, resolveram protestar junto ao latifundiário, que prometeu tomar providências. Porém, essas providências nunca foram colocadas em prática.

O não cumprimento da promessa deixou os escravos ainda mais indignados. O assassinato de Camilo era um excesso brutal dos hábitos disciplinares de trabalho na fazenda. Como o senhor não tomou providências, os escravos mataram o capataz. Após essa ação, os escravos fugiram. A fuga em massa de cerca de 200 escravos ocorreu em duas fazendas do capitão-mor, entre os dias 6 e 10 de novembro de 1838. Nas matas da região, liderados por Manoel Congo, os escravos iniciaram a constituição de um quilombo. Com as ferramentas e armas saqueadas das fazendas de Manuel Francisco Xavier, os escravos africanos e nascidos no Brasil pretendiam iniciar as lavouras para sua subsistência e garantir sua defesa. Entretanto, a experiência não duraria muito tempo. Preocupados com essa ação em massa dos escravos, as autoridades da região resolveram pedir o apoio da Guarda Nacional para caçar os fugitivos.

As forças militares foram lideradas por Luís Alves de Lima e Silva, o futuro Duque de Caxias (que também combateu os revoltosos da Balaiada no Maranhão) que, em 11 de novembro, conseguiu capturar a maioria dos escravos, sendo que alguns foram mortos. Eles foram julgados pela fuga de 16 escravos. Quase todos foram condenados a 650 chibatadas, sendo aplicadas 50 por dia, para que não morressem durante o castigo. Tal situação poderia causar um prejuízo ainda maior ao proprietário dos escravos. Esses escravos foram ainda obrigados a utilizar um gonzo de ferro no pescoço por três anos. Porém, era necessária ainda uma punição exemplar para inibir novas fugas em massa. Indicado como liderança da rebelião, Manoel Congo foi condenado à forca, em 1839. A sentença foi cumprida no Largo da Forca, sendo que Manoel Congo não teria direito a enterro. Receosos de novas fugas, os latifundiários da região criaram ainda uma cartilha para orientar os fazendeiros e evitar que episódios como o ocorrido na freguesia de Paty dos Alferes se repetissem. O Quilombo de Manoel Congo era a evidência de que os escravos continuariam sua luta contra a escravidão.

Já sob o comando de D. Pedro II, um levante de escravos assustou as autoridades da pequena freguesia de São José do Queimado, que hoje faz parte do município da Serra, no Espírito Santo. Em 1844, chegou à freguesia o capuchinho italiano Gregório José Maria de Bene, cuja principal obrigação era catequizar os índios da região. Para viabilizar sua missão, o capuchinho conseguiu arrecadar fundos para a construção de uma igreja que foi erigida com o trabalho de muitos escravos – que chegaram a trabalhar nos domingos e feriados em prol da construção da Igreja. No ano de 1846, a igreja foi batizada de Igreja São José.

Com o intuito de acelerar a construção, Gregório Bene havia prometido a alforria para os escravos que ajudassem na edificação, argumentado para isso que tinha grande proximidade com a Família Real. Temerosos de que o capuchinho não cumprisse sua promessa, na manhã em que ocorreria a missa inaugural da Igreja (19 de março de 1849), cerca de 200 escravos foram ter com o padre exigindo a assinatura das cartas de alforria. Como era de se esperar, Gregório Bene não assinou nenhuma das cartas, o que levou os escravos a iniciarem um levante na freguesia.

No meio da tarde, outros 100 escravos se uniram ao movimento e caminharam para as fazendas a fim de exigir que os senhores assinassem as cartas. A população livre, temerosa, trancou-se em casa. Rapidamente as autoridades de Vitória ficaram sabendo do ocorrido e, no dia seguinte, o chefe de polícia, acompanhado de uma milícia armada, já estava na freguesia. Contando com o apoio da população livre, as autoridades foram eficazes no único confronto armado que tiveram com os escravos, que saíram em retirada se embrenhando pelas matas próximas.

A partir de então, iniciou-se uma verdadeira caçada aos cativos. À medida que eram capturados, os escravos eram entregues aos seus senhores que se encarregaram pessoalmente das punições. Apenas 36 dos 300 escravos envolvidos foram presos e julgados: 6 foram absolvidos, 25 foram condenados aos açoites (que variaram entre 300 e 1.000 chibatadas) e outros 5, tidos como os líderes, condenados à forca.

Mas a história não acabou por aí. Na madrugada anterior à execução da pena capital, três dos cinco líderes conseguiram fugir da cadeia e nunca mais foram vistos. Segundo informações da época, um dos escravos possuía um amuleto capaz de fazer Nossa Senhora da Penha ouvir suas preces. E muitos acreditam que ela ouviu mesmo e ajudou na fuga. Todavia, João e Chico Prego, os dois escravos que não conseguiram fugir, foram enforcados. O padre Gregório acabou cedendo ao vício da bebida e, em setembro de 1849, embarcou para a Corte.

4.6.5 O abolicionismo

O abolicionismo foi um movimento social e político que defendia o fim da escravidão e do comércio de escravos. Tal movimento desenvolveu-se a partir dos ideais iluministas do século XVIII e transformou-se numa importante plataforma política no século XIX, ganhando milhares de adeptos que, junto com escravos e escravas, lutaram pelo fim da escravidão em diversos países americanos. No Brasil não foi diferente.

O movimento abolicionista começou a ganhar força no Brasil Império a partir da década de 1860. Profissionais e intelectuais (muitos deles negros e filhos de escravos) que eram contrários à escravidão no Brasil começaram a organizar e criar associações e jornais por meio dos quais pudessem propagar seus ideais. Periódicos como *A Gazeta da Tarde* e *A Redenção* foram instrumentos importantes na luta abolicionista. Os poemas de Castro Alves, que denunciavam as atrocidades da escravidão, também foram armas importantes na luta abolicionista.

Quando se fala em abolicionismo brasileiro, é comum que venham à cabeça nomes como Joaquim Nabuco e Rui Barbosa. Apesar da relevância desses homens, que exerceram grande influência no quadro político do Brasil de então, o movimento abolicionista é mais bem compreendido quando se analisam todos os grupos e segmentos sociais que dele fizeram parte. Por isso, a importância em resgatar a participação dos descendentes diretos da escravidão, dos escravos e de segmentos populares livres.

Embora a luta pelo fim da escravidão tenha feito parte da vida de praticamente todo escravo, a partir do século XIX esse embate passou a ser travado por outros segmentos sociais, inclusive por intelectuais e proprietários de terra. Países como a Inglaterra fizeram do abolicionismo uma de suas principais bandeiras, postura essa que teve grande impacto no processo de independência de diversas colônias das Américas.

No caso brasileiro, a manutenção da escravidão e do tráfico, mesmo após a independência de Portugal em 1822, fez com que o movimento abolicionista só ganhasse força dentre as classes dirigentes do Império do Brasil a partir da década de 1860. Nesse período, o tráfico já havia sido extinto – por meio da Lei Euzébio de Queiroz aprovada em 1850 –, e debates sobre o futuro da escravidão eram pauta de praticamente todos os jornais do país. Vale lembrar que a literatura já era uma ferramenta crucial na luta pelo fim da escravidão no Brasil. O famoso poema *O Navio Negreiro* de Castro Alves, escrito em 1869, ficou conhecido por revelar os horrores do tráfico transatlântico de africanos escravizados. No entanto, outros autores e autoras também fizeram de suas obras verdadeiras denúncias contra os horrores da escravidão, como os trabalhos conhecidos de Machado de Assis e o romance *Úrsula*, escrito em 1859 por Maria Firmina dos Reis, uma mulher negra que havia se formado professora e que foi a primeira mulher a publicar no Brasil.

A incerteza quanto à manutenção da escravidão facilitou a propagação dos ideais e práticas abolicionistas. Profissionais e intelectuais que eram contrários à escravidão no Brasil organizaram associações e jornais por meio dos quais pudessem divulgar suas ideias. Conforme mencionado há pouco, muitos descendentes diretos da escravidão fizeram parte desse movimento. Periódicos como *A Gazeta da Tarde*, cujo editor era José do Patrocínio, e *A Revista Illustrada*, de Angelo Agostini, foram instrumentos importantes na luta abolicionista.

Figura 4.29: Aspecto atual da questão servil
A legenda original diz que, naquele momento, as pessoas não se definem mais como liberais ou conservadoras, mas como abolicionistas ou escravocratas. E os escravos estão no meio da briga política, sendo puxados de um lado para o outro. Fonte: Aspecto (1887).

Em pouco tempo, o número de associações abolicionistas cresceu. Tais organizações não apenas faziam denúncias contra a escravidão por meio dos artigos escritos nos jornais, dos discursos feitos em praça pública e das peças teatrais encenadas em importantes teatros do Brasil, mas também realizavam festas e reuniões nas quais arrecadavam dinheiro que seria usado na compra da alforria de alguns escravos.

No ano de 1871, o Senado brasileiro aprovou a lei 2040, mais conhecida como a Lei do Ventre Livre. Tal lei determinava que a partir daquela data (28 de setembro de 1871) todas as crianças nascidas de ventre escravo seriam livres. Para garantir que receberiam bons cuidados e que não seriam separados das mães, todos os senhores deveriam ficar com os recém-nascidos até eles completarem oito anos de idade. Quando a criança completasse seu oitavo ano de vida, o senhor de sua mãe poderia escolher receber 600.000 réis do governo e dar a liberdade total para a criança ou então utilizar os serviços dessa criança até ela completar 21 anos – medida que foi muito criticada pelos abolicionistas. A lei 2040 ainda reconheceu que todo escravo que tivesse o dinheiro necessário poderia comprar sua liberdade, independentemente da vontade senhorial de conceder ou não a carta de alforria.

A mesma Lei de 1871 também determinava a criação do Fundo de Emancipação de Escravos do Império. Esse Fundo tinha como objetivo principal arrecadar dinheiro – por meio de impostos, doações, loterias e multas –, que seria utilizado na compra de escravos selecionados por uma junta de classificação. Cada município deveria ter sua própria junta de classificação (composta por autoridades municipais) que iria administrar os recursos fornecidos pelo Ministério da Agricultura. Ainda que as condições de liberdade garantidas pela lei fossem de médio prazo e permitissem que os senhores utilizassem os filhos de suas escravas durante o período em que eles tinham grande potencial de trabalho, a garantia do Estado brasileiro sobre a liberdade de todos que tivessem nascido após 28 de setembro de 1871, deu mais força para os abolicionistas.

Em 1880, Joaquim Nabuco fundou, com José do Patrocínio, a *Associação Central Emancipadora*, e com André Rebouças, a *Sociedade Brasileira Contra a Escravidão*, ambas na cidade do Rio de Janeiro, capital do Brasil.

Figura 4.30: José do Patrocínio
Fonte: José (2017).

Filho de uma jovem escrava com o vigário João Carlos Monteiro, José do Patrocínio nasceu em 8 de outubro de 1854 em **Campos dos Goytacazes**[4.28], no Rio de Janeiro. Embora tenha acompanhado de perto a violência que regia a vida dos escravos, José do Patrocínio foi libertado no momento de seu nascimento e recebeu uma educação diferenciada da dos padrões da época. Aos 14 anos, mudou-se para o Rio de Janeiro, onde executou diferentes atividades como servente de pedreiro. Aos 20 anos, terminou seu curso de Farmácia.

4.28: A partir de 1830, a região de Campos dos Goytacazes transformou-se em um dos principais centros produtores de açúcar na província do Rio de Janeiro. Consequentemente, essa localidade teve um alto percentual de escravos na sua população.

A convivência próxima com o escravismo e a participação nos debates que começavam a ferver na capital do Império do Brasil fizeram de José do Patrocínio um dos ícones do movimento abolicionista brasileiro. Em

1877, Patrocínio tornou-se o redator da *Gazeta de Notícias* e, a partir de então, envolveu-se totalmente na luta pelo fim da escravidão. Junto com André Rebouças, Patrocínio fundou a *Associação Central Emancipadora* (1880) e organizou a *Confederação Abolicionista* (1883), que congregou associações abolicionistas de todo o Brasil; passou a ajudar a angariar fundos para a compra de cartas de alforria; e chegou a participar da confabulação de fugas escravas no sudeste brasileiro.

José do Patrocínio conseguiu viver tempo suficiente para ver o fim da escravidão no Brasil (1888), bem como a proclamação da República (1889), pois faleceu em 30 de janeiro de 1905; sua morte causou grande comoção em todo o Brasil, sobretudo no Rio de Janeiro, onde dezenas de milhares de pessoas acompanharam seu caixão até o cemitério. Seus sonhos de liberdade eram tão altos, que Patrocínio também queria voar. No fim da vida, ele desenvolveu a construção de um moderno dirigível de 45 metros, que chamou de "Santa Cruz", que não foi concluído.

> **Boxe 4.13: Redes de solidariedade**
> Dentre as inúmeras homenagens feitas a José de Patrocínio, talvez essa seja uma das mais belas e a que melhor fala sobre a vida e a luta deste abolicionista. O texto abaixo foi escrito por Viriato Correa, um importante jornalista brasileiro, e é um testemunho da grande comoção que a morte de José do Patrocínio causou no Brasil no dia 30 de janeiro de 1905:
>
> "[...] Eu queria que ouvisse um negro que falou à beira de teu caixão. Fora o Israel Soares, [...] da Irmandade do Rosário. É um velhinho magro, preto como ébano, com a cabeça mais branca que um punhadinho de algodão. Pois bem, foi ele quem fez a mais profunda, a mais tocante das homenagens a ti. [...] Sabe o que ele disse? [...] Que os braços da raça negra não cansavam de carregar teu corpo, porque nunca os teus perderam a força para quebrar algemas."
> Apud.: ARAÚJO, Emanoel (Org.). *Dois em um: José do Patrocínio e Bordalo Pinheiro: um brasileiro e um português*. São Paulo: Museu Afro Brasil, 2007. p. 14.

Tão impressionante quanto a trajetória de Patrocínio foi a vida excepcional de Luís Gama. Nascido em Salvador no dia 21 de junho de 1830, Luís Gama era filho da africana liberta Luiza Mahin (que participou do levante dos Malês em 1835) e de um português. Luís nasceu livre e assim viveu até os seis anos de idade. Em 1836, sua mãe, que havia sido acusada de participar de revoltas escravas em Salvador, desapareceu, e o menino passou a viver apenas com seu pai. Pouco tempo depois, a fim de conseguir pagar suas dívidas, o pai de Luís Gama vendeu como escravo seu próprio filho, que foi levado para o Rio de Janeiro e depois para São Paulo.

Em São Paulo, Luís Gama trabalhou como escravo doméstico do senhor Cardoso e também como aprendiz de sapateiro. Em pouco tempo, o menino aprendeu a ler e escrever e conseguiu provar que havia nascido livre, conseguindo assim a sua alforria. A partir de então, Luís Gama começou a trabalhar na Força Pública de São Paulo, onde ficou por seis anos. Além de poeta (autor de quatro livros) e jornalista, Luís Gama utilizou seus conhecimentos de Direito para defender judicialmente dezenas de escravos que lutavam pela liberdade.

Luís Gama tornou-se um dos mais importantes abolicionistas brasileiros e um homem muito respeitado por escravos, libertos e livres de todo o Brasil. Em 1882, sua morte causou grande comoção; seu enterro parou a cidade de São Paulo e foi acompanhado pelas autoridades e por homens negros (livres e escravos) que fizeram questão de carregar o caixão até a sepultura.

As duas histórias narradas acima não só apresentam as trajetórias de dois importantes personagens da história brasileira, como também apontam um aspecto do abolicionismo pouco conhecido: a participação direta de descendentes da escravidão e dos próprios escravos na luta pelo fim do escravismo no Brasil.

Além de jornais e associações, o abolicionismo também virou ação. Casos de violências extremadas contra cativos passaram a ser defendidos por importantes advogados; homens e mulheres de diferentes localidades passaram a fazer doações com o intuito de comprar alforrias; fugas massivas de escravos e a formação de quilombos passaram a contar com a ajuda de intelectuais brasileiros.

A população também aderiu ao movimento de diferentes formas. O caso mais emblemático ocorreu no Ceará, em 1883, quando jangadeiros liderados por Francisco José do Nascimento e João Napoleão (ambos ex--escravos) se recusaram a transportar os cativos que desembarcavam no porto cearense. Essa manifestação rapidamente ganhou mais adeptos e teve tamanha repercussão que obrigou as autoridades locais a decretarem o fim da escravidão no Ceará em 1884, quatro anos antes da extinção nacional da escravidão. Nesse mesmo ano, a província de Amazonas também aboliu a escravidão.

Figura 4.31: O Dragão do Mar
À testa dos jangadeiros cearenses, Francisco José do Nascimento impediu o tráfico dos escravos da província do Ceará vendidos para o Sul. Fonte: Agostini (1884).

Embora os senhores e o governo brasileiro ameaçassem e até mesmo entrassem em confronto com os abolicionistas, a pressão contra a escravidão aumentava a cada dia e os escravos intensificaram suas ações rebeldes. Muitas mulheres (escravas e libertas) fizeram uso do aparato legal para lutar pela liberdade de seus filhos. Fugas em massa e a formação de quilombos foram as principais estratégias utilizadas pelos escravos, sobretudo aqueles que viviam e trabalhavam na produção de café. Nesse período, o *quilombo de Jabaquara*, próximo a Santos, e o *quilombo do Leblon*, no Rio de Janeiro, tornaram-se famosos em todo o país devido às estreitas relações com o movimento abolicionista: as camélias que os abolicionistas utilizavam em seus paletós como símbolo da luta contra a escravidão eram cultivadas no quilombo do Leblon. No vale do Paraíba e no Oeste Paulista, principais regiões econômicas do Brasil naquele período, os escravos também iniciaram atos violentos contra seus senhores e suas propriedades, muitas delas com o aberto apoio dos abolicionistas.

Mais uma vez, o Estado brasileiro tentou apaziguar a situação decretando mais uma lei abolicionista. Em 1885, foi promulgada a lei do Sexagenário que determinava que todos os escravos, homens e mulheres, com mais de 60 anos estavam automaticamente livres. Todavia, essa lei pouco mudou o quadro social fomentado pelos abolicionistas e escravos, pois poucos escravos conseguiam chegar a essa idade, e, quando conseguiam, estavam em péssimas condições de saúde.

Se não bastasse toda a pressão interna gerada pelos abolicionistas brasileiros, as autoridades do Brasil Império ainda tinham que lidar com a Inglaterra, que desde o começo do século XIX pressionava o Estado brasileiro para acabar com a escravidão. A abolição da escravidão nos Estados Unidos (em 1863) e em Cuba (em 1886) foram dois eventos que pressionavam ainda mais as autoridades brasileiras. Em meio a um contexto tão conflituoso, com críticas nacionais e internacionais tão severas, não havia mais nenhuma forma de manter a escravidão. Sendo assim, no dia 13 de maio de 1888, a princesa Izabel, filha do Imperador D. Pedro II, que estava ausente, assinou a Lei Áurea.

> **Boxe 4.14: Lei Áurea**
> Jornal do Senado, 14 de maio de 1888
>
> Lei N° 3353, 13 de maio de 1888
> Declara extincta a escravidão no Brasil
> A Princesa Imperial, Regente em nome de Sua Magestade o Imperador o Sr. D. Pedro II, faz saber a todos os subditos do Imperio que a Assembléa Geral decretou e Ella sancionou a Lei seguinte:
> Artigo 1° É declarada extincta desde a data d'esta Lei a escravidão no Brasil.
> Artigo 2° Revogam-se as disposições em contrario.
> Manda portanto a todas as autoridades a quem o conhecimento e execução da referida Lei pertencer, que a cumpram e façam cumprir e guardar tão inteiramente como n'ella se contem.
> O secretario de Estado dos Negocios d'Agricultura, Commercio e Obras Publicas e Interino dos Negocios Estrangeiros, bacharel Rodrigo Augusto da Silva, do Conselho de Sua Magestade o Imperador, a faça imprimir, publicar e correr.
> Dado no Palacio do Rio de Janeiro, em 13 de maio de 1888, 67° da Independencia e do Imperio.
>
> [ass.]
> Princeza Imperial Regente
> Rodrigo A. da Silva

A abolição da escravidão causou uma verdadeira comoção na população brasileira. Missas e festas foram realizadas em todo o Império para comemorar o feito que, além de acabar com a última nação escravista das Américas, não ressarciu nenhum proprietário. Estava totalmente extinta a instituição mais longeva da história do Brasil: depois de mais de 350 anos, o cativeiro havia acabado.

Figura 4.32: Festa da Abolição
A *Revista Illustrada* durante os festejos comemorativos da Abolição. Fonte: Agostini (1888).

CAPÍTULO 5

Um Afro Brasil:
de 1888 aos dias atuais

5.1 O negro na luta por igualdade no Brasil republicano

> A história nos engana / diz tudo pelo contrário / até diz que a abolição / aconteceu no mês de maio / a prova dessa mentira / é da miséria eu não saio / viva 20 de novembro / momento para se lembrar / não vejo em 13 de maio / nada para comemorar / muitos tempos se passaram / e o negro sempre a lutar / Zumbi é nosso herói / Zumbi é nosso herói, colega véi / de Palmares foi senhor / pela causa do homem negro / foi ele quem mais lutou / apesar de toda luta, colega véi, negro não se libertou camará.

A letra acima é uma ladainha cantada nas rodas de capoeira angola que demonstra que, embora a lei de 13 de maio tenha abolido a escravidão no Brasil, os negros brasileiros continuaram sofrendo diferentes tipos de discriminação e preconceito.

A assinatura da Lei Áurea apenas acabava com o cativeiro no Brasil, mas não propunha nem oferecia alternativas para os milhares de ex-escravos que tinham obtido a liberdade, muito menos para seus descendentes. Desse modo, depois das festas e comemorações que se seguiram por todo o Brasil, grande parte dos negros libertos se perguntou: "e agora, o que fazer?"

A **proclamação da República**[5.1], em 1889, não trouxe nenhuma mudança significativa para a população negra. Na realidade, o novo projeto de Brasil defendido pelos republicanos que assumiram o poder entendia que a população negra era sinônimo de atraso; e para o Brasil tornar-se uma nação poderosa, assim como as europeias, era preciso que sua população fosse branca.

> **5.1:** A proclamação da República do Brasil foi feita no dia 15 de novembro de 1889 por militares. Nesse novo regime político, o Brasil deixou de ser governado pela família real e passou a ser comandado por um presidente que era eleito pelos cidadãos brasileiros.

A fim de transformar o Brasil num país que seguia o modelo europeu, os políticos brasileiros iniciaram campanhas que visavam a branquear a população. Por isso, as imigrações de europeus e asiáticos, que haviam começado durante o governo de D. Pedro II, se intensificaram ainda mais.

Todavia, o modelo de "civilização" almejado pelos novos governantes brasileiros não encontrava respaldo na realidade do Brasil. O antigo sistema colonial e o período monárquico haviam deixado como herança um país cuja economia era sustentada pela produção agrícola em larga escala que, por sua vez, estava distante das revoluções tecnológicas empreendidas em território europeu. Se isso não bastasse, a população brasileira era majoritariamente mestiça (com grande concentração de negros e mulatos nas regiões próximas à costa), o que por si só representava um atraso aos planos desenvolvimentistas brasileiros. Nesse momento, uma nação civilizada era sinônimo de uma nação branca.

> **Boxe 5.1: Teorias raciais**
>
> As diferenças físicas encontradas entre as milhares de sociedades da humanidade foram explicadas das mais diferentes formas. Alguns mitos de origem de povos da América, África e Europa, por exemplo, tentam esclarecer os porquês dessas diferenças, muitas vezes recorrendo às escolhas e decisões de deuses e divindades. Muitas religiões também tentaram explicar as razões para tantas diferenças físicas (cor da pele, tipos de cabelo, etc.) e, muitas vezes, tais tentativas acabaram transformando o que era diferente em desigualdade.
>
> Durante o século XIX, a ciência passou a ser uma das principais fontes de explicação do mundo ocidental. Na Europa e nos Estados Unidos, teorias raciais foram desenvolvidas na tentativa de esclarecer a origem e as distintas características físicas dos humanos, substituindo os argumentos religiosos que existiam até então. Com base em estudos biológicos, muitos cientistas da época passaram a defender não só que os seres humanos haviam tido origens diversas (o que teria resultado nas suas diferenças físicas), mas que essas origens, ou a forma como a humanidade evoluiu ao longo do tempo, acabaram resultando na classificação dos seres humanos em diferentes raças, sendo que cada raça ocuparia um estágio específico dentro da evolução humana.

As explicações científicas para as diferentes raças humanas não se limitaram apenas às questões biológicas: foram empregadas no que os cientistas da época acreditavam ser as razões das diferenças sociais, econômicas e políticas dentre os muitos povos, servindo para justificar uma série de atitudes controversas como a escravização e a dominação imperial da África e da Ásia. Nesse período, grande parte dos cientistas acreditava que as raças humanas existiam e eram determinadas biologicamente. Era justamente essa "determinação biológica" que definia os estágios civilizatórios das diversas sociedades. Acreditava-se que a raça branca estava no último grau da escala evolutiva, e que negros, asiáticos, indígenas e mestiços precisariam de muitos anos para alcançá-la.

No Brasil, as teorias raciais foram bem recebidas pela intelectualidade e difundidas entre finais do século XIX e início do século XX. Esse período também foi marcado pelo fim da instituição mais longeva da história do Brasil: a escravidão. No entanto, apesar dos ideais abolicionistas que condenavam o escravismo, figuras importantes do cenário nacional e os próprios dirigentes da Primeira República (1889–1930) implementaram diversas políticas públicas que estavam pautadas nas teorias raciais, defendendo assim a diferença e a desigualdade entre brancos, negros, mestiços e indígenas do Brasil.

Os agricultores e o próprio governo do Brasil tentaram de diferentes formas manter a população negra longe do mercado de trabalho. Essa postura fazia parte de um projeto maior que visava a **transformar o Brasil em um país branco em 100 anos**[5.2].

5.2: Esse projeto ficou conhecido como política do embranquecimento.

A ideia era que as dificuldades financeiras impossibilitassem que as famílias negras tivessem muitos filhos, ao mesmo tempo que o casamento de negros com migrantes iria, aos poucos, branqueando a população. Diversos intelectuais da época compartilhavam a ideia de que era necessário embranquecer o Brasil, para que ele se tornasse um país respeitado. Um dos expoentes desse ideal foi o sociólogo e historiador Oliveira Vianna que, ao analisar a evolução do povo brasileiro, escreveu que:

Essas duas raças inferiores só se fazem agente de civilização, isto é, somente concorrem com elementos eugênicos para a formação das classes superiores, quando perdem a sua pureza e se cruzam com o branco: [...] Da plebe mestiça, em toda a nossa história, ao norte e ao sul, têm saído, com efeito, poderosas individualidades, de capacidade ascensional incoercível, com uma ação decisiva no nosso movimento civilizador. (VIANNA, 1933, p.35)

Durante os primeiros anos da República no Brasil, essa política foi colocada em prática de diferentes formas.

Na região rural, existiram alguns casos de trabalhadores negros que conseguiram negociar com seus ex-senhores a possibilidade de continuar fazendo o mesmo trabalho, só que agora ganhando para isso. Alguns patrões viram essa situação como uma oportunidade para manter a mão de obra barata, pois pagavam salários muito pequenos para os lavradores negros, salários esses que dificilmente sustentavam uma família.

Figura 5.1: Trabalhadores negros empregados em cotonifício no Maranhão no início do século XX
Fonte: Wright (1907).

Muitos escravos domésticos continuaram a fazer seus antigos serviços em troca de comida e um lugar para morar.

No entanto, a grande parte dos agricultores alegou que a recente luta pela abolição da escravidão havia tornado os negros muito revoltosos. Por isso, eles preferiram empregar os imigrantes estrangeiros em vez dos trabalhadores negros, acreditando que os europeus e os asiáticos eram menos revoltosos que os ex-escravos.

Figura 5.2: Imigrantes europeus colhendo café em fazenda brasileira (cerca de 1900–1923)
Fonte: Newman (2017).

Os negros que decidiram ou foram obrigados a sair das zonas rurais resolveram tentar a vida nos centros urbanos. Lá se depararam com um grande número de outros libertos e livres que haviam tido a mesma ideia, e com centenas de imigrantes recém-chegados. Esse grande número de trabalhadores aumentou ainda mais a competição por trabalho nas grandes cidades. Aqueles que tinham conseguido arrumar algum tipo de serviço lotaram os **cortiços**[5.3] dos centros urbanos.

> **5.3:** Cortiço é uma moradia coletiva formada por vários cômodos, cada um alugado a uma família, dispostos ao longo de um corredor ou em torno de um pátio, e com instalações sanitárias comuns.

Uma das histórias mais conhecidas de descendentes de escravos que migraram do campo para a cidade no Brasil República foi vivida por Carolina Maria de Jesus. Nascida na cidade de Sacramento (MG) no ano de 1914, Carolina de Jesus vivia numa pequena chácara onde seus pais trabalhavam como agricultores. Com uma infância muito pobre, Carolina chegou a cursar até o terceiro ano primário, o que permitiu que ela aprendesse a ler e escrever. Após a morte de sua mãe, na década de 1940, Carolina de Jesus migrou para São Paulo em busca de emprego. Ela chegou a trabalhar como empregada doméstica, mas perdeu seu emprego, foi morar na favela do Canindé e começou a trabalhar como catadora de papel. Parte do seu cotidiano como moradora de uma favela foi registrada por ela mesma, no seu diário que foi publicado no ano de 1960 com o título *Quarto de despejo: diário de uma favelada*. O livro tornou-se um *best-seller* que, ao mesmo tempo que denunciava as mazelas vividas por boa parte da população, também mostrava a capacidade do **empoderamento**[5.4] da mulher negra numa sociedade tão preconceituosa.

> **5.4:** Empoderamento é o aportuguesamento do inglês *empowerment*, que significa originalmente delegação de poder, dar a alguém autoridade ou poder legal para fazer algo. Na década de 1990, a palavra começou a ser usada por grupos de movimentos sociais, principalmente nos Estados Unidos, com o significado de dar poder, autonomia e/ou liberdade a si mesmo(a). A palavra ainda não está registrada em vocabulários oficiais da língua portuguesa, mas é muito usada em psicologia, economia, política etc.

Se, por um lado, a história da Carolina de Jesus foi (em parte) uma exceção, pois poucas pessoas na condição dela conseguiram deixar registros que ganhassem notoriedade, as condições de vida dela foram partilhadas por milhares de brasileiros nas primeiras décadas do século XX. Muitos homens e mulheres não encontraram trabalho e começaram a fazer "bicos", ou então a pedir esmolas na rua para sobreviver. Os que tinham ficado à margem do mercado de trabalho e não tinham dinheiro suficiente nem mesmo para pagar o aluguel do quarto de um cortiço, construíam pequenos casebres em regiões periféricas das grandes cidades, dando origem às primeiras favelas brasileiras.

Com o desenvolvimento da industrialização do Brasil no início do século XX, a política de marginalização da população negra se manteve. Muitos empresários brasileiros afirmavam que as máquinas das novas indústrias deveriam ser operadas por imigrantes, pois a população negra não tinha os conhecimentos necessários para executar tais atividades. No entanto, a maior parte dos imigrantes europeus e asiáticos que vieram para o Brasil era originária da região agrícola de seus países e, assim como os negros brasileiros, não sabia operar máquinas.

Tendo que enfrentar diferentes tipos de preconceitos, alguns trabalhadores negros conseguiram entrar no competitivo mercado de trabalho que estava sendo criado nas principais cidades brasileiras, trabalhando em fábricas e também em empregos informais. Alguns homens negros conseguiram ocupar posições de destaque na sociedade brasileira, o que permitiu a formação de poucas famílias negras de classe média.

Figura 5.3: Personalidades pioneiras do movimento negro
Mesa que presidiu a reunião comemorativa do aniversário da fundação da Frente Negra Brasileira (São Paulo, 1935). Fonte: Aniversário (2017a).

Todavia, essa ascensão social foi uma exceção na vida da maior parte da população negra e mestiça do Brasil. As indústrias e os grandes produtores agrícolas preferiam empregar trabalhadores brancos em suas propriedades. Diversos estabelecimentos, como lojas, clubes recreativos e até mesmo times de futebol, não permitiam a entrada de negros. Quando algum homem ou mulher negra conseguia se empregar em empresas, ou em casas de família, era comum que eles usassem apenas a porta dos fundos ou a entrada de serviço. Mesmo com todas essas práticas de preconceito e discriminação, muitos acreditavam que o Brasil era um país livre de racismo.

A violência, experimentada diariamente no mundo do trabalho, também podia ser observada em eventos específicos que demonstravam a intolerância de boa parte das autoridades governamentais com a parcela negra e mestiça da população no início do período Republicano. Nas grandes capitais, sobretudo no Rio de Janeiro, foi iniciado um processo de *higienização* que acarretou a destruição de dezenas de cortiços e o afastamento da população pobre do centro urbano; no início do século XX, as autoridades destruíram por completo a comunidade de Canudos (na Bahia), formada em sua maioria pela população negra, mestiça e pobre; e as mesmas autoridades federais foram extremamente violentas para controlar as Revoltas da Vacina (1904) e da **Chibata** (1910).

> **Boxe 5.2: Revolta da Chibata e João Cândido**
>
> O ano de 1910 foi marcado pela luta dos marinheiros brasileiros pelo fim dos castigos corporais. Embora o uso da chibata como castigo na Armada brasileira já houvesse sido abolido em um dos primeiros atos do regime republicano, na prática, os marinheiros, cuja grande maioria era formada por homens negros e mestiços, continuavam a receber as punições. Era um claro resquício da escravidão.
>
> O estopim da revolta ocorreu no dia 16 de novembro de 1910, quando foi publicado em diferentes jornais brasileiros que o marinheiro Marcelino Rodrigues de Menezes havia sido punido com 250 chibatadas aplicadas na frente de toda a tripulação do Encouraçado Minas Gerais.
>
> Seis dias depois, lideradas pelo marinheiro e filho de ex-escravos João Cândido, tripulações de diferentes embarcações em todo o Brasil fizeram um levante por meio do qual reivindicavam a abolição da chibata na Marinha, pois "nós, marinheiros, cidadãos brasileiros e republicanos, não podemos mais suportar a escravidão na Marinha brasileira."

> Foram quatro dias de muita tensão. A cidade do Rio de Janeiro estava sob a mira dos canhões da Marinha e, caso as reivindicações não fossem atendidas, a cidade seria atacada. Todavia, após inúmeras negociações, os marinheiros conseguiram fazer com que as autoridades brasileiras se comprometessem a acabar com as punições, e terminaram o levante.
>
> Mas a história não acabou por aí, ainda que o Congresso tenha votado pela anistia dos marinheiros envolvidos. Logo depois de se entregarem, muitos dos sublevados foram presos ou mortos pelas próprias autoridades. O líder, João Cândido, passou alguns anos preso na Ilha das Cobras e depois foi expulso da Marinha. Faleceu em janeiro de 1969, aos 89 anos, esquecido por seus contemporâneos.

Figura 5.4: João Cândido
Fonte: imagem adaptada de Grande (1927).

5.2 Ações negras

Para lutar contra essas práticas racistas, entre o final do século XIX e começo do século XX, trabalhadores e intelectuais negros de todo o Brasil começaram a criar associações, grêmios e clubes que discutiam a discriminação sofrida e pensavam alternativas para a melhoria da condição de vida dos afro-brasileiros. Em São Paulo, foram fundados o *Centro Cultural Henrique Dias*, a *Associação Protetora dos Brasileiros Pretos* e o *Grêmio Dramático Recreativo e Literário "Elite da Liberdade"*; outras associações e grêmios foram criados nas demais cidades brasileiras. Nessas organizações eram realizados diversos tipos de atividades, como festas, bailes e reuniões, ocasiões nas quais havia diversão e muita discussão.

Figura 5.5: Reunião da Frente Negra Brasileira
Fonte: Aniversário (2017b).

A fim de ampliar o debate sobre a questão do negro no Brasil, muitas dessas organizações fundaram jornais que ficaram conhecidos como

imprensa negra. Nesses periódicos, como *O Clarim d'Alvorada*, *A Liberdade*, *A Sentinela*, *O Alfinete* e *O Baluarte* entre outros, jornalistas e intelectuais negros denunciavam situações de preconceito racial, e também usavam o jornal para ajudar na educação e aumentar a autovalorização da população negra e mestiça, questões que não tinham espaço nos outros jornais brasileiros.

> **Boxe 5.3: O porvir da raça negra**
> José C. Leite
> 13 de Maio é uma data que assignala uma jornada, no tumulto das ideas e das realisações do povo brasileiro. A data de hoje, [...] é expressivamente commu-nicativa ao sentimento da raça negra. O povo negro, faz as suas manifestações, porque qualquer cousa de humano, o 13 de Maio symbolisa. Talvez seja o marco contemporaneo das suas affirmações, libertarias. O homem negro, desde o advento da chamada "lei aurea", é um espectador [...] Porém, esforça-se em movimentos - tende a evoluir. Este 13 de Maio, veio alcançar o homem negro, perfeitamente integrado nas luctas politicas sociaes. E, em 47 annos de suposta liberdade, os negros começam a reconhecer a si mesmo. Concitam-se para uma obra de unidade da raça. Surgem os entraves, as luctas de divergencia, as esplorações dos traficantes, mas, estas determinaram aos negros o caminho firme para o porvir. [...]
>
> (*O Clarim*, São Paulo, a. 1, n. 4, p. 1, maio 1935. Foi preservada a grafia original.)

Alguns jornais de imprensa negra conseguiram tamanha notoriedade, que passaram a se conectar com periódicos escritos por jornalistas negros de outras partes do mundo. Outra questão que estava muito presente nesses periódicos era a valorização da beleza dos homens e, sobretudo, das mulheres negras. Em alguns casos, os editores dos jornais chegaram a organizar concursos de Beleza Negra, já que a beleza das mulheres negras não era valorizada pela maior parte da população.

Figura 5.6: Laís de Moraes, vencedora do concurso de beleza promovido pelo jornal paulista *Getulino* em 1923
Fonte: Laís (1923).

Em 1931, foi fundada em São Paulo a **Frente Negra Brasileira**. A FNB, como ficou conhecida, era uma organização que objetivava integrar a população negra em pé de igualdade com o restante da sociedade, que acabou se transformando num dos primeiros partidos políticos negros das Américas, chegando a influenciar o ativismo negro nos Estados Unidos. Por isso, tal organização se empenhou em criar as condições necessárias para que a população negra pudesse ingressar no competitivo mercado de trabalho.

Era lá que operários negros se encontravam para debater assuntos referentes ao seu trabalho e à discriminação que sofriam. A FNB também proporcionou a alfabetização de centenas de negros e criou cursos de costura para que as mulheres negras pudessem se inserir no mercado de trabalho. Os membros da FNB acreditavam que, para lutar contra a discriminação, era preciso que a população negra participasse da vida política brasileira.

> **Boxe 5.4: A Frente Negra Brasileira e a Instrução**
>
> A Frente Negra Brasileira tem por finalidade unica de sua agremiação, o alevantamento moral e social da grande raça [...] Um grupo de abnegados frentenegrinos, idearam e já começaram pôr em execução a creação de uma instituição escolar; [...] O "Liceu Palmares" se propõe a ministrar ensino primario, secundario, comercial e ginasial aos seus alunos, socios da F. N. B.
>
> O "Liceu Palmares" aceita alunos, mesmo que não sejam socios da F. N. B.; assim como brancos, brasileiros ou não.
>
> (*A Voz da Raça*, São Paulo, a. 1, n. 2, p. 4, 25 mar. 1933. Foi preservada a grafia original.)

Rapidamente homens e mulheres negros da capital e do interior de São Paulo passaram a fazer parte da FNB. Outras sedes da organização foram criadas em todo o Brasil e alguns estudos apontam que existiram cerca de 100.000 membros em todo o território nacional. Além de melhorar a qualidade de vida de muitos homens e mulheres negras, a FNB teve papel fundamental na ampliação de redes de solidariedade entre negros de todo o Brasil e no combate contra o racismo, provando a capacidade intelectual da população negra.

Em 1938, a Frente Negra Brasileira e os jornais da imprensa negra foram fechados e assim ficaram durante a ditadura chefiada por Getúlio Vargas. Mas isso não representou o fim da luta da população negra. Em 1948, Abdias Nascimento fundou o jornal *Quilombo*, que trouxe inovações, pois, além das questões políticas e sociais, o jornal também tinha uma preocupação em exaltar a beleza negra. Em 1944, o mesmo Abdias Nascimento havia fundado o *Teatro Experimental do Negro* (TEN). Além de recuperar heranças africanas como o candomblé, o TEN promoveu congressos e, principalmente, provou que o Brasil tinha talentosos atores, poetas, bailarinos e músicos negros, incomodando muitas emissoras de televisão e jornais do Brasil.

As diferentes experiências narradas até aqui possibilitaram que boa parte da população negra brasileira não aceitasse práticas de discriminação racial e, consequentemente, não se enxergasse como inferior à população branca. A partir da década de 1960, diversos movimentos sociais que de alguma forma afirmavam o orgulho negro apareceram no Brasil. Muitos deles estavam em pleno diálogo com movimentos existentes nos Estados Unidos (como o *Black Power*) e em outros países americanos (o *Reggae* da Jamaica) e africanos.

> **Boxe 5.5: O Ilê Aiyê**
> O Bloco Carnavaleco Ilê Aiyê, o primeiro bloco afro do Brasil, foi criado em 1974, em Salvador (Bahia), com o objetivo de valorizar e difundir a matriz africana da sociedade brasileira. Além de participar do carnaval baiano, o Ilê promove uma série de ações culturais e sociais. O Projeto de Extensão Pedagógica inclui a Escola Mãe Hilda (com Educação Infantil e Ensino Fundamental - Primeiros Anos para crianças), a Escola de Percussão Band'erê (que trata de cultura e cidadania), a Escola Profissionalizante (com alternativas para a inserção no mercado de trabalho) e a publicação dos *Cadernos de Educação*. As ações culturais do Ilê incluem: a Noite da Beleza Negra, o Cortejo da Negritude (que participa de festas populares como a Lavagem do Bonfim), a Semana da Mãe Preta (centrada no 28 de setembro, dia da Mãe Preta em homenagem às mulheres negras), o Novembro Azeviche (com uma série de datas em que se destaca o 20 de novembro, dia da Consciência Negra), os ensaios do Ilê e o Projeto Construindo o Futuro (com Ensino Fundamental e capacitação profissional para jovens).
> (Ilê Aiyê <http://www.ileaiyeoficial.com/>)

Além de exaltar a cultura negra, esses movimentos passaram a fazer reivindicações constantes contra o racismo e a favor da igualdade de oportunidades para negros e brancos. Boa parte dessas reivindicações estava presente nos diferentes Movimentos Negros que surgiram no Brasil a partir da segunda metade do século XX. Militantes negros, defensores do fim da discriminação racial, se engajaram em outros movimentos sociais, sobretudo durante o período da Ditadura Militar no Brasil (1964–1985). Nesse contexto, é possível destacar os nomes de Carlos Marighella e Lélia Gonzalez.

Carlos Marighella nasceu em Salvador, na Bahia em 1911. Era filho de um imigrante italiano com uma mulher negra, filha de ex-escravos africanos. Interrompendo a faculdade de Engenharia Civil, aos 23 anos Marighella se filiou ao PCB (Partido Comunista Brasileiro) e iniciou sua vida política. Foi crítico ao governo de Getúlio Vargas, chegando a ser preso e torturado. Foi eleito deputado federal pelo PCB da Bahia em 1946. Fez forte oposição à ditadura militar instaurada em 1964, o que fez com que ele chegasse a ser considerado "o inimigo número um" da ditadura. Em 1969, foi morto a tiros numa emboscada feita pelos agentes do **DOPS**[5.5].

> **5.5:** O Departamento de Ordem Política e Social (DOPS), criado em 30 de dezembro de 1924, foi o órgão do governo brasileiro, utilizado principalmente durante o Estado Novo e mais tarde na Ditadura Militar de 1964, cujo objetivo era controlar e reprimir movimentos políticos e sociais contrários ao regime no poder.

Lélia Gonzalez nasceu em Belo Horizonte em 1935, filha de uma empregada doméstica indígena e de um ferroviário negro. Lélia se formou em História e Filosofia e, durante muitos anos, foi professora do ensino público, período em que fez aberta oposição ao regime ditatorial no Brasil. Dando continuidade a seus estudos, fez mestrado e doutorado com pesquisas que analisavam a relação entre gênero e etnia, dando especial destaque aos estudos sobre a mulher negra brasileira. Como intelectual plural e diversa, além de ter sido professora de Cultura Brasileira na PUC-Rio, Lélia também teve importante papel na militância política. Ajudou a fundar o Movimento Negro Unificado, o Coletivo de Mulheres Negras N'Zinga e o bloco afro Olodum. Morreu em 1994 em decorrência de um câncer.

Na década de 1980, foi fundado o Movimento Negro Unificado (MNU) que, com outras organizações parecidas, tem lutado para que os negros e mestiços tenham as mesmas oportunidades que o restante da população brasileira. As denúncias e o combate desses movimentos fizeram com que intelectuais negros e brancos tivessem de revisitar a história brasileira para acabar com a ideia de que o Brasil era um país sem racismo. As provas da discriminação racial no Brasil serviram de base para a reivindicação de melhorias urgentes na vida dessa parcela da população e na conformação do racismo como crime inafiançável. O primeiro passo foi dado com a promulgação da Lei Caó em 1985. Outras importantes conquistas dos Movimentos Negros e outro Movimentos Sociais na luta pela igualdade étnico-racial no Brasil estão presentes na Constituição de 1988.

Desde a abolição da escravidão até os dias atuais, negros e mestiços de diferentes localidades do Brasil lutaram e ainda lutam pela construção de um país sem discriminação racial. Embora inúmeras conquistas tenham sido alcançadas, a luta ainda está longe de acabar. Expressões que relacionam a negritude com aspectos negativos da vida, como "a coisa ficou preta", ou "meu passado é negro", são constantemente ouvidas.

Gráfico 5.1: Evolução do número médio de anos de estudo das pessoas com 18 anos ou mais de idade, segundo cor/etnia (Brasil, 1992–2012)

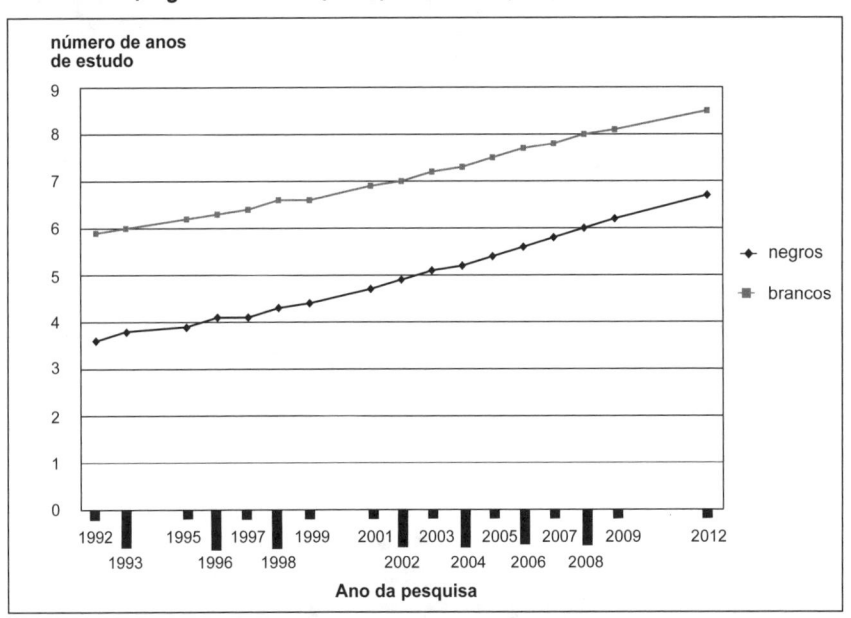

A categoria "negros" reúne as categorias do IBGE "pretos" e "pardos". Fonte: IBGE (2013).

Estudos recentes, que se remetem à população brasileira no século XXI, apontam que negros e mestiços estudam por menor tempo, pois têm que trabalhar desde cedo. Aqueles que conseguem terminar os estudos (inclusive universitários) e ingressar no mercado de trabalho ainda ganham menos que trabalhadores brancos na mesma profissão.

Gráfico 5.2: Rendimento médio mensal do trabalho, em reais, segundo cor/etnia (Brasil, 2010)

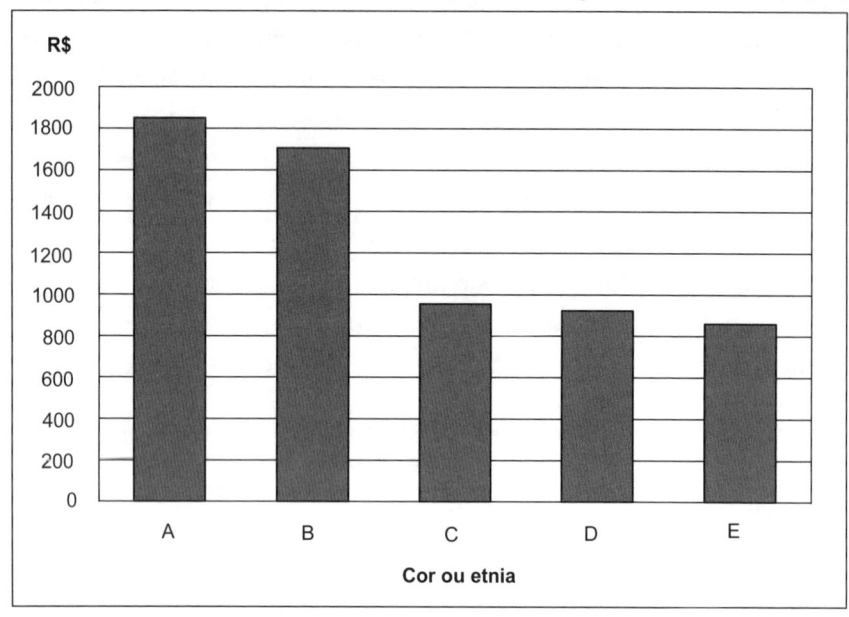

[Gráfico de barras com valores aproximados: A ≈ 1850; B ≈ 1700; C ≈ 950; D ≈ 920; E ≈ 850. Eixo x: Cor ou etnia.]

Cor/etnia (segundo as categorias adotadas pelo IBGE): A- amarelos (imigrantes da Ásia Oriental e seus descendentes); B- brancos (europeus e eurodescendentes mais diretos); C- pardos (descendentes de europeus e africanos ou indígenas); D- pretos (africanos e afrodescendentes mais diretos); E- indígenas. Fonte: IBGE (2017, Tabela 3553).

Gráfico 5.3: Distribuição da população por níveis de rendimento mensal do trabalho (em número de salários mínimos) segundo cor/etnia (Brasil, 2010)

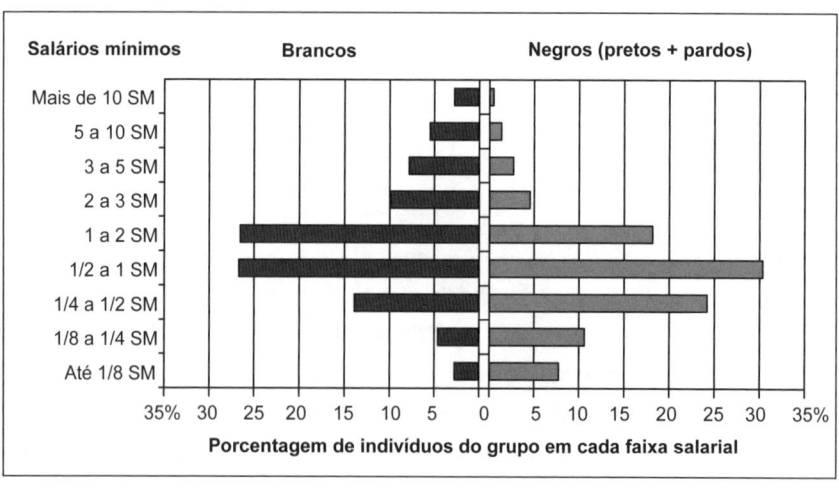

[Gráfico de barras horizontais comparando Brancos e Negros (pretos + pardos) em faixas salariais: Mais de 10 SM; 5 a 10 SM; 3 a 5 SM; 2 a 3 SM; 1 a 2 SM; 1/2 a 1 SM; 1/4 a 1/2 SM; 1/8 a 1/4 SM; Até 1/8 SM. Eixo: Porcentagem de indivíduos do grupo em cada faixa salarial.]

A categoria "negros" reúne as categorias do IBGE "pretos" e "pardos". Fonte: IBGE (2017, Tabela 3462).

Todavia, no final do século XX e início do século XXI, novos avanços foram feitos na busca de um país com menos discriminação racial. A polêmica entrada de alunos negros nas universidades por meio das **cotas raciais** aumentou expressivamente o número de negros e negras com ensino superior completo. As facilidades criadas pela internet potencializaram a formação de diversos coletivos que discutem a questão racial no Brasil, como os coletivos da juventude negra, das feministas negras, de intelectuais e artistas negros, dentre outros. Há também coletivos que tratam de questões relativas à estética negra/mestiça, sobretudo no que diz respeito à aceitação dos cabelos crespos e cacheados.

O processo de reconhecimento e a demarcação de terras de comunidades quilombolas foram medidas cruciais na melhoria da vida dos cidadãos descendentes de escravos, que durante muitos anos não receberam nenhum tipo de assistência do Estado. Embora ainda haja um número significativo de comunidades que não tem a posse de suas terras, além da luta das próprias comunidades, existe um esforço de órgãos do governo, entidades não governamentais, movimentos sociais e acadêmicos em ampliar essa política. Além de trazer melhorias significativas para essas comunidades, tais políticas também permitem conhecer personagens e partes de nossa história que foram silenciadas por muito tempo.

Junto ao novo *status* jurídico que algumas comunidades quilombolas conseguiram, o reconhecimento da escravidão como crime contra a humanidade (desde 2001) e a organização de diferentes vertentes do movimento negro permitiram que novas memórias fossem lembradas e que a história negra ganhasse espaços próprios, como diversos museus que foram criados em diferentes cidades do país e que guardam parte das histórias de africanos e seus descendentes no Brasil. Nesse sentido, é fundamental lembrar o Museu Afro Brasil, criado em 2004, na cidade de São Paulo, a partir da coleção particular do curador e artista plástico Emanoel Araújo, e que conta com um acervo diverso composto por mais de seis mil obras (pinturas, gravuras, fotografias, documentos etc.) que ajudam a pensar na multiplicidade das histórias da África e na complexidade das histórias da população afrodescendente no Brasil. Atualmente, é possível conhecer parte da história do Brasil a partir de novos olhares, de outras perspectivas. "Caminhos da escravidão" ou "circuitos da escravidão" estão sendo desenvolvidos numa proposta que abrange arqueologia, história, memória e turismo. No Rio de Janeiro, existem projetos que integram a história do negro na cidade do Rio de Janeiro com os quilombos construídos na região próxima do Vale do Paraíba Fluminense a partir de vestígios arqueológicos e das histórias contadas pelos próprios quilombolas. Florianópolis, cidades mineiras e a Serra da Barriga em Alagoas são outros exemplos de lugares brasileiros em que é possível conhecer a história e a memória do Brasil a partir da perspectiva da luta negra, uma luta que foi fundamental na construção do Brasil e que merece ser bem estudada.

Mapa 5.1: Número de comunidades quilombolas identificadas nos Estados brasileiros até 2016

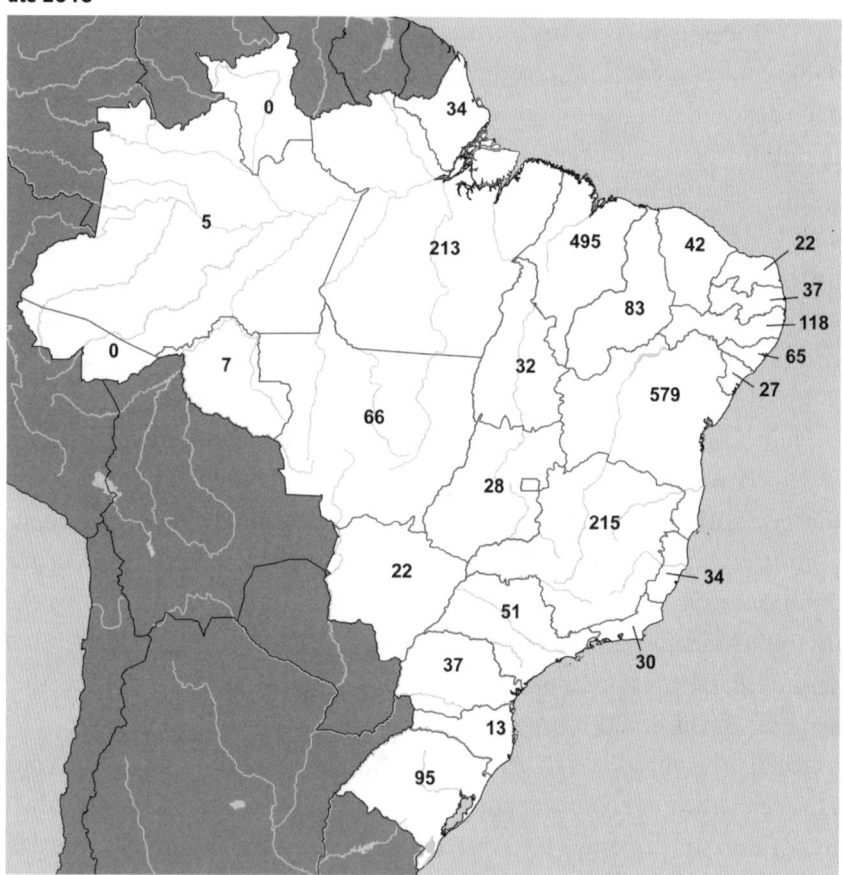

A comunidade que se identifica como remanescente de um quilombo envia uma declaração à Fundação Palmares (do Ministério da Cultura), que emite uma certidão de autorreconhecimento. Com esse documento, a comunidade tem acesso a programas sociais do governo e pode abrir um processo junto ao Instituto Nacional de Colonização e Reforma Agrária (INCRA) solicitando a posse da terra. Fonte: NordNordWest (2017); Brasil (2017).

5.3 Importantes personalidades negras na história do Brasil republicano

Embora a população negra brasileira ainda tenha de enfrentar situações de preconceito que têm impacto imediato e muitas vezes definem suas vidas, é fundamental lembrar a trajetória de alguns homens e mulheres negros que, mesmo sofrendo diversos tipos de discriminação, conseguiram se tornar importantes profissionais da história brasileira.

Machado de Assis
José Maria Machado de Assis nasceu no dia 21 de junho de 1839, na cidade do Rio de Janeiro. Filho da portuguesa Maria Leopoldina Machado e do mulato e filho de escravos Francisco José de Assis, Machado de Assis teve um infância difícil, tendo ficado órfão cedo. Mesmo sem frequentar a escola regular, Machado de Assis aprendeu a ler, escrever, falar inglês e francês, tornando-se um escritor respeitado e conhecido internacionalmente.

Foi autor de peças teatrais, poemas, crônicas de jornais e romances famosos como *Dom Casmurro*, *Memórias Póstumas de Brás Cubas* e *Quincas Borba*. Tendo vivido praticamente toda a sua vida no Rio de Janeiro, Machado de Assis morreu no dia 29 de setembro de 1908 no bairro do Cosme Velho. A obra desse autor é de tamanha importância, que Machado de Assis é tido como um dos maiores escritores da literatura brasileira.
Fonte da imagem: Machado (2017).

Chiquinha Gonzaga

Francisca Edwiges Neves Gonzaga nasceu no dia 17 de outubro de 1847, filha da mulata Rosa Maria Lima com o primeiro tenente do exército imperial do Brasil José Basileu Neves Gonzaga, parente do Duque de Caxias. Durante sua juventude, Chiquinha aprendeu a ler, escrever, calcular, falar outros idiomas e tocar piano. Aos 11 anos, compôs sua primeira música: *Canção dos Pastores*. Obrigada pelos seus pais, casou-se aos 16 anos. Como o casamento não deu certo, Chiquinha Gonzaga começou a se sustentar como professora de piano. Convidada pelo flautista Joaquim Antonio Callado, Chiquinha Gonzaga passou a fazer parte do grupo musical Choro Carioca. A partir de então, a pianista passou a frequentar o meio musical brasileiro, tornando-se uma figura muito importante.

As obras compostas por Chiquinha demoraram a ser aceitas, pois a pianista sofreu diversos preconceitos por ser uma mulher desquitada. Em

1885, estreou como maestrina, o que lhe deu grande notoriedade. Chiquinha Gonzaga participou do movimento abolicionista e do movimento republicano. Em 1899, compôs uma de suas músicas mais famosas, a marcha de Carnaval "Ó abre alas". Chiquinha Gonzaga foi para a Europa, voltou para o Brasil e continuou compondo choros, sambas e maxixes. Mais uma vez, chocou a sociedade ao se envolver com um rapaz muito mais jovem (João Batista), que foi seu companheiro até o fim da vida. Uma das maiores musicistas e compositoras brasileiras, faleceu no dia 28 de fevereiro de 1935. Fonte da imagem: Chiquinha (2017)

Teodoro Sampaio

Teodoro Fernandes Sampaio nasceu no dia 7 de janeiro de 1855 em Santo Amaro da Purificação, na Bahia. Filho da escrava Domingas Paixão do Carmo e do padre Manuel Fernandes Sampaio, Teodoro Sampaio estudou engenharia e se tornou um dos maiores intelectuais da história brasileira. Após se formar no Rio de Janeiro em 1877, Teodoro retornou à sua cidade natal e comprou a liberdade de sua mãe. A partir de então, Teodoro Sampaio se dedicou ao estudo de engenharia, geografia e história. Fez parte da comissão governamental que estudava melhoramentos para a navegação em rios, reconstruiu o prédio da Faculdade de Medicina e o Terreiro de Jesus

em Salvador, se tornou sócio do Instituto Histórico e Geográfico do Brasil, foi deputado federal e professor de engenharia na Faculdade Politécnica da Universidade de São Paulo. Também escreveu livros sobre a geografia e a história brasileira como *O tupi na geografia nacional* (1901). Morreu em 1937.
Fonte da imagem: Sampaio (1949).

Juliano Moreira

Nascido no dia 6 de janeiro de 1873 em Salvador, Juliano Moreira era filho de uma família negra e pobre da cidade. Contudo, quando tinha apenas 18 anos, em 1891, Juliano Moreira se formou na Faculdade de Medicina da Bahia, local onde também passou a dar aulas. Nos anos seguintes, Juliano Moreira passou a estudar psiquiatria e representou o Brasil em diferentes congressos internacionais. Em 1903, mudou-se para o Rio de Janeiro, onde se tornou diretor do Hospício dos Alienados até 1930. Nesse hospício, Juliano Moreira iniciou um trabalho pioneiro no tratamento de pessoas com doenças mentais, pois acreditava que esses tipos de doença estavam relacionados à falta de higiene e de educação, posição contrária ao pensamento racista da época. Juliano Moreira também foi membro de diversas instituições internacionais, além de Presidente da Academia Brasileira de Ciências entre os anos de 1927 e 1929. Morreu no ano de 1933.
Fonte da imagem: Memória (1933).

Ruth de Souza

Ruth Pinto de Souza nasceu no dia 12 de maio de 1921 no Rio de Janeiro. Até os nove anos de idade, viveu com seus pais em uma fazenda no interior de Minas Gerais. Após a morte do pai, Ruth e sua mãe voltaram para o Rio de Janeiro e foram morar numa vila de lavadeiras no bairro de Copacabana. Ruth de Souza estudou alguns anos em um colégio interno, onde era frequentemente maltratada pelas freiras. Aos 17 anos, ela entrou no Teatro Experimental dos Negros, fundado por Abdias Nascimento. A partir da década de 1960, Ruth de Souza passou a atuar na televisão, continuando a trabalhar no teatro e no cinema. Em sua longa carreira, Ruth atuou em dezenas de peças teatrais, 33 filmes e mais de 40 novelas e séries na TV. Seu talento fez com que Ruth de Souza fosse a primeira atriz negra a atuar no Teatro Municipal do Rio de Janeiro e a primeira atriz brasileira a ser indicada a um prêmio internacional: o de melhor atriz no Festival de Veneza em 1954. Recebeu duas vezes o Prêmio Saci do jornal *Estado de São Paulo*, pelos filmes *Sinhá Moça* e *Fronteiras do Inferno*, além do prêmio de melhor atriz no Festival de Gramado de 2004 pelo filme *Filhas do Vento*. Em 2017, enquanto este livro era produzido, Ruth, chegando aos 96 anos, embora afastada do trabalho, continuava sendo uma das presenças mais marcantes, simpáticas e queridas da dramaturgia brasileira.
Fonte da imagem: Ruth (2017).

Abdias do Nascimento

Nascido em uma família pobre de Franca, interior de São Paulo, em 1914, Abdias do Nascimento foi um dos maiores defensores da cultura e da igualdade para os negros no Brasil. Filho de uma doceira e um músico sapateiro, se formou em economia na UFRJ em 1938. Ele já havia participado da Frente Negra Brasileira (FNB) e, profundamente engajado na luta contra a discriminação racial, organizava naquele ano o Congresso Afro-Campineiro. Em 1944, fundou o Teatro Experimental do Negro; em 1948, o jornal *Quilombo*; e em 1950 organizou o 1º Congresso do Negro Brasileiro. Entre os anos de 1968 e 1978, foi exilado pelo golpe militar brasileiro de 1964. Ao retornar para o Brasil, retomou sua vida política e militante. Em 1978, ajudou a formar o Memorial Zumbi e o Movimento Negro Unificado. Cinco anos depois, foi o primeiro deputado federal negro eleito no país. Em 1990, foi eleito senador da República, e em 1991 assumiu como primeiro titular da Secretaria de Defesa e Promoção das Populações Negras do Governo do Estado do Rio de Janeiro, criado pelo governador Leonel Brizola. Este foi o primeiro órgão executivo de governo estadual voltado à criação e implantação de políticas de igualdade racial. Como parlamentar, Abdias introduziu projetos de lei propondo amplas medidas para esse fim e lutou pela criação do dia Nacional da Consciência Negra em 20 de novembro. Foi, ainda, Secretário Estadual de Cidadania e Direitos Humanos do Rio de Janeiro e Professor Emérito da Universidade do Estado de Nova York. Além de todo o seu engajamento político, atuou como ator, artista plástico e escritor. Abdias faleceu em 2011, com 97 anos.

Fonte da imagem: Abdias (2017).

5.4 Os africanos, seus descendentes e a cultura brasileira

Outra forma de contar a história e a importância dos negros do Brasil seria analisando aquilo que hoje chamamos de cultura brasileira. Apesar das imensas dificuldades vividas pela população negra ao longo de toda a história do Brasil, é inegável que a herança deixada pelos africanos e seus descendentes é parte constitutiva da cultura brasileira.

O português que é falado no Brasil não é o mesmo de Portugal. Junto com as centenas de palavras de origem indígena, existem outras tantas palavras de origem africana que são faladas e escritas diariamente. A frase: *"moleque dengoso, pare de fazer batuque e fuzuê!!"* contém oito palavras, sendo quatro delas de origem africana. E os exemplos não param por aí. *Angu, banguela, berimbau, canjica, cafuné, fuxico, muvuca, moqueca, quiabo, quindim, samba* e *zangar* são exemplos de outras palavras africanas do português falado no Brasil.

Muitas das histórias que os brasileiros ouviram durante a infância também fazem parte das heranças africanas no Brasil. Durante muitos anos, lendas como as do *saci*, do *negrinho do pastoreio*, da *mão-branca* e até mesmo do lobisomem eram contadas à noite, em volta de uma fogueira, de forma muito parecida com o que ocorria nas aldeias e povoados africanos, onde crianças e idosos se reuniam perto do fogo para ouvir e contar histórias. Em diversas cidades do interior do Brasil, a tradição oral ainda é uma importante forma de preservar a memória de comunidades inteiras.

A culinária brasileira também é herdeira de diversos povos africanos e seus descendentes no Brasil. Além da feijoada, que os escravos aprenderam trabalhando nas cozinhas onde o velho prato português foi adaptado para os ingredientes brasileiros, o Brasil tem inúmeros tipos de moquecas, o acarajé, a canjica, o angu, o azeite de dendê, o cuscuz, o bobó de camarão, o maxixe, a pimenta e outros alimentos que foram introduzidos ou então ressignificados pelos africanos e seus descendentes, sobretudo pelas mulheres negras que trabalhavam nas milhares de cozinhas brasileiras.

Conforme visto anteriormente, foram os africanos e seus descendentes quem criou, no Brasil, o Candomblé. Essa religião, que até as primeiras décadas do século XX foi proibida e combatida pelas autoridades, atualmente é aceita e disseminada por várias regiões brasileiras, sendo frequentada não só pela população negra, mas também por pessoas brancas e até mesmo por estrangeiros que encontram nos terreiros de Candomblé as respostas para suas perguntas e angústias religiosas.

Figura 5.13: Objetos de culto jeje-nagô
Fonte: Bellas-artes (1904).

No entanto, atualmente existem outras religiões brasileiras que possuem elementos de culturas africanas.

A Umbanda é uma religião tipicamente brasileira que foi criada no início do século XX no Rio de Janeiro. Tal religião é resultado da combinação de elementos religiosos oriundos da África, com o Kardecismo e religiões indígenas. Atualmente existem diversos tipos de Umbanda em todo o Brasil.

O Tambor de mina é uma religião encontrada principalmente no estado do Maranhão. Essa religião cultua entidades africanas como os voduns e os orixás. Tal religião recebeu esse nome porque um dos instrumentos mais importantes nos seus rituais é o tambor de mina que, junto com os atabaques, cantos e danças, formam a roda. O Tambor de mina também possui forte relação com o catolicismo popular por meio das cerimônias do Império do Divino. Embora a prática dessas religiões esteja garantida pela Constituição Brasileira de 1988, muitos praticantes ainda sofrem discriminação e perseguição por causa de seu credo.

A lista a seguir apresenta algumas das religiões de matriz africana que se desenvolveram no Brasil, indicando os estados onde cada uma delas existe.

Babaçuê: Pará.
Batuque: Rio Grande do Sul.
Cabula: Espírito Santo, Minas Gerais, Rio de Janeiro, Santa Catarina.
Candomblé: todos os estados do Brasil.
Culto aos Egungun: Bahia, Rio de Janeiro, São Paulo.
Culto de Ifá: Bahia, Rio de Janeiro, São Paulo.
Omolokô: Rio de Janeiro, Minas Gerais, São Paulo.
Quimbanda: Rio de Janeiro, São Paulo.
Tambor de mina: Maranhão.
Terecô: Maranhão.
Umbanda: todos os estados do Brasil.
Xambá: Alagoas, Pernambuco.
Xangô do Nordeste: Pernambuco.

Outra manifestação cultural brasileira cuja história está diretamente ligada aos africanos escravizados no Brasil e à luta do negro brasileiro é a capoeira (veja a Figura 4.23). Criada ainda no período colonial e ganhando muitos praticantes no Brasil Império, a capoeira nasceu como uma mistura de dança e luta, e durante séculos foi praticada por escravos, libertos e livres, e combatida pelas autoridades. Com o fim da escravidão (1888) e o início da República (1889), a capoeira continuou sendo perseguida, chegando a ser criminalizada em 1904. Na década de 1920, a capoeira (assim como outras manifestações de origem negra) passou a ser vista de forma positiva, sobretudo por intelectuais que a consideraram uma manifestação genuinamente brasileira. Graças às ações de importantes mestres como

Pastinha e Bimba, que reforçaram o lado lúdico e desportivo da capoeira, no final da década de 1930 a prática deixou de ser considerada um crime, passando a ser cada vez mais praticada em todo o Brasil e, a partir dos anos 1970, em diversos outros países. Atualmente, a capoeira (em suas diferentes formas) é considerada uma arte multidimensional, pois é uma mistura de música, dança, jogo e luta. Sua importância é tão grande que, em 2014, foi reconhecida pela UNESCO como Patrimônio Cultural da Humanidade.

O berimbau, instrumento que dá cadência ao jogo da capoeira, foi um dos tantos instrumentos confeccionados a partir de técnicas africanas no Brasil. Tambores, atabaques, agogôs, cuícas, berimbaus, zambumbas, são alguns dos instrumentos presentes em diferentes ritmos musicais brasileiros que possibilitaram que a música brasileira se tornasse tão plural.

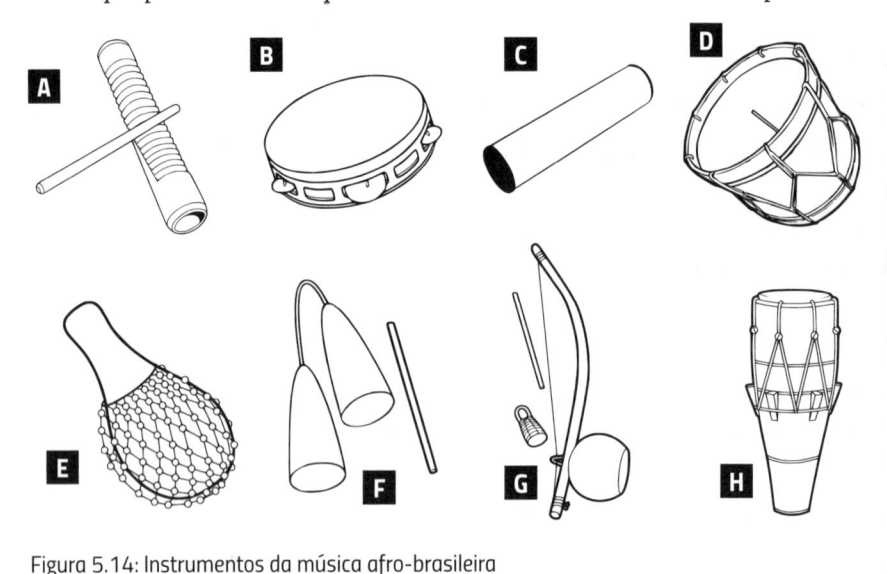

Figura 5.14: Instrumentos da música afro-brasileira
A- reco-reco (instrumento tradicional banto); B- pandeiro (levado pelos árabes para o norte e o leste da África); C- ganzá (instrumento banto parecido com chocalho indígena); D- cuíca (instrumento tradicional banto); E- afoxé (instrumento tradicional ioruba); F- agogô (instrumento tradicional ioruba); G- berimbau (instrumento tradicional banto); H- atabaque (tambor presente em muitas culturas africanas).

Assim como muitos instrumentos, boa parte dos diferentes ritmos da música brasileira herdou a harmonia, o ritmo ou a cadência de diferentes regiões da África. O samba (palavra que também tem origem africana e significa divertir-se) talvez seja o maior exemplo disso. O samba se originou na segunda metade do século XIX, na Pedra do Sal, que ficava no Morro da Conceição, situado na região central do Rio de Janeiro. Nesse local, escravos, libertos e livres, africanos e crioulos se encontravam no final do dia para fazer música e conversar. Já no começo do século XX, o samba sofreu influências de outros ritmos musicais, como o maxixe, e introduziu outros instrumentos, transformando-se no que se conhece hoje. Tanto é que o marco inicial do samba é a gravação do disco "Pelo Telefone", que ocorreu em 1917.

O samba proporcionou a criação de uma ampla rede de amizade e solidariedade entre pessoas negras, principalmente nos morros cariocas. Embora tenha sido considerado música de baixa qualidade por alguns anos, o ritmo do samba foi tão contagiante que, costuma-se dizer, ele "desceu o morro" e revelou grandes músicos brasileiros como Donga, Pixinguinha, Clementina de Jesus, João da Baiana, Cartola, Dona Ivone Lara, Dona Zica, Martinho da Vila e Paulinho da Viola, e tornou-se uma das maiores expressões da música popular brasileira.

Atualmente existem diferentes tipos de samba, como o samba-enredo, tocado pelas escolas de samba, e o samba de roda, mais encontrado em regiões rurais do Brasil, onde as pessoas tocam e dançam em forma de roda. Maxixe, forró, maculelê, baião, frevo, pagode e afoxé são outros ritmos musicais criados a partir de instrumentos e ritmos vindos da África.

Figura 5.15: Alguns ritmos afro-brasileiros
A- frevo; B- maracatu; C- samba. Fonte: Figura inspirada em gravuras da coleção de Estampas Eucalol (1950).

Essas músicas, criadas com as heranças africanas, eram acompanhadas por tipos diferentes de danças e festividades. O carnaval é uma das festividades mais importantes do Brasil. Desde o período colonial, o carnaval também era brincado por escravos e libertos, que viam nessa festividade uma das poucas oportunidades de diversão concedidas por seus senhores.

Figura 5.16: O carnaval carioca no século XIX
Fonte: Debret (1835).

Com o passar dos anos, o Carnaval foi influenciado por cada região brasileira. As escola de samba tornaram-se a marca registrada do Carnaval de São Paulo e Rio de Janeiro. Na Bahia, os blocos de carnaval e os trios elétricos levam multidões ao som de afoxés e da *axé music*. Recife é embalado pelo som do frevo. Bailes e blocos são encontrados em todo o Brasil.

Figura 5.17: O carnaval carioca no século XX
Fonte: Carnaval (2017).

Além do Carnaval, outras festividades foram marcadas pela herança africana. São exemplos a festa do Bumba-meu-boi, os jongos, as congadas, a festa de Reis.

Figura 5.18: Um folguedo afro-brasileiro: congada
Fonte: Silva (2017).

A cultura brasileira é umas das maiores provas da importância que os africanos e seus descendentes tiveram e ainda têm na história do Brasil. Mesmo tendo sido escravizados e tratados como seres inferiores, esses homens e mulheres, que foram arrancados de diversas regiões da África, conseguiram recriar novos laços de identidade, de parentesco e de sociabilidade que foram elementos fundantes do Brasil que conhecemos hoje. Por isso, a história brasileira só pode ser entendida levando-se em consideração esses atores sociais e a trajetória dos povos africanos que ajudaram a formar o Brasil e os brasileiros.

CAPÍTULO 6
Breve história da África recente

6.1 Introdução

O atual mapa político da África (veja o Mapa 1 na Abertura) possui uma característica facilmente observável e que o diferencia da carta geográfica dos demais continentes.

Um olhar minimamente atento perceberá certa precisão demasiada na demarcação de alguns dos países que compõem o continente. As linhas que delimitam as fronteiras entre Argélia, Mauritânia, Mali e Níger, por exemplo, são absolutamente retas. A mesma exatidão é observada na delimitação fronteiriça entre a Líbia, o Egito, o Sudão e o Chade; ou então nas linhas que separam os países de Angola, Namíbia e Botsuana.

Quais as razões para tamanha "perfeição geométrica" na demarcação de diversos desenhos políticos de países africanos?

Aqueles que possuem algum conhecimento sobre história da África podem arriscar e responder que a presença de retas separando diversos países africanos é resultado da colonização do continente empreendida pelos europeus entre os últimos anos do século XIX e a primeira metade do século XX. Tal colonização teria sido oficialmente iniciada em 1885, após a Conferência de Berlim, ocasião na qual diferentes nações europeias se juntaram e redesenharam as fronteiras africanas de acordo com seus interesses, utilizando para isso réguas e esquadros.

Mas essa é parte da resposta. Na realidade, a conformação do atual mapa político da África é, a um só tempo, fruto da colonização europeia e das lutas africanas pela independência. E, de certo modo, as retas mencionadas acima são cicatrizes desse duplo processo.

No entanto, conforme visto anteriormente, durante o período de vigência do tráfico transatlântico de escravos, isto é, entre o final do século XV e o início do século XIX, os europeus estabeleceram relações exclusivamente comerciais com os povos africanos. Com exceção da presença portuguesa nas regiões que hoje correspondem ao Congo e a Angola, e de colonos holandeses na atual África do Sul, as diversas sociedades africanas, cuja soberania era indiscutível, mantiveram os europeus restritos às feitorias e cidades litorâneas. De tal modo, até as primeiras décadas do século XIX era impensável a colonização da África pelos europeus.

Mapa 6.1: A África em 1830 (territórios continentais e Madagascar)

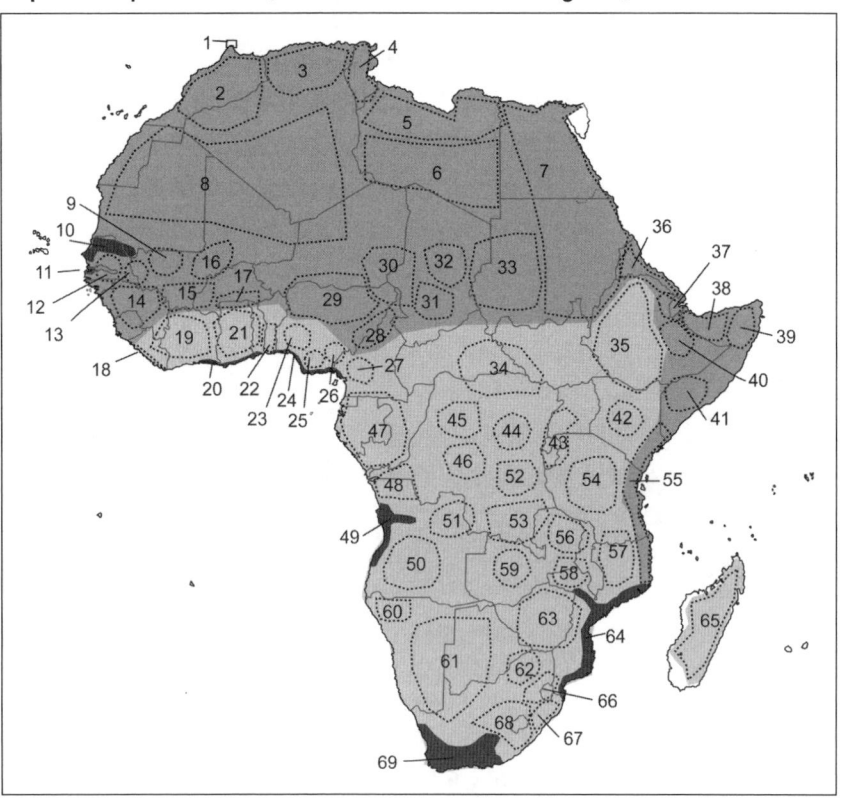

ESTADOS ISLÂMICOS: 8- cidades árabes-berberes do Saara; 9- Kaarta; 12- Futa Toro; 13- Kasso; 14- Futa Jalon; 15- Kong; 16- Bambara; 17- Mossi; 28- Adamaua; 29- Sokoto; 30- Kanem-Bornu; 31- Baguirmi; 32- Wadai; 33- Darfur. ESTADOS NÃO ISLÂMICOS: 18- Libéria; 19- estados Acans; 21- Axânti; 22- Daomé; 23- Oió; 25- Benim; 26- Igbo; 27- Orungui; 34- reinos Azande; 35- Etiópia; 42- Quicuio; 43- Buganda, Ruanda e Burundi; 44- cidades Songue; 45- aldeias Mongo; 46- Kuba; 47- Loango; 48- Congo; 50- Ovimbundos; 51- Cassanje; 52- Luba; 53- Lunda; 54- comunidades Massai; 56- Bemba; 57- Macua; 58- Maravi; 59- Lozi; 60- comunidades Hereros; 61- comunidades Koi-San; 62- Ndandwe; 63- Rosvi; 65- Merina; 66- Matetwa; 67- Zulu; 68- Cosa. POSSESSÕES ISLÂMICAS: Do Império Otomano: 2- Marrocos; 3- Argélia; 4- Túnis; 5- Tripolitânia; 6- Fezã e Cirenaica; 7- Egito (com Sudão); 36- Habesh; 37- Aussa; 38- Warsangali; 39- Magirtínia; 40- Harar; 41- Geledi. De Omã: 55- Zanzibar. POSSESSÕES EUROPEIAS: 1- Ceuta e Melilla (Esp.); 10- Senegal (Fr.); 49- Angola (Port.); 64- África Oriental Portuguesa; 69- Província do Cabo (Gr.-Br.). ENTREPOSTOS COMERCIAIS EUROPEUS: 11- Gâmbia; 20- Costa do Ouro; 24- Costa do Benim e Biafra. Fonte: Gaba (2016); Boahen (2010).

O que, então, teria mudado nesse intervalo de pouco mais de 50 anos que permitiu aos países europeus o domínio do território africano? Em outras palavras, quais foram as causas da colonização da África?

6.2 O continente africano e as mudanças da "Era das Revoluções"

Nas últimas décadas do século XVIII, um ciclo de revoluções alterou o quadro mundial. Nesse período, que ficou conhecido como "a Era das Revoluções", o Antigo Regime e o Sistema Colonial foram colocados em xeque, ao mesmo tempo que o **liberalismo**[6.1] se expandia rapidamente.

> **6.1:** O liberalismo é um conjunto de ideias e doutrinas que visa a garantir a liberdade individual na política, na religião e dentro da sociedade. No campo da economia, o liberalismo enfatiza a livre concorrência sem a interferência do governo. (FERREIRA, 1999)

No continente europeu, os ideais de **Liberdade, Igualdade** e **Fraternidade**, defendidos na Revolução Francesa, marcaram o fim do **absolutismo**[6.2] e viabilizaram a construção de um novo modelo de sociedade, no qual conceitos como **cidadania** e **soberania nacional** eram palavras-chave, discutidas nos parlamentos recém-constituídos. A escravidão também foi tema de debates políticos em muitas nações europeias, chegando inclusive a ser combatida. Ao mesmo tempo, diversos países europeus começavam a colher os frutos trazidos pela Revolução Industrial, acontecimento que otimizou a produção industrial ao adotar máquinas a vapor no fabrico de bens manufaturados. Produzia-se muito mais em menos tempo.

> **6.2:** O absolutismo é um sistema de governo no qual o governante se investe de poderes absolutos, sem limites, exercendo de fato e de direito a soberania (FERREIRA, 1999). Este tipo de governo foi comum na Europa entre os séculos XV e XVIII.

Do outro lado do Atlântico, os conceitos descritos acima impulsionaram o processo de independência no continente americano. A Revolução Norte-Americana (1776) foi o primeiro evento de grandes proporções baseado nos princípios do Iluminismo que rompeu os paradigmas da colonização europeia, embora não tenha abolido a escravidão. Já na região caribenha, os ideais da Revolução Francesa foram levados ao extremo, viabilizando o que foi a maior revolução de escravos da história humana: a **revolução do Haiti**[6.3] (1790). A partir de então, com exceção do Brasil e de Cuba, as novas nações americanas que se formaram também aboliram a escravidão.

> **6.3:** A revolução do Haiti foi realizada pelos escravos que trabalhavam no país quando ele era uma colônia francesa conhecida como São Domingos. Foi a primeira vez na história da humanidade que uma revolução escrava conseguiu expulsar todos os senhores de uma determinada localidade.

Figura 6.1: Toussaint Louverture, cerca de 1802
Nascido escravo, liderou a Revolução Haitiana e foi o primeiro governador do país. Sua prisão em 1802 acelerou a luta que levou à expulsão dos franceses.
Fonte: NYPL (2017).

Como se pode imaginar, as mudanças descritas acima não ficaram restritas à Europa e às Américas. O continente africano também foi afetado pela "Era das Revoluções". As mudanças econômicas geradas pela revolução industrial criaram outras necessidades aos países europeus. Em primeiro lugar, era preciso ampliar o mercado consumidor dos produtos manufaturados produzidos na Europa. Em segundo, para que a produção fosse feita em larga escala, era preciso um grande estoque de matéria-prima que, *grosso modo*, não era encontrado na Europa a custos baixos. Como a grande maioria das colônias americanas já havia declarado sua independência, os países europeus precisavam encontrar produtos primários em outro lugar. E esse lugar era a África. Dessa forma, a partir do início do século XIX, os europeus passaram a se interessar pela exploração dos recursos naturais do continente africano.

Contudo, conforme foi visto no capítulo 3, a Europa não tinha fácil acesso ao continente africano. Salvo raras exceções, suas relações com as sociedades africanas se limitavam às feitorias e cidades costeiras, locais onde normalmente os europeus trocavam produtos manufaturados (como armas e tecidos) por escravos.

A abolição do tráfico transatlântico de escravos, decretada pela Inglaterra em 1807, viabilizaria uma nova porta de entrada dos europeus na África. Ainda que diversos ingleses envolvidos na luta pelo fim do comércio negreiro e da escravidão de fato acreditassem na importância da liberdade dos africanos, os ideais humanitários do século XVIII não foram as únicas razões para o fim do tráfico. Os europeus, de um modo geral, teriam muito a lucrar com essa iniciativa.

Embora algumas regiões da África (como os atuais países de Angola e Moçambique) tenham mantido o comércio até meados do século XIX, após 1807 a maior parte das sociedades africanas envolvidas no tráfico transatlântico se viu obrigada a reestruturar sua economia, caso quisesse manter as redes internacionais de comércio construídas com nações europeias anos antes. A partir dos primeiros anos do século XIX, as elites político-econômicas de Axânti – império da costa ocidental africana que, ao longo do século XVIII, estabeleceu sua rede de comércio com europeus por meio da venda de ouro e escravos –, viram-se obrigadas a produzir gêneros tropicais para sustentar suas negociações com comerciantes da Europa. Situações parecidas ocorreram com outras sociedades africanas: o comércio de escravos foi substituído pelo comércio de produtos primários como açúcar, algodão, óleo de dendê, amendoim e cacau, dentre outros.

Se, num primeiro momento, a substituição de escravos por gêneros tropicais parecia não causar danos imediatos, no médio prazo diversas sociedades africanas sofreram crises que as enfraqueceram politicamente. Isso porque a unidade política de muitos estados africanos envolvidos no tráfico transatlântico era mantida por meio da relação estabelecida entre os grupos dominantes desses estados (que controlavam o comércio) e os demais grupos subjugados, que eram obrigados a pagar tributos para não serem escravizados, ou então que exerciam algum tipo de participação no processo de escravização, como os canoeiros que faziam o transporte de africanos escravizados do interior do continente até as cidades portuárias. Com a abolição do tráfico em 1807, boa parte dos grupos africanos dominados se viu livre não só das taxações, mas também da obrigatoriedade política de fazer parte desses estados que os controlavam. Isso causou o enfraquecimento e mais tarde a fragmentação política de importantes estados, como Axânti e Oió.

Esse duplo processo de fragmentação e enfraquecimento político das sociedades costeiras da África foi um dos fatores que facilitaram a entrada de europeus no interior da África Ocidental e da África Centro-Ocidental. No entanto, outros processos facilitaram o enfraquecimento político de estados africanos. Também no século XIX, regiões islamizadas da África Ocidental atravessavam um processo de mudança, no qual as *jihads* (veja a seção 3.2) passaram a ser chefiadas por líderes autóctones, ou seja, por africanos islamizados, criando assim novas dinastias e, consequentemente, novos reinos que não tinham uma forte unidade política estabelecida. Ao norte do continente, a decadência do **Império Turco-Otomano**[6.4] também criou uma fragilidade política em diferentes sociedades africanas, fato este que foi bem aproveitado pelos europeus. Na parte sul da África, a instabilidade gerada pelos conflitos entre os zulus e os **africânderes**[6.5] também facilitou a entrada de europeus, sobretudo dos ingleses.

6.4: O Império Otomano foi um império muçulmano fundado por Osman I (pertencente à tribo dos Ghuzz, originários do atual Cazaquistão) no século XIII e que perdurou até o século XX. Tal império englobou o Oriente Médio, parte do norte da África e do sudeste da Europa.
6.5: Africânder foi o nome dado aos descendentes de holandeses que ocuparam parte do sul da África a partir o século XVII. Esses colonos também eram conhecidos como bôeres. Os zulus são um dos povos bantos do sul da África.

6.3 Os europeus adentram a África

Em meio à instabilidade política em diferentes regiões africanas, os europeus iniciaram a exploração aparentemente pacífica do interior africano. Para isso, foram utilizadas três figuras que, desde o século XV, mantinham contato com diferentes localidades da África: os expedicionários, os missionários e os comerciantes.

Mapa 6.2: Principais expedições europeias na África central e meridional, no século XIX

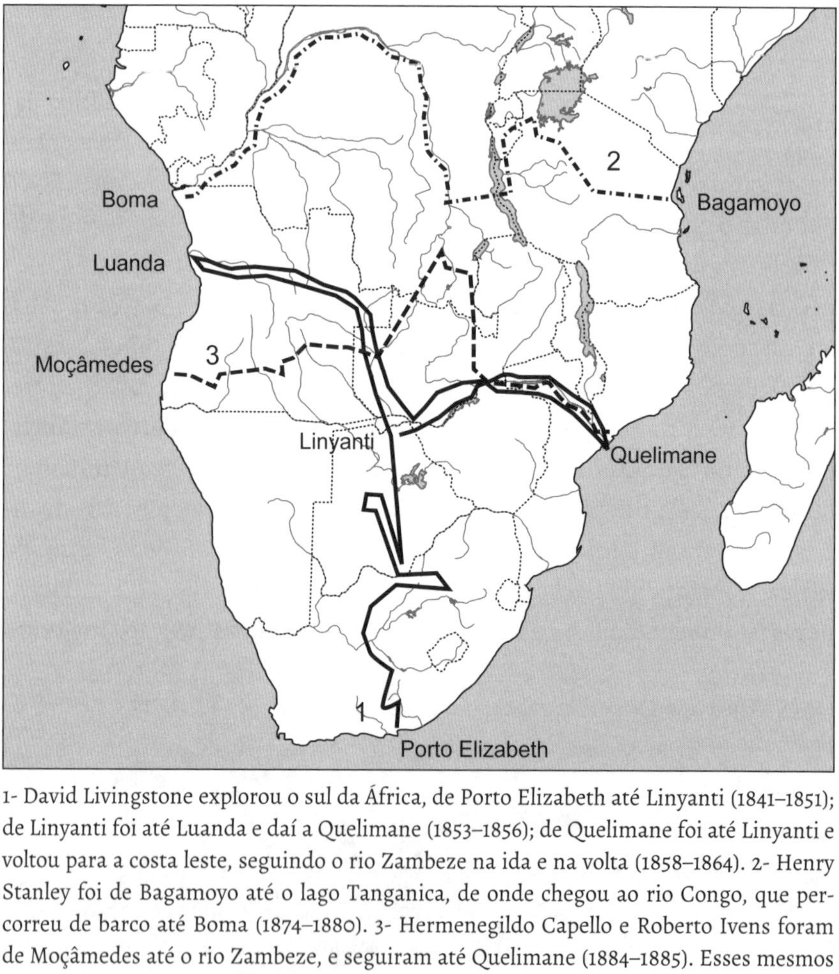

1- David Livingstone explorou o sul da África, de Porto Elizabeth até Linyanti (1841–1851); de Linyanti foi até Luanda e daí a Quelimane (1853–1856); de Quelimane foi até Linyanti e voltou para a costa leste, seguindo o rio Zambeze na ida e na volta (1858–1864). 2- Henry Stanley foi de Bagamoyo até o lago Tanganica, de onde chegou ao rio Congo, que percorreu de barco até Boma (1874–1880). 3- Hermenegildo Capello e Roberto Ivens foram de Moçâmedes até o rio Zambeze, e seguiram até Quelimane (1884–1885). Esses mesmos expedicionários e mais outros realizaram ainda diversas expedições menores no centro e sul da África. Fontes: Gaba (2016); Livingstone (2017); Maps (2017); Viagens (2017).

No século XIX, os expedicionários eram homens europeus com alto grau de instrução que, custeados por nações europeias, utilizaram os conhecimentos científicos da época para melhor conhecerem o continente africano, sobretudo as regiões interioranas, até então inexploradas. As expedições tinham por objetivo conhecer os cursos dos rios e as sociedades africanas que viviam no interior do continente. Essas campanhas, compostas por dezenas de homens, eram minuciosamente documentadas por seus chefes, pois dessas anotações sairiam as informações necessárias para a exploração das regiões reconhecidas. As grandes bacias hidrográficas eram as regiões mais visadas pelos expedicionários europeus, pois era nesses locais que as principais trocas comerciais africanas se efetivavam.

Figura 6.2: Canoas da expedição de Stanley no rio Congo
Fonte: Knox e Stanley (1888).

Um dos nomes mais importantes desse processo foi o de David Livingstone (1813–1873). Nascido na Escócia, Livingstone era um médico e missionário que passou mais de 40 anos em expedições na África (em diferentes viagens), tendo percorrido quase 50.000 quilômetros de terras africanas. Com apoio do governo britânico, Livingstone conseguiu localizar as Cataratas Vitória e a foz do Rio Zambeze no Oceano Índico, chegando a atravessar o deserto do Kalahari duas vezes. Na sua penúltima viagem, em que pretendia chegar ao lago Niassa (localizado entre os atuais países de Maláui, Tanzânia e Moçambique), Livinsgtone foi abandonado pelos seus guias locais e parou de fazer contato com as autoridades britânicas, que imaginaram que o explorado havia morrido.

Em março de 1871, foi organizada uma nova expedição chefiada pelo jornalista britânico Henry Morton Stanley com o objetivo de encontrar Livingstone. Com uma equipe bem paramentada (eram mais de 200 carregadores), Stanley encontrou Livingstone nas redondezas da aldeia Ujiji, localizada próximo ao Rio Tanganica. Ao se deparar com um senhor branco, fraco, que aparentava ter mais de 60 anos, Stanley proferiu a famosa frase: "Livingstone, eu suponho", ao que Livingstone respondeu: "Sim, e eu me sinto grato por eu estar aqui para recebê-lo."

A chegada de Stanley na África mudou um pouco o caráter das expedições. Junto com seu caráter científico, as expedições passaram a ser amplamente noticiadas nos jornais europeus e estadunidenses. As descrições feitas por esses exploradores também permitiram que boa parte da Europa, e não só as autoridades governamentais, conhecessem com mais detalhes a vida na África. Diversos jornais europeus narravam tais expedições como verdadeiras aventuras, nas quais bravos homens conviviam dia a dia com o perigo de uma terra repleta de tribos, animais ferozes e doenças desconhecidas. Tais narrativas ajudaram a criar, no continente europeu e nos Estados Unidos, a *ideia de uma África* que muito se assemelha com aquela descrita no romance de Tarzan: uma grande selva, repleta de selvagens, à espera da civilização branca.

Mungo Park, Henri Barth, David Livingstone, Richard Francis Burton e Henry Stanley tornam-se famosos na Europa. Além das muitas "descobertas" que permitiram o melhor reconhecimento do continente africano, esses expedicionários (com base em suas experiências) foram importantes disseminadores da ideologia dos "três Cs" para lidar com as sociedades africanas: a "civilização" dos africanos pelos "cristianismo" e "comércio".

Figura 6.3: Capello e Ivens recebidos por Quilemo, soba de Cangombe (capital de Bié, Angola)
Capello e Ivens tinham a missão de traçar um mapa que sustentasse a reivindicação portuguesa de um território que fosse da costa leste à oeste da África, incluindo as terras entre Angola e Moçambique: foi o famoso "mapa rosa".
Fonte: Capello e Ivens (1881).

Embora a presença de missionários religiosos na África date dos primeiros contatos estabelecidos entre europeus e africanos, a partir do século XIX, tais missões passaram a ser mais numerosas. Ainda que muitos missionários tenham se preocupado em compreender as diferentes culturas africanas com as quais entraram em contato – conhecendo seus costumes, línguas e tradições –, o objetivo principal das missões era converter os africanos não apenas à fé cristã, mas também à cultura da Europa ocidental. Dessa forma, nas escolas e igrejas construídas pelos missionários, os africanos deveriam aprender outras línguas e cultuar outros deuses.

Mesmo que as missões religiosas tivessem "nobres intenções" (muitos missionários aceitaram escravos fugidos em suas propriedades), o resultado da catequese foi desastroso para os grupos convertidos, principalmente para as pequenas aldeias e vilas. Como foi visto no capítulo 1, as chamadas sociedades tradicionais africanas reconheciam nos chefes religiosos uma importante autoridade política, e tinham o culto aos deuses e antepassados como uma das formas de preservar sua memória. A imposição de um novo Deus e de novos valores morais acabou alterando padrões de vida milenarmente construídos, enfraquecendo assim muitos povos africanos.

Figura 6.4: Jovens fang convertidos ao cristianismo, fotografados junto à casa da missão protestante (Igreja do Gabão)
"Santos entre selvagens": assim os europeus viam os africanos que abandonavam as próprias crenças e culturas. Fonte: Milligan (1912).

O reconhecimento do território africano empreendido pelas campanhas de exploração e pelas missões religiosas foi facilitador de uma verdadeira invasão de mercadores europeus nas caravanas e rotas de comércio que ligavam diferentes pontos do continente. Muitos desses mercadores começaram a controlar algumas redes de comércio, criando novos sistemas de autoridade que não passavam mais por líderes africanos. De início, isso não representou nenhum tipo de perigo para as elites africanas, que já estavam acostumadas a negociar com árabes, indianos e com os próprios europeus. No entanto, no decorrer do século, os europeus se tornaram senhores das principais rotas comerciais do litoral africano, inclusive as que ligavam as cidades orientais com o continente asiático.

Os interesses dos europeus não estavam apenas na participação e no controle de novas rotas comerciais, mas também na presença cada vez maior no território africano. Conforme dito anteriormente, a abolição do tráfico transatlântico em 1807 e as inúmeras medidas tomadas pela Grã-Bretanha para garantir que esse comércio fosse totalmente extinto tiveram forte impacto nas sociedades africanas envolvidas com o tráfico. Embora o tráfico transatlântico tenha se mantido até meados do século XIX, boa parte dessas sociedades africanas (principalmente pequenos produtores) passaram a produzir gêneros primários que tivessem forte demanda no mercado europeu. A goma arábica (ou goma acácia) tinha grande procura na Europa, pois, além dos efeitos medicinais (cura de hemorragias e disenterias), também era utilizada pela indústria na produção de colas e tintas. As oleaginosas, como o amendoim e o dendê, também tiveram procura crescente ao longo do século XIX, pois tais produtos eram empregados na produção industrial (lubrificação das engrenagens), na iluminação noturna das principais cidades europeias e na produção massiva de sabões, assim como na alimentação de animais. O algodão e a noz-de-cola também foram gêneros de grande aceitação no mercado internacional.

Além dos gêneros tropicais já mencionados, esses comerciantes europeus passaram a negociar o *marfim*. Esse material, retirado do dente de elefantes, era procurado na Europa e nos Estados Unidos para a produção de punhos de faca, bolas de bilhar, teclas de piano e outros itens de luxo.

O marfim era trocado por um produto de grande serventia aos africanos: o mosquete. Desde o início do comércio entre africanos e europeus, a arma de fogo foi um dos itens que mais entraram na África, pois tinha diferentes usos. As sociedades africanas detentoras de armas de fogo possuíam grande vantagem militar sobre as que utilizavam arcos, flechas e lanças; as armas ainda dificultavam a destruição de rebanhos e plantações, e facilitavam a caça de animais selvagens. Contudo, a grande aceitação do mosquete tinha um detalhe em especial. Esta espingarda poderia ser carregada com as balas de pólvora feitas na África, bem como ser consertada pelos próprios ferreiros africanos.

Figura 6.5: Mercadores de marfim do povo fang (Guiné Equatorial)
O marfim foi um dos principais produtos que impulsionaram a exploração da África Centro-Ocidental. Fonte: Milligan (1912).

Contudo, apesar de o mosquete ter grande serventia para diferentes sociedades africanas, havia uma grande desvantagem na compra dessa arma: ela era infinitamente inferior às metralhadoras produzidas na Europa. No momento certo, os europeus souberam aproveitar essa diferença.

# 6.4 O estopim causado por Leopoldo II e a partilha da África

A presença europeia com interesses genuinamente imperialistas já era uma realidade no continente africano desde a década de 1850. Um dos maiores exemplos dos planos das nações da Europa, que se julgavam detentoras da civilização e do progresso, foi a construção do Canal de Suez. Tal canal foi a realização de um desejo antigo (desde o Egito faraônico) de ligar o Mar Vermelho ao Mediterrâneo. Os estudos preparatórios começaram com a ocupação do Egito por Napoleão, em 1798, mas as obras só foram iniciadas em 1859.

Grosso modo, é possível dizer que o Canal de Suez foi idealizado por europeus, mais especificamente, pelos franceses, mas quem realizou efetivamente a obra foram os milhares de egípcios recrutados para o serviço. Segundo algumas estimativas, mais de 10.000 homens morreram durante a construção, apontando assim o caráter escravista que pautou as relações trabalhistas dessa grande obra, o que, por sua vez, revelava as intenções dominadoras dos franceses na região.

Figura 6.6: Contemplando das pirâmides o canal de Suez e suas consequências
Legenda do cartum publicado na revista inglesa *Punch*: "França: veja o que ele une! Bretanha: pense no que ele pode dividir!" Fonte: Tenniel (1869).

As obras do canal só terminaram em 1869, e sua inauguração contou com a presença de reis e chefes de estado de diferentes nacionalidades. A partir desse momento, a Grã-Bretanha passou a demonstrar um crescente interesse pela região. De forma escusa, cujas negociações são até hoje pouco conhecidas, os ingleses conseguiram comprar as Ações Financeiras da Companhia do Canal de Suez. Sendo assim, o grande empreendimento deixava de ser nacional e passava para o controle da Grã-Bretanha, que ainda conseguiu que o Egito fosse obrigado a pagar 5% sobre o valor das ações vendidas aos ingleses por um período de 19 anos. Era o início da perda de soberania dos estados africanos e da consequente submissão econômica dessas mesmas sociedades.

Os interesses imperialistas das nações europeias ficaram ainda mais evidentes quando os desejos expansionistas do rei belga Leopoldo II foram revelados. Durante 20 anos, o monarca da Bélgica fez grandes investimentos – inclusive pessoais – no intuito de possuir uma colônia tropical. Quando as expedições de Stanley localizaram a bacia do rio Congo – uma das maiores do continente –, Leopoldo II parecia ter encontrado seu grande sonho. Dessa feita, em 1876, o rei belga reuniu uma conferência internacional de Geografia em seu palácio, em Bruxelas. Desse encontro criou-se a *Associação Internacional Africana*, cujo objetivo era "levar a civilização para a única parte do globo ainda não penetrada". Como presidente dessa Associação, Leopoldo tinha acesso a uma quantidade privilegiada de informações sobre o continente. Nascia assim o Estado Livre do Congo, propriedade privada de Leopoldo II. As aspirações coloniais do rei belga foram rapidamente compartilhadas por outros países europeus, que iniciaram uma verdadeira corrida para a África. Alemanha, França e Inglaterra intensificaram o contato com lideranças autóctones dos territórios que pretendiam dominar. Em 1881, Túnis foi declarado protetorado francês, mesmo ano no qual foi invadido; no ano seguinte, Inglaterra e França se uniram para subjugar o Egito.

> **Boxe 6.1: O holocausto no Congo**
>
> A apropriação que o rei belga Leopoldo II fez da vasta região que ficou conhecida como Estado Livre do Congo, não só teve desdobramentos internacionais que determinaram a história africana, mas também teve consequências diretas e profundamente violentas na vida dos homens e mulheres que viviam na região. Após a Conferência de Berlim e a partilha do continente africano, o Congo Belga, como ficou conhecido, foi palco de um dos maiores holocaustos da história da humanidade.
>
> Para otimizar a produção de gêneros de exportação (como a borracha e o marfim), a escravidão foi introduzida na colônia. Além do trabalho forçado e extenuante, os habitantes da região viviam sob as ações violentas do governo, que tinham como principal objetivo amedrontar a população para garantir uma produção em grande escala e para garantir que não houvesse nenhum tipo de rebeldia. A mutilação dos habitantes (homens, mulheres, idosos e crianças) era prática recorrente da colonização. Além disso, trabalhadores e famílias que se recusassem a trabalhar sob a égide colonial eram brutalmente assassinados. A estimativa aponta que cerca de 8 milhões de pessoas tenham sido assassinadas no Congo Belga.

Em meio a esse processo de disputas geopolíticas, o chanceler alemão Bismarck convocou os representantes das grandes potências da época para uma conferência que ocorreu entre dezembro de 1884 e abril de 1885 em Berlim. O objetivo inicial desse encontro era controlar as pretensões expansionistas europeias na África Ocidental, sobretudo as de Leopoldo II. Mas não foi exatamente isso que aconteceu. Além de legitimar o poderio do monarca belga na bacia do Congo, os representantes também reconheceram possessões alemãs na África "tropical" e autorizaram a ocupação colonial em todo o território africano. A Conferência de Berlim desnudou os interesses imperialistas da Europa.

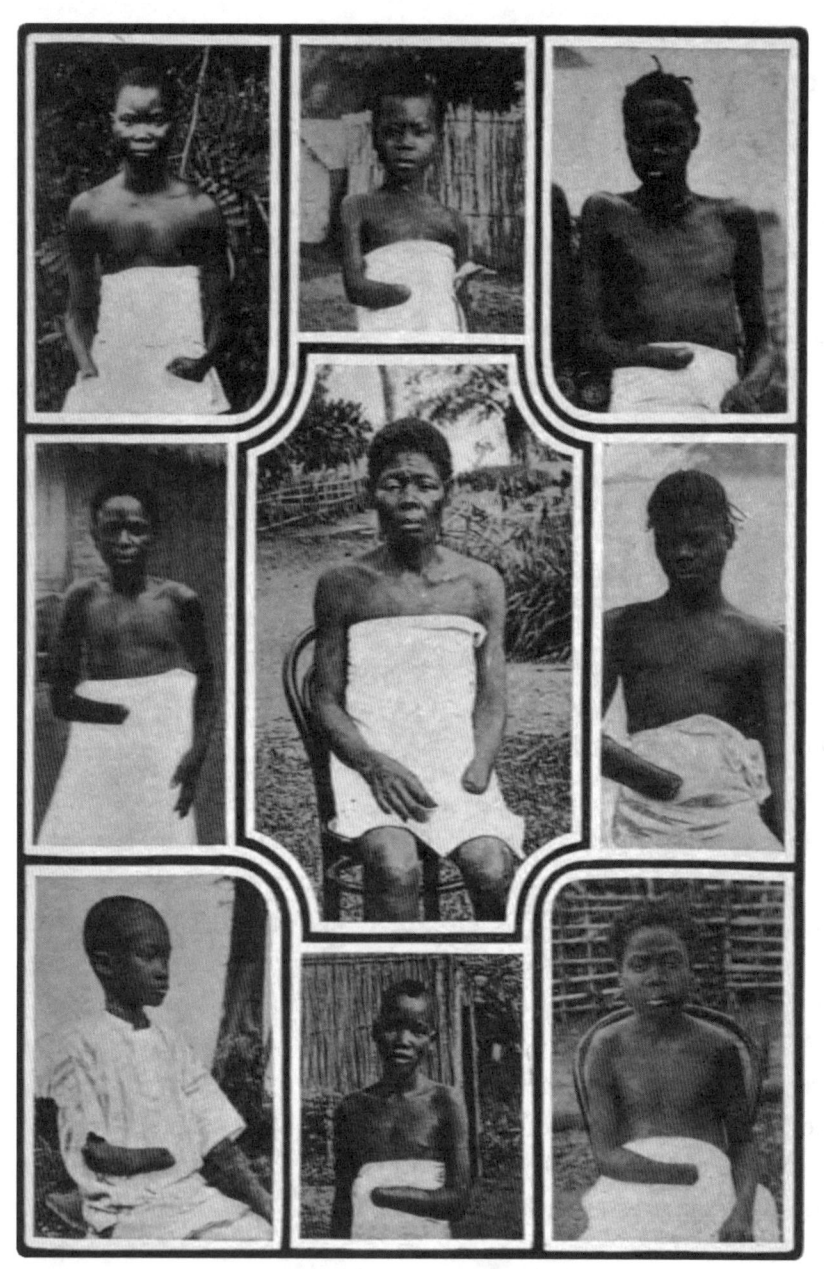

Figura 6.7: As atrocidades no Congo
As brutalidades cometidas pela polícia belga no Congo foram denunciadas por alguns poucos missionários e jornalistas que, tendo conseguido autorização para entrar no país, fotografaram as vítimas e divulgaram as imagens no exterior. Foram eles que criaram o nome "borracha vermelha" (*red rubber*) para o produto extraído com o sangue dos congoleses. Fonte: Twain (1905).

Figura 6.8: A conferência de Berlim e a partilha da África
Cartum publicado na revista francesa *L'Illustration* em janeiro de 1885 e reproduzido em livros escolares da França. A legenda diz: "Cada um com sua parte, se forem espertos."
Fonte: Draner (1885).

Empresas europeias (muitas das quais possuíam capital dos Estados Unidos) aproveitaram o ímpeto imperialista de suas nações e passaram a exercer monopólios comerciais tão ou mais eficientes que os tratados de proteção acordados entre diplomatas europeus e diferentes lideranças africanas. Além dos interesses políticos e econômicos que por si sós já eram argumentos suficientes para a colonização europeia da África, os diferentes países da Europa ainda acreditavam estar fazendo um bem a todo o continente africano, pois o **neocolonialismo**[5,6] era a única forma de levar a civilização para os africanos. Assim como ocorrera 400 anos antes, quando o Papa Nicolau V permitiu a escravização de africanos, os europeus utilizavam a crença no **fardo do homem branco**, entendido como a superioridade dos europeus, brancos e cristãos, para dominar outros povos.

6.6: O neocolonialismo foi o processo capitalista de exploração econômica e de dominação política exercido por países europeus sobre os continentes africano e asiático entre o final do século XIX e início do XX.

> **Boxe 6.2: Ideologia imperialista**
>
> A frase "fardo do homem branco", criada pelo poeta inglês Rudyard Kipling, sintetiza os fundamentos da ideologia imperialista que, na época, via a colonização da África como um dever a ser cumprido. De acordo com as principais nações capitalistas da época (as europeias e os Estados Unidos), cabia ao homem branco fazer com que povos de outras raças, sobretudo os africanos e os asiáticos, conseguissem chegar ao modelo europeu-branco de civilização, que eles acreditavam ser o auge do progresso e da evolução humana.
>
> A doutrina do **Darwinismo Social** foi o instrumento científico utilizado por essas nações "brancas". Segundo essa doutrina, que aplicava a **teoria da evolução das espécies** desenvolvida por Charles Darwin (1809–1882), os diferentes biótipos humanos existentes eram, na realidade, diferentes **raças humanas**, sendo a raça branca a mais desenvolvida dentre todas. Por isso, cabia aos homens brancos fazer com que as demais raças evoluíssem. A única forma de realizar este feito era por meio da colonização.
>
> Embora se saiba atualmente que, do ponto de vista biológico, não existem raças humanas, pois a humanidade é uma só, durante o final do século XIX até meados do século XX, o uso das ciências para comprovar a falsa desigualdade existente entre os homens promoveu o **racismo científico** que não só justificou a colonização da África e da Ásia, como também foi a justificativa utilizada pelos movimentos nazistas e fascistas.

Dois movimentos caracterizaram os anos subsequentes à partilha. Por um lado, os diferentes países da Europa intensificaram o número de expedições que visavam ao reconhecimento do interior africano. Por outro, os enclaves já estabelecidos na costa africana sofreram expressiva expansão, garantindo assim o domínio europeu de praticamente todo o litoral da África.

A fim de assegurar que a ocupação do continente africano não causasse grandes conflitos entre os países europeus, em 1891, o Primeiro Ministro britânico, Lorde Salisbury, utilizou seu vasto conhecimento sobre a geografia da África para fazer uma divisão equilibrada do continente entre as metrópoles europeias. De maneira geral, à França coube a África Ocidental; a Inglaterra ficou com a África Oriental; coube à Itália a região nordeste do continente, enquanto Portugal ficou com a África Centro-Ocidental.

É importante ressaltar que essas divisões foram feitas sem a participação das sociedades africanas que, de uma hora para outra, começaram a ser governadas por estrangeiros e também passaram a compartilhar com outras sociedades e povos uma identidade que lhes havia sido imposta externamente. Mais do que separar, a partilha da África juntou diferentes grupos africanos, muitas vezes rivais, num mesmo todo político, fato que trouxe consequências graves durante o processo de independência dessas colônias.

Mapa 6.3: A África em 1898

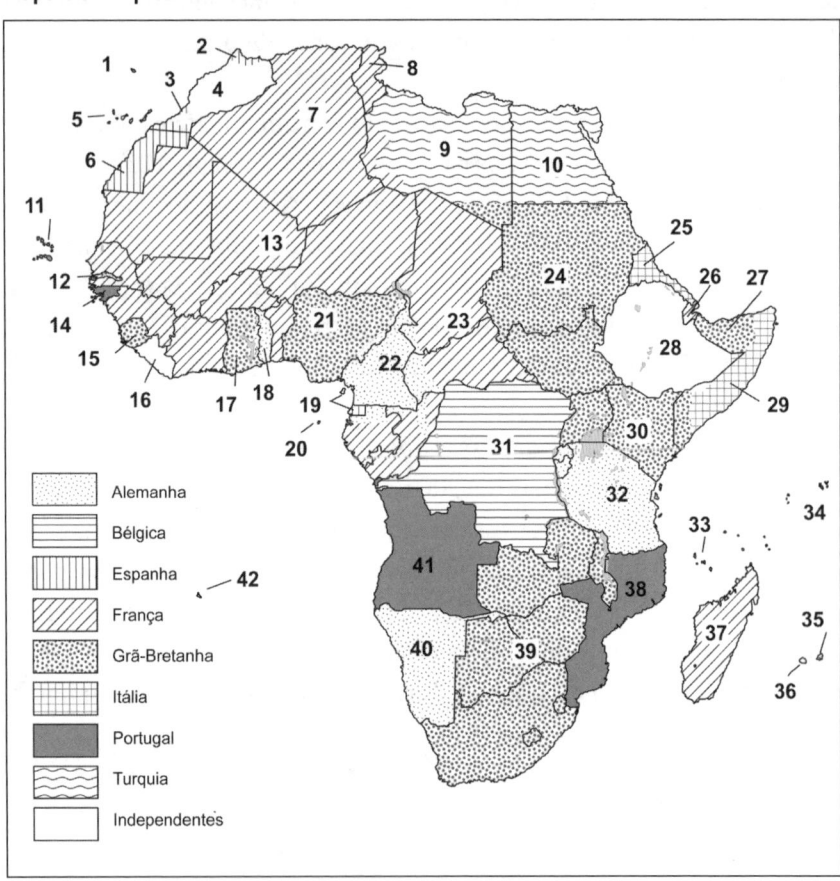

COLÔNIAS ESPANHOLAS: 2- Marrocos Espanhol; 3- Ifni; 5- ilhas Canárias; 6- Saara Espanhol; 19- Guiné Espanhola. FRANCESAS: 7- Argélia; 8- Tunísia; 13- África Ocidental Francesa; 23- África Equatorial Francesa; 26- Somália Francesa; 33- ilhas Comores; 36- ilhas Reunião; 37- Madagascar. TURCAS: 9- Tripolitania; 10- Egito (ocupado de fato pela Grã-Bretanha). ITALIANAS: 25- Eritreia; 29- Somália Italiana. PORTUGUESAS: 1- ilha da Madeira; 11- Cabo Verde; 14- Guiné Portuguesa; 20- ilhas São Tomé e Príncipe; 38- Moçambique; 41- Angola. INGLESAS: 14- Gâmbia; 15- Serra Leoa; 17- Costa do Ouro; 21- Nigéria; 24- Sudão Anglo-Egípcio; 27- Somália Inglesa; 30- África Oriental Inglesa; 34- ilhas Seicheles; 35- ilhas Maurício; 39- África do Sul Inglesa; 42- ilhas do Atlântico Sul. ALEMÃS: 18- Togo; 22- Kamerun; 32- África Oriental Alemã; 40- Sudoeste Africano Alemão. BELGA: 31- Congo Belga. PAÍSES INDEPENDENTES: 4- Marrocos (ocupado pela França em 1907); 16- Libéria; 28- Etiópia. (Veja o mapa 1 da Abertura e a seção 6.7.1 para identificar as subdivisões das grandes áreas coloniais e os países independentes atuais) Fontes: Gaba (2017b); Boahen (2010).

6.5 Movimentos de resistência na África nos primeiros anos de colonização

A segunda metade do século XIX foi marcada pelo aumento crescente do interesse e da presença europeia no continente africano. A maior presença europeia em terras africanas era, em parte, decorrente do processo de reorganização e fragmentação política por que muitos estados africanos passaram. No entanto, mesmo em meio a esse processo e com um arsenal bélico infinitamente inferior ao europeu, diversos movimentos de resistência foram organizados em toda a África, antes mesmo da partilha do continente. Organizados a partir de diferentes lideranças, o objetivo principal desses movimentos era impedir a entrada dos europeus em territórios africanos, ou então frear as tentativas de colonização que ficaram evidentes a partir da Conferência de Berlim.

Os ingleses tiveram de lidar com movimento de resistência em diferentes lugares. Na África Ocidental, as elites do império Axânti, por exemplo, resistiram à entrada inglesa durante 70 anos. Conforme visto no capítulo 3, os axântis, que tinham sido parceiros comerciais dos ingleses durante o período de legalidade do tráfico transatlântico, não concordaram com a diminuição de sua soberania frente à crescente presença inglesa em seu território. Os conflitos entre os axântis e os ingleses datam de 1823, quando foi declarada a primeira guerra anglo-axânti. Na ocasião, os ingleses já tentavam dominar parte do território, por meio das negociações de Sir Charles MacCarthy, mas os termos não foram aceitos pelas lideranças, que acabaram assassinando MacCarthy e expulsando os demais britânicos da região.

Trinta anos depois, em 1853, os axântis tornaram a entrar em guerra contra os ingleses a fim de defender o controle do rio Pra. O conflito durou mais de dez anos e terminou com a vitória axânti, graças às inúmeras epidemias que assolaram as tropas inglesas. Os britânicos só conseguiram a vitória sobre o povo axânti após a partilha do continente africano, em 1896, após mais duas guerras contra os axântis. Em 1891, na tentativa de expulsar os franceses que pretendiam controlar seu território ao mesmo tempo que buscavam as minas de ouro da região, os axântis acabaram tornando-se um protetorado inglês. Dessa vez, os britânicos vieram muito mais armados e dispostos a controlar a região, enfrentando uma guerra que durou mais de cinco anos. Dessa feita, somente em 1896, quando os ingleses introduziram a metralhadora nos combates, é que os axântis foram de fato incorporados à Costa do Ouro.

Figura 6.9: O incêndio de Kumasi
A terceira das cinco guerras anglo-axântis terminou em fevereiro de 1874 com a destruição da capital axânti. Fonte: Stanley (1874).

A Grã-Bretanha também teve de enfrentar outros movimentos de resistência no continente africano. Na parte sul da África, destacam-se os movimentos feitos pelos *xonas* e pelos *zulus*. Os grupos xonas e *ndebele*, que viviam no atual Zimbábue, organizaram movimentos insurretos que contaram com a participação ativa de líderes religiosos. Entre os anos de 1896 e 1897, o líder religioso Milmo foi responsável por promover o ódio contra os colonos ingleses. Segundo o sacerdote, os britânicos eram responsáveis pela seca e pelas pragas de gafanhotos que assolaram a região desde o início da década de 1890. Tanto os xonas como os ndebeles pegaram em armas e, sob o nome de *chimurengas* (que na língua xona significa revolta), lutaram por dois anos contra os ingleses. O grande números de soldados britânicos e a sua supremacia bélica foram cruciais na vitória dos novos colonos. Depois da morte do líder Milmo, os xonas e os ndebeles foram unificados e ficaram sob o comando da empresa de Cecil Rhodes. Mesmo que tenham saído derrotados nos últimos anos no século XIX, os africanos dessa região reconhecem a Primeira Batalha Chimurenga como o passo inicial na luta pela independência, que ocorreria quase um século depois.

No extremo sul do continente, os ingleses encontraram um exército zulu armado e determinado a impedir o avanço colonial. Na realidade, a história do embate entre os zulus e os britânicos era antiga, datando da metade do século XIX, quando os ingleses auxiliaram a linhagem de *Cetshwayo* a usurpar o trono zulu. Esse episódio enfraqueceu a organização política do reino, facilitando assim a entrada dos ingleses a partir da década de 1870. Mesmo sem contar com o apoio de todos os chefes de seu reino, homens e mulheres zulus se organizaram e entraram em conflito direto com os britânicos na batalha que ficou imortalizada como a batalha de *Isandhlawana* (ocorrida no dia 22 de janeiro de 1879). Essa foi a maior derrota da Grã-Bretanha, causando a morte de cerca de 1.600 soldados britânicos.

Como estavam lidando com soldados bem armados, cuja organização tática fazia inveja a qualquer exército europeu, os ingleses mudaram suas estratégias de guerra e começaram a realizar pequenos conflitos, que levaram à tomada de Ulundi, a capital do reino Zulu. Após esse episódio, o rei *Cetshwayo* foi capturado e levado para a Cidade do Cabo, retornando ao reino Zulu seis anos depois, a fim de aplacar uma guerra civil que assolava a região. Morto, possivelmente por envenenamento, em 1884, *Cetshwayo* foi sucedido por seu filho, de apenas 15 anos. Nesse momento, os zulus já faziam parte do Império britânico na África.

Os franceses também sentiram na pele o poder desses movimentos de resistência. Ainda na primeira metade do século XIX, quando a partilha ainda não fazia parte dos planos europeus, em 1830, a França tomou à força a cidade de Argel (capital da Argélia). A rapidez e a violência desse episódio geraram um duplo movimento de resistência por parte dos futuros argelinos. No entanto, ainda que inúmeros conflitos tenham ocorrido, a divisão entre os revoltosos e a superioridade militar dos franceses acarretaram a vitória dos últimos. Em 1848, a Argélia se transformou em um dos departamentos da França, sendo mais tarde incorporada às colônias francesas na África.

A religião foi uma importante arma na luta contra a presença europeia na África. No atual Senegal, Omar Tall foi o líder de diversos conflitos contra os invasores. Nascido no final do século XVIII, Omar Tall transformou-se em um dos mais poderosos líderes políticos e religiosos da parte ocidental do continente. Como muçulmano ferrenho, Omar Tall tanto lutou contra o cristianismo que acompanhava a presença cada vez mais constante dos franceses em seu território, como também lutou contra as sociedades que considerava animistas. Os mais de 40 anos de luta terminaram em 1868, quando Omar Tall morreu num ataque. Sua figura até hoje é relembrada nos atuais países do Mali e do Senegal.

Figura 6.10: Soldado do exército de Samory Touré
Fonte: Frey (1890).

No Sudão atual, um poderoso exército chefiado pelo líder muçulmano Samory Touré conseguiu resistir aos franceses entre 1882 e 1900, graças às táticas de deslocamento das tropas pelo território e ao fato de que os ferreiros da região conseguiram copiar os fuzis utilizados pelos europeus, diminuindo assim a diferença da tecnologia bélica. Os berberes de Marrocos só sucumbiram à Espanha em 1926, e pequenas rebeliões marcaram as primeiras décadas da colonização portuguesa tanto na Guiné Bissau como em Angola.

Mesmo com a supremacia bélica, os europeus não foram capazes de colonizar dois países africanos: a Libéria e a Etiópia.

A Libéria foi um país criado em 1847, após a declaração de Independência da Sociedade Americana de Colonização, criada pelo estadunidense Robert Finley, que, dentro de uma perspectiva racialista e segregacionista, pretendia levar todos os negros livres e libertos dos Estados Unidos para lá. Embora países como a França e a Inglaterra exercessem forte pressão para ocupar a região, a República da Libéria conseguiu manter sua soberania durante o período colonial por meio de acordos feitos nos anos de 1885 e 1892, quando seu território foi demarcado e sua soberania, garantida.

Talvez a resistência mais impressionante feita contra as tentativas europeias em colonizar um território tenha ocorrido na Etiópia. De acordo com a Conferência de Berlim e com a partilha do continente africano, a Etiópia ficaria sob o controle da Itália. Embora a Itália tenha empreendido diversas invasões ao território etíope – conseguindo inclusive colonizar a atual Eritreia –, o movimento comandado pelo Imperador Menelik II conseguiu impedir a invasão italiana. O lema dos etíopes era "*morrer, antes de ceder uma polegada do território etíope*". O rei etíope, que era um cristão ortodoxo, conseguiu apoio de grande parte da população islâmica, formando assim uma unidade política coesa e um exército forte. A batalha decisiva, conhecida como Batalha de *Adowa*, ocorreu em 1896, ocasião em que 400 soldados italianos foram mortos pelo exército de Menelik II. No início do século XX, a Etiópia foi reconhecida como reino independente pelas nações europeias.

Figura 6.11: O rei Menelik II da Etiópia
Fonte: Roux (1902).

6.6 A colonização da África

A colonização efetiva do continente africano teve início nos últimos anos do século XIX, depois que a partilha do continente foi realizada pelas nações europeias. O primeiro período da colonização da África se estende entre os anos de 1885 e 1915, quando a partilha do continente passa por nova reorganização devido às consequências da Primeira Guerra Mundial (1914-1918). Esse período é caracterizado por inúmeras ações violentas, pois as metrópoles europeias precisaram travar diversas guerras de conquista para conseguir implementar o sistema colonial.

Nesse período, França, Grã-Bretanha, Itália, Portugal, Bélgica e Espanha enviaram diversas tropas para o continente africano, a fim de derrotar e desarticular os focos de resistência impostos pelos africanos. À medida que as vitórias europeias foram aumentando, a estrutura colonial foi se estabelecendo nos territórios africanos. Os últimos anos do século XIX foram marcados por novas diretrizes políticas das metrópoles europeias.

Embora pequenos exércitos e guarnições metropolitanas continuassem existindo e combatendo os movimentos insurretos, foi na virada do século XIX para o século XX que as nações europeias montaram a burocracia colonial. Mesmo com um número de funcionários muito pequeno, esse foi o período no qual as primeiras obras de infraestrutura foram feitas, como rodovias, ferrovias e telégrafos. Foi também nesse período que grande parte das comunidades africanas perdeu o controle e o domínio sobre suas terras. Milhares de camponeses (homens e mulheres) foram transformados em mão de obra barata na produção de gêneros primários com grande procura no mercado europeu. Como as metrópoles europeias não queriam fazer grandes investimentos em suas colônias, a exploração sistemática dos recursos naturais e humanos foi o que ditou o ritmo da colonização: a África deveria ser autossuficiente.

Nesse contexto, duas figuras foram fundamentais para a efetivação do colonialismo: as empresas ou empresários europeus e as missões religiosas. Com apoio e anuência das metrópoles, os primeiros grandes investimentos em território africano foram privados, ou seja, realizados não pelo Estado, mas sim por empresas e homens que decidiram apostar na colonização.

Um dos nomes mais famosos desse período foi Cecil Rhodes. Este rico inglês investiu boa parte de sua fortuna na busca e extração de diamante na atual África do Sul e foi o fundador da colônia britânica cujo nome lhe prestava homenagem: a Rodésia (atual Zimbábue). Mas não foram apenas os interesses financeiros que o motivaram. Exemplo máximo dos ideais imperialistas britânicos, Rhodes teve papel decisivo na elaboração do projeto parcialmente executado da estrada de ferro que ligava Cairo (no Egito) ao Cabo (na África do Sul), os dois extremos da colonização britânica.

Figura 6.12: O Colosso de Rodes, ligando com um passo o Cabo ao Cairo
Cartum publicado na revista inglesa *Punch* quando Cecil Rhodes anunciou sua intenção de estender uma linha telegráfica entre o Cabo e o Cairo. Fonte: Rhodes (1892).

As missões cristãs exerceram importante papel nesse período, pois, além de serem a instituição que convivia diariamente com comunidades e grupos colonizados, foram os missionários que cuidaram tanto da educação como das questões religiosas da população, tornando-se intermediários necessários na comunicação entre colônia e metrópole. Embora alguns missionários tenham sido veementemente contrários à violência empreendida pelo governo colonial, a sua atuação acabou gerando os substratos necessários para a própria colonização, já que eles pregavam cotidianamente a necessidade da conversão das sociedades africanas.

Conforme dito anteriormente, as missões cristãs acabaram desestruturando diversos povos da África, na medida em que elas impunham uma nova forma de compreender o mundo. Não só antigos deuses foram substituídos pelo único Deus cristão, mas práticas do dia a dia como alimentação, vestimenta e até mesmo a noção de família extensa foram alteradas. Outra alteração importante criada pelas missões foram os missionários africanos, ou seja, homens que haviam sido convertidos e passaram a pregar o Evangelho em regiões ainda mais interioranas do continente.

Figura 6.13: Um catequista fang (de uma missão protestante no Gabão)
Fonte: Milligan (1912).

O advento da Primeira Guerra Mundial (1914-1918) foi um divisor de águas da política colonialista. Isso porque esse foi um período no qual a ideologia imperialista ficou solidificada. Um exemplo disso foi a grande participação de soldados africanos nos combates da Primeira Guerra. Para criar os exércitos de africanos, as metrópoles passaram a utilizar diferentes estratégias, tais como o recrutamento obrigatório (e violento), ou então a promessa de promoção social para os homens que se alistassem voluntariamente – embora a maior parte dessas promessas nunca fosse cumprida.

A grande resistência da população africana em fazer parte dos exércitos que lutaram na Primeira Guerra Mundial fez com que as metrópoles contassem com um número menor de soldados africanos do que haviam esperado. Parte desses soldados africanos foi enviada para as batalhas travadas na Europa, mas outro grupo lutou no continente africano, que também foi espaço de disputa nessa guerra. Na África, os principais embates entre os **Aliados**[6.7] e a Tríplice *Entente* ocorreram no território dos atuais países do Togo, Camarões, Namíbia e Tanzânia. Com o fim da guerra e a derrota dos Aliados, a partilha do continente africano passou por um reordenamento geopolítico, o que significou que a Alemanha e o Império Otomano perderam o controle de praticamente todas as suas colônias africanas.

6.7: Os Aliados inicialmente eram Alemanha, Áustria-Hungria e Itália, mas logo a Itália mudou de lado e foi substituída pelo Império Otomano. A Tríplice *Entente* (Acordo) era formada por Grã-Bretanha, França e Rússia, a que se juntaram vários países.

Mapa 6.4: A África em 1919

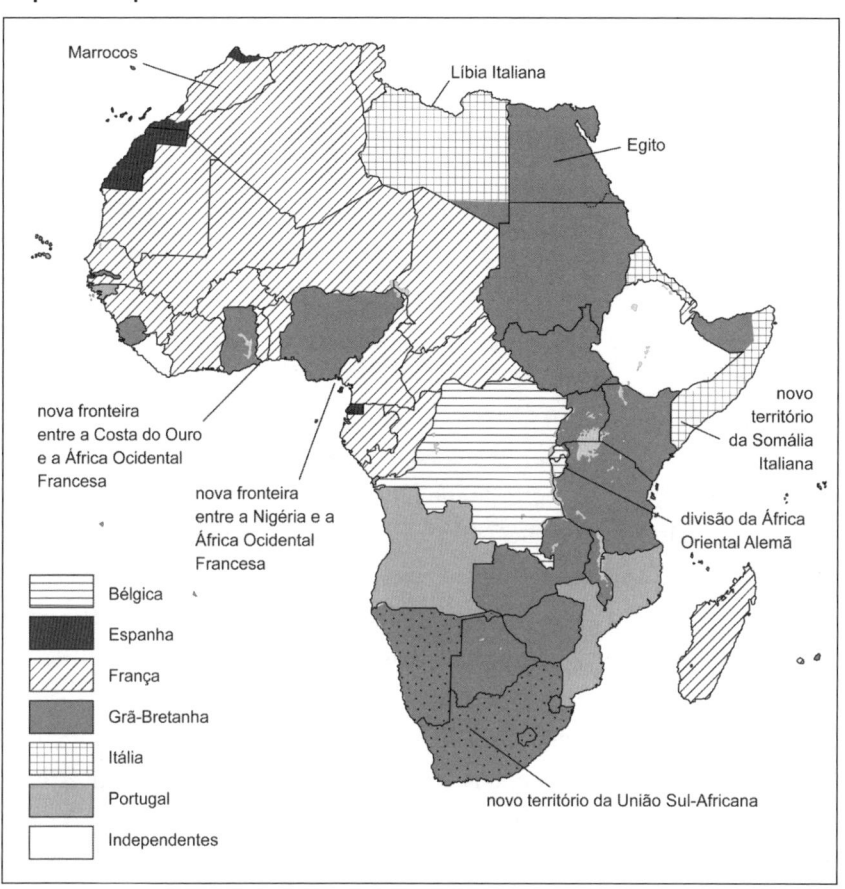

Legenda do mapa:
- Marrocos
- Líbia Italiana
- Egito
- nova fronteira entre a Costa do Ouro e a África Ocidental Francesa
- nova fronteira entre a Nigéria e a África Ocidental Francesa
- novo território da Somália Italiana
- divisão da África Oriental Alemã
- novo território da União Sul-Africana
- Bélgica
- Espanha
- França
- Grã-Bretanha
- Itália
- Portugal
- Independentes

O mapa da África permaneceu quase o mesmo de 1898 (veja o mapa 6.3), com as seguintes mudanças: o Marrocos agora pertencia à França; o Egito era formalmente colônia britânica; a Líbia Italiana foi formada com as colônias de Tripolitânia, Cirenaica e Fezã (tomadas ao Império Otomano em 1911), junto com territórios cedidos pela França e pelo Egito em 1919; a Somália Italiana cresceu com território cedido pela Grã-Bretanha; e as antigas colônias alemãs foram objeto de mandatos da Sociedade das Nações, passando a ser administradas por países membros da Sociedade: o Togo alemão foi dividido entre a África Ocidental Francesa e a Costa do Ouro (britânica); o Kamerun alemão também foi dividido: uma pequena parte foi incorporada ao sudeste da Nigéria (britânica), e o resto, à África Equatorial Francesa; a África Oriental Alemã foi dividida entre a África Oriental Inglesa e o Congo Belga (os atuais Ruanda e Burundi); e o Sudoeste Africano Alemão foi incorporado à União da África do Sul (antiga África Inglesa do Sul), que se tornara domínio autônomo do Império Britânico em 1910. Fontes: Gaba (2017b); Boahen (2010).

Boxe 6.3: Campos de concentração e o genocídio dos Hereros
No período que antecedeu a Primeira Guerra Mundial, a Alemanha foi responsável pelo primeiro genocídio do século XX: o genocídio dos Hereros. Os Hereros eram uma sociedade pastoril que habitava o território dos atuais países de Angola, Namíbia e Botsuana. Durante os últimos anos do século XIX, uma grande região do território Herero (conhecida como Damaraland) ficou sob o domínio dos alemães, que iniciaram uma forte política de apropriação da terra, cobrança de impostos e apreensão do gado, gerando grande insatisfação entre os Hereros e seus vizinhos, os Namaquas.

Em 1904, liderados por Samuel Maharero, os Hereros iniciaram uma revolta, que causou a morte de 120 colonos alemães. A resposta da Alemanha foi o envio de 14.000 soldados comandados pelo General Trotha. Os primeiros combates resultaram na morte de aproximadamente 5.000 homens Hereros e na fuga de mais de 24.000 que foram para o deserto de Kalahari, na esperança de conseguirem asilo político no protetorado britânico. Com o objetivo de esmagar a resistência, o general Trotha ordenou que todos os homens Hereros capturados fossem executados, enquanto as mulheres e crianças seriam enviadas para o deserto, para morrerem de fome e de sede.

Aqueles que sobreviveram foram levados para campos de concentração, como o de Shark Island (Namíbia), o que garantiu que os alemães tivessem mão de obra barata, ao mesmo tempo que tornava quase impossível novos movimentos de resistência por parte dos Hereros e dos Namaquas, que viviam em constante estado de desnutrição, doentes e trabalhando de forma exaustiva. Nesses campos de concentração, muitos Hereros foram utilizados como cobaias em experimentos científicos. As ações dos alemães causaram grandes debates do cenário internacional, pois a Alemanha defendia que os Hereros não deveriam ser protegidos pela Convenção de Genebra, pois não poderiam ser considerados seres humanos.

Segundo relatório da ONU de 1985, cerca de 80% da população Herero e 50% da população Namaqua foram dizimados entre os anos de 1904 e 1907, numa política de extermínio de um grupo étnico específico, política essa que continuou fazendo parte das ações alemãs até o final da Segunda Guerra Mundial (1939–1945). No final do século XX, os alemães reconheceram o genocídio feito contra os Hereros.

Figura 6.14: Condição dos hereros resgatados do deserto
Fonte: Union (1918).

Com o fim da Primeira Guerra Mundial e o reordenamento das colônias africanas, teve início o segundo período da colonização da África, quando as metrópoles europeias conseguiram ampliar sua administração civil não só em termos quantitativos, mas também qualitativos, com o intuito de que suas colônias passassem a ser autossuficientes.

A implementação da cobrança de tributos e a adoção do sistema monetário foram o ponto de virada na política econômica colonial. Além de garantir receita suficiente para arcar com os custos de toda a burocracia colonial, a necessidade de pagar com moeda os **impostos cobrados**[6.8] pelas metrópoles obrigou os jovens das populações africanas a aceitarem trabalhos mal remunerados que eram oferecidos pelas empresas e indústrias coloniais (sobretudo a indústria da mineração), o que consequentemente resultou em um expressivo êxodo rural da mão de obra ativa.

6.8: Os impostos cobrados aos habitantes das colônias eram: o imposto indígena de capitação, cobrado sobre todos os homens africanos; e o imposto da palhoça, que incidia sobre as habitações, variando de acordo com o número de cômodos das casas.

Além de solucionar o problema de mão de obra que havia caracterizado o primeiro momento da colonização, a cobrança de impostos também facilitou o confisco de terra de milhares de trabalhadores rurais africanos. A terra confiscada não só gerou ainda mais mão de obra – possibilitando o cultivo extensivo de produtos que tinham grande procura no mercado europeu –, mas também causou grandes danos para diversas sociedades africanas que foram apartadas do lugar onde seus ancestrais estavam enterrados.

A expressiva oferta de trabalhadores aguçou ainda o interesse de empresários europeus que passaram a ver a África como um grande investimento. Não por acaso esse foi o período de maior exploração mineral e agrícola, de construção de hidrelétricas, portos, ampliação da malha ferroviária e rodoviária etc.

A fim de manter a ordem e, sobretudo, garantir a cobrança de impostos, os estados europeus ampliaram significativamente o quadro de funcionários coloniais. O crescimento da população europeia resultou na melhoria da infraestrutura urbana, como a construção de hospitais e redes de esgoto, que na sua maioria eram usufruídas apenas pelos colonizadores.

Muitos estados metropolitanos começaram a participar da educação criando escolas laicas nas diferentes colônias. Num primeiro momento, essas escolas eram frequentadas pelos filhos dos colonos. Todavia, com o tempo, os jovens das elites africanas, sobretudo das populações que viviam nos centros urbanos, começaram a estudar nelas.

De maneira geral, é possível afirmar que as metrópoles europeias desenvolveram duas políticas coloniais no continente africano: da **assimilação** e da **diferenciação**. As características de cada uma dessas políticas ficam mais evidentes quando os sistemas educacionais implementados nas colônias são analisados.

Nas colônias pertencentes à França, à Bélgica, a Portugal e à Itália, a educação laica era pautada pela doutrina da assimilação, ou seja, as crianças e os jovens africanos eram entendidos como integrantes dos impérios francês, belga, português e italiano. As aulas eram ministradas nas línguas dos colonizadores e os conteúdos dos livros didáticos se remetiam quase que exclusivamente ao universo europeu. As crianças africanas colonizadas pela França aprendiam que seus primeiros ancestrais tinham sido os gauleses. Embora essa política educacional não levasse em conta as histórias, culturas e línguas africanas, ela permitia que um seleto grupo de estudantes da África pudesse finalizar seus estudos nas universidades europeias. Como se verá mais adiante, parte desses estudantes que rumaram para a Europa foi fundamental nas lutas de independência. O sistema educacional adotado por essas metrópoles era um dos exemplos da administração fortemente centralizadora dessa colonização.

Já as colônias alemãs e, principalmente, as britânicas, adotaram políticas educacionais e coloniais empíricas e descentralizadoras. Não estava no horizonte da Grã-Bretanha incluir os africanos no rol de cidadãos britânicos. A ideia era deixar que eles evoluíssem por eles mesmos. No campo educacional, por exemplo, parte das aulas era ministrada nas línguas locais e havia uma franca postura separatista entre os colonos e seus descendentes e os africanos. Em alguns locais, como na África do Sul, essa política foi levada ao extremo criando as condições necessárias para a consolidação do **Apartheid**. Todavia, mesmo a política inglesa viabilizou a formação de uma classe média africana intelectualizada.

> **Boxe 6.4: O *Apartheid***
>
> O *Apartheid* (vida separada) foi uma política praticada nos Estados Unidos e na África do Sul, onde virou lei no ano de 1948. Partindo da premissa de uma suposta superioridade dos brancos, o *Apartheid* impedia os negros de ocuparem cargos políticos e até mesmo de votar.
>
> Essa lei também promovia a segregação racial no país, em todas as esferas da vida social. Muitos espaços públicos não permitiam a entrada de negros e, quando o faziam, era em espaços determinados. Existiam trens, ônibus, escolas, hospitais, restaurantes, cinemas e até mesmo praias, banheiros públicos e ruas específicos para brancos e para negros. Os casamentos inter-raciais e a participação de negros nas organizações sindicais também eram proibidos por lei.
>
> Uma das figuras mais famosas da luta contra o *Apartheid* foi Nelson Mandela. Somente em 1990 a lei do *Apartheid* foi abolida, permitindo, quatro anos depois, a primeira eleição geral da África do Sul. Todavia, os resquícios dessa política podem ser sentidos até hoje, tendo em vista que grande parte da população negra do país foi impedida de ocupar cargos de chefia e empregos de destaque.

Figura 6.15: Cartazes escritos em inglês e africâner usados na África do Sul para indicar os espaços destinados a brancos (*whites* / *blankes*) e não brancos (*non-whites* / *nie-blankes*)
Fonte: Desenho baseado em cópias de cartazes reais.

A crise de 1929/1930 iniciou o terceiro e último período colonial na África. A partir de então, mais do que se sustentarem, as colônias africanas ainda deveriam gerar lucros para suas metrópoles. O colapso econômico provocado pela Segunda Guerra Mundial (1939-1945) fez com que a exploração das colônias aumentasse ainda mais, o que redimensionou o papel das colônias africanas no quadro mundial. As colônias africanas intensificaram a produção de alimentos e a exploração de minérios, usando recursos próprios e um número cada vez maior de mão de obra que trabalhava em péssimas condições. Tal alavancada econômica foi acompanhada de mais infraestrutura e da ampliação da educação para a população local. Universidades foram criadas, diversos profissionais liberais europeus foram enviados para as colônias, e africanos "bem educados" começaram a ocupar alguns cargos administrativos e de chefia. Parecia que o objetivo europeu inicial de levar "a civilização" para a África estava dando certo.

Se isso não bastasse, o legado da Segunda Guerra também aumentou a insatisfação de muitos colonos. Assim como ocorrera na Primeira Guerra Mundial, os exércitos europeus contaram com o recrutamento (forçado e voluntário) de soldados africanos que lutaram nos campos de batalha europeus, africanos e até mesmo asiáticos. Não seria exagero afirmar que importantes vitórias dos exércitos europeus durante a Segunda Guerra ocorreram dentro do continente africano.

O não reconhecimento dos feitos dos soldados africanos, bem como a convivência desses homens com as ações mais extremadas da política imperialista, foram fundamentais no processo de independência da África.

Mapa 6.5: A África em 1945

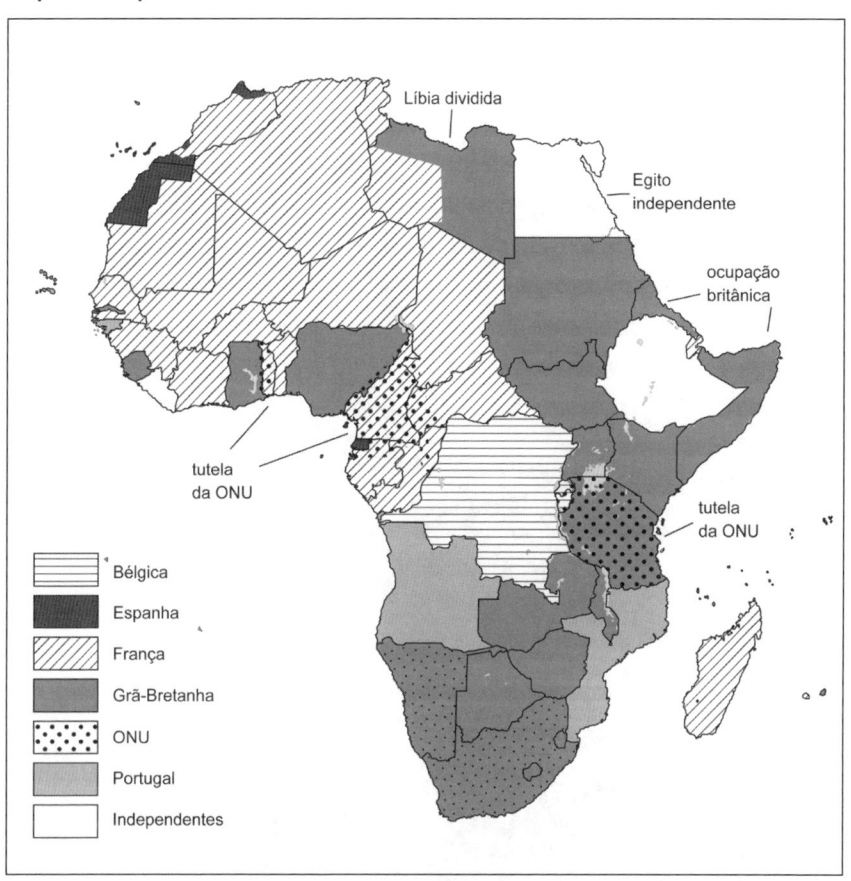

Desde 1922, o Egito se tornara independente. Com o fim da Segunda Guerra Mundial, a Itália perdeu suas colônias: em 1942, a Líbia Italiana foi dividida entre a França (que ficou com o Fezã) e a Grã-Bretanha (que ficou com a Tripolitânia e a Cirenaica); a Grã-Bretanha incorporou a Somália Italiana à Somalilândia britânica e também tomou a Eritreia. A Organização das Nações Unidas (ONU) assumiu a tutela das antigas colônias alemãs (que estavam desde o fim da Primeira Guerra sob mandato da extinta Sociedade das Nações); só o Sudeste Africano permaneceu dominado pela União Sul-Africana. A partir desse momento, a ONU passou a promover negociações que propiciaram a descolonização progressiva da África. (Veja o mapa 1 da Abertura e a seção 6.7.1 para identificar as subdivisões das colônias e os países independentes atuais) Fontes: Gaba (2017b); Boahen (2010).

Boxe 6.5: O massacre de Thiaroye
No dia 1º de dezembro de 1944, no campo militar de Thiaroye (atual Senegal), soldados africanos do exército francês que haviam lutado na Segunda Guerra Mundial fizeram um movimento para exigir o pagamento dos salários atrasados. Sob a ordem dos generais franceses Dagnan e Boisboissel, os *tirailleurs* – como eram conhecidos esses soldados africanos – foram atacados de surpresa por soldados do próprio exército em que haviam servido. Esse ataque terminou com a morte de pelo menos 35 soldados *tirailleurs*, e até hoje é um episódio pouco conhecido da história francesa durante a Segunda Guerra.

Figura 6.16: Um *tirailleur*
Fonte: Frey (1890).

6.7 Movimentos de independência e a liberdade

As metrópoles europeias não imaginavam que as colônias africanas fossem utilizar o aparato colonial no período entre guerras para lutar contra a própria colonização. E, no geral, foi isso que aconteceu. O fomento econômico de diferentes localidades africanas acabou gerando uma classe média intelectualizada que, depois de estudar nas melhores universidades africanas e europeias, passou a questionar o estatuto colonial. Se isso não bastasse, salvo raríssimos casos, a condição de vida dos africanos era muito ruim. A exploração do trabalho era total; os salários eram irrisórios; e poucos sindicatos conseguiram, de fato, garantir os direitos básicos dos trabalhadores. Nos grandes centros urbanos, os africanos moravam nos bairros mais pobres e com menor grau de infraestrutura. No campo, a grande taxação de impostos obrigava muitos camponeses a trabalharem praticamente de graça. A mineração não só era a atividade que mais explorava a mão de obra africana, como a que mais matava também.

Afinal de contas, a África precisava da Europa para quê?

Tais questionamentos somaram-se aos diferentes tipos de resistência que já aconteciam no continente africano desde o início da colonização, fazendo com que a ideologia imperialista europeia fosse duramente questionada. A resistência passiva, também conhecida como "recusa do sistema", foi considerada o primeiro tipo de resistência dos africanos frente à colonização. Nesses casos, homens e mulheres fugiam para não se submeter às leis coloniais. Muitos dos colonos que fugiram do sistema acabaram criando grupos que tentaram reconstruir sua vida em comunidade à margem da colonização; esse movimento ficou conhecido como banditismo social.

Houve também revoltas e rebeliões, em diferentes localidades do continente, realizadas por colonos africanos que se recusavam a pagar impostos tão altos, ou então que lutavam por melhores condições de trabalho. Um exemplo importante foi a guerrilha feita pelos *awandjis* que viviam no atual Gabão, que na época era colônia da Grã-Bretanha.

A religião foi um importante instrumento de resistência em diferentes localidades da África. Mesmo com a forte presença dos missionários, as religiões africanas continuaram sendo praticadas e serviram como forte elemento de identidade entre os colonos. Feiticeiros, sacerdotes e sacerdotisas, sociedades secretas foram armas importantes na luta contra a opressão europeia. Até mesmo o cristianismo foi utilizado por muitos colonos como forma de questionar o imperialismo europeu na África, na medida em que os ideais de justiça, igualdade e fraternidade presentes no Evangelho não pareciam combinar com as ações das metrópoles. **Grupos messiânicos negros**[6.9] também passaram a resistir ao sistema colonial.

> **6.9:** Eram Igrejas com clero africano e que adotavam a Bíblia traduzida para línguas locais, e que tinham em geral posição anticolonialista. Uma das Igrejas messiânicas de grande importância durante o processo de independência dos países da África foi a *United Native African Church* (Igreja Unida Autenticamente Africana) criada em 1899.

Todos esses movimentos ganharam um poderoso aliado a partir do momento em que as elites coloniais começaram a questionar a ideologia imperialista que sustentava a colonização. Conforme dito, o sistema colonial instrumentalizou um grupo seleto de africanos que passou a questionar a ordem colonial a partir dos ideais "aprendidos" nas metrópoles. Nesse contexto, dois movimentos tiveram grande importância: o pan-africanismo e a negritude.

O *pan-africanismo* era um movimento político, filosófico e social que pressupunha a união identitária e política de todos aqueles que estivessem vinculados à África, fossem eles africanos ou seus descendentes. Sendo assim, o movimento pan-africanista lutava por melhores condições de vida dos negros africanos que estavam sob o jugo colonial, e também combatia as desigualdades a que os negros americanos estavam submetidos. No período entre guerras (1919–1935), o movimento pan-africanista se reuniu em quatro congressos (1919 em Paris, 1921 em Londres, 1923 em Lisboa, 1927 em Nova York).

Figura 6.17: William DuBois [1868–1963] Historiador, sociólogo e escritor americano, lutou pelos direitos dos negros, contra o colonialismo e o imperialismo. É considerado o pai do pan-africanismo. Fonte: NYPL (2017).

"A África para os africanos!" foi o lema principal dos pan-africanistas que se reuniram nesses grandes congressos, nos quais discutiam as saídas possíveis do colonialismo e a recuperação dos traços que caracterizavam a cultura africana antes da colonização dos europeus, como o culto aos ancestrais e a importância da palavra falada. Tais congressos foram fundamentais para o fortalecimento do movimento, pois permitiram que intelectuais africanos de diferentes localidades pudessem se encontrar e também dialogar com negros de outras partes do mundo. Esses encontros também foram importantes para a articulação dos pan-africanistas com europeus mais liberais, ampliando assim o número de pessoas simpatizantes à causa.

Figura 6.18: Marcus Garvey [1887–1940] Jornalista, empresário e político jamaicano, foi um dos criadores do pan-africanismo. Fundou a Associação Universal para o Progresso Negro, que atuou em dezenas de países.
Fonte: NYPL (2017).

A *negritude* foi ao mesmo tempo uma corrente literária e uma ideologia que reunia escritores negros francófonos. Criada oficialmente em 1935, com influência do pan-africanismo, a negritude tinha como objetivos principais reivindicar a identidade negra e sua cultura frente à opressão colonial. O termo foi criado por Aimé Césaire e empregado pela primeira vez em 1935. Doze anos depois, com a criação da revista *Présence Africaine* publicada em Dakar (Senegal) e em Paris (França), fez com que os valores do movimento ganhassem mais notoriedade e exerceu forte influência nos movimentos independentistas na África.

> A Negritude, aos meus olhos, não é uma filosofia [...] uma metafísica [...] uma concepção pretensiosa do universo.
> É uma maneira de viver a história dentro da história – a história de uma comunidade cuja experiência se mostra singular com suas deportações de populações, suas transferências de homens de um continente para outro, as memórias de crenças distantes, seus restos de culturas assassinadas.
> [...] a Negritude [..] pode ser definida como tomada de consciência da diferença, como memória, fidelidade e solidariedade.

Mas a Negritude não é só passiva. [...] é [...] descoberta de dignidade [...] recusa da opressão [...] combate contra a desigualdade. [...] (CÉSAIRE, 2016. Tradução do Editor)

Além desses dois movimentos, os africanos colonizados criaram outras formas de resistência, como o jornalismo político, cujo objetivo era denunciar e lutar contra os abusos da colonização. As associações de intelectuais e de jovens apareceram em diferentes colônias, tais como a Liga de Defesa da Raça Negra na Etiópia e a SANNC (*South African Native National Congress*) na África do Sul, dentre outras. Embora proibidos por grande parte das metrópoles, sindicatos foram criados e trabalhadores rurais e urbanos desenvolveram diferentes tipos de movimentos (como as greves) que eram contrários à forte exploração colonial.

A resistência africana ficou ainda mais forte após 1945. A participação de africanos nos combates da Segunda Guerra Mundial redimensionou, para os soldados africanos, o que a colonização representava de fato. Se o movimento nazifascista, condenado por quase todas as potências europeias, estava baseado no **racismo científico**, a colonização da África também estava e, portanto, deveria ser combatida da mesma forma. Dessa forma, o próprio racismo, que serviu como justificativa para os países europeus colonizarem a África e esteve presente em todas as colônias, passou a ser relido sob a ótica dos africanos. Essa perspectiva deu novo impulso ao movimento pan-africanista, que realizou um importante congresso em Manchester em 1945. Mais do que nunca, a cor negra passou a ser vista como um elemento identificador não só das colônias africanas, mas também entre os descendentes de africanos escravizados nas Américas. Os movimentos de independência de colônias asiáticas, como da Índia (em 1920) e da Indochina em 1945 (atuais Vietnã, Camboja e Laos), também exerceram forte influência sobre as colônias africanas.

A articulação entre a ideologia imperialista e racista das metrópoles, com péssimas condições de vidas oferecidas pelo colonialismo, e o desenvolvimento de um olhar nacionalista em todo o território africano, impulsionou os diferentes movimentos de independência da África, que na época já contavam com diversos partidos políticos. Entre as décadas de 1950 e 1960, mais da metade dos países africanos já havia alcançado a liberdade. De modo geral, a independência dos países africanos foi obtida de duas maneiras: por meio de acordos diplomáticos entre as elites africanas que se haviam formado e as autoridades metropolitanas (como Gana, que ficou independente em 1957), ou então por meio do confronto bélico entre colonizados e colonizadores.

Muitas metrópoles europeias não admitiam ou não concordavam com as maneiras pelas quais suas colônias estavam lutando por sua independência, e responderam com ações violentas. Um exemplo foi a Revolta dos Mau-Mau, iniciada por um grupo clandestino dentre os *kikuyus* que viviam no atual Quênia. Considerados uma sociedade secreta repleta de superstições, os Mau-Mau lutaram pelo fim da colonização entre os anos de 1952 e 1963, quando o Quênia tornou-se um país livre. Outra independência africana que foi marcada por inúmeros conflitos foi a Guerra da Argélia. Depois de anos de opressão colonial, marcados por muitos embates entre o poder metropolitano e a população argelina (na sua maioria árabes e berberes), em 1954 os argelinos iniciaram sua luta pela independência. A luta durou sete anos e causou a morte de mais de 260.000 pessoas. As últimas colônias a conseguirem sua independência foram aquelas que pertenciam a Portugal. Graças ao governo salazarista (1933 a 1974), os portugueses mantiveram a forte violência e a perpetuação dos ideais imperialistas em suas possessões africanas, que conquistaram suas respectivas independências em meados da década de 1970.

6.7.1 Quadro geral das independências africanas

Os dados apresentados a seguir foram obtidos principalmente na coleção *História geral da África* da UNESCO (KI-ZERBO, 2010). No volume 8 dessa coleção há, nas páginas 128 a 131, uma tabela com o resumo dos dados principais acerca dos países africanos independentes, e na página 1148 informações sobre a Eritreia. O volume 7 fornece mais alguns detalhes ao longo do livro, no capítulo referente a cada país. Páginas da internet (especialmente as da Wikipédia, quando citavam referências de boa qualidade, da ONU e páginas oficiais dos locais pesquisados) forneceram informações atualizadas até 2017 sobre o Sudão do Sul e sobre os dois países independentes de fato mas com a independência questionada (Saara Ocidental e Somalilândia).

Etiópia
Data da independência: reino ou império independente desde a Antiguidade.
Potência colonial: foi ocupada pela Itália fascista de 1936 a 1941.
Nome como colônia: não foi realmente uma colônia.
Observações: no fim do século XIX, cedeu para a Itália o litoral (que constituiu a Eritreia), mas se manteve independente até 1935. Entre maio de 1936 e maio de 1941, formou, com a Eritreia e a Somália Italiana, a África Oriental Italiana.

Libéria
Data da independência: 26 de julho de 1847.
Potência colonial: era colônia privada da *American Colonization Society* (Sociedade Americana de Colonização), que recebeu auxílio do governo dos Estados Unidos da América.
Nome como colônia: Libéria.
Observações: foi criada em 1822 para receber afro-americanos e afro-caribenhos livres ou libertos, e africanos livres ou resgatados de traficantes de escravos. Absorveu colônias fundadas por outras empresas nas imediações de Monróvia (a primeira colônia e atual capital): Pensilvânia, Mississipi, Louisiana e Maryland. O governo americano só reconheceu sua independência em 1862.

África do Sul
Data da independência: nominal em 31 de maio de 1910; efetiva em 31 de maio de 1961.
Potência colonial: Grã-Bretanha.
Nome como colônia: quatro colônias britânicas distintas: Cabo, Natal, Transvaal e Orange.
Observações: a União Sul-Africana foi criada em 1910 como domínio autônomo do império britânico; em 1961 tornou-se a república da África do Sul, saindo da Comunidade Britânica (à qual voltou anos depois).

Egito
Data da independência: 28 de fevereiro de 1922.
Potência colonial: Grã-Bretanha.
Nome como colônia: Egito.
Observações: foi província romana (30 A.E.C.–646 E.C.), árabe e depois turca (646–1914), antes de se tornar protetorado britânico. Formou a República Árabe Unida (com Síria e Iêmen) de 1958 a 1971. É o único país africano multicontinental: tem uma região na Ásia, a península do Sinai, que tem sido alvo de tentativas de ocupação por Israel. Uma parte da fronteira sul é disputada pelo Sudão.

Líbia
Data da independência: 24 de dezembro de 1951.
Potência colonial: Itália (1911–1942); Grã-Bretanha (Tripolitânia e Cirenaica) e França (Fezã) de 1943 a 1951.
Nome como colônia: Líbia.
Observações: foi província do Império Turco do século XVI até 1911, após ter sido província cartaginesa, romana e bizantina.

Sudão
Data da independência: 1º de janeiro de 1956.
Potência colonial: Grã-Bretanha e Egito.
Nome como colônia: Sudão.
Observações: conquistado pelo Egito nos anos 1820, libertou-se nos anos 1880 mas foi retomado pela Grã-Bretanha na década seguinte, tornando-se um condomínio anglo-egípcio. Uma longa guerra civil após a independência resultou na separação do Sudão do Sul.

Marrocos
Data da independência: 2 de março de 1956.
Potência colonial: França e Espanha.
Nome como colônia: Marrocos.
Observações: após a independência do Marrocos francês, a Espanha entregou ao país (entre 1956 e 1969) quase todas as suas possessões na região, com exceção das cidades de Ceuta e Melilla.

Tunísia
Data da independência: 20 de março de 1956.
Potência colonial: França.
Nome como colônia: Tunísia.
Observações: o território da atual Tunísia foi o centro do Império Cartaginês, desde a fundação da cidade de Cartago, aproximadamente no século IX A.E.C., até 146 A.E.C., quando a região se tornou província romana.

Gana
Data da independência: 6 de março de 1957.
Potência colonial: Grã-Bretanha.
Nome como colônia: Costa do Ouro.
Observações: tornou-se independente incluindo o Togo britânico (parte do Togo alemão, dividido pela Liga das Nações, após a Primeira Guerra Mundial, entre Grã-Bretanha e França; o território sob tutela da ONU após a Segunda Guerra).

Guiné
Data da independência: 2 de outubro de 1958.
Potência colonial: França.
Nome como colônia: Guiné Francesa.
Observações: no período colonial, fez parte da África Ocidental Francesa.

Camarões
Data da independência: 1 de janeiro de 1960.
Potência colonial: Alemanha de 1884 ao fim da Primeira Guerra Mundial; dividido pela Liga das Nações entre França e Grã-Bretanha em 1919; sob tutela da ONU após a Segunda Guerra.
Nome como colônia: Camarões (Kamerun).
Observações: o Camarões Francês se tornou independente em 1960 e, em 1961, recebeu o sul do Camarões britânico.

Togo
Data da independência: 27 de abril de 1960.
Potência colonial: Alemanha de 1884 até o fim da Primeira Guerra Mundial; França a partir de 1918.
Nome como colônia: Togo.
Observações: constituía a maior parte do Togo alemão, dividido pela Liga das Nações entre França e Grã-Bretanha após a Primeira Guerra Mundial, e mais tarde posto sob tutela da ONU.

Mali
Data da independência: 20 de junho de 1960.
Potência colonial: França.
Nome como colônia: Sudão Francês.
Observações: no período colonial, fez parte da África Ocidental Francesa. Logo após a independência, formou uma federação com o Senegal, dissolvida em 20 de agosto de 1960.

Senegal
Data da independência: 20 de junho de 1960.
Potência colonial: França.
Nome como colônia: Senegal.
Observações: no período colonial, fez parte da África Ocidental Francesa. Logo após a independência, formou uma federação com o Mali, dissolvida em 20 de agosto de 1960. De 1982 a 1989, formou, com Gâmbia, a Confederação da Senegâmbia.

Madagascar
Data da independência: 26 de junho de 1960.
Potência colonial: França.
Nome como colônia: Madagascar.
Observações: a República Malgache, estabelecida em 1958 como estado autônomo dentro da Comunidade Francesa, tornou-se independente em 1960 com o nome de Madagascar.

Repúbica Democrática do Congo
Data da independência: 30 de junho de 1960.
Potência colonial: Bélgica.
Nome como colônia: Congo Belga.
Observações: chamou-se Estado Independente do Congo enquanto foi propriedade pessoal do rei da Bélgica (1886–1908) antes de ser possessão da Coroa; chamou-se Zaire de 1971 a 1997.

Somália
Data da independência: 1º de julho de 1960.
Potência colonial: Grã-Bretanha e Itália.
Nome como colônia: Somália Italiana (1889–1941) e Somalilândia Britânica (1884).
Observações: a Somalilândia Britânica tornou-se independente em 26 de junho de 1960. De acordo com negociações prévias, no dia 1º de julho a Somália Italiana (então sob a tutela da ONU) foi unida à Somalilândia, constituindo a Somália. Logo começou uma longa guerra civil que levou à desagregação do país, com a Somalilândia se proclamando independente em 1991, a Puntlândia se declarando estado autônomo em 1998 e várias pequenas áreas lutando contra o governo central. A situação permanecia não resolvida até 2017.

Benim
Data da independência: 1º de agosto de 1960.
Potência colonial: França.
Nome como colônia: Daomé.
Observações: no período colonial, fez parte da África Ocidental Francesa. Conservou o nome de Daomé até 30 de novembro de 1975.

Níger
Data da independência: 3 de agosto de 1960.
Potência colonial: França.
Nome como colônia: Níger.
Observações: no período colonial, fez parte da África Ocidental Francesa.

Burkina Fasso
Data da independência: 5 de agosto de 1960.
Potência colonial: França.
Nome como colônia: Alto Volta.
Observações: no período colonial, fez parte da África Ocidental Francesa. Conservou o antigo nome de Alto Volta até 4 de agosto de 1984.

Costa do Marfim
Data da independência: 7 de agosto de 1960.
Potência colonial: França.
Nome como colônia: Costa do Marfim.
Observações: no período colonial, fez parte da África Ocidental Francesa.

Chade
Data da independência: 11 de agosto de 1960.
Potência colonial: França.
Nome como colônia: Chade.
Observações: foi constituído pela divisão da África Equatorial Francesa.

República Centro-Africana
Data da independência: 13 de agosto de 1960.
Potência colonial: França.
Nome como colônia: Ubangui-Chari.
Observações: foi constituída pela divisão da África Equatorial Francesa; tornou-se Império Centro-Africano de 4 de dezembro de 1976 a 20 de setembro de 1979.

República do Congo
Data da independência: 15 de agosto de 1960.
Potência colonial: França.
Nome como colônia: Médio Congo.
Observações: foi constituída pela divisão da África Equatorial Francesa; é chamada informalmente de Congo-Brazzaville; adotou o nome de República Popular do Congo entre 1970 e 1991.

Gabão
Data da independência: 17 de agosto de 1960.
Potência colonial: França.
Nome como colônia: Gabão.
Observações: foi constituído pela divisão da África Equatorial Francesa; seu nome oficial é República Gabonesa.

Nigéria
Data da independência: 1º de outubro de 1960.
Potência colonial: Grã-Bretanha.
Nome como colônia: Nigéria.
Observações: em 1961 recebeu o norte do Camarões Britânico, que estava sob tutela da ONU.

Mauritânia
Data da independência: 28 de novembro de 1960.
Potência colonial: França.
Nome como colônia: Mauritânia.
Observações: no período colonial, fez parte da África Ocidental Francesa.

Serra Leoa
Data da independência: 27 de abril de 1961.
Potência colonial: Grã-Bretanha.
Nome como colônia: Serra Leoa.
Observações: no final do século XV, os portugueses já tinham nessa região um entreposto para o comércio de escravos. No fim do século XVIII e início do século XIX, os britânicos fundaram colônias para ex-escravos libertos, africanos resgatados de navios negreiros e migrantes de regiões próximas.

Tanzânia
Data da independência: 9 de dezembro de 1961.
Potência colonial: Grã-Bretanha (tutela da ONU).
Nome como colônia: Tanganica.
Observações: é a maior parte da antiga África Oriental Alemã. Em 1963, o arquipélago de Zanzibar (formado pelas ilhas Zanzibar e Pemba) se tornou independente da Grã-Bretanha. Em 27 de abril de 1964, Zanzibar e Tanzânia se uniram, adotando o nome oficial de República Unida da Tanzânia.

Burundi
Data da independência: 1º de julho de 1962.
Potência colonial: Alemanha (1890-1919), Bélgica (1919-1962, sob tutela da ONU).
Nome como colônia: Ruanda-Urundi.
Observações: Ruanda-Urundi era parte da antiga África Oriental Alemã; foi dividida em Ruanda e Burundi no momento da independência.

Ruanda
Data da independência: 1º de julho de 1962.
Potência colonial: Alemanha (1890-1919), Bélgica (1919-1962, sob tutela da ONU).
Nome como colônia: Ruanda-Urundi.
Observações: Ruanda-Urundi era parte da antiga África Oriental Alemã; foi dividida em Ruanda e Burundi no momento da independência.

Argélia
Data da independência: 3 de julho de 1962.
Potência colonial: França.
Nome como colônia: Argélia (ou Algéria, tradução do nome do país em francês).
Observações: a região era ocupada desde a Antiguidade por povos berberes que constituíram reinos que, em diferentes momentos, foram independentes ou subordinados a Cartago, Roma, Bizâncio e ao Império Otomano, antes de a região ser invadida pela França no século XIX.

Uganda
Data da independência: 9 de outubro de 1962.
Potência colonial: Grã-Bretanha.
Nome como colônia: Uganda.
Observações: Após a independência, o país foi palco de uma série de golpes de estado, rebeliões e guerras civis.

Quênia
Data da independência: 12 de dezembro de 1963.
Potência colonial: Grã-Bretanha.
Nome como colônia: Quênia.
Observações: bem antes da chegada dos europeus, o litoral do Quênia já era ocupado por cidades-estado árabes e suaílis.

Maláui
Data da independência: 6 de julho de 1964.
Potência colonial: Grã-Bretanha.
Nome como colônia: Niassalândia.
Observações: formou uma federação com as Rodésias do Sul e do Norte (Zimbábue e Zâmbia) de 1953 a 1963.

Zâmbia
Data da independência: 24 de outubro de 1964.
Potência colonial: Grã-Bretanha.
Nome como colônia: Rodésia do Norte.
Observações: formou uma federação com a Rodésia do Sul e a Niassalândia (Zimbábue e Maláui) de 1953 a 1963.

Gâmbia
Data da independência: 18 de fevereiro de 1965.
Potência colonial: Grã-Bretanha.
Nome como colônia: Gâmbia.
Observações: Após a independência, permaneceu como membro da Comunidade Britânica, da qual saiu em 2 de outubro de 2013. De 1982 a 1989, formou, com o Senegal, a Confederação da Senegâmbia.

Botsuana
Data da independência: 30 de setembro de 1966.
Potência colonial: Grã-Bretanha.
Nome como colônia: Bechuanalândia.
Observações: no século XVIII, o crescente comércio de escravos e marfim motivou uma guerra promovida pelo Império Zulu contra povos menores da região, com o fim de monopolizar as relações comerciais com os europeus.

Lesoto
Data da independência: 4 de outubro de 1966.
Potência colonial: Grã-Bretanha.
Nome como colônia: Basutolândia.
Observações: após a independência, ocorreram vários golpes de estado e conflitos armados no país.

Maurício
Data da independência: 12 de março de 1968.
Potência colonial: Grã-Bretanha.
Nome como colônia: Ilhas Maurício.
Observações: a República de Maurício é formada pelas ilhas Maurício, Rodrigues, Saint Brandon e Agaléga. A ilha de Reunião, do mesmo arquipélago que Maurício, pertence à França.

Suazilândia
Data da independência: 6 de setembro de 1968.
Potência colonial: Grã-Bretanha.
Nome como colônia: Suazilândia.
Observações: tornou-se protetorado britânico autônomo em 1967, e monarquia independente em 1968.

Guiné Equatorial
Data da independência: 12 de outubro de 1968.
Potência colonial: Espanha.

Nome como colônia: Guiné Espanhola, depois Guiné Equatorial.
Observações: a Guiné Espanhola era formada pelas ilhas Fernando Pó e pela Guiné Continental (também chamada Rio Muni ou Mbini); em 1963, os dois distritos foram unidos, constituindo a província autônoma espanhola (e depois o país independente) da Guiné Equatorial.

Guiné-Bissau
Data da independência: 10 de setembro de 1974.
Potência colonial: Portugal.
Nome como colônia: Guiné Portuguesa.
Observações: após a independência, o país viveu um longo período de guerra civil e instabilidade política.

Moçambique
Data da independência: 25 de junho de 1975.
Potência colonial: Portugal.
Nome como colônia: Moçambique.
Observações: após a independência, o país viveu um longo período de guerra civil e instabilidade política.

Cabo Verde
Data da independência: 5 de julho de 1975.
Potência colonial: Portugal.
Nome como colônia: Cabo Verde.
Observações: a república é constituída por um arquipélago cujos primeiros habitantes foram os portugueses chegados no século XV.

Comores
Data da independência: 6 de julho de 1975.
Potência colonial: França.
Nome como colônia: Arquipélago de Comores.
Observações: a ilha de Mayotte, que faz parte do arquipélago, permaneceu sob o domínio francês.

São Tomé e Príncipe
Data da independência: 12 de julho de 1975.
Potência colonial: Portugal.
Nome como colônia: São Tomé e Príncipe.
Observações: o arquipélago, formado por duas ilhas principais e várias ilhotas, era desabitado até a chegada dos portugueses no século XV.

Angola
Data da independência: 11 de novembro de 1975.
Potência colonial: Portugal.
Nome como colônia: Angola.
Observações: o país preservou a província de Cabinda que, na partilha da África entre as potências coloniais, foi separada de Angola pela faixa de terra que deu saída para o mar ao Congo Belga. Após a independência, Angola viveu um longo período de guerra civil e instabilidade política.

Saara Ocidental
Data da independência: 28 de fevereiro de 1975.
Potência colonial: Espanha.
Nome como colônia: Saara Espanhol (formado pelas províncias Rio de Oro e Saguía el Hamra).
Observações: em 1975, a Espanha deixou o Saara para o Marrocos e a Mauritânia. A Frente Polisario constituiu um governo republicano, reconhecido por cerca de metade dos países-membros da ONU, mas o Marrocos manteve a ocupação de grande parte do país. Até meados de 2017, o conflito continuava sem solução.

Seicheles
Data da independência: 26 de junho de 1976.
Potência colonial: Grã-Bretanha.
Nome como colônia: Ilhas Seicheles.
Observações: a república é formada pelos arquipélagos das ilhas Seicheles, Almirante, Farquhar e Aldabra, além de algumas ilhas isoladas, somando mais de uma centena de ilhas.

Djibuti
Data da independência: 27 de junho de 1977.
Potência colonial: França.
Nome como colônia: Costa Francesa dos Somális (1888–1967); Território Francês dos Afars e Issas (1967–1977).
Observações: o país tem uma área na fronteira disputada pela Eritreia.

Zimbábue
Data da independência: 18 de abril de 1980.
Potência colonial: Grã-Bretanha.
Nome como colônia: Rodésia do Sul.
Observações: formou uma federação com a Rodésia do Norte e a Niassalândia (Zâmbia e Maláui) de 1953 a 1963. Declarou unilateralmente a independência em 1965.

Namíbia
Data da independência: 21 de março de 1990.
Potência colonial: África do Sul.
Nome como colônia: África do Sudoeste.
Observações: antiga colônia alemã, sob tutela da ONU, objeto de controvérsia entre esta organização e a África do Sul.

Somalilândia
Data da independência: 18 de maio de 1991.
Potência colonial: Grã-Bretanha; Somália.
Nome como colônia: Somalilândia Britânica.
Observações: a Somalilândia se tornou independente da Grã-Bretanha em 26 de junho de 1960 e, em 1º de julho, uniu-se à Somália Italiana, formando a Somália. Logo começou uma guerra civil e, em maio de 1991, a Somalilândia proclamou a independência, reivindicando o território da antiga colônia britânica. Embora tenha toda a estrutura de governo e legislação como qualquer nação, a Somalilândia ainda não foi reconhecida por nenhum país, e tem uma área disputada pela Puntlândia (parte da Somália). A ONU (Resolução 60/251 de 2006) procurou promover a negociação do reconhecimento desse Estado, sem resultado até 2017.

Eritreia

Data da independência: 24 de maio de 1993.
Potência colonial: Itália (1869–1941); Grã-Bretanha (1941–1952); Etiópia (1952–1993).
Nome como colônia: Eritreia.
Observações: no final de 1952, por recomendação da ONU, a Eritreia foi unida à Etiópia. Mesmo após declarar sua independência, em 1993, a Eritreia continuou lutando contra a Etiópia e outros países com que tem disputas de fronteira.

Sudão do Sul

Data da independência: 9 de julho de 2011.
Potência colonial: Grã-Bretanha e Egito.
Nome como colônia: Sudão.
Observações: era parte do Sudão quando o país se tornou independente em 1956; a longa guerra civil entre o governo islâmico sudanês e os povos não islâmicos sulistas culminou na separação do Sudão do Sul.

6.7.2 Territórios africanos sob tutela estrangeira em 2016

No volume 8 da coleção *História geral da África* da UNESCO (KI-ZERBO, 2010) há, na página 131, uma pequena nota com dados bem resumidos sobre os territórios africanos que se encontravam sob tutela estrangeira na época em que a obra foi escrita. Páginas da internet (especialmente as da Wikipédia, quando citavam referências de boa qualidade, da ONU e páginas oficiais dos locais pesquisados) forneceram informações atualizadas até 2017 sobre esses territórios.

Os termos "cidade autônoma", "comunidade autônoma" e "departamento autônomo" se referem a divisões políticas modernas dos países europeus, que deram maior autonomia às partes do país (equivalentes a estados ou províncias); mas essas partes continuam subordinadas ao governo nacional.

Canárias (Ilhas)
Situação: comunidade autônoma espanhola.
Data da ocupação: entre 1405 e 1495 (Reino de Castela).
Potência colonial atual: Espanha.
Observações: embora seja considerado território europeu, o arquipélago fica na plataforma continental africana (a faixa de fundo do mar junto da costa, que faz parte do continente).

Ceuta
Situação: cidade autônoma espanhola no litoral de Marrocos.
Data da ocupação: 1645 (de fato), 1668 (formalmente).
Potência colonial atual: Espanha.
Observações: conquistada por Portugal em 1415, a cidade tornou-se espanhola com a união das coroas de Portugal e Espanha, e foi cedida à Espanha após a restauração portuguesa.

Chagos (Arquipélago de)
Situação: grupo de atóis que formam o Território Britânico Ultramarino no Oceano Índico.
Data da ocupação: 1764 (França), 1864 (Grã-Bretanha).
Potência colonial atual: Grã-Bretanha.
Observações: era parte do território das Ilhas Maurício, mas foi tomada pela Grã-Bretanha. Entre 1967 e 1973, a ilha Diego Garcia teve seus habitantes expulsos para ser usada pelos Estados Unidos como base militar; em 2017 os sobreviventes ainda lutavam pelo retorno.

Madeira (Arquipélago da)
Situação: região autônoma portuguesa.
Data da ocupação: 1419.
Potência colonial atual: Portugal.
Observações: as ilhas desabitadas foram ocupadas inicialmente por um pequeno grupo de colonos portugueses que estabeleceram a cultura da cana-de-açúcar importando escravos da costa da África.

Mayotte (Ilha de)
Situação: departamento ultramarino francês.
Data da ocupação: 1841.
Potência colonial atual: França.
Observações: fica no arquipélago de Comores, mas optou por ficar ligada à França, que tem uma base militar na ilha. Um projeto apresentado à ONU pelo reconhecimento da soberania de Comores sobre Mayotte foi vetado pela França.

Melilla
Situação: cidade autônoma espanhola no litoral de Marrocos.
Data da ocupação: 1556.
Potência colonial atual: Espanha.
Observações: cidade fenícia do século VII A.E.C., pertenceu a Cartago, à Mauritânia e ao califado de Córdoba.

Reunião (Ilha da)
Situação: departamento ultramarino francês.
Data da ocupação: 1642.
Potência colonial atual: França.
Observações: faz parte das ilhas Mascarenhas (como as ilhas Maurício) e tem como dependências várias ilhas menores espalhadas pela região.

Santa Helena, Ascensão e Tristão da Cunha (Ilhas)
Situação: pequenas ilhas isoladas que formam o Território Britânico Ultramarino no Atlântico Sul.
Data da ocupação: 1657 (ilha de Santa Helena), 1815 (ilha de Ascensão), 1816 (arquipélago de Tristão da Cunha).
Potência colonial atual: Grã-Bretanha.
Observações: Santa Helena era usada inicialmente pela Inglaterra como prisão, sendo o local onde Napoleão morreu. Ela e Ascensão foram bases militares aliadas na Segunda Guerra Mundial. Ascensão é usada conjuntamente pela Grã-Bretanha e os EUA como base terrestre de comunicações e coleta de dados transmitidos por satélite (aí fica uma das poucas antenas de GPS do mundo).

Socotra (Ilhas)

Situação: arquipélago no Golfo de Áden que constitui um dos estados do Iêmen.
Data da ocupação: 1512 (Sultanato Mahra de Qishn e Socotra, no atual Iêmen).
Potência colonial atual: Iêmen.
Observações: a Somália reivindica a posse de Socotra, com o argumento de que as ilhas se encontram mais próximas do seu litoral. O Iêmen contra-argumenta com a ausência de domínio somali anterior nas ilhas, e a questão estava sem solução até 2017.

6.8 Desafios do pós-independência

A obtenção da liberdade não significou o fim da história na África, muito pelo contrário. A partir de então, as diferentes nações africanas tiveram de lidar com o desafio de construir estados nacionais que abarcavam povos, línguas e costumes diversos. Em muitos casos, o período subsequente à declaração de independência foi marcado por guerras civis violentas, que também eram alimentadas por interesses externos, geradas, sobretudo pela falta de identidade. A guerra fria entre capitalistas e socialistas também foi travada em território africano, acirrando ainda mais a disputa entre diferentes grupos e etnias de um mesmo país. Ainda que a maior parte dos recém-criados países africanos optasse pelo sistema capitalista, o socialismo foi escolhido por algumas nações, como a República Popular de Angola, a República Popular do Congo, a República Popular de Moçambique e a República Democrática da Somália.

Um dos maiores desafios dos recentes países africanos (como aconteceu com grande parte das nações ocidentais) foi conseguir criar uma identidade nacional que respeitasse as diferenças étnicas, políticas, sociais e culturais de sua população. Por vezes, esses conflitos sofreram forte influência de outros países, sobretudo europeus, que enxergavam tais diferenças como uma maneira de continuar controlando parte da economia africana. Eventos trágicos, como o massacre de Ruanda em 1994, ou então as guerras civis que assolaram a Etiópia, a Somália e o Congo, demonstram que ainda há muito o que ser conquistado pelos países africanos em prol da melhoria de vida de seus habitantes.

Atualmente, a África está em processo de reinvenção. A Primavera Árabe, que ocorreu nos primeiros anos do século XXI em boa parte dos países da África do Norte, é um exemplo disso. A partir de 2010, a população de diferentes países do norte africano foram para as ruas manifestar-se pela derrubada de ditadores e a favor de melhores condições de vida. A recente formação do Sudão do Sul é outro exemplo de como as questões políticas e sociais continuam muito dinâmicas no continente. As ações violentas do Boko Haram e do Estado Islâmico apresentam outros desafios que alguns países africanos (e toda a humanidade) precisam enfrentar. São diversas Áfricas em um só continente que estão aprendendo a conviver umas com as outras. E assim como acontece em outras partes do mundo, muitas vezes essa convivência é marcada por conflitos violentos...

Embora o que seja divulgado sobre a África contemporânea pareça pouco animador, essa não é toda a realidade. É verdade que os países africanos, assim como países de outros continentes, têm desafios enormes a vencer, e o maior deles é criar condições mínimas de vida para todos os seus cidadãos independentemente de seu credo ou de sua etnia. No entanto, essa não é a única história da África. Se muitas vezes as informações que chegam sobre o continente são desoladoras, a literatura e a arte produzidas por africanos são exemplos atuais de como boa parte do continente consegue lidar com suas complexidades e suas diferenças. Assim como ocorreu quando o primeiro homem surgiu na terra, a África é um continente dinâmico e versátil, no qual as pessoas encontram saídas alternativas, muitas delas felizes, para viver.

CAPÍTULO 7
Caderno de atividades

O presente caderno de atividades é composto por um conjunto de atividades de diferentes naturezas pedagógicas, cujo objetivo principal é ajudar professores e alunos a apreender mais e melhor sobre as Histórias africanas e afro-brasileiras tratadas no livro. Longe de esgotar as possibilidades de atividades e formas de avaliação, este caderno se propõe a apresentar algumas sugestões de como abordar parte dos conteúdos trabalhados.

Seguem neste caderno sugestões de recursos da internet que podem ser usados para pesquisas e para a obtenção de materiais didáticos audiovisuais, bem como uma lista de sugestões de filmes e documentários que tratam aspectos das histórias do continente africano, bem como das questões étnico-raciais no Brasil.

Desejamos ainda fazer uma recomendação importante para você, estudante. Mesmo no caso das atividades que pedem apenas uma resposta curta, não escreva no livro. Isso é uma questão de solidariedade. Livros de estudo costumam passar de um estudante para outro. Mas se você escrever as respostas no livro, o próximo dono não vai poder aproveitar direito a atividade.

Abertura

Atividade 1

Até a década de 1950, a história oficialmente aceita dizia que a espécie humana teria surgido nas fronteiras entre a Ásia e a Europa, entre 500.000 e um milhão de anos atrás. Mas as pesquisas modernas derrubaram essa teoria. Hoje está provado que os primeiros membros da espécie humana surgiram na África, há cerca de três milhões de anos, e aí se desenvolveram até chegar ao *Homo sapiens*, que se espalhou pelo mundo.

QUESTÕES:

A) EXPLIQUE como essa mudança na teoria da origem da espécie humana afetou a ideia que o mundo tinha sobre o continente africano.

B) APONTE qual utilidade poderia ter, para certos interesses, uma teoria que colocava a África no "fim da linha" da evolução da espécie, e como a nova teoria poderia ameaçar esses interesses.

Atividade 2

A ONU divide a África em cinco regiões:

Setentrional: Argélia, Egito, Líbia, Marrocos, Sudão, Tunísia e Saara Ocidental.

Ocidental: Benim, Burquina Fasso, Cabo Verde, Costa do Marfim, Gâmbia, Gana, Guiné, Guiné-Bissau, Libéria, Mali, Mauritânia, Níger, Nigéria, Santa Helena, Senegal, Serra Leoa e Togo.

Oriental: Burundi, Comoros, Djibuti, Etiópia, Eritreia, Quênia, Madagascar, Maláui, Maurício, Moçambique, Reunião, Ruanda, Seicheles, Somália, Sudão do Sul, Tanzânia, Uganda, Zâmbia e Zimbábue.

Central: Angola, Camarões, República Centro-Africana, Chade, Congo, República Democrática do Congo, Guiné Equatorial, Gabão e São Tomé e Príncipe.

Meridional: Botsuana, Lesoto, Namíbia, África do Sul e Suazilândia.

QUESTÕES:

IDENTIFIQUE nos mapas 1 (Divisão política da África), 2 (Mapa físico da África) e 3 (Principais povos da África) cada uma das regiões da ONU. Examine os elementos políticos, físicos e populacionais que aparecem nos mapas dentro de cada região.

ESCREVA um texto resumindo as informações sobre cada região.

Atividade 3

Leia o texto da Abertura. Se precisar ou quiser, complemente os dados com uma pesquisa adicional sobre a geografia das regiões (relevo, rios, desertos, florestas etc.), o clima e o tipo de ambiente característico de cada região, como vivem os povos de cada região (como moram, o que produzem etc.), pessoas famosas, atrações turísticas (cidades famosas, monumentos, montanhas e rios notáveis etc.), riquezas naturais e produtos importantes (minerais, artesanato, alimentos etc.).

Para fazer a pesquisa, você pode usar livros, revistas ou outro material disponível, anotando e resumindo informações que complementem os dados que já tem. Use também qualquer informação que já tenha e ache interessante: algo que leu, viu na TV etc. Se tiver acesso à internet, use-a para fazer a pesquisa. Como existem vários *sites* que podem ser úteis para diversas atividades deste caderno (a respeito de fatos antigos e atuais sobre a África e a herança africana no Brasil), as informações sobre esses *sites* foram reunidas e apresentadas de uma só vez no final deste caderno de atividades, na seção "Recursos da internet".

QUESTÃO:

PREENCHA o quadro a seguir, usando as informações coletadas e os mapas da Atividade 2.

África Setentrional
Relevo:
Rios e lagos:
Climas (ambientes):
Povos:
Elementos notáveis (monumento, cidade, elemento da natureza etc.):
Sua opinião (o que você pensa, em resumo) ou algo interessante que você sabe sobre essa região:

África Ocidental
Relevo:
Rios e lagos:
Climas (ambientes):
Povos:
Elementos notáveis (monumento, cidade, elemento da natureza etc.):
Sua opinião (o que você pensa, em resumo) ou algo interessante que você sabe sobre essa região:

África Oriental

Relevo:

Rios e lagos:

Climas (ambientes):

Povos:

Elementos notáveis (monumento, cidade, elemento da natureza etc.):

Sua opinião (o que você pensa, em resumo) ou algo interessante que você sabe sobre essa região:

África Central

Relevo:

Rios e lagos:

Climas (ambientes):

Povos:

Elementos notáveis (monumento, cidade, elemento da natureza etc.):

Sua opinião (o que você pensa, em resumo) ou algo interessante que você sabe sobre essa região:

África Meridional

Relevo:

Rios e lagos:

Climas (ambientes):

Povos:

Elementos notáveis (monumento, cidade, elemento da natureza etc.):

Sua opinião (o que você pensa, em resumo) ou algo interessante que você sabe sobre essa região:

Capítulo 1

Atividade 1.1

Até a década de 1950, a história oficialmente aceita dizia que a civilização egípcia tinha a mesma origem das sociedades da Ásia Ocidental, sem relação com os povos "primitivos" da chamada África Negra. O historiador e químico senegalês Cheikh Anta Diop, medindo a melanina (pigmento da pele) de múmias, demonstrou que os egípcios mais antigos eram africanos. Mas, apesar das provas laboratoriais, esses dados sofreram grande oposição por parte dos defensores da teoria anterior, que consideravam absurda a ideia de que uma cultura tão sofisticada como a egípcia pudesse ter sido criada por negros.

QUESTÃO:
EXPLIQUE como esses dados se relacionam com a frase de Lucien André Muñoz, representante da UNESCO no Brasil desde 2012: "A arqueologia também é política".

Atividade 1.2

Leia o Boxe 1.4 (A importância dos ferreiros na África Subsaariana) na seção 1.5 (O surgimento das comunidades tradicionais africanas).
QUESTÕES:
A) INDIQUE qual era a importância econômica do ferro para as sociedades africanas.
B) APONTE por que, na mitologia africana, muitos reis são retratados como reis-ferreiros.

Atividade 1.3

Leia o Boxe 1.5 (A tradição oral) na seção 1.5 (O surgimento das comunidades tradicionais africanas).
QUESTÕES:
A) DIGA se você considera possível fazer uma história da África sem levar em consideração a tradição oral. Justifique sua resposta.
B) DISCUTA em grupo como o uso dos mitos, lendas e costumes transmitidos oralmente ajudaria a desconstruir a imagem da "África Selvagem" criada por histórias como a do Tarzan.

Atividade 1.4

Em grupo, discuta a afirmação do filósofo alemão Friedrich Hegel (1770–1831) que escreveu em sua obra *Filosofia da História*:
"Aqui deixamos a África [...] porque ela não é uma parte histórica do Mundo; não tem movimento nem desenvolvimento para exibir. [...] Movimentos históricos [...] não pertencem ao Espírito Africano [...]. O que entendemos corretamente como África é o espírito a-histórico, não desenvolvido, ainda envolto nas condições de mera natureza [...]" (HEGEL, 2001, p. 117. Tradução do Editor)
QUESTÃO:
PRODUZA, junto com seus colegas, um texto no qual seja refutada essa afirmação.

Capítulo 2

Atividade 2.1

Reveja o que foi estudado sobre a tradição oral, a importância da palavra falada e o papel fundamental das pessoas mais velhas em diversas sociedades africanas.
QUESTÃO:
EXPLIQUE, com base nesse estudo, a frase proferida pelo estudioso malinês Amadou Hampâté Bâ (1900–1991): "Na África, cada ancião que morre é uma biblioteca que se queima."

Atividade 2.2

"A posse do dromedário alteraria completamente a vida dos berberes do deserto, permitindo que eles, de certa forma, o ocupassem. Deixava o Saara de ser uma espécie de terra de ninguém, para ver-se apossado pelas tribos nômades que conheciam seus caminhos [...]. A partir de então, ligaria também o mundo mediterrânico ao país dos negros, em vez de apenas separá-los." (SILVA, 1992, p. 239)
QUESTÕES:
A) EXPLIQUE por que o uso de camelos causou uma verdadeira revolução no continente africano.

B) INDIQUE quais as relações desse uso com a expansão árabe no continente africano a partir do século VIII.

Atividade 2.3
Releia o capítulo 2, anotando as passagens que considera mais importantes.
QUESTÃO:
PREENCHA o quadro abaixo com as informações pedidas sobre cada povo ou sociedade, usando as informações obtidas na leitura.

Gana
Localização geográfica e rios próximos:

Organização política:

Principais atividades econômicas:

Aspectos culturais:

Mali
Localização geográfica e rios próximos:

Organização política:

Principais atividades econômicas:

Aspectos culturais:

Songai
Localização geográfica e rios próximos:

Organização política:

Principais atividades econômicas:

Aspectos culturais:

Estados Hauçás
Localização geográfica e rios próximos:

Organização política:
Principais atividades econômicas:
Aspectos culturais:

Ifé
Localização geográfica e rios próximos:
Organização política:
Principais atividades econômicas:
Aspectos culturais:

Benim
Localização geográfica e rios próximos:
Organização política:
Principais atividades econômicas:
Aspectos culturais:

Monomotapa
Localização geográfica e rios próximos:
Organização política:
Principais atividades econômicas:
Aspectos culturais:

Cidades do Índico
Localização geográfica e rios próximos:
Organização política:
Principais atividades econômicas:
Aspectos culturais:

Congo
Localização geográfica e rios próximos:
Organização política:
Principais atividades econômicas:
Aspectos culturais:

Atividade 2.4
Reveja o material da Atividade 2.3.
QUESTÕES:
A) FAÇA um levantamento dos aspectos semelhantes existentes entre os povos analisados.
B) EXPLIQUE como tais semelhanças estão vinculadas com a expansão banta.

Capítulo 3

Atividade 3.1
Leia com atenção o capítulo 3, anotando seus pontos principais.
QUESTÕES:
A) APONTE quais são as principais diferenças entre a escravidão da antiguidade e a dos tempos modernos.
B) INDIQUE quais são as diferentes formas de obtenção de escravos citadas no texto. Descreva cada uma, dando exemplos do contexto africano.

Atividade 3.2
Reveja suas anotações sobre o capítulo 3.
QUESTÕES:
A) PREENCHA o quadro a seguir, trabalhando em grupo com seus colegas. Se sentir necessidade, faça uma pesquisa adicional. Veja algumas dicas no final deste caderno de atividades, na seção "Recursos da internet".

Situação da África antes do início do tráfico transatlântico de escravos:

Principais recursos naturais explorados pelos povos africanos:

Produtos comercializados na África (vendidos e comprados):

Regiões africanas de origem dos produtos comercializados:

Locais de destino dos produtos africanos:

Trajeto das grandes rotas comerciais:

Grandes centros comerciais na África (cidades onde ficavam os grandes mercados e por onde passavam as rotas comerciais):

Portos africanos de embarque e desembarque de produtos do comércio de longa distância:

Povos ou sociedades que dominavam o comércio africano:

Povos ou sociedades (africanos ou não) que atuavam nos portos africanos:

Situação da África depois do início do tráfico transatlântico de escravos:

Principais recursos naturais explorados pelos povos africanos:

Produtos comercializados na África (vendidos e comprados):

Regiões africanas de origem dos produtos comercializados:

Locais de destino dos produtos africanos:

Trajeto das grandes rotas comerciais:

Grandes centros comerciais na África (cidades onde ficavam os grandes mercados e por onde passavam as rotas comerciais):

Portos africanos de embarque e desembarque de produtos do comércio de longa distância:

Povos ou sociedades que dominavam o comércio africano:

Povos ou sociedades (africanos ou não) que atuavam nos portos africanos:

B) ELABORE, junto com seus colegas, um material que apresente as informações reunidas na questão A desta atividade, comparando a situação da África antes e depois do início do tráfico transatlântico de escravos.

Atividade 3.3

Reveja suas anotações sobre o capítulo 3 e a pesquisa feita para a Atividade 3.2.

QUESTÕES:

A) DISCUTA em grupo quais foram as consequências do tráfico de escravos para a África. Se sentir necessidade, faça uma pesquisa adicional. Veja algumas dicas no final deste caderno de atividades, na seção "Recursos da internet".

Aborde os tópicos descritos a seguir, procurando dar exemplos.

Desaparecimento de populações e Estados: quais foram esses povos e Estados; por que desapareceram.

Efeitos sobre as atividades econômicas: como a captura de escravos afetou a disponibilidade de trabalhadores e quais devem ter sido as atividades econômicas mais afetadas.

Substituição de produtos: quais foram os produtos afetados pelo crescimento do tráfico de escravos no comércio africano de longa distância.

Efeitos sobre a riqueza e autonomia dos povos e Estados africanos: produção de alimentos, dependência de produtos estrangeiros, pressões sobre a economia e o governo etc.

B) ELABORE, junto com seus colegas, um material que apresente os resultados da discussão.

Atividade 3.4

Leia o box 3.2 (Resistência à escravidão em território africano: a história da rainha Nzinga) na seção 3.6 (Formas de resistência à escravização no continente africano). Anote os pontos principais.

QUESTÕES:

A) DISCUTA com seus colegas qual foi a estratégia empregada pela rainha Nzinga para resistir à escravização em seu próprio reino.

B) ESCREVA um pequeno texto com os resultados da discussão.

Capítulo 4

Atividade 4.1

Leia a seção 4.1 (O trabalho escravo no Brasil). Anote os pontos principais.

QUESTÕES:

A) APONTE quais foram as primeiras estratégias adotadas pela Coroa portuguesa para explorar os recursos do Brasil, e por que elas foram escolhidas.

B) EXPLIQUE quais foram os motivos para a implantação do trabalho baseado em mão de obra escrava trazida da África.

Atividade 4.2

Com um grupo de colegas, escolha uma das atividades econômicas do Brasil Colônia descritas no capítulo 4. Leia a seção sobre essa atividade, anotando os dados importantes. A seguir, faça uma pesquisa adicional buscando figuras, histórias interessantes, descrições da atividade econômica, dados estatísticos etc.

Se tiver acesso à internet, use-a para buscar informações e ilustrações para o seu trabalho. Veja algumas dicas no final deste caderno de atividades, na seção "Recursos da internet".

QUESTÃO:

ELABORE com seu grupo uma apresentação sobre a atividade econômica estudada, usando o material coletado.

Atividade 4.3

Leia as seções 4.4 (O mundo do trabalho) e 4.5 (A escravidão além do trabalho). Anote os pontos principais.

QUESTÕES:

A) CARACTERIZE os tipos de moradias dos escravos no campo e na cidade.

B) CITE como os escravos do campo e da cidade obtinham seus alimentos no dia a dia.

C) EXPLIQUE de que modos os escravos trabalhavam para si mesmos e para os senhores no campo e na cidade. Como eles cumpriam as obrigações impostas e atendiam às próprias necessidades.

Atividade 4.4
Leia a seção 4.6 (Resistência e abolição). Anote os pontos principais.
QUESTÕES:
A) CITE quais foram as formas mais comuns de resistência à escravidão no Brasil. Descreva-as.
B) EXPLIQUE como eram organizados e como funcionavam os quilombos.
C) EXPLIQUE por que Palmares é tão importante na história do Brasil.

Atividade 4.5
Leia a seção 4.6.4 (As revoltas) e faça uma lista dos movimentos populares descritos nela. Organize-se com seus colegas em grupos, de modo que cada grupo fique responsável por um desses movimentos.
Anote os dados fornecidos no texto sobre o movimento que ficou a seu cargo. A seguir, faça uma pesquisa sobre o movimento. Procure conseguir imagens dos líderes do movimento, dos lugares onde ele ocorreu e qualquer outro elemento relevante. Se tiver acesso à internet, use-a para fazer a pesquisa. Veja algumas dicas no final deste caderno de atividades, na seção "Recursos da internet".
QUESTÃO:
PREPARE com o seu grupo uma apresentação sobre o movimento estudado.

Atividade 4.6
Leia o Boxe 4.13 (Redes de solidariedade) na seção 4.6.5 (O abolicionismo). Anote os dados principais.
QUESTÕES:
A) APONTE a qual rede de solidariedade o testemunho de Viriato Correia se refere.
B) CITE quem eram os principais membros dessa rede.

Atividade 4.7
Leia a seção 4.6 (Resistência e abolição), anotando os dados principais. Forme um grupo com seus colegas para fazer a atividade.

QUESTÕES:
A) CONSTRUA uma linha de tempo com os fatos relacionados à escravidão no Brasil no século XIX: revoltas, leis, movimentos sociais, expressões culturais etc. Faça uma pesquisa para obter imagens e informações adicionais que ache necessárias.
B) ELABORE uma apresentação com o resultado do trabalho. Procure destacar o significado dos eventos, em vez de expor uma simples lista de nomes e datas.

O que há para ler

O navio negreiro (Castro Alves, 1869) – poema que descreve o sofrimento dos africanos escravizados durante a travessia do Atlântico.
O mulato (Aluísio Azevedo, 1881) – romance sobre o filho de um homem branco com uma escrava, criado na Europa sem saber dessa origem, e do preconceito que encontra ao voltar à terra natal.
Os escravos (Castro Alves, 1883) – poema que descreve a vida dos escravos no Brasil.
O cortiço (Aluísio Azevedo, 1890) – romance sobre a vida num cortiço carioca, em que se destaca a relação entre o dono do cortiço e uma escrava fugida.

Veja no final deste caderno de atividades, na seção "Recursos da internet", como obter essas e outras obras gratuitamente.

Capítulo 5

Atividade 5.1
Leia o Boxe 5.1 (Teorias raciais) e faça uma pesquisa adicional sobre o conceito de "raça" aplicado à espécie humana. Anote os pontos principais da leitura e da pesquisa.
QUESTÕES:
A) DISCUTA em grupo a relação entre esse conceito, o escravagismo e a desigualdade social.
B) ELABORE um documento com os resultados da discussão.

Atividade 5.2

Em grupo, faça uma pesquisa sobre o que o IBGE denomina "aglomerados subnormais". Anote e resuma os dados necessários para responder às questões a seguir.

QUESTÕES:

A) INDIQUE o que são esses aglomerados.

B) EXPLIQUE o que são exatamente favelas, invasões, grotas, baixadas, comunidades, vilas, ressacas, mocambos, palafitas, quintais, cortiços. Se conhecer outro termo, inclua na lista e descreva-o.

C) CITE que situações ou necessidades podem levar à formação de um aglomerado subnormal.

D) DESCREVA as principais características desses aglomerados (modo de ocupação e divisão do terreno, tipos de passagens ou ruas, tipos de construção, serviços básicos como água e energia etc.).

E) CITE alguns dados estatísticos sobre esses aglomerados.

F) APONTE problemas, políticas públicas e movimentos sociais relacionados com esses aglomerados.

SUGESTÕES:

Se tiver acesso à internet, vá ao portal do IBGE. No alto da página inicial, selecione a aba População – Censos demográficos – Censo 2010. No menu ao lado (na página do Censo), selecione Resultados do universo. Nos resultados definitivos, há duas publicações úteis: "Aglomerados Subnormais – Informações Territoriais" e "Aglomerados Subnormais – Primeiros Resultados".

Para ter uma visão "do outro lado", procure na internet o portal do Observatório de Favelas. Além de conhecer as áreas de atuação do Observatório, você terá acesso a publicações em PDF e vídeos.

Atividade 5.3

Em grupo, faça uma pesquisa sobre comunidades quilombolas no Brasil. Anote e resuma os dados necessários para responder às questões a seguir.

QUESTÕES:

A) EXPLIQUE o que são essas comunidades.

B) APONTE quais são suas possíveis origens.

C) DESCREVA sua organização interna (economia, relações sociais etc.).
D) INDIQUE como elas se relacionam com outras comunidades.
E) EXPLIQUE por que é considerado tão importante preservá-las.
F) CITE alguns dados estatísticos sobre essas comunidades.

SUGESTÕES:

Se tiver acesso à internet, procure no Portal Brasil (do Governo Federal) a Fundação Palmares e o órgão responsável por Políticas de Promoção da Igualdade Racial (no momento da produção deste livro, pertencente ao Ministério dos Direitos Humanos).

Procure também o portal do INCRA (Instituto Nacional de Colonização e Reforma Agrária), que tem uma seção sobre Política Quilombola com explicações gerais, dados detalhados e até livretos em PDF sobre algumas comunidades quilombolas.

Atividade 5.4

Em grupo, faça uma pesquisa que forneça uma lista de importantes personalidades afrodescendentes brasileiras, abrangendo diferentes áreas profissionais (música, literatura, ciências, artes plásticas, tecnologias, educação etc.). Divida essa lista com os colegas, de modo que cada um fique responsável por uma pessoa.

Faça uma pesquisa, procurando dados biográficos, imagens e informações de trabalho sobre a pessoa que ficou a seu cargo. Se tiver acesso à internet, use-a para fazer a pesquisa. Veja algumas dicas no final deste caderno de atividades, na seção "Recursos da internet".

QUESTÃO:

PRODUZA uma apresentação com os resultados da pesquisa. O compartilhamento desse material pode ser organizado de formas diferentes: pode ser feito um panorama geral das pessoas estudadas, ou elas podem ser agrupadas por épocas ou por campos de atividade.

Atividade 5.5

Com seus colegas, escolha um tema relacionado à nossa herança cultural africana: comidas, técnicas, religiões, folguedos, música, lendas, linguagem, plantas cultivadas etc. Faça uma pesquisa sobre esse tema.

Como cada tema é bem vasto, o trabalho pode consistir num panorama geral do tema, ou o grupo pode escolher um único tema, ficando cada colega com um subtema específico. Por exemplo, no tema comidas, cada um pode falar de um produto ou prato específico; na música, cada um pode abordar um ritmo, um tipo de instrumento, cantigas tradicionais etc. Se tiver acesso à internet, use-a para fazer a pesquisa. Veja algumas dicas no final deste caderno de atividades, na seção "Recursos da internet".
QUESTÃO:
PRODUZA uma apresentação ou um documento com os resultados da pesquisa.

O que há para ler

A alma encantadora das ruas (João do Rio, 1908) – coletânea de crônicas publicadas em jornais, em que se destacam descrições de profissões informais dos moradores pobres da cidade: brechós, catadores de lixo, caçadores de pequenos animais, tatuadores etc.
Triste fim de Policarpo Quaresma (Lima Barreto, 1911 como folhetim; 1915 como livro) – romance sobre um nacionalista exaltado que se envolve com a Revolta da Armada.
Recordações do escrivão Isaías Caminha (Lima Barreto, 1917) – romance sobre os conflitos de um jornalista mulato que se vê dividido entre o ideal de defender os negros e pobres, e a ânsia de ser bem-sucedido.
O moleque (parte de *Histórias e sonhos*, Lima Barreto, 1920) – conto passado numa favela que o autor descreve em detalhes: os barracos, os moradores, seu modo de vida e os preconceitos que enfrentam.
Clara dos Anjos (Lima Barreto, 1922, publicado postumamente) – romance sobre uma jovem mulata que só descobre o preconceito ao engravidar de um rapaz branco e rico.

Veja no final deste caderno de atividades, na seção "Recursos da internet", como obter essas e outras obras gratuitamente.

Capítulo 6

Atividade 6.1

Leia a seção 6.2 (O continente africano e as mudanças da "Era das Revoluções"). Anote os pontos principais.

QUESTÃO:
APONTE quais foram as consequências diretas do tráfico transatlântico de africanos escravizados para as sociedades africanas envolvidas, e como tais consequências permitiram a entrada dos europeus no continente africano.

Atividade 6.2

Leia a seção 6.3 (Os europeus adentram a África). Anote os pontos principais.

QUESTÃO:
EXPLIQUE qual foi o novo papel que a África passou a assumir para as principais potências europeias a partir da primeira década do século XIX.

Atividade 6.3

Leia as seções 6.4 (O estopim causado por Leopoldo II e a partilha da África), 6.5 (Movimentos de resistência na África nos primeiros anos de colonização) e 6.6 (A colonização da África). Anote os pontos principais.

QUESTÃO:
DESCREVA as características gerais do período colonial na África.

Atividade 6.4

Em grupo, escolha um país africano e faça uma pesquisa sobre o seu período colonial. Utilize livros, revistas etc. Se tiver acesso à internet, siga as sugestões da seção "Recursos da internet" sobre portais e *sites* com informações sobre a África.

QUESTÃO:
ELABORE painéis explicativos (utilizando imagens) e apresente para o restante da turma.

Atividade 6.5

"A África para os africanos! [...] Um estado livre e independente na África. Queremos poder governar-nos neste nosso país sem interferência externa." (Kwame Nkrumah, Apud. LIMA, 2015, p. 91)

QUESTÕES:

A) APONTE qual é a reivindicação feita nessa frase.

B) INDIQUE quais foram os impactos dessa reivindicação no estatuto colonial africano.

Atividade 6.6

Em grupo, escolha um país africano e faça uma pesquisa sobre sua situação atual. Utilize livros, revistas etc. Se tiver acesso à internet, siga as sugestões da seção "Recursos da internet" sobre portais e *sites* com informações sobre a África.

QUESTÃO:

ELABORE painéis explicativos com o resultado da pesquisa (utilizando imagens) e apresente para o restante da turma.

Recursos da internet

As informações a seguir incluem os endereços (URLs) de *sites* e portais, como eram no momento em que este livro foi preparado. Mas às vezes os *sites* passam por reformas e esses endereços mudam. Se você não conseguir acessar um *site* pelo endereço dado aqui, basta digitar o nome da instituição, do *site* ou da publicação no seu navegador para achar o endereço atualizado. Se ainda assim não conseguir acessar o *site*, pode ser que ele esteja fora do ar por algum problema; tente de novo numa outra hora. Lembre-se sempre de anotar os dados dos materiais que você usou na pesquisa, para fazer as referências bibliográficas.

Se você usar um artigo de revista ou jornal num trabalho, anote: nome do autor, título do artigo, nome da revista, cidade em que é publicada, volume, número, páginas em que o artigo fica na revista (primeira e última) e ano da publicação. Se a revista só é publicada na internet, em vez da cidade escreva: on-line.

No caso de material da internet, anote: nome do autor do material (se houver); título da página, *site*, portal, imagem etc. (dependendo do caso); endereço eletrônico (URL) e data em que você achou o material.

No caso de um livro, anote: autor, título, tradutor (se for o caso), número da edição (se não foi a primeira), cidade em que foi publicado, nome da editora e ano da publicação.

Você pode salvar uma página da internet de duas formas. Clicando na ferramenta "Salvar como", você vai salvá-la como uma página HTML. Clicando em "Imprimir", provavelmente você poderá salvar a página como um documento PDF.

Locais para pesquisa

Nestes *sites* você encontra artigos de revistas, materiais de pesquisas, mapas, figuras etc. Ao usar esses materiais, lembre-se sempre de que pesquisar não é copiar. Leia o material, anote os pontos mais importantes e crie seu próprio texto usando essas informações.

Se o *site* permitir (o que é o mais provável), você pode copiar imagens para colocar em seus trabalhos, mas sempre diga onde pegou o material.

História da África
Blog da Universidade Federal Fluminense (UFF)
<http://historiadaafricauff.blogspot.com.br>
Você encontra materiais interessantes nos "Marcadores" da lista à esquerda (como mapas, textos em PDF e vídeos). No item do menu "Sites relacionados" você encontra *links* para outros *sites* e revistas de universidades e bibliotecas.

Revista Tempo da UFF
Site antigo: <http://www.historia.uff.br/tempo/site/>
Site novo: <http://www.scielo.br/scielo.php?script=sci_serial&pid=1413-7704&lng=pt&nrm=iso>
Essa revista publicou dossiês sobre história da África nos números 6 e 20. Enquanto este livro estava sendo preparado, a revista estava se mudando de um *site* para o outro. Naquele momento, os números antigos estavam disponíveis apenas no *site* antigo. Mas, como este deveria acabar, provavelmente esses números devem passar a ser disponibilizados no *site* novo. Clicando em "números anteriores", você verá uma lista de todos os números da revista. Clicando num exemplar, aparece uma lista dos artigos. Clicando em "visualizar" ou em "pdf", junto ao título do artigo, ele é aberto como PDF e pode ser salvo no computador.

Revista de História da Biblioteca Nacional
<http://www.revistadehistoria.com.br/>
Essa revista publicou dossiês sobre temas africanos nos números 6, 32, 39, 54 e 78.

Revista Afro-Ásia
<http://www.afroasia.ufba.br>
Publicada pelo Centro de Estudos Afro-Orientais da Universidade Federal da Bahia:
<http://www.ceao.ufba.br/>
Essa revista tem importantes estudos sobre os povos africanos e seus descendentes no Brasil, além das colônias portuguesas na Ásia.

Práticas religiosas na Costa da Mina
<http://www.costadamina.ufba.br/>
Este *site* disponibiliza materiais sobre a religiosidade de povos da África Ocidental, que são importantes para entender a herança cultural africana no Brasil.

O item "textos" do menu principal dá acesso a trabalhos escritos pelos membros do grupo de estudos. O "glossário" dá a definição de alguns termos e o item "mapas" tem mapas da Costa da Mina e áreas próximas. O item "bibliografia" leva a uma página com uma lista de trabalhos recentes sobre o tema; alguns poucos têm *links* para a visualização dos documentos.

À esquerda, dois botões abrem formulários para pesquisa nas fontes antigas reunidas pelo projeto: autores europeus dos séculos XVII e XVIII que escreveram sobre a África. Nos dois é possível selecionar autor, local desejado, período e assunto. O formulário "fontes documentais" permite digitar uma palavra ou trecho para buscar. O formulário "palavra-chave" permite selecionar termos de listas nas categorias fetiche, cultura material, práticas rituais, entidades espirituais etc. Ao lado do título de cada obra, há um *link* "trechos" que permite ver trechos traduzidos para o português, com a indicação da página de que foram tirados.

Sankofa
Revista da Universidade de São Paulo (USP)
<http://www.revistas.usp.br/sankofa/index>
A USP permite baixar os artigos da revista em PDF. Clicando em "ANTERIORES", no menu que fica logo abaixo do logotipo, você terá acesso à lista de todos os números da revista. Clicando no nome de uma das edições, você vai ver o índice completo do exemplar.

Clicando no título de um artigo ou no termo "PDF" que fica no canto à direita do título, você vai ver uma página com o resumo do artigo. Para ler o texto, clique em "PDF" (escrito abaixo de "Texto completo:"). O arquivo pode ser baixado imediatamente ou pode abrir no visualizador de PDF. Se for este o caso, e só clicar no ícone de *download* do visualizador de PDF (uma setinha apontando para uma linha horizontal abaixo dela) para salvar o artigo.

Por dentro da África
<http://www.pordentrodaafrica.com/>
Nsse portal há uma grande variedade de reportagens, notícias, artigos, pesquisas e vídeos sobre temas africanos e afro-brasileiros atuais. Os botões do menu logo abaixo do logotipo do portal leva a cada uma dessas áreas.

Se quiser salvar uma página, localize o botão que está no fim do texto: "Clique para gerar o conteúdo desta página em formato PDF em uma nova janela." Quando o PDF abrir, é só clicar no botão de *download*.

Casa das Áfricas
<http://www.casadasafricas.org.br/>
A Casa das Áfricas é um instituto de pesquisa, formação e promoção de atividades culturais e artísticas relacionadas ao continente africano. No *site* você pode encontrar textos, vídeos, imagens etc.

Banco de Dados do Tráfico Transatlântico de Escravos
<http://www.slavevoyages.org/>
Este *site* permite buscar dados gerais sobre o tráfico de escravos, informações sobre viagens específicas, mapas, imagens e até dados de indivíduos resgatados de pontos de embarque ou de navios negreiros capturados (nome africano, idade, sexo, origem, local de embarque).

Independência de Angola
<http://www.historia.uff.br/nec/angola>
Página do Núcleo de Estudos Contemporâneos (NEC) do Departamento de História da Universidade Federal Fluminense (UFF) que mostra os materiais reunidos pela equipe da pesquisa sobre os primeiros anos de Angola após a independência. Sempre que possível, esses materiais estão disponíveis no mesmo local em que são citados.

O botão "jornais" do menu principal dá acesso a páginas escaneadas de alguns jornais de Angola. O botão "revistas" dá acesso a páginas escaneadas de revistas em inglês e francês sobre a África. O botão "músicas" leva a uma página com músicas angolanas gravadas logo após a independência, que podem ser baixadas no formato MP3. O botão "textos" dá acesso a artigos, dissertações e teses disponíveis em PDF.

Centro de Estudos Africanos da Universidade de São Paulo (USP)
<http://cea.fflch.usp.br/>
Clique no botão "publicações" para abrir a página da revista "África". Clique nos *links* "último número" ou "números anteriores" para ver a lista de artigos em cada número da revista. Clicando no *link* "artigo" que fica logo abaixo do título de um artigo específico, esse artigo vai abrir como PDF e você poderá salvá-lo no seu computador.

O botão "links" da página inicial mostra uma lista com uma grande quantidade de *sites* e portais interessantes: jornais e arquivos de países africanos em português, centros de pesquisa, museus etc.

Livros de domínio público

Além de atividades para a sala de aula, este caderno de atividades ofereceu algumas sugestões de leitura. São obras literárias que tratam de temas como a escravidão, o preconceito, a desigualdade, a vida do povo e as lutas sociais no Brasil.

Essas obras não são todas as que existem sobre os temas abordados, mas são de domínio público. Por isso, se tiver acesso à internet, você poderá encontrá-las no formato PDF em alguns *sites* e portais de universidades, bibliotecas públicas, projetos de divulgação de literatura e governos federal, estaduais e municipais. A seguir, estão listados alguns desses lugares.

Biblioteca Brasiliana Guita e José Mindlin – Universidade de São Paulo (USP)
<https://www.bbm.usp.br/>
Alem de literatura, na Brasiliana da USP há livros de viajantes que descreveram o Brasil (como Debret), imagens em formato JPG (mapas antigos, gravuras) e muito mais.

Na primeira página, clique no botão "consulta ao acervo" logo abaixo do logotipo da biblioteca. Clique no item "busca no acervo digital". Vai aparecer uma página com um pequeno formulário de pesquisa. Escolha se quer buscar o título de um livro, o nome de um autor ou um assunto. Digite o texto e clique no botão "buscar". Na lista de itens disponíveis, e também na visualização de um item específico, você terá um botão para baixar o documento.

Domínio Público
<http://www.dominiopublico.gov.br/pesquisa/PesquisaObraForm.jsp>
Este é um portal do governo federal brasileiro, que dá acesso a obras guardadas em várias bibliotecas do país, disponíveis em formato digital.

Logo na primeira página, você encontra um formulário de pesquisa. Você pode digitar direto o nome do autor ou o título do livro, ou pode pesquisar textos, imagens, vídeos ou arquivos sonoros (músicas, aulas). Clique no botão "pesquisar" para ver a lista dos arquivos disponíveis. Clique no título do arquivo que deseja para ver a ficha com as informações sobre o material. Para salvar o arquivo, clique no botão "baixar".

Biblioteca Nacional Digital do Brasil
<https://bndigital.bn.gov.br/>
Clique no botão "acervo digital" no menu que fica perto do logotipo da biblioteca. Vai aparecer uma página com um formulário de pesquisa. Digite o título da obra ou o nome do autor e clique no botão "buscar". Vai aparecer uma lista de todo o material disponível em formato digital. Dependendo do caso, podem aparecer livros publicados, manuscritos etc.

Verifique a ficha com as informações sobre a obra. Há um item "PDF" com um *link*. Clique nesse *link* e o arquivo PDF vai abrir. Então, é só clicar no botão de *download* para baixar o arquivo.

Arquivos de vídeo e som
Se você ou sua escola têm acesso à internet, você pode encontrar uma grande quantidade de materiais úteis e gratuitos em *sites* de emissoras públicas de rádio e TV voltadas para educação e cultura. Os *sites* indicados a seguir oferecem vídeos educativos, arquivos sonoros de programas de rádio, publicações, artigos etc. Eles cobrem todos os assuntos das disciplinas da escola, mas dentro dessa mistura há coisas bem interessantes sobre a África e a herança africana no Brasil.

Os recursos para pesquisar nesses *sites* são bem parecidos. Na página principal, você encontra um menu perto do logotipo da organização. Colocando o ponteiro do mouse nos itens desse menu, você irá abrindo as páginas com os conteúdos específicos. Por exemplo: num item "Programas", você verá todos os programas de uma emissora; num item "Vídeo", você verá os tipos de vídeos disponíveis; e assim por diante. Clique no item que quiser, e poderá ver todos os itens disponíveis: uma lista de todos os vídeos, livretos, desenhos animados etc.; ou então um formulário para você procurar um assunto específico. Neste caso, é só digitar ou escolher o que quer e clicar no botão para procurar.

Os artigos e livretos, em geral, podem ser salvos como páginas HTML ou arquivos PDF. Embora os vídeos e arquivos de som não possam ser baixados livremente, muitas vezes existem livretos com o resumo deles.

Os vídeos e programas de rádio podem ser vistos e ouvidos livremente nos *sites*. Você pode ver e ouvir esses materiais para anotar coisas úteis para sua pesquisa, ou pode pedir ao professor que exiba algum material durante a aula. Mesmo que a escola não tenha um projetor, um computador simples será suficiente para mostrar os vídeos como se fosse uma televisão comum.

TV Brasil

<http://tvbrasil.ebc.com.br/>.

É um canal de TV da Empresa Brasil de Comunicação (EBC), ligada ao Governo Federal. A TV Brasil costuma apresentar documentários e outros programas sobre temas de história, cultura etc. No momento em que este livro estava sendo preparado, a emissora apresentava a segunda temporada do programa "Nova África – um continente, um novo olhar", que mostra em cada episódio um aspecto da vida nos países africanos: costumes, vida das crianças, política, história, artes etc.

O botão "Programas" do menu principal mostra a lista dos programas da emissora. Clique em "Nova África" para ver a lista dos episódios. Você poderá abrir (e salvar) uma página com o resumo do episódio, e ver o vídeo do episódio inteiro.

TV Escola

<http://tvescola.mec.gov.br/tve/home>

É um canal de TV do Ministério da Educação e Cultura, cujo objetivo é fornecer materiais de apoio escolar para professores e estudantes.

A videoteca permite explorar a coleção de vídeos organizada por "áreas temáticas", que são as disciplinas do ensino básico. Você pode encontrar material sobre a África e temas afro-brasileiros (sociedade africana, quilombos, consciência negra, economia escravagista, escravidão, abolição, revoltas populares, capoeira, samba, racismo) em diversas áreas, como por exemplo: antropologia, artes, diversidade cultural, geografia, história, sociologia, música. Ainda na videoteca, você pode ver as "séries", que são os programas da emissora (documentários, aulas etc.). Você também pode explorar os "hotsites" (páginas com materiais para professores e alunos), jogos e DVDs (coleções de vídeos).

No item "publicações" estão disponíveis materiais para professores, baseados nos temas dos programas da TV. Mas alguns deles podem ser úteis para suas pesquisas. Por exemplo, na "sequência didática" (aula) sobre Capoeira há dados estatísticos sobre o desembarque de escravos, suas origens e seus destinos no Brasil, além de apresentar fotos, leis, esquemas da capoeira etc.

As páginas mostram, no início, poucos itens; mas, lá embaixo, existe um *link* "Mostrar mais... [publicações, vídeos etc.]". Clique nesse *link* para ver mais itens do grupo.

MultiRio

<http://www.multirio.rj.gov.br/>
Este é o portal multimídia educativo da Prefeitura da Cidade do Rio de Janeiro.

No menu da página principal, a primeira figura à esquerda (uma telinha de TV) dá acesso aos itens: TV, WebTV, Animação e Videoteca. Os dois primeiros mostram a programação da emissora e vídeos dos programas. O item "Animação" mostra séries de animação e minijogos. O item "Videoteca" dá acesso a todas as séries de vídeos da MultiRio. Você pode selecionar um tema, uma série ou uma coletânea específica. Apenas como exemplos de materiais úteis, podemos destacar a série O mochileiro do futuro (revoltas populares) e a Coletânea Abolição da Escravatura.

A segunda figura do menu (um alto-falante) dá acesso aos itens: Web Rádio e Audioteca (que disponibiliza os áudios dos programas da rádio).

São destaques as séries Ritmos cariocas (pagode, *black music* e bossa nova) e Curte Som (escolas de samba, o clube Renascença, passinho, *afrobeat*, *funk*, charme etc.).

A terceira figura do menu (um livrinho aberto) dá acesso aos itens: Reportagens e artigos, Publicações, e Biblioteca. Alguns materiais são vistos numa página HTML; outros são arquivos PDF.

Na figura de um *joystick* do menu principal, você encontra os itens: Jogos educativos, Objetos de aprendizagem e Multiclube. Nos Objetos de aprendizagem, você pode explorar temas, séries e coletâneas. Por exemplo, na série "América portuguesa" há páginas sobre as charqueadas, a mineração, a criação de gado, a escravidão etc. Esses mesmos materiais estão disponíveis no último item do menu principal (uma página com um lápis), que inclui cursos, História do Brasil e "interações pedagógicas" (aulas).

Filmes e documentários sobre a África

Alguns dos filmes indicados a seguir são relativamente fáceis de encontrar em cinemas, na televisão ou para alugar ou comprar. Outros são mais difíceis, pois são antigos ou não passaram em circuitos comerciais. Mas vale a pena ficar de olho em mostras de cinema, cineclubes e eventos culturais onde eles possam ser exibidos.

ABOUNA – nosso pai (Abouna). Produção: Guillaume de Seille, Kalala Hissein Djibrine, Abderrahmane Sissako. Direção: Mahamat-Saleh Haroun. França: Arte France Cinéma; Chade: Goi-Goi productions; Países Baixos: Hubert Bals Fund; e outros, 2002. Dois irmãos, de 15 e 8 anos, saem em busca do pai que repentinamente abandonou a família.

ANDARILHOS do deserto (El-haimoune; Les baliseurs du désert). Produção e direção: Nacer Khémir. Tunísia: LATIF, Satpec; França: France Média, 1984. Um profesor vai trabalhar numa aldeia amaldiçoada cujos habitantes vagam pelo deserto em busca de um tesouro enterrado.

BATALHA de Argel, A (La battaglia di Alger). Produção: Antonio Musu, Yacef Saadi. Direção: Gillo Pontecorvo. Itália: Igor Film; Argélia: Casbah Film, 1966. O filme mostra a guerra de independência da Argélia nos anos 1950.

BEASTS of no nation. Produção: Cary Joji Fukunaga e outros. Direção: Cary Joji Fukunaga. EUA: The Princess Grace Foundation; Red Crown Productions; e outros, 2015. Um garoto de um país não identificado da África Ocidental é forçado a se juntar a um grupo de soldados e lutar na guerra civil.

CAIRO 678 (678). Produção: Sarah Goher, Bushra. Direção: Mohamed Diab. Egito: New Century Production, 2010. O filme fala sobre mulheres que sofrem assédio sexual nos transportes públicos, sem ter como se defender.

CIDADE vazia, Na. Produção: François Gonot, Pandora da Cunha Telles. Direção: Maria João Ganga. Angola: Integrada; Portugal: Animatógrafo II, 2004. Quando crianças angolanas vão embarcar no avião que os levará para longe da guerra, um menino deixa o grupo para conhecer a cidade e seus habitantes.

CRIANÇAS invisiveis, As (All the invisible children). Produção: Chiara Tilesi, Stefano Veneruso e outros. Direção: Mehdi Charef e outros. Itália: MK Film Productions; RAI Cinema, 2005. Filme produzido para o UNICEF, com sete histórias curtas sobre a vida de crianças pobres de vários países.

DEUSES devem estar loucos, Os (The gods must be crazy). Produção e direção: Jamie Uys. África do Sul: C.A.T. Films; Mimosa Films, 1980. Um rapaz san vai ao "fim do mundo", para devolver aos deuses uma garrafa caída de um avião, e no caminho descobre a cultura eurodescendente.

DIAMANTE de sangue (Blood diamond). Produção: Edward Zwick e outros. Direção: Edward Zwick. EUA: Warner Bros., 2006. Filme de ação baseado na história verdadeira da aliança entre donos de mineradoras, contrabandistas e senhores da guerra em torno dos diamantes usados para financiar conflitos na África.

DIAS de glória (Indigènes). Produção: Jean Bréhat e outros. Direção: Rachid Bouchareb. França [Argélia, Marrocos e Bélgica]: Tessalit Productions e outros. 2006. Em 1944, a França recrutou milhares de argelinos para lutar na Europa. Esses "indígenas" eram postos na frente da tropa, para que os alemães se mostrassem ao alvejá-los.

DRUM – gritos de revolta (Drum). Produção: Chris Sievernich e outros. Direção: Zola Maseko. EUA: Armada Pictures; África do Sul: Drum PTY.; Alemanha: VIP 2 Medienfonds, 2004. Filme sobre Henry Nxumalo, jornalista da revista negra Drum, que denunciou as condições de vida dos africanos no regime do *apartheid* na África do Sul.

GRANDE bazar, O. Produção: Camilo de Sousa. Direção: Licínio Azevedo. Moçambique: Ebano Multimedia, 2006. Dois garotos se encontram num velho mercado africano. Um procura um trabalho para recuperar o que lhe roubaram e poder voltar para a família; o outro faz de tudo para não ter de voltar para perto da família.

GRITO de liberdade, Um (Cry freedom). Produção: Richard Attenborough e outros. Direção: Richard Attenborough. Reino Unido: Universal Pictures; Marble Arch Productions, 1987. História do jornalista sul-africano Donald Woods, que precisou fugir do país para divulgar sua investigação sobre a morte do ativista negro Steve Biko dentro da prisão.

HERÓI do nosso tempo, Um (Va, vis et deviens). Produção: Radu Mihaileanu e outros. Direção: Radu Mihaileanu. França: Elzévir Films; e outros, 2005. História de um garoto cristão que substitui um menino morto num grupo de judeus da Etiópia que eram levados para Israel.
HOTEL Ruanda (Hotel Rwanda). Produção: Terry George e outros. Direção: Terry George. EUA: United Artists; África do Sul: Industrial Development Corporation; e outros, 2004. O gerente de um hotel em Ruanda abriga refugiados tutsi durante a guerra civil contra os hutus na década de 1990.
INFÂNCIA roubada (Tsotsi). Produção: Peter Fudakowski e outros. Direção: Gavin Hood. Reino Unido: The UK Film & TV Production Company; África do Sul: Industrial Development Corporation, 2005. Após roubar um carro, o jovem líder de uma quadrilha de Joanesburgo passa alguns dias às voltas com um bebê que estava dentro do veículo.
INVICTUS. Produção: Clint Eastwood e outros. Direção: Clint Eastwood. EUA: Warner Bros. e outros, 2009. Quando foi eleito presidente da África do Sul, Nelson Mandela procurou unir o país em torno da ida do time sul-africano de *rugby* ao campeonato mundial.
KIRIKOU e a feiticeira (Kirikou et la sorcière). Produção: Jacqueline Pierreux e outros. Direção: Michel Ocelot. França: Les Armateurs; Bélgica: Odec Kid Cartoons; Luxemburgo: Monipoly Productions, 1998. Filme de animação sobre um garotinho muito esperto e precoce que pode salvar sua aldeia de uma feiticeira má.
LUZ, A (Yeelen). Produção e direção: Souleymanne Cissé. França: Atriascop; Burkina Fasso: Ministry of Life and Culture; Mali: Government; Alemanha: Westdeutscher Rundfunk; e outros, 1987. Rapaz com poderes mágicos busca ajuda para lutar contra o pai feiticeiro que deseja matá-lo.
MANDELA – a luta pela liberdade (Goodbye Bafana). Produção: Jean--Luc Van Damme, David Wicht, Ilann Girard e outros. Direção: Bille August. Alemanha: Banana Films; França: Arsam International; África do Sul: Film Afrika Worldwide; e outros, 2007. História do guarda de Nelson Mandela na prisão, que fica conhecendo as ideias do líder ao ler suas cartas e outros documentos.
MAR e selva (Mionga ki ôbo). Produção: Luís Correia, Noémie Mendelle. Direção: Ângelo Torres. São Tomé e Príncipe: LX Filmes, 2005. Documen-

tário sobre os angolares, habitantes mais antigos das ilhas de São Tomé e Príncipe.

MEMÓRIA entre duas margens (Mémoire entre deux rives). Produção e direção: Frédéric Savoye, Wolimité Sie Palenfo. França: Cityzen TV; Mosaïque Films, 2002. Documentário sobre o tempo da colonização francesa de Burkina Fasso, contada pelos habitantes que guardaram a história transmitida oralmente de pais para filhos.

MOOLAADÉ. Produção: Ousmane Sembène, Thierry Lenouvel. Direção: Ousmane Sembène. Senegal: Films Doomireew; e outros, 2004. O filme descreve os conflitos surgidos numa aldeia quando uma mulher protege um grupo de meninas contra a mutilação genital.

NHA fala [Minha voz, em crioulo]. Produção: Luís Galvão Teles, Jani Thiltges, Serge Zeitoun. Direção: Flora Gomes. Portugal: Fado Filmes; França: Les Films de Mai; Luxemburgo: Samsa Film, 2002. Uma moça de Guiné-Bissau, que se tornou cantora apesar da maldição familiar de que cantar atrai a morte, encena o próprio funeral enquanto está viva.

NOITE da verdade, A (La nuit de la vérité). Produção: Fanta Régina Nacro, Claire Lajoumard. Direção: Fanta Régina Nacro. Burkina Fasso: Filmes Floris, 2004. Após dez anos de guerra civil entre tropas governamentais e rebeldes de um país imaginário, há possibilidade de chegar à paz, mas alguns não desejam isso.

NOME de Cristo, Em (Au nom du Christ). Produção: Tiziana Soudani. Direção: Roger Gnoan M'Bala. Costa do Marfim: Amka Films Productions, 1993. Um trabalhador pobre de uma aldeia, após ter uma visão, apresenta-se como profeta de Cristo e começa a pregar sua nova fé e fazer milagres.

RAINHA de Katwe, A (Queen of Katwe). Produção: John B. Carls e outros. Direção: Mira Nair. EUA: ESPN Films; Walt Disney Pictures, 2016. Uma jovem de Uganda, de família pobre, luta para realizar seu sonho de tornar-se campeã de xadrez.

SOMBRA e a escuridão, A (The ghost and the darkness). Produção: A. Kitman Ho e outros. Direção: Stephen Hopkins. USA: Constellation Films; Douglas/Reuther Productions, 1996. Um engenheiro encarregado da construção de uma ferrovia na África do Sul se associa a um velho caçador para acabar com leões que estão matando os operários da obra.

TIMBUKTU. Produção: Etienne Comar e outros. Direção: Abderrahmane Sissako. Mauritânia: Dune Vision; França: Les Films du Worso; e outros, 2014. Um pastor vive com a família fora de Tombuctu, tentando ficar longe dos extremistas muçulmanos. Mas, quando o pastor mata um homem, fica na mira dos extremistas.

TIROS em Ruanda (Shooting dogs). Produção: David Belton e outros. Direção: Michael Caton-Jones. Reino Unido: BBC Films; e outros, 2005. Após o assassinato do presidente em 1994, um grupo de estudantes tutsis é morto por milicianos hutus dentro de uma escola em Ruanda.

ÚLTIMO rei da Escócia, O (The last king of Scotland). Produção: Charles Steel e outros. Direção: Kevin Macdonald. EUA: Fox Searchlight Pictures; Reino Unido: DNA Films; e outros, 2006. Um médico escocês vai trabalhar em Uganda e se torna colaborador do presidente Idi Amin, mas depois se convence da insanidade do presidente.

VENTO, O (Finyè). Produção e direção: Souleymane Cissé. Mali: Les Films Cissé, 1982. Dois adolescentes se conhecem na universidade: o rapaz descende de um chefe tradicional do Mali e a garota é filha do governador militar de uma província.

VIAGEM da hiena, A (Touki Bouki). Produção e direção: Djibril Diop Mambéty. Senegal: Cinegrit; Studio Kankourama, 1973. Um vaqueiro e uma estudante do Senegal sonham com Paris e tentam ganhar o dinheiro necessário para ir para a capital francesa.

XALA. Produção: Paulin Soumanou Vieyra. Direção: Ousmane Sembène. Senegal: Films Doomireew, 1975. Um oficial, que conseguiu algumas regalias após a independência do Senegal, tenta desfazer uma "xala" (maldição) de que foi vítima.

Filmes sobre questões étnico-raciais no Brasil

BONECA e o silêncio, A. Produção: Heitor Franulovic, Paulo Serpa, Lucas Barão. Direção: Carol Rodrigues. São Paulo: Meus Russos; Brasília: Secretaria de Políticas de Promoção da Igualdade Racial – MinC, 2015. Curta--metragem. Uma adolescente, moradora de um bairro de periferia, procura os meios ao seu alcance para interromper uma gravidez indesejada.
NEGAÇÃO do Brasil, A. Produção e direção: Joel Zito Araújo. [S. l.: s. n.], 2000. Longa-metragem. Documentário sobre a participação de atores negros nas telenovelas brasileiras, focalizando os preconceitos reforçados pelos papéis reservados para esses atores.
AQUÉM das nuvens. Produção: Juliana Vicente, Monica Palazzo, Rodrigo Diaz Diaz. Direção: Renata Martins. São Paulo: Preta Portê Filmes; Filmes de Abril, 2010. Curta-metragem. Relato de um momento na vida de um casal de idosos, Nenê e Geralda, desconstruindo a imagem estereotipada dos negros como pessoas infelizes e com vidas problemáticas.
BESOURO. Produção e direção: João Daniel Tikhomiroff e outros. Rio de Janeiro: Globo Filmes e outros, 2009. Longa-metragem. Conta a vida do capoeirista baiano Besouro (1897–1924), filho de ex-escravos e que se tornou lendário por sua fama de ter o corpo fechado e de desaparecer após as lutas.
BRANCO sai, preto fica. Produção e direção: Adirley Queirós. Brasília: Cinco da Norte, 2015. Longa-metragem. Dois rapazes ficam com lesões permanentes após um tiroteio num baile na periferia de Brasília; então outro homem vem do futuro investigar o que aconteceu, visando a provar a responsabilidade do Estado no evento que os vitimou.
CAFUNDÓ. Produção: Paulo Betti, R. A. Genaro, Virginia W. Moraes. Direção: Paulo Betti, Clóvis Bueno. Curitiba: LAZ Audiovisual; Prole de Adão, 2005. Longa-metragem. Filme inspirado na vida de um personagem real, o ex-escravo João de Camargo (1858–1942), curador, que fundou uma igreja espírita em Sorocaba (SP).

CRUZ e Sousa, o poeta do desterro. Produção: César Cavalcanti, Margit Richter. Direção: Sylvio Back. Rio de Janeiro: Usina de Kyno, 1998. Longa--metragem. Narrativa poética da vida de Cruz e Sousa (1861–1898), o filho de escravos que se tornou um dos grandes poetas da língua portuguesa e fundador do simbolismo no Brasil.

DEUS. Produção e direção: Vinícius Silva. Pelotas: Universidade Federal de Pelotas (TCC do curso de Cinema), 2016. Curta-metragem. Inspirado na afirmação do rapper Emicida em *Mãe* (Deus é uma mulher negra), o filme mostra o quanto as mulheres negras são fortes e guerreiras para carregar a responsabilidade da vida de si próprias e de seus filhos numa sociedade machista e racista.

GANGA Zumba, rei dos Palmares. Produção e direção: Cacá Diegues e outros. Rio de Janeiro: Copacabana; Tabajara Filmes, 1963. Longa-metragem. O filme conta a fundação do quilombo de Palmares e a vida do seu primeiro líder.

KBELA. Produção: Monique Rocco, Erika Cândido. Direção: Yasmin Thayná. [Rio de Janeiro: s. n.], 2015. Curta-metragem. O filme conta histórias de mulheres negras que decidem se libertar das imposições do padrão de beleza racista, deixando os cabelos crescerem do seu jeito natural.

MADAME Satã. Produção: Walter Salles e outros. Direção: Karim Ainouz. Rio de Janeiro: VideoFilmes; Paris: Dominant 7 e outros, 2002. Longa--metragem. Conta a vida do famoso personagem da vida noturna carioca, muitas vezes preso por enfrentar a polícia para defender mendigos, prostitutas, negros e homossexuais que fossem vítimas de agressões.

MENINA mulher da pele preta: Jennifer. Produção e direção: Renato Candido de Lima. São Paulo: Dandara; ANCINE; Secretaria de Cultura--SP, 2012. Média-metragem. Piloto de um projeto de minissérie em cinco episódios, conta a história de uma adolescente negra que altera suas fotografias no computador, clareando a pele e alisando o cabelo.

MENINO 23: infâncias perdidas no Brasil. Produção: Maria Carneiro da Cunha. Direção: Belisário Franca. Rio de Janeiro: Globo Filmes e outros, 2016. Longa-metragem. Documentário sobre meninos negros e mulatos que, nos anos 1930, foram levados de um orfanato para uma fazenda pertencente a uma família de nazistas e integralistas, onde foram submetidos a trabalho escravo.

MUNDO deserto de almas negras. Produção e direção: Ruy Veridiano. São Paulo: Heavybunker, 2016. Longa-metragem. Numa São Paulo em que a elite é negra e a periferia é branca, um advogado aceita entregar celulares num presídio, mas é assaltado e passa a ser perseguido pelo crime organizado.

ATLÂNTICO negro: na rota dos orixás. Produção e direção: Renato Barbieri. Brasília: Gaya Filmes, 1998. Curta-metragem. Documentário que mostra a relação histórica e cultural entre a África e o Brasil, focalizando principalmente a religião.

DIA de Jerusa, O. Produção: Elcimar Dias Pereira. Direção: Viviane Ferreira. São Paulo: Odun, 2014. Curta-metragem. Jerusa é uma senhora que mora num velho sobrado no Bixiga (São Paulo). Um dia, ao responder uma pesquisa de opinião sobre sabão em pó, expõe lembranças de sua vida.

POVO brasileiro, O. Produção: Carolina Vendramini. Direção: Isa Grinspum Ferraz. Rio de Janeiro: Fundação Darcy Ribeiro; TV Cultura; GNT, 2000. Série de documentários baseados na obra *O povo brasileiro*, de Darcy Ribeiro, com os temas: Matriz Tupi, Matriz Lusa, Matriz Afro, Encontros e Desencontros, Brasil Crioulo, Brasil Sertanejo, Brasil Caipira, Brasil Sulino e Brasil Caboclo.

QUANTO vale ou é por quilo? Produção e direção: Sérgio Bianchi. [S. l.: s. n.,] 2005. Longa-metragem. Através de duas histórias, uma passada no século XVII e outra atual, o filme mostra as semelhanças entre a antiga exploração dos escravos e o uso moderno das populações pobres por instituições para obter lucros e vantagens.

QUILOMBO. Produção: Augusto Arraes. Direção: Carlos Diegues. Rio de Janeiro: CDK; Embrafilme; Gaumont, 1984. Longa-metragem. Uma espécie de continuação de *Ganga Zumba*, o filme conta a fase final do Quilombo de Palmares, destacando a ação de seu último líder, Zumbi, e sua mulher, Dandara.

SINHÁ Moça. Produção: Edgar Baptista Pereira. Direção: Tom Payne. São Paulo: Vera Cruz, 1953. Longa-metragem. Romance entre uma moça abolicionista e um rapaz que finge ser escravocrata (para ajudar secretamente os escravos), tendo como pano de fundo a violência do escravagismo, a resistência dos escravos e a ação dos abolicionistas no fim do século XIX.

VISTA minha pele. Produção e direção: Joel Zito Araújo. Rio de Janeiro: Casa de Criação Cinema; São Paulo: CEERT, 2003. Curta-metragem. Uma história bem comum – as dificuldades da menina pobre que tem bolsa de estudo numa escola particular onde a mãe é faxineira – se passa num mundo em que os negros são a elite e os brancos, que foram escravos, hoje são os mais pobres.

XICA da Silva. Produção: Hélio Ferraz, Jarbas Barbosa, José Oliosi. Direção: Cacá Diegues. [Rio de Janeiro]: Terra Filmes; Embrafilme, 1976. Longa-metragem. Biografia romanceada da escrava que, no século XVIII, tornou-se ilustre na região das Minas, graças à sua ligação com o português João Fernandes de Oliveira. Apesar de ter o valor de popularizar Chica da Silva, o filme adotou a imagem distorcida presente nos livros *Memórias do Distrito Diamantino* de Joaquim Felício dos Santos e *Xica da Silva* de João Felício dos Santos.

CAPÍTULO 8
Referências

Fontes de dados para o texto

ABREU, Martha. **Da senzala ao palco**: canções escravas e racismo nas Américas, 1870-1930. Campinas: Ed. Unicamp, 2017.

ABREU, M. C.; MATTOS, H. (org.). **Pelos caminhos do jongo e do caxambu**. Niterói: UFF/ NEAMI, 2009.

AGUILAR, Nelson (org.) **Mostra do redescobrimento**: negro de corpo e alma – black in body and soul. São Paulo: Associação Brasil 500 Anos Artes Visuais: Fundação Bienal de São Paulo, 2000.

ALBERTI, Verena; PEREIRA, Amilcar. **Histórias do movimento negro**. Rio de Janeiro: FGV; Pallas, 2005.

ALBUQUERQUE, Wlamyra Ribeiro de. **O jogo da dissimulação**: abolição e cidadania negra no Brasil. São Paulo: Companhia das Letras, 2009.

ALENCASTRO, L. F. **O trato dos viventes**. São Paulo: Companhia das Letras, 2000.

ALGRANTI, Leila Mezan. **O feitor ausente**: estudo sobre a escravidão urbana no Rio de Janeiro, 1808–1821. Petrópolis: Vozes, 1988.

APPIAH, Kwame A. **Na casa de meu pai**: a África na filosofia da cultura. Tradução: Vera Ribeiro. Rio de Janeiro: Contraponto, 1992.

ARAÚJO, Emanoel; LAUDANA, Mayra (org.). **De Valentim a Valentim**: a escultura brasileira – século XVIII ao XX. São Paulo: Imprensa Oficial/ Museu Afrobrasil, 2010.

ARAÚJO, Emanoel (org.). **A mão afro-brasileira**. São Paulo: Imprensa Oficial, 2010.

ARAÚJO, Emanoel. Negro de corpo e alma. In: AGUILAR, Nelson (org.). Mostra do redescobrimento: negro de corpo e alma, catálogo Fundação Bienal de São Paulo. São Paulo: Associação Brasil 500 Anos Artes Visuais, 2000.

AZEVEDO, Célia M. Marinho de. **Onda negra, medo branco**: o negro no imaginário das elites, século XIX. Rio de Janeiro: Paz e Terra, 1987.

BÂ, Amadou Hampâté. A palavra, memória viva na África. **Correio da Unesco**, Rio de Janeiro, a. 32, n. 8-9, p. 16-23, ago.–set. 1979.

BASTIDE, Roger. **As religiões africanas no Brasil**: contribuição a uma sociologia das interpenetrações das civilizações. Tradução: Maria E. Capellato, Olívia Krahenbul. São Paulo: Pioneira; USP, 1971.

BERBEL, M. R.; MARQUESE, Rafael de Bivar; PARRON, Tâmis. **Escravidão e política**: Brasil e Cuba, 1790-1850. São Paulo: Hucitec, 2010.

BEZERRA, N. R. **Escravidão, farinha e comércio no Recôncavo do Rio de Janeiro, século XIX**. Duque de Caxias: Clio/ INEPAC, 2011.

BRUNSCHWING, Henri. **A partilha da África negra**. Tradução: Joel J. da Silva. São Paulo: Perspectiva, 1974.

CARVALHO, José Murilo de. **A construção da ordem**: a elite política imperial. Teatro de sombras: a política imperial. Rio de Janeiro, Civilização Brasileira, 2003.

CÉSAIRE, Aimé. **Discours sur la Négritude** (1987). Disponível em: <http://blog.ac-versailles.fr/1erelnerval/public/LA_2_Cesaire__Discours_sur_la_Negritude.pdf>. Acesso em: 14 set. 2017.

CHALHOUB, Sidney. **Cidade febril**: cortiço e epidemias na corte imperial. São Paulo: Companhia das Letras, 1996.

CHALHOUB, Sidney. **Visões da liberdade**: uma história das últimas décadas da escravidão na corte. São Paulo: Companhia das Letras, 1990.

CONNAH, Graham. **África desconhecida**: uma introdução à sua arqueologia. Tradução: Carlos Magnavita. São Paulo: USP, 2012.

COQUERY-VIDROVICH, C.; MONIOT, H. **Africa negra de 1800 a nuestros dias**. Tradução: Irene Castells, Joana Masgrau. Barcelona: Labor, 1976.

CORD, M. M.; BATALHA, C. H. M. (org.). **Organizar e proteger**: trabalhadores, associações e mutualismo no Brasil (séculos XIX e XX). Campinas: Ed. Unicamp, 2014.

COSTA, Emília Viotti da. **A abolição**. São Paulo: UNESP, 2002.

COSTA, Emília Viotti da. **Da monarquia à república**: momentos decisivos. 5. ed. São Paulo: Brasiliense, 1987.

COSTA, Emília Viotti da. **Da senzala à colônia**. São Paulo: Difel, 1966.

CURTIN, P. Tendências recentes das pesquisas históricas africanas e contribuição à história geral. In: KI-ZERBO, Joseph (org). **História geral da África**: 1 – Metodologia e pré-história da África. São Paulo: UNESCO; Ática, 1982. p. 73-89.

CURTO, José C. Resistência à escravidão na África: o caso dos escravos fugitivos recapturados em Angola, 1846–1876. **Afro-Ásia**, Salvador, n. 33, p. 67-80, 2005.

DIARRA, S. Geografia histórica: aspectos físicos. In: KI-ZERBO, Joseph (org). **História geral da África**: 1 – Metodologia e pré-história da África. São Paulo: UNESCO; Ática, 1982. p. 333-349.

DJAIT, H. As Fontes escritas anteriores ao século XV. In: KI-ZERBO, Joseph (org). **História geral da África**: 1 – Metodologia e pré-história da África. São Paulo: UNESCO; Ática, 1982. p. 92-128.

DOMINGUES, Petrônio; GOMES, Flávio dos Santos (org.). **Políticas da raça**: experiências e legados da abolição e da pós-emancipação no Brasil. São Paulo: Selo Negro, 2014.

EGYPT. State Information Service. **Population**. Disponível em: <http://www.sis.gov.eg/newVR/egyptinnumber/egyptinfigures/englishtables/44.pdf>. Acesso em: 14 set. 2017.

EISENBERG, Peter L. **Homens esquecidos**: escravos e trabalhadores livres no Brasil, séculos XVIII e XIX. Campinas: UNICAMP, 1989.

ELTIS, David; BEHRENDT, Stephen D.; RICHARDSON, David. A participação dos países da Europa e das Américas no tráfico transatlântico de escravos: novas evidências. **Afro-Ásia**, Salvador, n. 24, p. 9-50, 2000.

FAGE, J. D. **História da África**. Tradução: Aida Freudenthal e Georgina Segurado. Lisboa: Edições 70, 2010.

FAGE, J. D.; OLIVER, R. **Breve história de África**. Tradução: Artur Morão. Lisboa: Sá da Costa, 1980.

FAGE. J. D. A evolução da historiografia sobre história da África. In: KI-ZERBO, Joseph (org). **História geral da África**: 1 – Metodologia e pré-história da África. São Paulo: UNESCO; Ática, 1982. p. 43-59.

FARIAS, J. B.; GOMES, F.; SOARES, C. E. L.; MOREIRA, C. E. A. **Cidades negras**: africanos, crioulos e espaços urbanos no Brasil escravista do século XIX. São Paulo: Alameda, 2006.

FARIAS, Juliana B. **Mercados minas**: africanos ocidentais na Praça do Mercado do Rio de Janeiro (1830-1890). Rio de Janeiro: Arquivo Geral da Cidade, 2015.

FARIAS, Paulo Fernando de Moraes. **Sahel: a outra costa da África**. Curso, Departamento de História - USP, 29 set. - 5 out. 2004, São Paulo. Disponível em formato visual em <http://acervoafrica.org.br/video/sahel-a-outra-costa-da-africa/>. Acesso em 14 set. 2017.

FERNANDES, Florestan. **A integração do negro na sociedade de classes**. Rio de Janeiro: Globo, 2008. (2 v.)

FERREIRA, Aurélio Buarque de Holanda. **Novo Aurélio Século XXI**: o dicionário da língua portuguesa. 3 ed. totalmente rev. e ampl. Rio de Janeiro: Nova Fronteira, 1999.

FERREIRA, Roquinaldo. Escravidão e revoltas de escravos em Angola (1830–1860). **Afro-Ásia**, Salvador, n. 21-22, p. 9-44, 1998–1999.

FLORENTINO, Manolo. **Em costas negras**: uma história do tráfico de escravos entre a África e o Rio de Janeiro. São Paulo, Companhia das Letras, 1997.

FRAGA, W.; ALBUQUERQUE, W. **Uma história da cultura afro-brasileira**. Salvador: Centro de Estudos Afro-Orientais; Fundação Cultural Palmares, 2006.

FREYRE, Gilberto. **Casa-grande & senzala**. Rio de Janeiro: José Olímpio, 1961.

FREYRE, Gilberto. **Sobrados e mucambos**: decadência do patriarcado rural e desenvolvimento urbano. 10. ed. São Paulo: Record, 1998.

FROBENIUS, Leo; FOX, Douglas. **A gênese africana**: contos, mitos e lendas da África. Tradução: Dinah de Abreu Azevedo. Prefácio de Alberto da Costa e Silva. São Paulo: Landy, 2005.

GALDINO, Luiz. **Palmares**. São Paulo: Ática, 1993.

GENOVESE, Eugene D. **Roll, Jordan, roll**: the world the slaves made. New York: Vintage, 1974.

GILROY, Paul. **O Atlântico negro**: modernidade e a dupla consciência. Tradução: Cid Knipel Moreira. Rio de Janeiro: UCAM; Editora 34, 2001.

GIORDANI, Mário Curtis. **História da África**: Idade Moderna. Petrópolis: Vozes, 1996.

GOMES, Flávio dos Santos. **Histórias de quilombolas**: mocambos e comunidades de senzalas no Rio de Janeiro – século XIX. Rio de Janeiro: Arquivo Nacional, 1995.

GOMES, Flávio dos Santos. **Negros na política** (1888–1937). Rio de Janeiro: Jorge Zahar, 2005.

GOMES, Flávio dos Santos. Quilombos do Rio de Janeiro no século XIX. In: REIS, J. J.; GOMES, Flávio dos Santos (Org.). **Liberdade por um fio**: história dos quilombos no Brasil. São Paulo: Companhia das Letras, 1996. p. 263-290.

GORENDER, Jacob. **O escravismo colonial**. 6. ed. São Paulo: Ática, 2001.

GRAHAM, Maria. **Diário de uma viagem ao Brasil**: e de uma estada nesse país durante parte dos anos de 1821, 1822 e 1823. Tradução: Américo Jacobina Lacombe. Belo Horizonte: Itatiaia; São Paulo: EdUSP, 1990.

GRINBERG, Keila. **O fiador dos brasileiros**: cidadania, escravidão e direito civil no tempo de Antonio Pereira Rebouças. Rio de Janeiro: Civilização Brasileira, 2002.

HAMA, Boubou; KI-ZERBO, Joseph. Lugar da história na sociedade africana. In: KI-ZERBO, Joseph (org.). **História geral da África**: 1 – Metodologia e pré-história da África. São Paulo: UNESCO; Ática, 1982. p. 61-71.

HEGEL, Georg W. F. **The philosophy of history**. Translation: J. Sibree. Kitchener-CA: Batoche, 2001.

HERNANDES, Leila Leite. **A África na sala de aula**: visita à história contemporânea. São Paulo: Selo Negro, 2005.

HEYWOOD, Linda M. (org.). **Diáspora negra no Brasil**. Tradução: Ingrid de C. V. Fregonez, Thaís C. Casson, Vera L. Benedito. São Paulo: Contexto, 2008.

HEYWOOD, Linda M. **Njinga of Angola**: Africa's warrior queen. Cambridge-US: Harvard University Press, 2017.

HOCHSCHILD, Adam. **O fantasma do rei Leopoldo**: uma história de cobiça, terror e heroísmo na África colonial. Tradução: Beth Vieira. São Paulo: Companhia das Letras, 1998.

HRBEK, I. As fontes escritas a partir do século XV. In: KI-ZERBO, Joseph (org). **História geral da África**: 1 – Metodologia e pré-história da África. São Paulo: UNESCO; Ática, 1982. p.129-156.

ILIFFE, John. **Os africanos**: história dum continente.Tradução: Maria Filomena Duarte. Lisboa: Terramar, 1999.

JANCSÓ, István; KANTOR, Iris (org.). **Festa**: cultura e sociabilidade na América portuguesa. São Paulo: EDUSP/ HUCITEC/ FAPESP/ Imp. Oficial, 2001.

JESUS, Maria Carolina de. **Quarto de despejo**: diários de uma favelada. São Paulo: Ática, 1995.

KARASCH, Mary. **A vida dos escravos no Rio de Janeiro** (1808 – 1850). Tradução: Pedro Maia Soares. 2. ed. São Paulo: Companhia das Letras, 2000.

KI-ZERBO, Joseph et al (Ed.). **História geral da África**. Brasília: UNESCO, 2010. (8 v.)

KI-ZERBO, Joseph. **História da África negra**. Tradução: Américo de Carvalho. Lisboa: Europa-América, 1980. (2 v.)

LAGOS STATE GOVERNMENT. **Population**. Disponível em: <http://mepb.lagosstate.gov.ng/wp-content/uploads/sites/29/2017/01/2011-Digest-of-Statistics.pdf>. Acesso em 14 set. 2017.

LARA, Silvia H. **Campos de violência**: escravos e senhores na Capitania do Rio de Janeiro 1750–1808. Rio de Janeiro: Paz e Terra, 1988.

LARA, Silvia H. **Fragmentos setecentistas**: escravidão, cultura e poder na América portuguesa. São Paulo: Companhia das Letras, 2007.

LAW, Robin. An African response to abolition: Anglo Dahomian negotiations on ending the slave trade, 1838–77. **Slavery & Abolition**, London, v. 16, n. 3, p. 281-310, dec. 1995.

LEITE, Fábio. **A questão ancestral:** África negra. São Paulo: Casa das Áfricas; Palas Athena, 2008.

LIMA, Priscila Henriques. Os intelectuais e as guerras de libertação nacional: reflexões sobre o pensamento de Sartre, Fanon e Guevara. **Poder & Cultura**, Rio de Janeiro, v. 2, n. 3, p. 87-106, jan.–jun. 2015.

LOPES, J. S. C. **Identidades políticas e raciais na Sabinada** (Bahia, 1837-1838). São Paulo: Alameda/ Fapesp, 2013.

LOPES, Nei. **Enciclopédia brasileira da diáspora africana**. São Paulo: Summus; Selo Negro, 2004.

LOPES, Nei. **História e cultura africana e afro-brasileira**. São Paulo: Barsa Planeta, 2008.

LOVEJOY. P. **A escravidão na África**: uma história de suas transformações. Tradução: Regina Bhering e Luiz Guilherme Chaves. Rio de Janeiro: Civilização Brasileira, 2002.

LY-TALL, M. O declínio do Império Mali. In: NIANE, Djibril Tamsir (org). **História geral da África**: 4 – A África do século XII ao XVI. São Paulo: UNESCO; Ática, 1988. p.191-205.

M'BOKOLO, Elikia. **África negra**: história e civilizações: tomo 1 (até o século XVIII). Tradução: Manuel Resende. Salvador: EdUFBa; São Paulo: Casa das Áfricas, 2008.

M'BOKOLO, Elikia. **África negra**: história e civilizações: tomo 2 (do século XIX aos nossos dias). Tradução: Manuel Resende. Salvador: EdUFBa; São Paulo: Casa das Áfricas, 2009.

MABOGUNJE. A. Geografia histórica: aspectos econômicos. In: KI-ZERBO, Joseph (org). **História geral da África**: 1 – Metodologia e pré-história da África. São Paulo: UNESCO; Ática, 1982. p. 351-364.

MACHADO, Maria Helena P. T. **Crime e escravidão**: trabalho, luta, resistência nas lavouras paulistas, 1830–1888. São Paulo: Brasiliense, 1987.

MAESTRI, M. **História da África negra pré-colonial**. Porto Alegre: Mercado Aberto, 1988.

MAMIGONIAN, Beatriz G. **Africanos livres**: a abolição do tráfico de escravos no Brasil. São Paulo: Companhia das Letras, 2017.

MANNING, Patrick. Escravidão e mudança social na África. Tradução: Nuno Ramos. **Novos Estudos Cebrap**, São Paulo, n. 21, p. 8-29, jul. 1988.

MATTOS, Hebe M. **Das cores do silêncio**: o significado da liberdade no sudeste escravista: Brasil, séc. XIX. Rio de Janeiro: Arquivo Nacional, 1993.

MATTOS, Hebe M. **Escravidão e cidadania no Brasil monárquico**. Rio de Janeiro: Jorge Zahar, 2000.

MATTOS, Regiane A. de. **As dimensões da resistência em Angoche**: da expansão política do sultanato à política colonialista portuguesa no norte de Moçambique (1842-1910). São Paulo: Alameda, 2018.

MATTOS, Regiane. **História e cultura afro-brasileira**. São Paulo: Contexto, 2007.

MEILLASSOUX, Claude. **Antropologia da escravidão**: o ventre de ferro e dinheiro. Tradução: Lucy Magalhães. Rio de Janeiro: Jorge Zahar, 1995.

MEMMI, Albert. **Retrato do colonizado precedido do retrato do colonizador**. Tradução: João M. Paisana. Lisboa: Mondar, 1974.

MIERS, Suzanne; KOPYTOFF, Igor. **Slavery in Africa**: historical and anthropological perspectives. Madison: University of Wisconsin, 1977.

MILLER, Joseph. **Way of death**: merchant capitalism and the Angolan slave trade (1730–1830). Madison: University of Wisconsin, 1988.

MOURA, Carlos E. M. **A travessia da Calunga Grande**: três séculos de imagens sobre o negro no Brasil (1637-1899). São Paulo: Imprensa Oficial/ EDUSP, 2000.

MOURA, Clóvis. **Brasil: as raízes do protesto negro**. São Paulo: Global, 1983.

MOURA, Clóvis. **História do negro brasileiro**. São Paulo: Ática, 1992.

MOURA, Clóvis. **Rebeliões da senzala**. São Paulo: Ciências Humanas, 1981.

MUNANGA, Kabenguele; GOMES, Nilma Lino. **Para entender o negro no Brasil de hoje**: história, realidades, problemas e caminhos. São Paulo: Global; Ação Educativa, 2004.

MUNANGA, Kabenguele. **Negritude**: usos e sentidos. São Paulo: Ática, 1988.

NASCIMENTO, A. P. **Cidadania, cor e disciplina na Revolta dos Marinheiros de 1910**. Rio de Janeiro: Mauad; FAPERJ, 2008.

NASCIMENTO, Elisa Larkin. **Sankofa**: matrizes africanas da cultura brasileira. Rio de Janeiro: EdUERJ, 1996.

NIANE, D. T. O Mali e a segunda expansão Manden. In: NIANE, Djibril Tamsir (org). **História geral da África**: 4 – A África do século XII ao XVI. São Paulo: UNESCO; Ática, 1988. p. 135-189.

NICOLAU V, Papa. Bula Romanus Pontifex, 8 jan. 1454. In: BAIÃO, António; CIDADE, Hernani; MÚRIAS, Manuel. **História da expansão portuguesa no mundo**. Volume II – III Parte: A expansão através do Oriente. Lisboa: Ática, 1939.

OBENGA, T. Fontes e técnicas específicas da história da África: panorama geral. In: KI-ZERBO, Joseph (org). **História geral da África**: 1 – Metodologia e pré--história da África. São Paulo: UNESCO; Ática, 1982. p. 91-104.

OLIVER, Roland. **A experiência africana da pré-história aos dias atuais.** Tradução: Renato Aguiar. Rio de Janeiro: Jorge Zahar, 1994.

ONU (United Nations), Populations division, Department of Economic and Social Affairs. **Total population** (both sexes combined) by major area, region and country, annually for 1950–2100 (thousands). Disponível em: <https://esa.un.org/unpd/wpp/Download/Standard/Population/>. Acesso em: 14 set. 2017.

PANTOJA, Selma; SARAIVA, José Flávio (org.). **Angola e o Brasil nas rotas do Atlântico Sul**. Rio de Janeiro: Bertrand Brasil, 1999.

PEREIRA, A.; MONTEIRO, A. M. (Org.). **Ensino de história e culturas afro-brasileiras e indígenas.** Rio de Janeiro: Pallas, 2014.

PEREIRA, Amilcar Araujo. **O mundo negro**: relações raciais e a constituição do movimento negro contemporâneo no Brasil. Rio de Janeiro: Pallas/ FAPERJ, 2013.

PEREIRA, J. M. N. O continente africano: perfil histórico e abordagem geopolítica das macrorregiões. In: BELLUCI, B. (org). **Introdução à história da África e da cultura afro-brasileira**. Rio de Janeiro: UCAM; CCBB, 2003. p. 9-29.

PEREIRA, L. A. M.. **As barricadas da saúde**: vacina e protesto popular no Rio de Janeiro da primeira república. São Paulo: Fundação Perseu Abramo, 2002.

PEREIRA, L. A. M. **Footballmania**: uma história social do futebol no Rio de Janeiro. Rio de Janeiro: Nova Fronteira, 2000.

PHILLIPSON, D. W. Início da Idade do Ferro na África meridional. In: MOKHTAR, Gamal (org). **História geral da África**: 2 – África Antiga. São Paulo: UNESCO; Ática, 1983. p. 687-706.

PINTO, Ana Flávia M. **Imprensa negra no Brasil no século XIX**. São Paulo: Selo Negro, 2010.

PIRES, Antonio Liberac Simões et al (org.). **Da escravidão e da liberdade**: processos, biografias e experiências da abolição em perspectiva transnacional. Belo Horizonte: Fino Traço/EDUFRB, 2016.

PIRES, T. R. O. **Criminalização do racismo**: entre política de reconhecimento e meio de legitimação do controle social sobre os negros. Brasília: Brado Negro, 2016.

PRANDI, Reginaldo. **Mitologia dos orixás**. São Paulo: Companhia das Letras, 2001.

READER, J. **África: biografia de um continente**. Tradução: José Espadeiro Martins. Lisboa: Europa-América, 2002.

REIS, João José. A greve negra de 1857 na Bahia. **Revista USP**, São Paulo, n. 18, p. 8-29, jun.–ago. 1993. (Dossiê Brasil/África)

REIS, João José. Notas sobre a escravidão na África pré-colonial. **Estudos Afroasiáticos**, Rio de Janeiro, v. 14, p. 5-21, 1987.

REIS, João José. Quilombos e revoltas escravas no Brasil. **Revista USP**, São Paulo, v. 28, p. 14-39, dez./jan./fev. 1995/1996. (Dossiê Povo Negro – 300 Anos)

REIS, João José; GOMES, Flávio dos Santos (Org). **Liberdade por um fio**: história dos quilombos no Brasil. São Paulo: Companhia das Letras, 1996.

REIS, João José. & SILVA, E. **Negociação e conflito**: a resistência negra no Brasil escravista. São Paulo: Companhia das Letras, 1989

REIS, João José. **Rebelião escrava no Brasil**: a história do levante dos Malês (1835). São Paulo: Brasiliense, 1987.

RODNEY, Walter. **De cómo Europa subdesarrolló a África**. Traducción: Luis César Bou. México: Siglo XXI, 1982.

RODRIGUES, Jaime. **De costa a costa**: escravos, marinheiros e intermediários do tráfico negreiro de Angola ao Rio de Janeiro (1780–1860). São Paulo: Companhia das Letras, 2005.

RODRIGUES, Jaime. **O infame comércio**: propostas e experiências no final do tráfico de africanos para o Brasil (1800–1850). Campinas: UNICAMP, 2000.

SANTOS, Luiz Carlos dos. **Luiz Gama**. São Paulo: Selo Negro, 2010.

SANTOS, Ynaê Lopes dos. **Além da senzala**: arranjos escravos de moradia no Rio de Janeiro (1808–1850). São Paulo: HUCITEC, 2010.

SANTOS, Ynaê Lopes dos; PEREIRA, Leonardo. **Licenciatura em história da África**. Rio de Janeiro: PUC-Rio; MEC; UERJ, 2011.

SANTOS, Ynaê Lopes dos. Zumbi dos Palmares. In: **Rebeldes brasileiros**: v. 1 – Zumbi, Chiquinha Gonzaga. São Paulo: Caros Amigos, 2000. p. 3-17. (originalmente fascículo 1 de coleção)

SCHWARCZ, Lilia Moritz. **O espetáculo das raças**: cientistas, instituições e questão racial no Brasil do século XIX. São Paulo: Companhia das Letras, 1993.

SCHWARTZ, Stuart. **Segredos internos**: engenhos e escravos na sociedade colonial, 1550–1835. Tradução: Laura Teixeira Motta. São Paulo: Companhia das Letras, 1988.

SERRANO, Carlos; WALDMAN, Maurício. **Memória d'África**: a temática africana em sala de aula. São Paulo: Cortez, 2007.

SILVA, Alberto da Costa e. **A enxada e a lança**: a África antes dos portugueses. Rio de Janeiro: Ática; São Paulo: EdUSP, 1992.

SILVA, Alberto da Costa e. **A manilha e o libambo**: a África e a escravidão de 1500 a 1700. Rio de Janeiro: Ática, 2000.

SILVA, Alberto da Costa e. Os estudos de história da África e sua importância para o Brasil. In: MOURÃO, Fernando A. A. et al (org.). **A dimensão atlântica da África**: II Reunião Internacional de História da África. São Paulo: CEA--USP; SDG-Marinha; CAPES, 1997. p. 13-20.

SILVA, Eduardo. **As camélias do Leblon e a abolição da escravatura**. São Paulo: Companhia das Letras, 2003.

SILVA, Juliana R. **Os homens de ferro**: os ferreiros na África Central no século XIX. São Paulo: Alameda, 2012.

SILVA, Marilene R. N. **Negro na rua**: a nova face da escravidão. São Paulo: HUCITEC, 1988.

SILVA JÚNIOR, W. L. **História, direito e escravidão**: a legislação escravista no antigo regime ibero-americano. São Paulo: Annablume, 2013.

SLENES, Robert. W. **Na senzala uma flor**: esperanças e recordações na formação da família escrava – Brasil Sudeste, século XIX. Rio de Janeiro: Nova Fronteira, 1999.

SOARES, Carlos Eugenio Líbano. **Capoeira escrava e outras tradições rebeldes no Rio de Janeiro** (1808–1850). Campinas: UNICAMP, 2002.

SOARES, Carlos Eugenio Líbano. **Zungú**: rumor de muitas vozes. Rio de Janeiro: Arquivo Público, 1998.

SOARES, Mariza de Carvalho. **Devotos da cor**: identidade étnica, religiosidade e escravidão no Rio de Janeiro, século XVIII. Rio de Janeiro: Civilização Brasileira, 2000.

SOUMONNI, Elisée. **Daomé e o mundo atlântico**. Tradução: Maria José Lopes da Silva. Rio de Janeiro: CEAA-UCAM, 2001.

SOUTH AFRICA. **Statistics**. Disponível em: <http://www.statssa.gov.za/?page_id=1021&id=city-of-johannesburg-municipality>. Acesso em: 14 set. 2017.

SOUZA, Marina de Mello e. **África e Brasil africano**. São Paulo: Ática, 2006.

SOUZA, Robério S. **Trabalhadores dos trilhos**: imigrantes e nacionais livres, libertos e escravos na construção da primeira ferrovia baiana (1858-1863). Campinas: Ed UNICAMP, 2015.

THORNTON, John. **A África e os africanos na formação do mundo atlântico** (1400–1800). Tradução: Marisa Rocha Motta. Rio de Janeiro: Elsevier, 2004.

THORNTON, J. **A cultural history of the atlantic world, 250-1820**. New York: Cambridge University Press, 2012.

VANSINA, Jan. **Living with Africa**. Madison: University of Wisconsin, 1994.

VANSINA, Jan. A tradição oral e sua metodologia. In: KI-ZERBO. Joseph (org). **História geral da África**: 1 – Metodologia e pré-história da África. São Paulo: UNESCO; Ática, 1982. p.157-179.

VERGER, Pierre. **Fluxo e refluxo do tráfico de escravos entre o Golfo do Benin e a Bahia de Todos os Santos, do século XVII ao XIX**. 3. ed. São Paulo: Corrupio, 1987.

VIANA, Larissa. **O idioma da mestiçagem**: as irmandades de pardos na América portuguesa. Campinas: Unicamp, 2007.

VIANNA, F. J. Oliveira. **Evolução do povo brasileiro**. São Paulo: Nacional, 1933.

XAVIER, Giovana; FARIAS, Juliana Barreto; GOMES, Flávio (Org.). **Mulheres negras no Brasil escravista e do pós-emancipação**. Rio de Janeiro: Pallas; Selo Negro, 2012.

YOUSSEF, Alain El. **Imprensa e escravidão**: política e tráfico negreiro no Império do Brasil (Rio de Janeiro, 1822-1850). São Paulo: Intermeios, 2016.

ZAYED, A. H. Relações do Egito com o resto da África. In: MOKHTAR, Gamal (org). **História geral da África**: 2 – África Antiga. São Paulo: UNESCO; Ática, 1983. p. 123-141.

Fontes das ilustrações

As ilustrações reproduzidas neste livro são de domínio público e puderam ser utilizadas graças a instituições que as tornaram disponíveis na internet em cópias digitais de alta qualidade, que podem ser baixadas e usadas sem restrições. O portal **Internet Archive** (https://archive.org), a **Biblioteca Pública de Nova Iorque** (http://digitalcollections.nypl.org) e a **Biblioteca do Congresso dos Estados Unidos** (https://www.loc.gov) são exemplos dessas instituições.

A **Fundação SP Lohia** (http://www.splrarebooks.com) e a nossa **Biblioteca Nacional** (https://www.bn.gov.br) são exemplos de instituições que disponibilizam nos *sites* cópias em baixa resolução, que servem bem para trabalhos escolares, e aceitam pedidos de cópias para uso profissional de materiais de domínio público.

Diversas outras bibliotecas e museus disponibilizam na internet imagens para uso não comercial, como a **Gallica** (http://gallica.bnf.fr/) da Biblioteca Nacional da França e a **Biblioteca Brasiliana** da Universidade de São Paulo (https://www.bbm.usp.br).

Também existem pessoas que colocam na internet trabalhos próprios de alta qualidade, autorizando seu uso. Somos especialmente gratos a Eric Gaba, autor de excelentes mapas que serviram de base para a elaboração de quase todos os mapas do território africano; Gustavo Girardelli, cujo planisfério foi a base dos mapas que mostram mais de um continente; e um usuário do portal **Wikimedia Commons** (https://commons.wikimedia.org) identificado como NordNordWest, cujo trabalho serviu de base para os mapas do Brasil.

Na lista a seguir, após as informações sobre cada obra, está a lista de ilustrações tiradas dela. Cada ilustração está identificada com sua numeração neste livro: 5.14, 1.3 etc. Quando for o caso, depois desse número está entre parênteses a localização da figura na obra original. A abreviatura "p." é a página. Outras formas indicam uma ilustração isolada, em página não numerada: pl. (*plate* ou *planche*), grav. (gravura), *tabula* e fig. (figura) são usadas quando as ilustrações têm uma numeração própria. Algo como "pos p. 13" diz que a figura fica depois da página com esse número.

ABDIAS do Nascimento. 1 fotografia (Bia Parreiras). Acervo IPEAFRO. Uso autorizado em 2017. Figura: 5.12.

AGOSTINI, Angelo (atrib.). [Dragão do Mar]. **Revista Illustrada**, Rio de Janeiro, a. 9, n. 376, 1884. Figura: 4.31 (p. 1). Uso autorizado pela Biblioteca Nacional.

AGOSTINI, Angelo (atrib.). [Festa da Abolição]. **Revista Ilustrada**, Rio de Janeiro, a. 13, n 498, 1888. Figura: 4.32 (p. 1). Uso autorizado pela Biblioteca Nacional.

ALBUQUERQUE, Manoel Maurício de; REIS, Arthur Cézar Ferreira; CARVALHO, Carlos Delgado de. **Atlas histórico escolar**. 7. ed. rev. e atual. Rio de Janeiro: MEC-FENAME, 1977. Mapas: 3.2; 4.1; 4.2; 4.3 (dados para a confecção dos mapas).

ALFAGALI, Crislayne G. M. **Um segredo de fabricar**: os artesãos do ferro na Vila Rica de Ouro Preto (século XVIII). Disponível em <http://www.seminariojals.ufop.br/crislayne_g_m_alfagali.pdf>. Acesso em 28 mar. 2017. Mapa: 4.3 (dados para a confecção do mapa).

ANIVERSARIO de fundação da Frente Negra Brasileira: mesa que presidiu os trabalhos. 1 foto. Disponível em: <http://objdigital.bn.br/objdigital2/acervo_digital/div_iconografia/icon299056/icon981688.html>. Acesso em: 19 mar. 2017a. Figura: 5.3. Uso autorizado pela Biblioteca Nacional.

ANIVERSARIO de fundação da Frente Negra Brasileira: uma parte da assistencia. 1 foto. Disponível em: <http://objdigital.bn.br/objdigital2/acervo_digital/div_iconografia/icon299056/icon981690.html>. Acesso em: 23 mar. 2017b. Figura: 5.5. Uso autorizado pela Biblioteca Nacional.

ARAÚJO, Renato. **Zumbi dos Palmares**. Disponível em <http://www.museuafrobrasil.org.br/docs/default-source/publicações/-nbsp-arquivo-em-pdf.pdf?sfvrsn=0>. Acesso em 16 mar. 2017. Mapa: 4.6 (p. 8).

ASPECTO actual da questão servil. **Revista Illustrada**, Rio de Janeiro, a. 12, n. 472, 19 nov. 1887. Figura: 4.29 (p. 5).

BARLAEI, Casparis [Caspar van Baerle]. **Rerum per octennium in Brasilia**... Amsterdam: Ioannis Blaeu, 1647. Figuras: 4.3 (tabula 3, pos p. 24, Pernambuco parte boreal e Itamaracá); 4.28 (tabula 2, pos p. 24, Pernambuco parte meridional).

BARTON, William Eleazar. **The Old world in the new century**... Boston: The Pilgrim, 1902. Figuras: 2-A (p. 323); 3-A (p. 337).

BELLAS-ARTES nos colonos pretos do Brazil, As. **Kosmos**, Rio de Janeiro, a. 1, n. 8, [s. num.], ago. 1904. Figura: 5.13 (fig. 1). Uso autorizado pela Biblioteca Nacional.

BERNARDELLI, Henrique. O Aleijadinho em Villa Rica. **Kosmos**, Rio de Janeiro, a. 1, n. 2, fev. 1904. Figura: 4.25 [p. 30 do exemplar não numerado]. Uso autorizado pela Biblioteca Nacional.

BOAHEN, Albert Adu (ed). **História geral da África, VII**: África sob dominação colonial, 1880–1935. 2. ed. rev. Brasília: UNESCO, 2010. Mapas: 6.1; 6.3; 6.4; 6.5 (dados para a confecção dos mapas).

BRASIL. **Plano plurianual 2012-2015**: agendas transversais [políticas quilombolas]. Disponível em <http://ppamaisbrasil.planejamento.gov.br/sitioPPA/>. Acesso em 26 fev. 2017. Mapa: 5.1 (dados para a confecção do mapa).

BRAUN, Georg. **Civitates orbis terrarum** [Cidades do mundo]. Antwerpiae: Aegidium Radeum, 1572. Figuras: 2.18 (p. 53); 3.2 (pos p. 54). (Disponíveis na Biblioteca do Congresso dos Estados Unidos – Library of Congress <https://www.loc.gov>. Acesso em 14 set. 2017.)

BROSSELARD, Henry. **Les deux missions Flatters au pays des touareg azdjer et hoggar**. 2. ed. Paris: Jouvet et Cie., 1889. Figura: 1-B (p. 145).

CAGNAT, René. **Carthage, Timgad, Tébessa et les villes antiques de l'Afrique du Nord**. Paris: H. Laurens, 1909. Figura: 1.15 (p. 15).

CAILLIAUD, Frederic. **Voyage a Meroe**... Paris: L'Imprimerie Royale, 1826. Figuras: 1.6 (pl. 18); 1.7 (pl. 52); 1.8 (pl. 14); 1.9 (pl. 16).

CAPELLO, H. [Hermenegildo]; IVENS, Roberto. **De Benguella ás terras de Iácca**... Lisboa: Imprensa Nacional, 1881. Figuras: 1.16 (v. 1, p. 35); 1.18 (v. 1, p. 168); 2.19 (v. 1, p. 266); 2.22-A (v. 1, p. 104); 6.3 (v. 1, pos p. 110).

CARNAVAL de rua. [S.l.: s.n.], [entre 1900 e 193-]. 1 cartão-postal. Disponível em: <http://objdigital.bn.br/objdigital2/acervo_digital/div_iconografia/icon299056/icon981667.html>. Acesso em: 18 mar. 2017. Figura: 5.17. Uso autorizado pela Biblioteca Nacional.

CHAMBERLAIN, Henry. **View and costumes of the city and neighbourhood of Rio de Janeiro, Brazil**... London: Thomas M'Lean, 1822. Figura: 4.11 (pl. 4). Disponível na SP Lohia Foundation <http://www.splrarebooks.com/>. Acesso em 14 set. 2017.

CHAMPOLLION, M. J. F. **Panthéon Égyptien**. Paris: Firmin Didot, 1823. Figuras: 1.5-A (p. 2); 1.5-C (pl. 39); 1.5-D (pl. 17-c).

CHIQUINHA Gonzaga. **A Rua**, Rio de Janeiro, a. 1, n. 220, 7 nov. 1914. Figura: 5.8 (p. 1). Uso autorizado pela Biblioteca Nacional.

D'AVENNES, A. C. T. É. Prisse. **Histoire de l'art égyptien**. Paris: Arthus Bertrand, 1878. Figura: 1.1-A (Atlas, Tome premier, pl. 5).

DANIELL, Samuel. [**African scenery and animals**]. [London: s.n.], 1804. Figura: 1.17 (fig. 23).

DEBRET, Jean-Baptiste. **Voyage pittoresque et historique au Bresil...** Tome 2. Paris: Firmin Didot Frères, 1835. Figuras: 4.1-G (pl. 22, detalhe); 4.2 (pl. 23); 4.10 (pl. 36); 4.12 (pl. 11); 4.13 (pl. 10); 4.14 (pl. 48); 4.15 (pl. 9); 5.16 (pl. 33). Gravuras disponíveis em: The New York Public Library <http://digitalcollections.nypl.org>. Acesso em 14 set. 2017.

DEBRET, Jean-Baptiste. **Voyage pittoresque et historique au Bresil...** Tome 3. Paris: Firmin Didot Frères, 1839. Figuras: 4. 19 (pl. 30); 4.20 (pl. 16); 4.24 (pl. 7); 4.26 (pl. 1). Gravuras disponíveis em: The New York Public Library <http://digitalcollections.nypl.org>. Acesso em 14 set. 2017.

DRANER [J. J. G. Renard]. La conférence de Berlin. **L'Illustration journal universel**, Paris, v. 85, n. 2184, 3 jan. 1885. figura: 6.8 (p. 14).

DUBOIS, Félix. **Tombouctou la mystérieuse**. Paris: E. Flammarion, 1897. Figuras: 1-C (p. 45); 3-B (p. 179); 2.4 (p. 102); 2.5 (p. 238); 2.6 (p. 341).

DUPUIS, Joseph. **Journal of a residence in Ashantee**. London : H. Colburn, 1824. Figura: 3.13 (frontispício)

ESTAMPAS Eucalol, Série 300: **As dansas através do mundo**. Rio de Janeiro: Perfumaria Myrta, ca. 1950. Cartões com desenhos coloridos. altura 9 cm, largura 6 cm. Material publicitário. Figura: 5.15 (estampas 2 [maracatu], 3 [frevo], 4 [samba]).

EZILON. **Africa map**. Disponivel em <http://www.ezilon.com/maps/africa-maps.html>. Acesso em 14 set. 2017. Mapa: 3.9. (dados para confecção do mapa)

FLETCHER, James C.; KIDDER, D. P. **Brazil and the Brazilians portrayed in historical and descriptive sketches**. 6. ed. Boston: Little, Brown and company, 1866. Figuras: 4.7 (p. 553); 4.9 (p. 134).

FORBES, Frederick Edwyn. **Dahomey and the Dahomans...** London: Longman, Brown, Green, and Longmans, 1851. Figuras: 3.5 (pos 100); 3.10 (frontispício); 3.11 (pos p. 74), 3.12 (pos 22).

FREY, Colonel. **Côte occidentale d'Afrique**: vues, scènes, croquis. Paris: C. Marpon et E. Flammarion, 1890. Figuras: 2.2 (p. 108); 2.3 (p. 64); 2.7 (p. 305); 2.9 (121); 3.4 (249); 6.10 (p. 73); 6.16 (p. 90).

FROBENIUS, Leo. **The voice of Africa**. Translated by Rudolf Blind. London: Hutchinson & Co., 1913. 2 v. Figuras: 2.8 (v. 1, frontispício); 3.9 (v. 1, pl. I, pos p. 284).

GABA, Eric. **Carte physique vierge de l'Afrique, sans frontières, destinée à la géolocalisation**. Disponível em: <https://commons.wikimedia.org/wiki/File:Africa_relief_location_map-no_borders.jpg>. Acesso em: 7 jan. 2017a. Mapa: 2. (base para a confecção do mapa)

GABA, Eric. **Carte vierge du continent africain tel qu'en 07/2011**. Disponível em: <https://commons.wikimedia.org/wiki/File:Africa_map_blank.svg>. Acesso em: 10 set. 2016. Mapas: 1; 3; 1.1; 1.2; 1.3; 1.5; 2.1; 2.2; 2.3; 2.4; 2.5; 2.6; 2.7; 2.8; 2.9; 3.1; 3.2; 3.7; 3.8; 3.9; 6.1; 6.2. (base para a confecção dos mapas)

GABA, Eric. **Colonial Africa in 1913**. Disponível em: <https://commons.wikimedia.org/wiki/File:Colonial_Africa_1913_map.svg>. Acesso em: 31 mar. 2017b. Mapas: 6.3; 6.4; 6.5. (base para a confecção dos mapas)

GIRARDELLI, Gustavo. **Planisferio en blanco**. Disponível em: <https://commons.wikimedia.org/wiki/File:A_large_blank_world_map_with_oceans_marked_in_blue_planisferio_en_blanco.svg>. Acesso em: 7 fev. 2017. Mapas: 1.4; 3.3; 3.4; 3.5; 3.6; 4.1. (base para a confecção dos mapas)

GONÇALVES, Maria Filgueiras (Transcrição). [Encontrando quilombos]. Introdução de Ana Lúcia Louzada Werneck. **Anais da Biblioteca Nacional**, Rio de Janeiro, v. 108, p. 47-113, 1988. Figura: 4.27 (p. 107). Uso autorizado pela Biblioteca Nacional.

GRANDE figura de João Cândido, A. **A Nação**, Rio de Janeiro, a. 2, n. 292, 28 jan. 1927. Figura: 5.4 (p. 1). (disponível no *site* da Fundação Dinarco Reis, do PCB <https://pcb.org.br/fdr/index.php?option=com_content&view=article&id=318:a-nacao-homenageia-joao-candido&catid=1:historia-do-pcb>. Acesso em 14 set. 2017. Uso autorizado com a citação da fonte)

IBGE, Canais, Banco de dados, Séries estatísticas, Temas e subtemas, Desenvolvimento sustentável. **Indicadores ambientais e sociais**. Disponível em: <http://seriesestatisticas.ibge.gov.br/lista_tema.aspx?op=0&no=1>. Acesso em: 25 mar. 2017a. Gráfico: 5.1 (Código IU36).

IBGE, Canais, SIDRA, Pesquisas, População, Censo demográfico. **Demográfico 2010: Amostra**. Disponível em: <https://sidra.ibge.gov.br/home/ipca15/brasil>. Acesso em: 25 mar. 2017b. Gráficos: 5.2 (Trabalho e rendimento: Tabela 3553); 5.3 (Características Gerais da População, Religião e Deficiência: Tabela 3462).

IBGE. **Síntese de indicadores sociais**: uma análise das condições de vida da população brasileira. Rio de Janeiro: IBGE, 2013. Gráfico: 5.1 (Tabela 3.11).

JAIME, Jean Gilbert Nicomède. **De Koulikoro à Tombouctou sur la canonnière "Le Mage"**. Paris: Libraires associés, 1894. Figuras: 1.20 (p. 135).

JOSÉ do Patrocínio. 1 foto. Disponível em:<http://objdigital.bn.br/acervo_digital/div_iconografia/icon443670.jpg>. Acesso em: 23 mar. 2017. Figura: 4.30. Uso autorizado pela Biblioteca Nacional.

JUNOT, Laure (duchesse d'Abrantès). **Memoirs of celebrated women of all countries**. London: E. Churton, 1834. Figura: 3.14 (pos p. 8).

KINGSLEY, Mary Henrietta. **West African studies**: with additional chapters. London: Macmillan, 1901. Figura: 4.1-D (pos p. 118, detalhe).

KNOX, Thomas Wallace; STANLEY, Henry Morton. **The boy travellers on the Congo**: adventures of two youths in a journey... New York-US: Harper & Brothers, 1888. Figuras: 2.20 (p. 363); 2.21 (p. 382); 2.22-B (p. 139); 2.22-C (p. 157); 2.22-D (p. 317); 6.2 (p. 273).

KÖHLER, Hermann Adolph. **Medizinal-Pflanzen** [Plantas medicinais]. Gera (Alemanha): Franz Eugen Köhler, 1887. Figura: Boxe 2.2 (v. 3, pl. 20, pos fl. 80).

LAÍS de Moraes, vencedora do concurso de beleza (foto). **Getulino**, Campinas, a. 1, n. 12, 13 out. 1923. Figura: 5.6 (p. 1). Uso autorizado pela Biblioteca Nacional.

LIVINGSTONE explores Africa. In: SHEPPERSON, George Albert. **David Livingstone**. Disponível em <https://global.britannica.com/biography/David-Livingstone>. Acesso em 1 mar. 2017. Mapa: 6.2. (dados para confecção do mapa)

LIVINGSTONE, David. **Missionary travels and researches in South Africa...** London: J. Murray, 1857. Figura: 1.19 (fig. 16, pos p. 224).

MACHADO de Assis aos 57 anos. [S.l.: s.n.], [1896]. 1 foto. Disponível em: <http://objdigital.bn.br/acervo_digital/div_iconografia/icon1198372.htm>. Acesso em: 23 mar. 2017. Figura: 5.7. Uso autorizado pela Biblioteca Nacional.

MAPS of Stanley's three expeditions. In: BRAZZA, Pierre Savognan de. **Stanley (1841–1904)**. Disponível em <http://www.brazza.culture.fr/en/homme/stanley_arch3.htm> Acesso em 1 mar. 2017. Mapa: 6.2. (dados para confecção do mapa)

MASPERO, Gaston. **Egyptian archeology**. Trad. ingl. Amelia B. Edwards. New York: G. P. Putnam's Sons; London: H. Grevel & Company, 1888. Figura: 1.3-G (p. 117), 1.3-H (p. 173), 1.3-I (p. 178), 1.3-J (p. 183) , 1.4 (p. 119).

MASPERO, Gaston. **History of Egypt**. v. 2. Trad. ingl. M. L. McClure. London: Grolier Society, 1903. Figuras: 1.3-A (p. 65), 1.3-B (p. 77), 1.3-C (p. 101), 1.3-D (p. 119), 1.3-E (p. 143), 1.3-F (p. 147); 3.1 (p. 61).

MAYER, Brantz. **Captain Canot, or twenty years of an african slaver**. New York: D. Appleton, 1854. Figura: 3.6 (pos p. 94).

MEMORIA de Juliano Moreira, fundador e presidente da Academia, A. **Annaes da Academia Brasileira de Sciencias**, Rio de Janeiro, t. 5, n. 2, p. 81-98, jun. 1933. Figura: 5.10 (p. 81).

MERKER, M. **Die Masai**: ethnographische monographie eines ostafrikanischen semitenvolkes. Berlin-DE: Dietrich Reimer, 1904. Figura: 1-A (p. 53).

MERLIN, A. **Le sanctuaire de Baal et de Tanit près de Siagu**. Paris: E. Leroux, 1910. Figuras: 1.14-A (pl. II, 2); 1.14-B (pl. V).

MILLIGAN, Robert H. **The fetish folk of West Africa**. New York: Fleming H. Revell, 1912. Figuras: 6.4 (pos p. 322); 6.5 (pos p. 128); 6.13 (frontispício).

MOCKLER-FERRYMAN, A. F. **British Nigeria**. London: Cassell and Company, 1902. Figura: 2.14 (pos p. 148).

MOREL, E. D. (Edmund Dene). **Affairs of West Africa**. London: W. Heinemann, 1902. Figura: 4.1-B (p. 55).

MOREL, E. D. (Edmund Dene). **Nigeria, its peoples and its problems**. London: Smith, Elder & Co., 1911. Figuras: 2.13 (pos p. 124); 3.9 (pos p. 82).

MOUNTNORRIS, George Annesley. **Voyages and travels...** V. 3 [Abissínia e Egito]. London : W. Bulmer for W. Miller, 1809. Figuras: 1.10 (p. 82); 1.11 (p. 87); 1.12 (p. 181).

MOURA, Clóvis. **Os quilombos e a rebelião negra**. 5. ed. São Paulo: Brasiliense, 1986. Mapas: 4.5; 4.6. (dados para confecção dos mapas)

MUNSTER, Sebastian. **Sei libri della cosmografia universale**. Basileia: H. Petri, 1558. (Trad de: Cosmographia. Beschreibung aller Lender. 1544) Figura: 2.1 (lib. sexto, p. 1192).

NEWMAN, E. M. [Edward N.]. **Coffee berry pickers, Brazil** [Colhedores de café, Brasil] (ca. 1900–1923). 1 fotografia. Disponível em: <https://www.loc.gov/item/91739082/>. Acesso em: 18 mar. 2017. Figura: 5.2.

NORDNORDWEST. **Positionskarte von Brasilien** [Mapa de localização do Brasil]. Disponível em <https://commons.wikimedia.org/wiki/File:Brazil_location_map.svg>. Acesso em 10 fev. 2017. Mapas: 4.2; 4.3; 4.4; 4.5; 4.6; 5.1. (base para a confecção dos mapas)

NYPL. **Digital Collections**. Figuras: 1.2 (https://digitalcollections.nypl.org/items/510d47d9-6883-a3d9-e040-e00a18064a99); 2.12 (https://digitalcollections.nypl.org/items/510d47dc-85c7-a3d9-e040-e00a18064a99); 6.1 (http://digitalcollections.nypl.org/items/510d47df-8d02-a3d9-e040-e00a18064a99); 6.17 (http://digitalcollections.nypl.org/items/510d47df-8d7b-a3d9-e040-e00a18064a99); 6.18 (http://digitalcollections.nypl.org/items/8e0981a2-4adf-a10a-e040-e00a18063089). Acesso em: 27 mar. 2017.

PIGAFETTA, Filippo. **Regnum Congo**... [Reino do Congo] Lisboa: Duarte Lopes, 1624. Figura: 3.3 (Icones..., argumentum II, p. 2).

RANDALL-MACIVER, David. **Medieval Rhodesia**. Publisher London: Macmillan and Co., 1906. Figuras: 2.15 (pl. II, ante p. 13); 2.16 (pl. XVIII, ante p. 83); 2.17 (plate XXXII-b, ante p. 83).

RAWLINSON, George. **Phoenicia**. New York: Putnam, 1904. Figura: 1-14-C (p. 33).

RECLUS, Élisée. **Africa and its hinhabitants**. Ed. ingl.: Keane, A. H. London: Virtue and Co., 1899. v. 2 [África Ocidental e bacia do Congo]. Figura: 4.1-A (p. 148).

RHODES Colossus. **Punch or The London Charivari**, London, v. 103, p. 266, 10 dec. 1892. Figura: 6.12 (p. 266).

ROSELLINI, Ippolito. **I monumenti dell'Egitto e della Nubia**. Parte prima: monumenti storici. Tomo I. Pisa-It: Niccolò Capurro, 1832. Figura: 1.5-B (grav. CXLV).

ROTH, Henry Ling. **Great Benin**: its customs, art and horrors. Halifax, Eng.: F. King & Sons, 1903. Figuras: 2.10 (p. 179); 2.11-A (p. 23); 2.11-B (p. 216); 2.11-C (p. 198); 2.11-D (p. 106).

ROUX, Hughes Le. **Ménélik et nous**. Paris: Nilsson, 1902. Figura: 6.11 (p. 11).

RUGENDAS, Johann Moritz. **Voyage pittoresque dans le Brésil**. Paris: Engelmann & Cie., 1835. Figuras: 4.1-C (div. 2, pl. 10); 4.1-E (div. 2, pl. 9); 4.1 F (div. 2, pl. 18); 4.1-H (div. 2, pl. 17); 4.4 (div. 3, pl. 22); 4.5 (div. 4, pl. 8); 4.6 (div. 4, pl. 7); 4.8 (div. 3, pl. 13); 4.16 (div. 4, pl. 5); 4.17 (div. 2, pl. 7); 4.21 (div. 4, pl. 19); 4.22 (div. 4, pl. 17); 4.23 (div. 4, pl. 18).

RUTH de Souza. 1 fotografia. Uso autorizado por Ruth de Souza. 2017. Figura: 5.11.

SAMPAIO, Theodoro. **Historia da fundação da cidade do Salvador**. Salvador: Beneditina, 1949. Figura: 5.9 (frontispício).

SCHALLER, Michael et al. **American horizons**: U.S. history in a global context. Disponível em: <http://global.oup.com/us/companion.websites/9780199389315/book/>. Acesso em: 1 mar. 2017. Mapas: 3.3; 3.4; 3.5; 3.6. (dados para a confecção dos mapas).

SILVA, Arsenio da. [**Congada**]. Brasil: [s.n.], ca. 1860. 1 foto. Disponível em: <http://objdigital.bn.br/objdigital2/acervo_digital/div_iconografia/icon1464045/icon1464045.html>. Acesso em: 28 mar. 2017. Figura: 5.18. Uso autorizado pela Biblioteca Nacional.

SLADEN, Douglas B. W.; STEVENS, Ethel M; WHITAKER, J. I. S.; HANNO. **Carthage and Tunis**: the old and new gates of the Orient. V. 1: Carthage. London: Hutchinson & Co., 1906. Figura: 1.13 (v. 1, p. 1).

SMITH, Grafton Elliot. **The royal mummies**. Cairo: Institut Français d'Archeologie Orientale, 1912. Figura: 1.1-B (pl. XLII).

STANLEY, Henry M. **Coomassie and Magdala**: the story of two british campaigns in Africa. New York: Harper & Brothers, 1874. Figura: 6.9 (pos p. 242).

STANLEY, Henry M. **In darkest Africa**. New York: Charles Scribner's sons, 1913. Figura: 2-B (v. 1, p. 172).

TENNIEL, John. From the great pyramid (a bird's-eye view of the canal and its consequences). **Punch or the London Charivari**, London, v. 56, p. 207-218, nov. 27, 1869. Figura: 6.6 (p. 211-212).

TWAIN, Mark [Samuel L. Clemens]. **King Leopold's soliloquy**: a defense of his Congo rule. Boston: P.R. Warren, 1905. Figura: 6.7 (pos p. 38).

UNESCO. Map of the slave trade. In: _____. **The slave route**: menu "Slave Route" – transatlantic slave trade. Disponível em <http://www.unesco.org/new/en/social-and-human-sciences/themes/slave-route/>. Acesso em 5 fev. 2017. Mapas: 3.3; 3.4; 3.5; 3.6; 4.1. (dados para a confecção dos mapas)

UNION OF SOUTH AFRICA. **Report on the natives of South-West Africa and their treatment by Germany**. Windhuk [Windhoek]: Administrator's Office; London: His Majesty's Stationery Office, 1918. Figura: 6.14 (pos p. 100).

VIAGENS portuguesas na África Austral, na 2ª metade do século XIX, As. In: **Serpa Pinto, o cruzador de África**. Disponível em <http://km-stressnet.blogspot.com.br/2008/06/serpa-pinto-o-cruzador-de-frica.html> Acesso em 1 mar. 2017. Mapa: 6.2. (dados para a confecção dos mapas).

WALSH, Robert. **Notices of Brazil in 1828 and 1829**. London: F. Westley & A. H. Davis, 1830. Figura: 3.7 (pos p. 478).

WRIGHT, Marie Robinson. **The new Brazil**: its resources and attractions, historical, descriptive, and industrial. Philadelphia: G. Barrie & Sons [etc.], c. 1907. Figura: 5.1 (p. 427).

Este livro foi impresso em março de 2024
na Gráfica Edelbra, em Erechim.
As fontes utilizadas foram a Titilium para os
títulos, e a Alegreya para os textos.
O papel utilizado foi o offset 75g/m² para o
miolo, e o cartão 250g/m² para a capa.